武建国 著

汉唐
经济社会研究

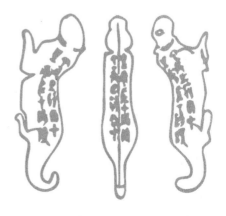

人民出版社

目　录

前　言

　　1977 年恢复高考后，我考入云南大学历史系历史专业学习，1982 年 1 月毕业后留校任教。在读大学期间，我就开始将中国古代经济史作为自己学习和钻研的重点，上课之余，便抽出较多的时间阅读有关文献资料和前人的研究成果。1980 年，即在我大学三年级时，有幸聆听我国著名经济史学家李埏教授讲授"唐宋经济史"，受益颇深。学期末，我写了一篇读书报告《试论均田制中永业田的性质》呈送给李埏先生。李先生审阅后，提出了一些意见，鼓励我进一步完善和提高，写成论文发表。在李先生的启迪和指导下，不久我写成论文。在大学四年级时，发表于《历史研究》1981 年第 3 期。所以，是李先生引导我跨进了经济史研究的门槛。此后，我一直师从李先生学习和研究中国古代经济史，并获得历史学博士学位。

　　古代中国是一个农业大国，土地是基本的生产资料，因而土地制度、土地所有制关系等土地问题自然成为中国古代经济史研究的基础和核心。我从事中国古代经济史的学习和研究，便是从土地制度入手，选择了在中国古代经济史上具有重大影响和重要历史地位的土地制度——均田制，上溯下延，我研究的历史阶段也就主要集中于汉唐时期。

　　光阴荏苒，岁月如梭。从我发表第一篇中国古代经济史研究的论文迄今已过去二十八年了。回顾治学的道路，梳理发表的论文，感到很有必要就我研究的几个主要方面汇集出版，可以比较集中地反映出我在治学道路上走过的历程。因而,我从已发表的论文中挑选出二十五篇汇编成本书。汇编的论文主要是以中国古代汉唐时期经济社会研究为主体,以土地制度研究为中心,内容涉及到与土地制度相关联的小农经济、地主制经济、农业经济、商品经济、土地所有制关系、赋税制度、经济政策、中央集权制政府与小农经济、地主制经济的相互关系等多个方面和多个层面。

本书分为四个部分:第一部分,是对自北魏至唐代的均田制的研究。对均田制的历史渊源、产生的社会原因和条件、均田制的性质、土地授受方式与实施范围、均田制的演变及其废弛等进行了研究,是对均田制比较系统的研究。把均田制作为中国古代史尤其是土地制度发展史中的一个重要环节进行探索和研究,探索了均田制与中古田制的关系,揭示了均田制的历史演进过程和土地制度发展的基本历史趋势,论证了均田制是集井田制以来的中古土地制度之大成,具有国有和私有并存的两重性质,是中国古代以土地国有制为主体向土地私有制为主体的过渡时期的土地制度,在中国古代史上具有重要的历史地位。

第二部分,是对自汉代至唐五代土地制度的有关方面(除均田制之外)的研究。其中唐后期至五代十国时期土地制度的研究,是我在均田制研究之后的延伸,对唐末土地所有制结构、五代十国时期土地国有制的基本状态及其变化、大土地所有制的发展及其发展的主要途径和特点进行了系统的研究。阐述和论证了唐末至五代十国时期土地私有制尤其是大土地所有制已经成为基本的历史发展趋势。

第三部分,主要是对唐代的市场管理、唐代的贱民阶层、五代十国时期蜀国经济的研究。

　　第四部分，收入两篇论文，其内容是相互衔接的一个整体。这两篇论文，在时空上已经超出了汉唐时期，之所以将其收入本书，是因为这两篇论文比较集中地反映了我对中国古代社会小农经济、地主制经济、君主专制的中央集权制政府的特质和相互关系的基本认识和主要观点，它既源于我对中国古代经济史的学习和研究，又融入在我对汉唐经济研究时的宏观上的把握。所以，这两篇论文与我对汉唐经济研究的论文，在思路和观点上是有着一定的内在联系的。

　　本书收入的论文，为保持其原始性，只是对文字进行了一些校正，内容和观点未作修改，一仍其旧。

　　本书的出版，若能为中国古代经济史和汉唐经济社会的研究提供一些有价值的研究成果，也就聊以自慰了。当然，书中还存在着不足，有些方面还有待进一步深入探讨和研究，希望能得到学界同仁的赐教匡正。

武建国
2009 年 11 月于云南大学

一、论均田制的历史渊源

关于均田制的历史渊源,史学界存在着两种不同的观点:一是认为,均田制是北魏初期"计口授田制"和畿内课田制的推广;一是认为,均田制与拓跋族早期的土地制度有着密切的联系,是从"计口授田"制发展而来,又与中国古代的土地制度有着密切联系,均田制是在北魏计口授田制和西晋占田、课田制的基础上产生的。我认为,均田制主要是渊源于中国古代的土地制度,是周秦以来授田制、占田限田制的继承和发展。

均田制有着明显的特征,这就是授田与限田相统一。授田包括国家直接授予土地和对人户已经占有的土地实行名义上的授受,从而将全国土地都纳入于均田制之下;田令中所规定的受田数额是人户占田的最高限额。其实质,乃是全国土地的最高所有权属于国家,官僚、地主、百姓等臣民依照一定的标准和条件"均平"占有土地(通过国家授受的方式而占有)的土地制度。这是均田制的基本立法精神和实质,由此我们来探索均田制的历史渊源。

一、授田制的源与流

土地国有制和国有土地授受制,在中国古代源远流长。殷周的井田制，"井田受之于公，毋得鬻卖"[1]，即是土地所有权属于国家的土地授受制。关于井田制的内容，一般认为《孟子》一书记述最早。《孟子·滕文公》篇曰："卿以下必有圭田，圭田五十亩，余夫二十五亩。死徙无出乡，乡田同井，出入相友，守望相助，疾病相扶持，则百姓亲睦。方里而井，井九百亩，其中为公田。八家皆私百亩，同养公田；公事毕，然后敢治私事，所以别野人也。此其大略也。"成书于《孟子》之后的《周礼》、《韩诗外传》、《谷梁传》、《汉书·食货志》等亦有关于井田制的记载，其中记述最详细的是《汉书·食货志》，此引录于下：

> 民受田，上田夫百亩，中田夫二百亩，下田夫三百亩。岁耕种者为不易上田；休一岁者为一易中田；休二岁者为再易下田，三岁更耕之，自爰其处。农民户人已受田，其家众男为余夫，亦以口受田如此。士工商家受田，五口乃当农夫一人。此谓平土可以为法者也。若山林、薮泽、原陵、淳卤之地，各以肥硗多少为差。……民年二十受田，六十归田。七十以上，上所养也；十岁以下，上所长也；十一以上，上所强也。种谷必杂五种，以备灾害。田中不得有树，用妨五谷。力耕数耘，收获如寇盗之至。还庐树桑，菜茹有畦，瓜瓠、果蓏殖于疆易。

马端临《文献通考》卷一《田赋考一》在转引《汉书·食货志》所载井田制内容后按曰：

> 此言受田之法与《大司徒》、《遂人》所言略同，但言余夫受田如此。《孟子》言余夫二十五亩；《集注》年十六别受

田二十五亩，俟其壮有室，然后更受百亩之田。则此二十
五亩者，十六以后，十九以前所授也。

《孟子》、《周礼》、《汉书·食货志》等书中所载井田制的内
容，既有相同之处，又有差异之处。《汉书·食货志》详于他书，
是总集传世文献的有关记载编纂而成。根据以上诸书的记载，
井田制的土地授受可以归纳为以下几项内容：一、计口受田，男
子受田，妇人不受田。二、受田数额：有室者受田百亩；十六岁
至十九岁者受田二十五亩；士、工、商各受田二十亩。三、土地
按肥瘠分为上、中、下三等，易田倍给。四、土地实行还授。民
年十六始受田，受一夫田之四分之一。年二十有室者，受一夫
田。年六十还田。五、土地的经营受国家支配。

关于井田制的史料和内容，史学界多有争执，意见不一，各
家之说此姑且不论。这里需要指出的是，上引诸书的记载及归
纳的井田制的内容，并非真实而确切地反映了井田制的原貌，
而是已掺杂了后人根据现实土地关系对前井田制的理解和设
想，已具有理想化的成分。但是无论如何，这些或多或少地反
映了井田制的施行方式和某些特征，至少对土地分配、土地授
受提出了理想化或理论上的模式，这对后世的田制有着深远的
影响，对于我们探索均田制的历史渊源富有重要意义。

如果说井田制尚真伪难辨，较多的是理想化的模式，那么
战国授田制则是现实的、非理性化的田制。越来越多的研究成
果表明，战国时代列国以"分田"、"均田"、"行田"、"授田"等
各种名义，普遍推行着国家授田制。授田制是战国时期的基本
土地制度。这说明井田坏而土地国有制和国有土地授受制犹
存，只是因社会的发展变化，授田体制及土地经营方式与井田

制下有所不同。战国时代的授田制有如下一些特征和内容：一、以户为单位受田，未成家的男子没有受田的资格。二、受田百亩，易田倍给。三、授田制与严密的户籍制相配合。四、确立受田户田界系统，开阡陌封疆。五、国家直接干预土地的经营。六、赋税以授田制为基础。战国授田制已是一项比较完整的土地制度。

战国以后，由于大土地占有制的不断发展，国有土地日益减少，国家授田制日趋弛坏。到了汉朝，授田制作为国家基本土地制度已经不复存在，但是国有土地的授受制则仍然承续下来，从西汉到东汉连绵不断，这就是史籍中所谓的以公田"假予贫民"、"赋贫民"等。对于汉朝"假予"或"赋予"贫民之田，颜师古注曰："计口而给其田宅也"[2]，"权以给之，不常假"[3]，李贤注云："假，犹租赁也。"[4] 这说明，授田是计口授田，授予贫民之田的所有权仍属于国家，受田者只有占有权和使用权，并且不是终身占有，而是有"假"有还，实行土地还授制。汉朝以公田"假"或"赋"贫民的国家授田方式，虽然已远不如战国授田制那样系统、严密，但就其实质而言，仍是战国授田制在新的历史条件下的延续。

曹魏初年，由于汉末干戈不息，人口锐减，土地大量荒芜，这给继续推行国家授田制提供了有利条件，于是大兴屯田。屯田的经营方式虽不同于授田制下个体小农的小生产经营，但是，屯田是以封建国家所掌握的官荒地分配给农民耕种，其性质和战国授公田予民，汉朝"假"或"赋"公田予贫民是相似的。所以，曹操在建安七年（202 年）正月《令》中，将屯田土地分配给农民耕种，谓之"授土田"。[5]

曹魏末年，土地兼并之风日盛，大量的屯田土地被侵占、蚕食,故屯田罢而有西晋占田课田之制,以限制王公百官及庶民的占田数额。为解决贫民无地可耕和农民的流亡问题,维持小农经济,历东晋南朝,封建国家仍相继推行以公田假予贫民的国有土地授受制。如,东晋安帝时,"罢临沂、湖熟皇后脂泽田四十顷,以赐贫人。弛湖池之禁"[6]。宋文帝元嘉二十六年(449年),"募诸州乐移者数千家,给以田宅,并蠲复"[7]。孝武帝孝建二年(455年)诏:"诸苑禁制绵远,有妨肆业,可详所开弛,假与贫民。"[8]梁武帝大同七年诏:"凡是田桑废宅没入者,公创之外,悉以分给贫民,皆使量其所能,以受田分。如闻顷者,豪家富室多占取公田,贵价僦税,以与贫民,伤时害政,为蠹已甚。自今公田悉不得假与豪家,已假者特听不追。其若富室给贫民种粮共营作者,不在禁例。"[9]直至陈朝时,宣帝还诏令对南来流民"赋给田宅"[10]。

由上述可见,国家将国有土地授予臣民的授田制渊源流长,其渊于殷周井田制,发展到战国,形成为具有比较完整而严密体系的土地制度。战国以后,虽然授田制作为国家基本的土地制度日渐废弛,但其流不断,从汉朝到南朝,封建国家相继施行国有土地授受制。尽管其规模越来越小,数量越来越少,然其作为封建国家的传统职责和土地问题的处理方式之一,毕竟一直被沿袭下来,换言之,中古田制的基本传统和精神并没有因社会的发展、时代的变迁而被完全割断。

北魏拓跋族在进入中原地区后不久,便"离散诸部,分土定居"[11],"息众课农","分农稼"[12],实行"计口授田"。还先后在被掳掠和迁徙的大量各族人口中实行"计口授田"[13]。北魏初年实行的"计口授田",虽然与中古田制中的国家授田制相类似,土地属于国家所有,由国家实行授受,但是其既没有形成一套比较完整的制度,更没有形成一种有一定体系的土地制度。从社会发展的历史阶段来看,北魏初年实行的"计口授田",一般地来说是属于游牧民族由游牧经济转向农业经济、奴隶制经济转向封建经济时所通常采用的早期的或前封建社会的土地分配方式。它直接起源于氏族公社的土地共有制。北魏是如此,以后的吐蕃、女真和满族都实行过计口授田。据敦煌文书中吐蕃九世纪前期的"沙州诸户口数地亩计簿",吐蕃在占领敦煌地区后,曾在沙州一带实行计口授田,授田以"突"为单位。每"突"为十亩,每口受田"一突"左右[14]。女真族入主中原以前,随着亦兵亦牧的部民逐渐转向亦兵亦农,便在猛安谋克户中实行授田,《金史·食货志》载:"其制:每耒牛三头为一具,限民口二十五受田四顷四亩有奇,岁输粟大约不过一石。官民占田无过四十具。"女真族占领中原地区以后,于金熙宗时将大量的猛安谋克户由东北迁入中原、华北及陕西、陇右之地,使他们和当地的百姓杂处,"计其户口,给以官田,使自播种,以充口食",称之为屯田军[15]。这是以人丁为本的"计口授田"制。计口授田的结果,促进了猛安谋克的解体和女真族的封建化。明末女真族(满族)迁入辽沈地区之后,努尔哈赤于天启元年(1621 年)七月下令实行"计丁授田",将海州、辽阳一带的三十万日(一日为六亩)土地授给满人和汉人耕种。每男丁授田六日,其中五日种粮,一日种棉。在计丁授田制下,土地属于后金政权所有,采用地租剥削方式(先是劳役地租,一年以后改为实物地租)。由此,封建生产关系在后金统治区域内逐渐取代奴隶制生产关系,在社会经济中占居主导地位[16]。这些"计口授田",都有一个显著的共同特征,即由国家按丁口直接分配土地,土地所有权属于国家。所以,北魏初年的"计口授田"实际上是属于国有土地的分配方式。因此,认为均田制与北魏早期的"计口授田"制有着密切联系,是从"计口授田"制发展而来,是"计口授田"制和畿内课田制的推广是不确切的。北魏早期的"计口授田"制与均田制不存在直接的因果关系,不存在由"计口授田"制向均田制发展的历史必然性。从拓跋族早期的"计口授田"制到均田制,经历了复杂的历史演变,各种历史的、现实的社会因素的交融和运动,才导致了均田制的产生。均田制与计口授田制两者已大相径庭。不仅均田制土地授受方式和所包含的内容远比计口授田制复杂而广泛的多,而且两者的性质亦相去甚远,计口授田制仅仅是国有土地的分配方式,均田制则是国有土地的授受和限田相统一的土地制度。土地授受已不再限于分配国有土地,而主要是以授田的名义限制占田,即对人户世业之田通过土地授受的方式予以控制,限制其无限发展。就均田制的整体立法精神而言,限田的意义大于授田。

当然,北魏初年推行的土地国有制和"计口授田",为后来的均田制的产生和推行提供了一定的社会基础和历史条件。不过,即使如此,亦不能就此而认为,均田制的土地授受是直接源于北魏初期的"计口授田"制,而实际上应是渊源于中国古代的土地制度,至迟应是滥觞于战国授田制。

二、占田、限田制的源与流

"占田",最初亦称之为"名田"。"名田"一词,始见于《史记》卷六八《商君列传》,商鞅变法时规定:"明尊卑爵秩等级,各以差次名田宅,臣妾衣服以家次。"对此"名田"的含义,存在着多种不同的解释。我认为,根据战国时期各国普遍推行国家授田制的土地制度的社会背景来看,商鞅变法时所规定的"各以差次名田宅"的含义,释为依不同的爵秩等级占有国家授予的相应数额的土地,并将所占土地的数额登记于户籍较为妥当。因为在国家授田制下,土地所有权属于国家所有,臣民的占田主要是通过国家授田。秦国既有接军功受田者,亦有一般庶民受田百亩者。在当时的社会条件下,还不可能普遍实行由臣民自由占田的制度,否则就难以解释授田制是战国时期的基本土地制度。所以,这里的"名田"与"授田"有着密切的联系。《史记》卷三〇《平准书》司马贞《索隐》释"名田"为"以名占田也",《汉书》卷二四《食货志》颜师古注曰:"名田,占田也",说明"名田"即"占田"。但是司马贞、颜师古所释,主要是针对汉朝的情况而言,战国时的"名田"与汉朝时的"名田",虽然其含义都是占田,然其内涵却有着差异。不过,商鞅时的"名田"已具有"占田"的含义则是明确的,并且是按等级占田。

秦朝,秦始皇三十一年(公元前216年)颁令天下:"使黔首自实田。"[17]从战国至汉朝土地制度的发展演变进行考察,秦始皇时的"自实田",虽然主要是由黔首自己向政府呈报占田数额,然其中亦包含有占田的意义,至少反映出当时国家推行占田制。战国授田制至秦始皇时已趋弛坏,国家不再全面实行对臣民的土地授受,而由臣民自己占田。实际上,自战国以后,大量土地已经为地主和农民所占有,为核实土地占有数额,按定制征收赋税,才令黔首呈报占田数额。所以,使黔首向政府呈报自己占有土地的数额,是以黔首占田为基础的。未有占田,何以呈报占田数额?"占田"和"实田"是相统一的,是同一事物密切相联系的两个方面。

汉初承秦制,如董仲舒所言,"汉兴,循而未改"[18],继续推行"名田"制。"名田"或"占田"制,到汉武帝时开始发生重大变化。在汉武帝以前，占田是不限定数额的，推行占而无限的政策，哀帝时师丹明确指出："孝文皇帝承亡周乱秦兵革之后，天下空虚，故务劝农桑，帅以节俭。民始充实，未有并兼之害，故不为民田及奴婢为限。"[19]至汉武帝时，董仲舒首发"限民名田"的主张，"董仲舒说上曰：'……古井田法虽难卒行，宜少近古，限民名田，以澹不足，塞并兼之路。'"[20]占田由占而无限向占而有限的转变，是占田制的重大转折。

董仲舒首发"限民名田"，但是对于如何限制占田，却未能提出具体的方案和措施。尽管如此，从中国古代土地制度发展的进程来看，董仲舒"限民名田"主张的提出，仍具有划时代的重要意义，对当时社会和后世有着重大而深远的影响。

到哀帝时，师丹再次提议限田，《汉书·食货志》载：

哀帝即位，师丹辅政，建言："……今累世承平，豪富吏民訾数钜万，而贫弱愈困。盖君子为政，贵因循而重改作，然所以有改者，将以救急也。亦可未详，宜略为限。"天子下其议。丞相孔光、大司空何武奏请："诸侯王、列侯皆得名田国中。列侯在长安，公主名田县道，及关内侯、吏民名田皆毋过三十顷。诸侯王奴婢二百人，列侯、公主百人，关内侯、吏民三十人。期尽三年，犯者没入官。"时田宅奴婢贾为减贱，丁、傅用事，董贤隆贵，皆不便也。诏书且须后，遂寝不行。

又《汉书》卷一一《哀帝纪》载，哀帝绥和二年（公元前7年）："……有司条奏：诸王、列侯得名田国中……。贾人皆不得名田、为吏，犯者以律论。诸名田畜奴婢过品，皆没入县官。"从上引两段记载来看,哀帝绥和二年师丹建议限民名田后,丞相孔光、大司空何武等人具体地制定了诸侯王至吏民占田、占奴婢最高限额,商贾不得占田,及对占田、占奴婢逾限者的处罚的法令。这是中国历史上制定的第一部占田与限田相统一的法令。它第一次以法令的形式肯定了从诸侯王到吏民占田、占奴婢的合法性,第一次明确规定了占田、占奴婢的最高限额。虽然时间十分短暂,未几即罢,但其"于品制中令均等"[21]的理论和实践对后世的影响却是长远的,西晋的品官占田荫客制,均田制的王公以下依品级受田制,皆可溯源于此。

由于哀帝时推行的占田限田制旋即废弛,故而抑制土地兼并的效果甚微。土地兼并依然不断发展,于是又出现了王莽的"王田制","今更名天下田曰'王田',奴婢曰'私属',皆不得卖买。其男口不盈八,而田过一井者,分余田予九族、邻里、乡党。故无田,今当受田者,如制度。"[22]王田制的推行,前后仅四年时间。王莽的王田制,表面上似乎是要恢复井田制,实质上仍是实行限制占田数额的限田制。王莽试图通过推行王田制,将全国土地统统收归国有,限制豪富之家的占田数额,堵塞兼并之道,并剥夺豪富之家逾限占有的土地分予无田的贫民,彻底解决董仲舒、师丹等人不断提出而又未能解决的"限民名田"问题,解决西汉末年以来土地兼并剧烈发展,土地占有严重不均,流民日趋增多的尖锐的社会矛盾,缓和社会危机,稳固其统治。所以,王莽王田制的主旨与董仲舒提出的"限民名田,以澹不足,塞并兼之路"的限田主张,其基本精神和根本目的仍是相一致的。但是,王田制的方式脱离了当时社会土地占有关系的客观现实,违背了封建土地所有制发展的历史趋势。因此王田制的推行,不仅未能达到解决土地兼并问题的预期目的,相反造成了社会的大混乱,闹得民不聊生,进一步激化了社会阶级矛盾和统治阶级内部矛盾,因而只好偃旗息鼓,放而纵之。

东汉初年,曾有"度田"之举[23],然而行之未几,终因官僚、郡国大姓及豪富地主们的反抗而不了了之。而且,度田仅仅是核查田亩占有的实际数额,并非是实行限田。所以强弱相凌,豪强兼并土地的情况依然如故,一浪高于一浪。爰及东汉后期,豪强地主经济已是"豪人之室,连栋数百,膏田满野,奴婢千数,徒附万计"[24]。东汉末年仲长统在其《损益篇》中认为,豪强地主经济迅速发展的根本原因,就在于"分田无限使之然也"[25]。

东汉末年人荀悦对于汉朝田制曾有过这样一段评论:

> 荀悦论曰:……孝武皇帝时,董仲舒尝言,宜限人占田。至哀帝时,乃限人占田不得过三十顷,虽有其制,卒难施行。然三十顷又不平矣。且夫井田之制,不宜于人众之时;田广人寡,苟为可也。然欲废之于寡,立之于众,土田布列在豪强,卒而革之,并有怨心,则生纷乱,制度难行。由是观之,若高祖初定天下,光武中兴之后,人众稀少,立之易也。既未悉备井田之法,宜以口数占田,为之立限。人得耕种,不得卖买,以赡贫弱,以防兼并,且为制度张本,不亦宜乎。虽古今异制,损益随时,然纪纲大略,其致一也。[26]

荀悦的评论,是汉朝关于土地问题方面具有广泛代表性的思想,可以说是概括地总结了汉朝解决土地兼并问题的基本思想理论。董仲舒、师丹、荀悦的基本思想是一致的,认为井田制破坏后,土地兼并愈演愈烈,富者田连阡陌,贫者无立锥之地,土地占有的悬殊已成为严重的社会问题,因此必须抑制兼并。抑制兼并的最好办法,莫过于恢复井田制。但时过境迁,井田法已弗能行矣。在不具备恢复井田制的社会条件下,仍应"宜少近古",参照井田制的基本立法精神,推行限田制。由此可见,汉朝提出限民名田,推行占田限田制,是与井田制既有联系,又有区别,是在井田制基础上的发展演进,而不是完全脱离于古田制。荀悦提出"以口数占田,为之立限",这比董仲舒提出的限民名田和哀帝时的占田令又进了一步。以往都还比较笼统,荀悦则具体地提出了以口为单位占田,制定每个人占田的标准和限额,这是汉朝占田限田思想理论的进一步发展和深化,它直接影响到西晋的占田制。

东汉末年曹魏初年,因长期战乱,造成千里无烟,榛莽遍地。土旷人稀,未有兼并之害,自然毋需限田。及至魏末晋初,土地兼并复兴,且日趋严重,故而限田之制复出,出现了西晋的占田制,《晋书》卷二六《食货志》载:

> 丁男之户,……男子一人占田七十亩,女子三十亩。其外(《通典》卷一《田制》无"外"字)丁男课田五十亩,丁女二十亩,次丁男半之,女则不课。

> 其官品第一至于第九,各以贵贱占田。品第一者占五十顷,……第九品十顷。

> 而又各以品之高卑荫其亲属,多者及九族,少者三世。宗室、国宾、先贤之后及士人子孙亦如之。而又得荫人以为衣食客及佃客……。

从占田令来看,西晋占田制继承并再次肯定了自秦商鞅以来"名田宅",尤其是汉朝"限民名田"的历史传统,再次以法令的形式肯定了从王公至一般百姓均有占田的合法权利;在西汉后期孔光、何武制定的占田令的基础上,又吸取了荀悦"以口数占田,为之立限"的思想,首次制定了男女计口占田的制度,一夫一妇占田百亩;明确规定各级官吏皆依品秩占田,制定了各品秩占田的等级数额,体现了"于品制中令均等";占田分为一般百姓以口占田和官吏依品级占田两个部分,分别规定了占田的最高限额。可见,西晋占田制是吸取了自董仲舒以来不断丰富和发展的"限民名田"的思想理论,是汉朝限民名田思想理论在社会实践中的具体运用,是对汉朝占田限田制的继承和发展。

但是,西晋占田制仍然是不完善的。占田令仅仅规定了从王公至一般庶民占田的最高限额,却没有相应的条令来保证"限民名田"的实施。西晋的占田法令本身是软弱的,而占田令颁布以后不久,大乱即起,天下纷纷然然,从此兵连祸结,干戈不息,社会残破,西晋政权没有从容的时间和必要的社会条件来认真推行占田制。所以,西晋占田制实际上并没有在全国范围内得到真正的贯彻实施,没有起到抑制兼并的作用。不过,尽管如此,从中国古代土地制度的发展史来看,从占田、限田制的发展进程来看,西晋占田制仍是一项重要的土地制度,对后世土地制度的形成和推行,有着重要的影响,奠定了重要的基础。北魏均田制与西晋占田制便有着紧密的联系,有着历史的渊源,西晋占田制是均田制产生的重要历史前提和基础。

晋室南渡后,北方人口大量南迁,致使南方人口骤然增长,占田由农田向山泽扩展,一时掀起了占固山泽的热浪。为禁止官僚、豪强地主及庶民竞占山泽,东晋成帝咸康二年(336年)

颁布禁令,所谓的"壬辰之科",对私自占山泽者严加禁止。然禁者自禁,占者如故。此后,刘宋朝武帝、文帝、孝武帝相继申令禁止占固山泽,但皆未能禁断。封建国家不得不改弦更张,弛山泽之禁,采取折衷的办法,准许臣民占山泽,但占而有限。孝武帝大明初年,在羊希建议立限的基础上,颁布了占山令,《宋书》卷五四《羊玄保附羊希传》载:

> 今更刊革,立制五条:凡是山泽,先常煴爁,种养竹木杂果为林,及陂湖江海鱼梁鳅塘,常加功修作者,听不追夺。官品第一、第二,听占山三顷;……第九品及百姓,一顷。皆依定格,条上赀簿。若先已占山,不得更占;先占阙少,依限占足。若非前条旧业,一不得禁。有犯者,水土一尺以上,并计赃,依常盗律论。停除咸康二年壬辰之科。

刘宋朝的占田令,实质上是西晋占田令的延续,其基本立法精神与西晋占田令是相一致的,各级官吏依品级占山,百姓依九品,各为之立限。刘宋占山令的颁行,同样为北朝隋唐均田制的推行提供了借鉴和基础。

综上所述,"占田"、"限田"渊源流长。自商鞅变法后,"名田宅"便见诸史册,秦朝有"使黔首自实田",汉朝有哀帝时孔光、何武制定的占田令,西晋有太康元年颁行的占田制,南朝有刘宋大明初年的占山令,数百年来占田之制不辍;占田,由占而无限发展为占而有限,自汉武帝时董仲舒提出"限民名田"后,占田与限田趋于融合,统一于占田制中;从理论到实践,"限民名田"之制不断发展,渐趋完善。占田、限田制的历史源流,为均田制的产生和推行提供了依据和历史前提,奠定了基础。

三、授田、占田、限田制与均田制

以上我们概略论述了授田、占田、限田制的源与流,下面我们进而论述均田制与授田、占田、限田制之间的关系。均田制在以下诸方面与授田、占田、限田制有着紧密的渊源关系。

(一)授田、占田的对象

均田制是计口授田,以户为单位。丁男为主要授田对象,北齐末中男始为授田对象,隋末以前已婚妇人皆为授田对象。井田制和战国授田制下,授田皆是计口授田,以室或以户为单位,当户的男子为主要授田对象。不同的是,其时男子受田,妇人不受田。汉朝以后授受田虽不详其实,但授田仍然是"计口而给其田宅"。西晋占田制下,同样实行"以口数占田",并且男女皆计口占田,主要又是以丁男、丁女、次丁男为对象。周秦以降,无论是授田抑或占田的对象基本上是一致的,即计口授田或占田,以户为单位。均田制授受田对象的规定,基本上是继续着以往的传统。

(二)授受田的数额

均田制授受田的数额,自北魏至唐,皆是丁男百亩。井田制、战国授田制,皆规定一夫受田百亩。及至汉朝,据晁错"今农夫五口之家,其服役者不下二人,其能耕者不过百亩"之语[27],汉朝丁男之户仍是治田百亩。一夫百亩之制习已成俗,是为国家授田的基本单位。在土地授受过程中,土地按肥瘠分为上、中、下三等,即分为不易之田与一易及再易之田,授田时,易田倍给。均田制亦有同样的规定,"所受之田率倍之,三易之田再倍之"[28]。可见,均田制授受田数额的确定,主要是继承了周秦以来的传统和惯例。

(三)土地的还授

均田制规定,露田(口分田)成丁而授,入老而退;桑田(永业田)皆为世业,身终不还,恒从见口。露田(口分田)有授有还。在关于井田制的记载中,就已有土地实行还授的规定。男子从十六岁开始受田,受一夫田即百亩田的四分之一,至年二十有室者,则受一夫百亩之田,年六十还田。此后的田制,未见有关于土地还授规定的记载。但对于汉朝以公田"假予"或"赋予"贫民的形式的授田,颜师古曾注曰:"权以给之,不常假",说明受田者不是终身占有所授之田,而是有授有还,土地实行还授。从关于井田制规定土地还授的记载和颜师古对汉朝"假予"或"赋予"贫民田的注解来看,很可能是在汉朝实施过土地还授制。因为,战国授田制尚未见有土地还授的规定,井田制中的规定很可能是后人根据当时社会的现实而臆造的。这必定是在战国之后,东汉之前,最有可能的是在汉朝。这是因为,井田制中关于土地还授的记载,最早见诸于《汉书·食货志》;颜师古的注释又是针对汉朝的授田,两者都是在汉朝。班固是以汉朝实行土地还授的现实为依据,颜师古则是根据汉朝曾经实行过土地还授的事实为依据。西晋占田制,因"史不书其还受之法,无由考其详"[29],不知其是否有土地还授之规定。无论西晋时期是否实行土地还授,至少在汉朝实行过土地还授制,这已足以表明,均田制中关于土地还授的规定,并非是均田制的首创,它仍然是吸取于中原地区先世之田制。

(四)占田与限田

均田制的推行,是不触动人户原有土地的,对人户的世业之田,是通过簿籍授受的方式统一于均田制之下。露田(口分田)入老而退,可以长期占有;桑田(永业田)不退不还,可以终身占有。实质上,这是北魏政府继承并肯定了自战国以来尤其是汉晋以来的占田制传统,承认官僚至庶民占田的合法性。同时,对占田又各以之立限。李安世在倡行均田制的均田疏中明确提出:"田莱之数,制之以限。……审其径术,令分艺有准,力业相称,细民获资生之利,豪右靡余地之盈。"[30]从开始倡行均田制就已经具有了"限民名田"的指导思想,这一指导思想以后具体地贯穿于均田令之中。田令中规定的各级各类人员的应受田数额,便是占田的最高限额。占田、限田与均田是相一致的。汉哀帝赐董贤二千余顷土地,王嘉在所奏封事中谓:"均田之制,从此堕坏",魏明帝时人孟康注此条亦云:"自公卿以下,至于吏民,名曰均田,皆有顷数,于品制中令均等。"[31]王嘉、孟康将哀帝时孔光、何武制定的占田限田法令径直称之为"均田",说明在当时人看来,所谓的占田、限田,就是均田。依一定的品级占有一定数量的土地,就是限田,就是均田,其实质三者是相统一的。颜师古注《汉书》此条时,照引孟康之注文,这进一步说明,北朝隋唐的均田与汉朝末年的"均田",在限民名田这一点上具有相同的意义。倘若两者相异趣,颜师古必定会加以说明,以免误解。所以,均田制所体现的"限民名田"的基本立法精神,是继承和吸取了汉朝以来占田限田之制的基本精神,换言之,均田制中关于占田、限田的立法,是汉晋占田制的继承和发展,是自董仲舒以来不断丰寓和发展的"限民名田"思想理论在社会实践中的具体运用和进一步的完善化。

（五）官吏按品级受（占）田

北魏均田令中,没有关于官吏按品级占田的规定,仅有地方官自刺史至县令、郡丞按官秩受公田的规定。其时对贵族、官僚、地主们的占田和限田,主要是通过奴婢依良受田之制来实现和获得保证。隋唐时期,随着奴婢的大量减少和奴婢受田之制的废除,逐步确立了自王公以下各级官吏依品级受永业田的规定,具体地规定了各品级受永业田的数额,其实质仍是各级品官占田的最高限额。自此,永业田的授受便分为两个部分,一般庶民按口（丁男、中男）受田;官吏则按品级受田。隋唐均田令中官吏按品级受（占）田的规定,乃是源于汉晋之制,或者说这是远绍西晋占田制度。

（六）土地经营中的国家干预

北魏均田令规定:"诸应还之田,不得种桑榆枣果",即露田不准种植桑榆枣果之类,"种者以违令论,地入还分";桑田必须种桑五十树,枣五株,榆三根,"限三年种毕,不毕,夺其不毕之地"[32]。无论是露田还是桑田的经营,都受到国家的直接干预,必须按照国家的规定种植植物,否则将会受到没收土地的处罚。北魏以后的均田令中,都或多或少有类似的规定。国家对民户土地经营的干预,早在井田制和战国授田制下就已经存在。井田制规定,种谷之田不得种树,环庐树桑,菜茹有畦,瓜果植于田亩交界处等。战国授田制对种植的种类、播种量、农作物收获量的标准等皆有规定,并相应的定有各项法规,以保证国家的规定得以实现。所以,均田制中国家对民户土地经营的干预,亦是制出有源,这是继承了周秦以来封建国家作为全国最高地主的身份直接控制土地和干预土地经营的历史传统。

由上述可见,均田制的主要方面,都与历史上中原地区曾经先后推行过的授田、占田、限田之制有着紧密的渊源关系。先前的授田、占田、限田之制的基本精神,已融汇在均田制之中,可以从均田制中看到它们的踪迹。均田制是授田、占田、限田相结合的结合体。这表明,均田制主要是渊源于古代中原地区的土地制度,是中原地区土地制度的继承和发展,而非源于北魏初年拓跋族的计口授田制,两者的区别是昭然的。当然,均田制的总体立法精神,均田制的体系及其完善化程度等,都有着许多新的发展和创造,均田制远优越于以往出现过的任何一种田制。

（原载《纪念李埏教授从事学术活动五十周年史学论文集》,云南大学出版社 1992 年版）

注　　释

1　《文献通考》卷 1《田赋考一》。

2　《汉书》卷 12《平帝纪》。

3　《汉书》卷 8《宣帝纪》。

4　《后汉书》卷 4《和帝纪》。

5　《三国志》卷1《魏志·武帝纪》。

6　《晋书》卷10《安帝纪》。

7　《宋书》卷5《文帝纪》。

8　《宋书》卷6《孝武帝纪》。

9　《梁书》卷3《武帝纪下》。

10　《陈书》卷5《宣帝纪》。

11　《魏书》卷83《贺讷传》。

12　《魏书》卷2《太祖纪》。

13　详见《魏书》卷2《太祖纪》;卷3《太宗纪》。

14　〔日〕池田温:《中国古代籍帐研究·录文》,东京大学出版会1979年,第561—
　　564页。

15　《三朝北盟会编》卷224《金虏图经》。

16　转引自《清史简编》,辽宁人民出版社1980年,第29页。

17　《史记》卷6《秦始皇本纪》,裴骃《集解》引徐广语。

18　《汉书》卷24《食货志》。

19　《汉书》卷24《食货志》。

20　《汉书》卷24《食货志》。

21　《汉书》卷86《王嘉传》引孟康语。

22　《汉书》卷99中《王莽传》。

23　详见《后汉书》卷1下《光武帝纪》。

24　《后汉书》卷79《仲长统传》。

25　《后汉书》卷79《仲长统传》。

26　《通典》卷1《食货·田制上》。

27　《汉书》卷24《食货志》。

28　《魏书》卷110《食货志》。

29　《文献通考》卷2《田赋考二》。

30　《魏书》卷53《李孝伯附李安世传》。

31　《汉书》卷86《王嘉传》。

32　《魏书》卷110《食货志》。

二、均田制产生的社会
原因和条件

均田制产生于北魏,但不是产生于北魏立国之初,而是产生于立国近一百年后,这绝非偶然,有其历史发展的必然性,有其深刻的社会原因和社会条件。均田制是中图古代土地制度发展演变的总链条中的重要环节,它的产生又有其深远的历史渊源,即与北魏以前的中原王朝所曾推行过的土地制度有着紧密的渊源关系。社会原因、社会条件、历史渊源是我们研究均田制产生所不可或阙的重要方面。但因囿于篇幅,关于均田制的历史渊源,笔者将另文论述。本文集中论述均田制产生的社会原因和社会条件。

一、均田制产生的社会原因

均田制的产生,是北魏社会内部各种相互交错的力量运动发展,交互作用的结果。而在相互作用的各种力量中,经济运动、经济关系的发展演变则起着主导作用。因此,要正确揭示均田制产生的原因,就必须从考察北魏社会经济运动、经济关系的发展演变入手。

北魏王朝的建立者鲜卑拓跋族,在进入中原以前,过着游牧生活,处在原始社会末期的家长奴隶制阶段。太祖拓跋珪建国之初,在吞并邻族的战争中,掠夺牲畜,掠人为奴,使拓跋族的畜牧业和奴隶制都有所增长。这一时期,农业经济还没有受到拓跋贵族们的重视。他们仍习惯于游牧经济的生活方式,习惯于从战争中掠夺财富。牲畜和奴隶是财富的象征,因而牲畜和奴隶常被作为财富赏赐。畜牧经济是当时国家经济的主要基础,在社会经济结构中占居主导地位。

但是,随着拓跋族对外扩张的不断延伸,至踏入中原地区时,却开始引起了其自身社会经济结构的演变。中原地区,是封建经济业已稳固的经济区域。拓跋族进入中原地区以后,一方面势必受到高于其社会发展阶段的封建经济的影响;另一方面,拓跋族要想入主中原,稳固统治,不能不较快适应中地原地区的新局面,向封建经济转化。因此,拓跋族进入中原地区以后不久,便开始改变其原来的社会组织形式,改变生产方式。

太祖拓跋珪平中原后不久,即在登国年间(386—395 年)便"离散诸部,分土定居,不听迁徙"[1],"散诸部落,始同为编民"[2],实行"息众课农"[3],把广大的氏族成员变为国家的编户齐民,定居农耕。拓跋族由此开始了大规模的从部落氏族组织向定居的地域组织,游牧经济向农业经济的转化,由家长奴隶制向封建制的转化。至拓跋珪天赐元年(404 年),出现了"八国姓族难分,故国立大师、小师"[4]的状况,这反映出拓跋族分土定居后向封建制的急遽转化。随着拓跋族自身的转化,加上"太祖定中原,接丧乱之弊,兵革并起,民废农业"[5],军粮严重匮乏,农业经济日渐受到拓跋统治者的重视,他们不惟在拓跋族中"息众课农","分农稼"[6],还在被掳掠和迁徙的大量各族人口中实行"计口授田"[7],使之从事农耕,成为国家的依附农民,甚至还"诏工商杂伎,尽听赴农"。此后,北魏统治者又相继采取了一系列发展农业经济和重建中原封建秩序的措施。因此,北魏初年畜牧经济在社会经济结构中的比重急剧下降,农业经济不仅在中原汉族中是主要的经济部门,而且在拓跋族中也日渐成为主要的经济部门,农业经济在社会经济结构中起着主导作用。

由于北魏初年社会经济结构的变动,特别是拓跋族本身社会经济结构的深刻变动,使土地作为社会财富和生产资料的重要性日益突出。不过,北魏初年拓跋贵族才从游牧经济转向农业经济,对于作为财富象征的土地的追求和私有观念尚不突出,土地私有制尚未发展。土地属于国家所有,由国家统一支配。太祖拓跋珪时,于天兴元年(398 年)"徙山东六州民吏及徒河、高丽、杂夷三十六万,百工伎巧十余万口,以充京师。……诏给内徙新民耕牛,计口授田"[8]。"天兴初,制定京邑,东至代郡,西及善无,南极阴馆,北尽参合,为畿内之田。其外四方四维置八部帅以监之,劝课农耕,量校收入,以为殿最。又躬耕籍田,率先百姓。"[9]八部帅所监管的农业劳动者,大多是分土定居后的拓跋族人。太宗拓跋嗣时,于永兴五年(413 年)七月"徙二万余家于大宁,计口授田"。同年八月又"置新民于大宁川,给农器,计口授田"[10]。及至世祖拓跋焘太子拓跋晃监国,于畿内课田时,还下令"有司课畿内之民,使无牛家以人牛力相贸,垦殖锄耨。其有牛家与无牛家一人种田二十二亩,偿以私锄功七亩,如是为差。至与小、老无牛家种田七亩,小、老者偿以私锄功二亩。皆以五口下贫家为率。各列家别日数,所劝种顷亩,明立簿目。所种者于地首标题姓名,以辨种植之功"[11]。这些记载,一方面反映了北魏统治者致力于发展农业经济,另一方面则反映出魏初的土地国有制。土地由国家按人口进行分配,无论是拓跋本族抑或新附各族,对于土地只有使用权,无私有权。

　　然而,虽然北魏初年拓跋族土地私有的观念尚不突出,但私有制则早已存在和确立,只不过其私有制主要表现在牲畜和奴婢方面,还没有发展到以土地为主。既然私有制业已确立,那么私有制的具体内容由动产向不动产的转移,则仅仅是一个条件和时间问题。随着以游牧经济为主的社会经济结构向以农业经济为主的迅速转化,随着拓跋族的封建化,封建地主制经济的发展,土地就必然日益成为他们奋力追逐和据为私有的目标。私有制由动产扩大到不动产的过程便会迅速地充分地展开,土地私有制随之日益发展起来。伴随着北魏初期深刻的经济变动,由土地而引发出的一系列社会问题便接踵而来。

　　首先是土地兼并,营立私田。太武帝太子拓跋晃,在畿内课田时,“营立田园,以取其利”,高允谏其不可“营立私田,畜养鸡犬,乃至贩酤市廛,与民争利”,劝将“所在田园,分给贫下,畜产贩卖,以时收散”,然拓跋晃不纳[12]。拓跋晃身为太子,可以富有四海,但却执意营立私田,足见其时拓跋贵族广占田地,据为私有的观念和欲望已有了很大的发展。许多贵族官僚亦纷纷争占田地。如咸阳王禧,“奴婢千数,田业盐铁遍于远近,臣吏僮隶相继经营”[13]。贵族官僚、豪富之家分割国有土地,兼并小农,占夺土地的风气日臻兴盛。因此,太武帝拓跋焘曾诏:“牧守令宰,不能助朕宣扬恩德,勤恤民隐,至乃侵夺其产,加以残虐,非所以为治也。”[14]然“斯道陵替”,难制其势。及至高祖孝文帝时,已是“时民困饥流散,豪右多有占夺”,“强宗豪族,肆其侵凌”[15],“富强者并兼山泽,贫弱者望绝一廛,致令地有遗利,民无余财。或争亩畔以亡身,或因饥馑以弃业,而欲天下太平,百姓丰足。安可得哉?"[16]

土地兼并的必然结果,便是"游食之口众"。由于土地兼并的不断发展,加上封建政府租税力役横有征发,为土地兼并起着助纣为虐的作用,致使编户之民废失产业,流落各地,漂居异乡。从太武帝拓跋焘始,史籍中流民、括户的记载屡有见及。拓跋焘时,"京师游食者众。(高)允因言曰:'臣少也贱,所知惟田,请言农事……。'世祖善之,遂除田禁,悉以授民"[17]。后又诏令:"自今以后,亡匿避难,羁旅他乡,皆当归还旧居,不问前罪。"[18]高宗文成帝时,"闾里空虚,民多流散"[19]。显祖献文帝时,"五州民户殷多,编籍不实,以韩均忠直不阿,诏均检括出十万户"[20]。至高祖孝文帝时,流民有增无减。因此,孝文帝于延兴二年(472 年)九月,"诏流迸之民,皆令还本,违者配徙边镇"。延兴三年九月又"诏遣使者十人循行州郡,检括户口。其有仍隐不出者,州、郡、县、户主并论如律"[21]。并且,农民破产流亡的情况,并非出现于一时一世,而是"漂居异乡,事涉数世"[22]。逮至太和十年(486 年),孝文帝颁行三长制的诏令中仍谓:"自昔以来,诸州户口,籍贯不实,包藏隐漏,废公罔私。"[23]足见其时流民问题之严重。

土地兼并,人口流移,国家所能直接控制的土地和劳动人手日趋减少,这必然导致国家赋税逋负,收入常阙。而且,北魏初对汉族集居的中原地区实行宗主督护制,人口隐附的现象十分严重,"后魏初,不立三长,唯立宗主督护。所以人多隐冒,五十、三十家方为一户,谓之荫附。荫附者皆无官役,豪强征敛,倍于公赋矣"[24]。五十、三十家为一户的犹为小者,更有千家集聚的大者。如河北"有韩、马两姓,各二千余家,恃强凭险,最为狡害,劫撩道路,侵暴乡间"[25]。又如赵郡李显甫,"集诸李数千家于殷州西山,开李鱼川方五、六十里居之,显甫为其宗主"[26]。人口流移,荫户众多,国家常赋不充。太宗神瑞二年(415 年)诏:"刺史守宰,率多逋慢,……今年资调悬违者,谪出家财充之,不听征发于民。"[27]高宗于太安四年(458 年)亦诏:"比年以来,杂调减省,而所在州县,咸有逋悬,……自今常调不充,民不安业,宰民之徒,加以死罪。"[28]为了弥补财政空缺,解决军国之资,政府便赋外加敛,重征于民。高宗太安(455—459 年)中,"以常赋之外,杂调十五,颇为烦重"[29]。高祖孝文帝延兴三年(473 年)秋七月,"诏河南六州之民,户收绢一匹,绵一斤,租三十石"。此年冬十月又"诏州郡之民,十丁取一以充行,户收租五十石,以备军粮"[30]。而遭重征之害者,皆为小农。因为,"富强者并兼有余,贫弱者糊口不足。赋税齐等,无轻重之殊;力役同科,无众寡之别"[31]。所以,人口流移,户口隐漏,造成了国家财政拮据,而国家横征于民,则加速了小农的破产,加速了贫富不均,助长了土地兼并的发展。

土地兼并,农民破产流亡又必然导致社会动荡不安,阶级矛盾日益激化。北魏在行均田之制以前,境内农民的反抗斗争连绵不断,前后发生的大小起义近四十次。孝文帝即位后,起义更为频繁。延兴元年九月,青州高阳有封辩为首的起义;十月,朔方有曹平原为首的西楼堡起义;十一月,齐州平陵有司马小君为首的农民起义。延兴二年,光州有孙晏为首的起义。延兴三年十二月,齐州有刘举为首的农民起义。延兴五年九月,洛州有贾伯奴为首的农民起义;同月,预州有田智度为首的起义。承明元年(476 年)五月,冀州有宋伏龙为首的起义。太和元年(477 年)五月,秦州略阳有王元寿为首的众至五千余家的农民起义。十一月,怀州有伊祁、苟初为首的起义。太和四年正月,雍州有氐民齐男王为首的起义。十月,徐州兰陵有桓富、兖州有徐猛子、昌卢有恒和、泰山有张和颜等推司马朗之为首的农民起义。太和五年二月,京师平城有沙门法秀"招结奴隶"的起义。[32]孝文帝延兴元年至太和五年,即471年至481年仅十一年间便发生了十三次起义。汉族和各族人民的起义遍及中原地区,震撼了拓跋氏的统治,造成了北魏统治的政治危机。

由上述可见,随着魏初社会经济结构的变化,土地成为主要的社会财富和生产资料之后所引发的一系列社会问题,至孝文帝时已十分明显和尖锐化,造成了北魏政府经济窘迫,政治危机。而这一切危机皆根植于土地问题,土地问题是为社会诸矛盾的焦点。因此,解决土地问题,制定新的土地制度,改变土地占有的混乱状况,便成为当时北魏政府的急务。国家直接控制土地和劳动人手,限制豪富兼并土地,安辑流散,使无地和少地的农民与荒闲土地相结合,全国臣民均平占田,缓和社会阶级矛盾,安定社会,"民无余力,地无遗利",增加国家收入,巩固封建统治,成为制定新的土地制度的要旨。因而也就产生了具有这样内容、性质和作用的新的土地制度——均田制度。

二、均田制产生的社会条件

以上我们论述了均田制产生的社会原因。那么,北魏是否具有推行均田制的社会条件呢?这样的条件在当时是具备的。

首先,北魏自立国以来一直实行土地国有制,并且实行过土地国有制下"计口授田"这样的土地分配方式,即按人口分配和占有土地。太祖、太宗实行"计口授田";太祖划分畿内之田,置八部帅监管畿内之外四方四维的土地;拓跋晃于畿内课田时，令"所劝种顷亩，明立簿目，所种者于地首标题姓名"；孝文帝太和元年诏："一夫制治田四十亩，中男二十亩，无令人有余力，地有遗利。"[33]从太祖到高祖孝文帝这近百年的时间中，北魏统治者在土地问题上的处理方式反映出，自北魏立国以来，全国土地的最高所有权属于国家，民户只是占有和使用土地的精神原则始终存在。这样的精神原则不仅于国家来说是如此，在时人的观念中亦如之。并且，直至推行均田制后，这样的观念依然存在。如孝文帝定迁都洛阳，其中涉及需解决南迁的拓跋族人的土地分配问题，韩显宗在上书中宣称："凡所徙居，皆是公地，分别伎作，在于一言，有何为疑，而阙盛美。"[34]此言虽系出自韩显宗一人，但是"凡所徙居，皆是公地"的思想观念却非仅存于他一人，而是反映了当时人们中较为普遍的思想观念。魏初以来，虽然土地私有制不断地发展，但是，国家是全国土地的最高地主，土地属于国家所有，受国家的支配和控制的精神原则的存在，便为实行以土地国有制为主导、民户需通过国家授受而占有土地的均田制提供了重要基础。

其次，北魏政府掌握有大量的官田、牧地、苑囿地、荒闲无主土地。中原地区自西晋末年以来，历十六国时期，战争频仍，兵燹弥望，人民"或死于干戈，或毙于饥馑，其幸而自存者，盖十五焉"[35]。而幸存者中的大量人户为避兵镝之祸，抛弃田园，举众南迁。所以，昔日大量的耕地成为满目荆棘的荒土。因此，拓跋族入主中原以后，在北魏境内存在着大量无主荒地。拓跋统治者得以据有大量的荒闲土地，才有条件数次实行大规模的徙民和"计口授田"，将土地分配与民，才有条件多次圈占大量土地作为牧地、苑囿地等。直至孝文帝时，还于中原一带圈占牧地。《魏书·食货志》载："高祖即位之后，复以河阳为牧场，恒置戎马十万匹",牧场的范围系"石济以西,河内以东,拒黄河南北千里为牧地"[36],其占地面积蔚为可观。并且,大量的抛荒土地一直到推行均田制时仍未被开垦耕殖,所以,北魏统治者才一再诏令"务尽地利","无令人有遗力,地有遗利"。正因为封建国家掌握有大量的国有土地,所以,为安辑流散,控制户口,曾不断地授田于民。世祖时,"是时多禁封良田,又京师游食者众。……遂除田禁,悉以授民"[37]。高祖太和六年八月,"罢山泽之禁"。太和七年十二月,"开林虑山禁,与民共之"[38]。太和九年推行均田制,其重要内容之一,就是将此前的官荒地授之于民,使游食之口与土地相结合,成为国家的编户齐民,把负担国家的租调力役的这一措施制度化、完整化,并扩大到全国范围内实施。北魏政府握有大量的所有权属于国家的荒闲无主土地,是其能够推行均田制的重要条件。诚如宋人刘恕所言:"后魏均田制度,似今世佃官田及绝户田出租税,非如三代井田也。魏、齐、周、隋兵革不息,农民少而旷土多,故均田之制存。至唐承平日久,丁口滋众,官无闲田,不复给授,故田制为空文。"[39]

复次,中国古代社会源远流长的土地国有制传统,为均田制在中原地区汉人中的推行提供了基础。三代的井田制,是"普天之下,莫非王土;率土之滨,莫非王臣"。这种土地王有(国有)的观念在中国古代社会影响深远。战国时,井田坏而有授田之制,庶民通过国家授田而占有土地,土地所有权依然为国有。以后,汉代有"假"或"赋"公田与民,又有限民名田。曹魏有屯田。西晋有占田课田。虽然形式各异,但实质都反映了国家是最高的地主。北魏推行均田制,在很大的程度上仍是承继中国古代社会长期以来一直存在的土地国有制传统,并汲取了授田、限田等土地分配和占有的方式。况且,实行均田制,并非是在全国范围内重新分配土地,其实质乃是"分民土以齐之"[40],官僚、地主、百姓等臣民依照一定的标准和条件"均平"占有土地(通过国家授受的方式而占有),具有限田的意义。因此,均田制与前代实行的土地制度并非格格不入,相反是多有相同之处。既然有其传统,又有其相承之处,均田制自然能于中原汉人中推行。

再次,北魏封建国家中央集权的强化,为推行均田制提供了政治条件。北魏立国至孝文帝已历时近百年,以拓跋贵族为核心的封建统治集团对全国的统治业已稳固,皇权、中央集权已十分强化,具有控制和制约拓跋贵族、汉族强宗豪族的力量。这就为均田制度在全国范围内的推行提供了重要保证。

上述诸社会原因和条件的交错汇融,孕育着新的土地制度的萌生,终于于太和九年遂起均田之议,《魏书》卷五三《李孝伯附李安世传》载李安世均田疏:

> 时民困饥流散,豪右多有占夺。安世乃上疏曰:"臣闻量地画野,经国大式;邑地相参,致治之本。井税之兴,其来日久;田莱之数,制之以限。盖欲使土不旷功,民罔游力。雄擅之家,不独膏腴之美;单陋之夫,亦有顷亩之分。所以恤彼贫微,抑兹贪欲,同富约之不均,一齐民于编户。窃见州郡之民,或因年俭流移,弃卖田宅。漂居异乡,事涉数世。三长既立,始返旧墟,庐井荒毁,桑榆改植。事已历远,易生假冒。强宗豪族,肆其侵凌,远认魏晋之家,近引亲旧之验。又年载稍久,乡老所惑,群证虽多,莫可取据。各附亲知,互有长短,两证徒具,听者犹疑,争讼迁延,连纪

不判。良畴委而不开，柔桑枯而不采，侥幸之徒兴，繁多之狱作。欲令家丰岁储，人给资用，其可得乎！愚谓今虽桑井难复，宜更均量，审其径术，令分艺有准，力业相称，细民获资生之利，豪右靡余地之盈。则无私之泽，乃播均于兆庶，如阜如山，可有积于比户矣。又所争之田，宜年限断，事久难明，悉属今主。然后虚妄之民，绝望于觊觎；守分之士，永免于凌夺矣。"高祖深纳之，后均田之制起于此矣。

李安世的奏疏，通篇围绕着一个中心问题，即怎样解决"民困饥流散，豪右多有占夺"，土地占有严重不均的社会矛盾。他援引古制，"田莱之数，制之以限。盖欲使土不旷功，民罔游力。雄擅之家，不独膏腴之美；单陋之夫，亦有顷亩之分"，提议今"宜更均量，审其径术，令分艺有准，力业相称，细民获资生之利，豪右靡余地之盈。则无私之泽，乃播均于兆庶"。李安世的奏议贯穿着人户均平占田的思想，试图通过在全国"量地画野"、"制之以限"，均平占田，以达到豪右靡余地之盈，惰手与荒田相结合，社会安宁，地无遗利，增加国家财政收入的目的。由于李安世的奏议既切中时弊，又具有可行性，适合了当时巩固封建统治的需要，因而，他的均田之议得到统治者的嘉纳，他的均田思想成了后来制定均田制度的主要思想基础。所以史言"后均田之制起于此矣"[41]。

逮于太和九年十月，孝文帝遂下诏推行均田制度，《魏书》卷七上《高祖纪》载：

冬十月丁未，诏曰："朕承乾在位，十有五年。每览先王之典，经纶百氏，储蓄既积，黎元永安。爰暨季叶，斯道陵替,富强者兼并山泽,贫弱者望绝一廛,致令地有遗利,民无余财,或争亩畔以亡身,或因饥馑以弃业,而欲天下太平,百姓丰足,安可得哉? 今遣使者,循行州郡,与牧守均给天下之田,还受以生死为断。劝课农桑,兴富民之本。"

太和九年十月以后,北魏便在全国范围内相继实施均田制。均田制一经推行,则为继之的东魏北齐、西魏北周、隋、唐各王朝相因承袭,虽各朝皆有损益,但其原则则一贯始终,存在了近三百年。均田制度成为中国古代史上具有重要地位的土地制度。

（原载《史学论丛》（第二辑）,云南人民出版社 1987 年版）

注　释

1　《魏书》卷 83 上《贺讷传》。

2　《魏书》卷 113《官氏志》。

3　《魏书》卷 2《太祖纪》。

4　《魏书》卷 113《官氏志》。

5　《魏书》卷 110《食货志》。

6　《魏书》卷 15《昭成子孙传》,《北史》卷 15《秦王翰附子议传》。

7　《魏书》卷 7《高祖纪上》。

8　《魏书》卷 2《太祖纪》。

9　《魏书》卷 110《食货志》。

10　《魏书》卷 3《太宗纪》。

11　《魏书》卷 4 下《恭宗纪》。

12　《魏书》卷 48《高允传》。

13　《魏书》卷 21 上《咸阳王禧传》。

14　《魏书》卷 4 下《世祖纪》。

15 《魏书》卷53《李孝伯附李安世传》。

16 《魏书》卷7 上《高祖纪上》。

17 《魏书》卷48《高允传》。

18 《魏书》卷4 下《世祖纪》。

19 《魏书》卷5《高宗纪》。

20 《魏书》卷51《韩茂传》。

21 《魏书》卷7 上《高祖纪上》。

22 《魏书》卷53《李孝伯附李安世传》。

23 《魏书》卷110《食货志》。

24 《通典》卷3《食货·乡党》。

25 《魏书》卷42《薛辨附薛胤传》。

26 《北史》卷33《李灵附显甫传》。

27 《魏书》卷3《太宗纪》。

28 《魏书》卷5《高宗纪》。

29 《魏书》卷110《食货志》。

30 《魏书》卷7 上《高祖纪上》。

31 《魏书》卷7 上《高祖纪上》。

32 以上所列孝文帝时期的起义,转引自王仲荦《魏晋南北朝史》下册,上海人民
出版社1980 年,第525 页。

33 《魏书》卷7 上《高祖纪上》。

34 《魏书》卷60《韩麒麟附显宗传》。

35 《魏书》卷110《食货志》。

36 《魏书》卷44《宇文福传》。

37 《魏书》卷48《高允传》。

38 《魏书》卷7 上《高祖纪上》。

39 《困学纪闻》卷16。

40 《魏书》卷54《高闾传》。

41 《魏书》卷53《李孝伯附李安世传》。

三、试论均田制中永业田的性质

均田制中的永业田是什么性质的土地？搞清这一问题，对于正确判明均田制的性质及与均田制有关的一系列问题，是很重要的。近年发表的有关著述中，不少认为永业田完全是私有土地。1979 年出版的胡如雷《中国封建社会形态研究》一书说：北齐以后，"永业田遂成了完全的私有土地"。《历史教学》1979 年第 6 期刊登的钱君晔《论唐代封建土地所有制形式问题》一文，在讲述了土地可以买卖以后，说"除口分田人死入官，其所有权为国家所控制外，'世业田身死则承户者便授之'，包括宅地、买田皆归人户私有。所以只有口分田才是封建国家控制下的国有土地。"我以为二位先生对永业田性质的论断是值得商榷的。将马克思主义关于土地所有权的理论与具体史实结合起来分析，永业田并不是完整的私有土地，而应是具有国有和私有两重性质的土地。就唐代而论，均田制的两重性不是表现在口分田是国有土地，永业田是私有土地上，而是表现在口分田和永业田都具有两重性上，下面就此谈一点自己的意见。鉴于永业田的私有性过去所谈颇多，本文不再赘述，主要论述国有性一面。

一、永业田的买卖

自北魏太和九年（485年）颁行均田令起至唐开元二十五年（737年）止，各代颁行的均田令，对永业田（北魏称桑田，北齐后称永业田、世业田，唐避"世"讳而概称永业田）都有允许买卖的规定。北魏均田令规定："盈者得卖其盈，不足者得买所不足，不得卖其分，亦不得买过所足。"[1] 国家准许土地买卖，实际上是为了调整永业田的均衡，因此买卖被限制在授田数额的范围内，不许超越。北齐河清三年均田令，对永业田的买卖无具体规定。按《通典》卷二《田制下》"北齐给授田令，仍依魏朝"之说，可以推知永业田的买卖也仅仅是限制在均衡永业田的原则之下。隋代，"其丁男、中男永业露田，皆遵后齐之制"。[2] 唐代发生了一些变化。北魏至唐，均田制随着朝代的更替而几经起落，土地买卖的现象日趋严重，大土地私有势力的发展已成必然之势。建基于农民大起义之上的李唐王朝，虽然掌握了大量土地，具有推行均田制的条件，但已无法改变封建经济发展的趋势。因此，放宽了对土地买卖范围的限制，口分田开始可以在规定的情况下买卖，永业田的买卖不再是仅为均衡土地，而可以"家贫卖供葬"。[3] 到开元二十五年再度颁行均田令时，徙乡者亦可卖，"诸庶人有身死家贫，无以供葬者，听卖永业田，即流移者，亦如之"。[4] 然而，也只有符合这些条件才合卖，除此概为不合卖。

土地可以买卖，从理论上到实际中都体现了土地的私有性质，它与"田里不鬻"的土地国有制原则是不相容的。只有土地占有者对土地具有私有权，才能够将土地变成商品来买卖。永业田既然可以买卖，说明了占有者对土地已具有私有权。因此，永业田一开始就存在着私有性，并朝着私有制的方向不断演进。从北魏到唐，对永业田买卖限制的不断宽弛，正反映了永业田私有性的不断深化。毋庸置疑，永业田可以买卖，完全反映了它的私有性。但是，从这些史料来看，永业田的买卖是被国家限制在一定范围内的，是有条件的买卖，而不是自由买卖。凡超出了这些限制的买卖，被视为非法的行为。因此，永业田的私有权又是不完整的。就土地可以有限度的买卖这一点来讲，唐代口分田与永业田之间仅存在量的不同，没有质的不同。若按钱君晔先生所说，口分田是国有土地，那么永业田亦非纯私有。

唐代虽然放宽了永业田买卖的范围，然而在另一方面，却加强了对土地买卖的限制。"凡卖买皆须经所部官司申牒，年终彼此除附。若无文牒辄卖买，财没不追，地还本主。"[5]买卖需要经官司申牒，实际上就是说土地的买卖必须得到国家的承认和许可，否则就属违法要遭受没收土地的处罚。并且，土地的买卖，并非意味着国家所有权的转移。唐代存在买田被通入为应受田之数的情况。敦煌帐籍残卷记载索思礼一户："合应受田陆拾一顷伍拾叁亩：贰顷肆拾叁亩已受：四十亩永业；一十九亩勋田；一十四亩买田；一顷六十七亩口分；叁亩居住园宅。五十九顷一十亩未授。"[6]索思礼是开元、天宝时的上柱国。国家把他一十四亩买田计算在"应受田"的定额内，作为公田看待。说明依法买卖的土地，所有权并未全部转移。买者仍如同马克思所说的，只是"名义上的地主"，而国家才是"最高的地主"。

鉴于社会上违法买卖的现象，唐代曾一再申令禁止和处罚，甚至强加限制，"永徽中，禁买卖世业、口分田。其后豪富兼并，贫者失业，于是诏买者还地而罚之。"[7]"（开元）二十三年九月诏曰:天下百姓口分、永业田,颇有处分,不许买卖典贴。如闻尚未能断,贫人失业,豪富兼并,宜更申明处分,切令禁止。若有违犯,科违敕罪。""(天宝十一载诏)自今以后,更不得违法买卖口分、永业田及诸射兼借公私荒废地。"[8]在诏令下,确有一些地方官吏夺回被豪富侵夺的国有土地分给贫民。如泽州刺史长孙顺德因"前刺史张长贵、赵士达并占境内膏腴之田数十顷,顺德并劾而追夺,分给贫户。"[9]洛州刺史贾敦颐因"豪富之室,皆籍外占田,敦颐都括获三千余顷,以给贫乏。"[10]如果永业田纯属私有,那么国家决不会如此关切土地的买卖,给予详细的规定,它关心的只会是怎样征收赋税和赋税额的大小,地方官吏也不敢夺回已被豪富占有的土地。正因为国家对永业田还具有所有权,所以才三令五申不允许土地违背它的意志转移,用法律形式巩固保护国家对土地的所有权。

由此可见,占有永业田的人对于土地买卖的权力还不能达到"土地所有者可以像每个商品所有者处理自己的商品一样去处理土地"的程度,还没有独立的专有权,没有"土地自由私有权"。[11]国家对土地仍然具有很大的权力,表现了永业田的两重性。

有的同志也许提出,永业田自由买卖的现象始终是存在的,甚至出现过露田"卖买亦无重责"[12]的情况。我认为对于这个问题可以从三方面来认识。一是土地自由买卖的现象,本身是封建国家所不允许的,是被视作违法而要受到处罚的,这种现象的存在只能说明是对国有制的破坏和瓦解。在我们鉴别永业田的性质时,不应以此作为依据。二是这种情况的出现,一般是在国家赋役繁重,豪富兼并掠夺,民不能堪的情况下出现的。就农民来说,土地是他们赖以生活的基础,他们是不愿卖掉土地而背井离乡的。马克思曾指出,一头母牛的死亡都会使农民落入"永远不能翻身"的境地,[13]失去土地的后果更为惨重。这些利害关系农民深深知道。卖田是被迫的,或在"强弱相凌,恃势侵夺"[14]的情况下,或在国家赋役繁重的情况下,"贫户因王课不济,率多货卖田业,致春困急,轻藏致走。"[15]三是这些土地买卖的现象,从根本上讲,是封建经济内部大土地私有制与土地国有制之间的矛盾斗争,是大土地私有者不断侵吞国有土地的过程。而这种现象发生最为严重时,一般都是在王朝统治力量薄弱,法令弛坏的时期,如齐末、唐天宝后期,是土地国有制趋向崩溃的时候。因此,这种现象并不能用以证明永业田的性质。

二、永业田的经营及"庸"、"调"

土地的占有者能否自由地支配土地的经营,决定土地上的生产活动,是辨别土地所有权的另一个重要方面。北魏均田令规定:"诸初受田者,男夫一人给田二十亩,课莳余种桑五十树,枣五株,榆三根……。限三年种毕,不毕,夺其不毕之地。"[16]很明显,永业田上所种之物,不是由永业田的占有者自己决定的,而是由国家限定的。如果不依国家之令,那么占有者将失去其占有永业田的资格,土地被收回。这体现了永业田的国有性质。北魏如此,北齐以后也同然,只是表现得不那么严格而已。北齐田令:"又每丁给永业二十亩为桑田,其中种桑五十根,榆三根,枣五根。……土不宜桑者,给麻田,如桑田法。"[17]隋代均田令在"其丁男、中男永业露田皆遵后齐之制"后面,还专门加了"并课树以桑榆及枣"[18]。所谓"课",在此即分派、考核之意。实际上就是规定,在永业田上只能种桑榆及枣,国家要进行检核。我们没有见到北齐到隋怎样处罚不按律令种植的情况,但是不能因此断言国家不干涉永业田的经营。国家颁行法令规定永业田的种植,本身就是在支配着永业田的经营。这些法令是经济关系的体现,并不是统治者们任意制定的、与社会经济状况毫无关系的条例。统治阶级本身无力扭转经济发展的客观现实,不能让经济条件随着他们的意志转移。马克思说:"只有毫无历史知识的人才不知道:君主们在任何时候都不得不服从经济条件,并且从来不能向经济条件发号施令。无论是政治的立法或市民的立法,都只是表明和记载经济关系的要求而已。"[19]从北魏到隋,一代接一代地颁行这样的律令,是具有其客观社会经济关系的内容的。既然是现实经济关系的反映,那么它在统治力量尚强盛时,就会起实际的作用。当然,在这里,也不能完全排斥传统和习惯法的作用。"很清楚,在这种社会生产关系以及与之相适应的生产方式所借以建立的自然形成的不发达的状态中,传统必然起着非常重要的作用。"[20]北齐、隋皆有遵前代之令的法式,说明北魏后实行均田制的朝代,生产方式的状况与北魏相较都没有发生重大的变化,基本上是一致的。因此,在本朝法令施行的同时,传统和习惯法也必然起着影响和作用。此外,国家赋役中"庸"、"调"的征收,也从另一方面限制着永业田的经营。农民要完纳赋役,就必须在永业田上种植桑榆麻。到了唐代,国家对永业田经营的管理也是很具体的。不仅在均田令中规定:"永业之田,树以榆、枣、桑及所宜之木,皆有数。"[21]而且在律令中规定"诸里正,依令授人田,课农桑。""不课种桑枣为一事,合笞四十。"[22]国家直接把依法令督课永业田的经营,具体规定在里正的职责之内,由里正来监督考核,并且以笞刑的处罚制约里正来保证国家支配永业田的意志得以实现。由此可见,唐代占有永业田的农民,在里正的督课下,必须依照国家的意志经营永业田。不然,将会受到相应的处罚。唐代对永业田经营的支配,与北魏通过收夺土地干涉经营相比,似乎不那么强硬,然而从一定意义上来讲,这种干涉表现得更具体更直接。总之,在永业田存在的年代里,其经营一直受国家的支配。马克思说:"还有小块土地所有制。在这里,农民同时就是他的土地的自由所有者。"[23]而在均田制下占有永业田的农民,还不具有那样自由的支配权。他们对于土地的经营,还不能依据个人的意志来决定,而是受国家的指挥。

在封建社会中,土地所有制的形式是封建国家确立赋役制度的基础,而"地租的占有是土地所有权借以实现的经济形式"[24]。体现土地国有制的租税合一的地租形态,即租庸调制,是建立在均田制的基础之上。这一地租形态的实现,是由口分田和永业田的生产物共同来完成的。口分田出租,国家规定:"诸应还之田不得种桑榆枣果,种者以违令论,地入还分。"[25]以保证口分田上谷物的种植。而永业田则是庸调之所出。桑、麻是制作绝、绢、布的原料。国家限定永业田上种植桑榆,非桑之土种麻,便是为了保证庸调的征收。从北魏至唐,历代国家赋役令中桑土调以绢绝,非桑之土、麻土调以布麻的分别规定,也证明了庸调是以永业田上种植之物为对象。对于这一点,古人马端临早已见及,他说:"田则出粟稻为租,身与户出绢布绫绵诸物为庸调。然口分、世业每人为田一顷,……所谓租庸调者皆此受田一顷之人所出也。""陆宣公与齐抗所言(论两税之弊)固为切当。然必欲复租庸调之法,必先复口分、世业之法。"[26]因此,永业田的存在成为实现国家租庸调制这种租税合一的地租形态所不可缺少的部分。北魏至隋,这一地租形态

（指租税合一）的表现形式是租调和力役，唐代也存在实际征役而不收庸的情况，然"调"始终是永业田所出，因此永业田始终是实现这一地租形态所不可少的一部分。既然永业田生产物中的一部分成为地租的一部分被国家所征收，那么国家对永业田的所有权也由此而实现，农民对于永业田不是完整的私有也由此可得到证明。马克思说："自耕农的自由所有权，对小生产来说，也就是对下述生产方式来说，显然是土地所有权的最正常的形式，——在这种生产方式中，土地的占有是劳动者对本人的劳动产品拥有所有权的一个条件；在这种生产方式中，耕者不管是一个自由的土地所有者，还是一个隶属农民，总是独立地作为孤立的劳动者，同他的家人一起生产自己的生活资料。"[27] 占有永业田的农民既不能在永业田上独立地不受他人支配地进行生产，又不能私有他自己的劳动生产物。因而，他们对永业田就不是完全的私有。

三、永业田的授受和转移

关于永业田的授受，通常被认为是人户早有的田地，而国家只是通过法令的形式授予，并非国家实际给予。钱君晔先生在文章中也提出："丁男的桑田不是国家授给的，而是人们原有的土地。"这一观点，早已见于马端临的《文献通考》："诸桑田不在还授之限，意桑田必是人户世业。……是令其纵便买卖，以合均给之数，则又非强夺之以为公田，而授无田之人。"[28] 我认为马端临之说的可靠性也值得考证。固然，永业田是人户世业或通过买卖而得的情况是存在的，然而并非尽是如此。从《通典》、《册府元龟》等书的记载来看，却是存在着国家授给的史实。北齐时，"比来频有还人之格，欲以招慰逃散，假使暂还即卖所得之地,地尽还走。"[29]这些浮游在外,因国家招慰而返回乡里之人,本是无地的农民,他能再卖所得之地而走,这所卖之地是得自谁呢?只能是国家授给。而按均田令,授田是口分、永业一同并授,并且是首先满足永业田的数额。因此,浮游之人回乡时不是从国家那里得到直接授给的永业田,又从哪里得到呢?隋初,高颎建输籍之法。杜佑说:"高颎设轻税之法,浮客悉自归于编户,隋代之盛,实由于斯。""浮客,谓避公税,依强豪作佃家也。"[30]浮客既然是佃种豪强土地之人,他们必然手无寸土,脱离豪强归为国家编户,实际上大部分都成为均田户,负担国家赋役,受有国家授给的土地。他们的土地无论是口分、永业都不会是原有土地,而应该是由国家给予的。在唐代,有官出钱买还已卖土地的诏令:"天宝十一载十一月乙丑诏,……其口分永业地,先合卖者,若有主来理者,其地虽经除附,不限载月近远,宜并却还,至于价值准格并不合酬备,既缘先已用钱,审勘责其有契验可凭持,宜官为出钱,还其买人。"[31]这实际上是国家给予土地。所还之地,包括口分、永业田,这些重新获得土地的农民,永业田就不是先有,而是国家给予后才有。这一记载虽是诏令,不是实施情况,但是出钱还地的措施,在商品经济已经发展起来的天宝年间,在一定程度上是实行得了的,不会是一纸空文。其次,历代都存在着括户的记载。统治阶级括户的目的,在于搜括出豪强荫庇下的农户,把他们束缚在国家的土地上,成为国家的编户,以保证劳动人手,增加赋税的征收。搜括出的这些人,一部分是无土地的,根据"未受地者皆不课"[32]的规定,国家必须授予他们土地,才能使他们向国家纳租服役。他们的土地当然也是由国家按均田令直接给予,只是受足和不足之别,不致完全不授。不然,国家括户何为?从这些史料来看,虽然都不是直接反映了国家授给土地,但仔细分析,不难看到永业田由国家授给的情况是确实存在的,并非尽是人们原有的土地。

北魏均田令规定:"诸桑田皆为世业,身终不还,恒从见口,有盈者无受无还,不足者受种如法。"[33] 以后各朝因之。至唐,均田令仍规定:"世业之田,身死则承户者授之。"[34] 由此可知,永业田是具有继承权的土地。遗产制是以私有制为前提,以某一个人对物体的垄断为基础的。土地的私人继承权,同样也是以土地的私有为前提条件的。永业田可以为承户者所继承,是永业田私有性存在的重要表现之一。在均田令中,它与纯国有的每年还授的口分田(指北魏至隋的口分田)相比,可以鲜明地看出永业田所含有的私有性质。但是,这里只能说是含有私有性,而不是纯私有。因为,永业田并不是一授之后,不再变动,而是在不同的条件下向着完全不同的方向转移。一方面,永业田朝着私有的方向演化;另一方面,却又受国家的支配,"授之"一语值得注意,若全属私有,何劳"授之"? 在国家的支配下,又会向着国有的方向转化。北魏时规定:"诸地狭之处,有进丁受田而不乐迁者,则以其家桑田为正田分。"[35] 凡在此种情况下的受田农户,他们的永业田就发生了转移,转变成在还授之限的口分田。唐代开元二十五年令:"丁男给永业田二十亩,口分田八十亩,……老男笃疾废疾各给口分田四十亩,寡妻妾各给口分田三十亩。先永业者,通充口分之数。"[36]《新唐书·食货志》在"老男笃疾废疾者人四十亩,寡妻妾三十亩"后记有"当户者增二十亩,皆以二十亩为永业,其余为口分。"唐代于武德七年曾下过均田令,到开元二十五年,为巩固均田制而再度详细地颁布均田令。这里对已经发生了变化的人户,永业田的授受有了新的变动。原受田一顷之人，因年老或笃疾废疾之人，不当户的，那么先前所授之永业田便被充入口分，复为还授之田。可见，永业田名为永业，实际不"永"，至少是不牢固的。永业田的占有者，还不能把土地所有权真正牢固地掌握在自己手里，不受国家支配。永业田授予后会向着私有和国有两个相反的方向转化，正反映了永业田的两重性质。

此外，永业田的继承权也是不完全的，律令规定："诸远流配谪，无子孙及户绝者，墟宅、桑榆尽为公田，以供授受。授受之次，给其所亲，未给之间，亦借其所亲。"[37]按照财产私有权的严格意义，无子孙的所有者可自愿把财产传给他人，国家不能将其收归公有。甚至有子孙者，亦可不传子孙而传给其认为能够继承他的人，国家不仅无权干涉，相反却在法律上给予承认和保护。在均田制下的永业田并不具有这种完全私有制意义上的继承权，国家仍然限制着继承权。这里也同样反映了国家对永业田的干涉和永业田的不完整的私有性。

现在我们再来看官吏永业田，依律令规定："其官人永业田及赐田，欲卖及贴赁者，不在禁限。""诸永业田皆传子孙，不在收授之限，即子孙除名者，所承之地亦不追。"[38]由此可见，官吏永业田的私有程度比农民永业田高，但是，官吏的占田并非是无条件的，也非一赐永受。法令规定："（在述完官吏按等级给田后）若当家口分之外，先有地，非狭乡者，并即回受，有剩追收，不足者更给。诸永业田……每亩课种桑五十根以上，榆枣各十根以上，三年种毕，乡土不宜者任以所宜树充。……其应给永业人，若官爵之内有解免者，从所解者追（即解免不尽者，随所降品追），其除名者，依口分例给，自外及有赐田者并追。若当家之内有官及少口分应受者，并听迴给，有剩追收。"[39]这一段法令反映了三方面的问题:其一,占田按品级规定的数量,即使是先有土地,超出限定也要收归国有。其二,永业田的经营,在作物种类和时间上,国家有具体的限定。其三,也是最重要的一方面,即随官吏解免,国家减其土地。除名,则全部追回。这三个方面都反映了国家在官吏永业田上的权力(当然,在实际的行施过程中表现是微弱的),说明了国家将土地授给官吏后,并没有完全丧失其对土地的支配权,相反仍握有"追收"之权。而官吏受田则是有条件的,是以其对封建国家所负的职责,为皇帝效力的大小为转移的。所以,官吏的永业田也没有达到完全的私有土地的程度,与农民的永业田相比,仅仅是私有成分更多些而已。这是由于他们在封建社会中的等级所决定的。

四、结语

马克思指出:"土地所有权的前提是,一些人垄断一定量的土地,把它作为排斥其他一切人的、只服从自己个人意志的领域。"[40]马克思的论述,给土地所有权下了十分精辟的定义,对于我们分辨土地所有权与占有权、使用权的区别,无疑是有决定意义的。在依据马克思主义的理论分析我国封建土地所有制形式时,李埏先生在《论我国的"封建的土地国有制"》一文中,对于判分所有权与占有权的论断是正确的。他说:"假若拥有土地的人们,能够把他们拥有的土地'当作他们的私人意志的专有领域',能够独占土地、排他地支配它。那么,他们就是土地所有者。而这种土地占有形式,就是'土地所有制'。反之,假若虽然拥有土地,但不能具备这样的支配权力。那么,他们就只能是土地的占有者。而这样的土地占有形式,就是'土地占有制'。"[41]综合以上论述,笔者认为永业田的占有者对土地还没有独占的、排他的,"只服从自己个人意志"的支配权力,永业田还不是完整的私有土地,而是具有国有和私有两重性质的土地。

均田制的两重性是中国封建经济内部运动发展的产物,是国有土地由强到弱,大土地私有制由弱到强不断巩固并确立统治地位的演变过程中的过渡形式。它的两重性的存在,正是均田制走向最后崩溃的根本的内在原因。在以私有制为基础的封建社会中,私有制战胜国有制是历史发展的必然方向。均田制中私有性和国有性的矛盾运动中,私有性随着封建经济的发展,尤其是商品经济的发展和渗入而不断扩大;大土地私有者因缘均田制中存在的私有性为他们兼并掠夺所打开的缺口,日益侵吞国有土地,加剧着土地的私有化。到了唐中期,延续了几个朝代历时几百年的土地国有制与私有制的矛盾斗争终于见分晓,大土地私有制取代了国有制的主导地位,均田制自此彻底崩溃,在历史上消失而不复再现。

（原载《历史研究》1981 年第 3 期）

注　释

1　《魏书》卷 110《食货志》。

2　《隋书》卷 24《食货志》。

3　《唐律疏议》卷 12《户婚上》

4　《通典》卷 2《食货·田制下》。

5　《通典》卷 2《食货·田制下》。

6　《敦煌资料》第 1 辑,中华书局 1961 年。

7　《新唐书》卷 51《食货志》。

8　《册府元龟》卷 495《邦计部·田制》

9　《旧唐书》卷 58《长孙顺德传》。

10　《旧唐书》卷 185 上《贾敦颐传》。

11　《马克思恩格斯全集》第 25 卷,人民出版社 1974 年,第 696 页。

12　《通典》卷 2《食货·田制下》。

13　《马克思恩格斯全集》第 25 卷,第 678 页。

14　《通典》卷 2《食货·田制下》。

15　《通典》卷 2《食货·田制下》。

16　《魏书》卷 110《食货志》。

17　《隋书》卷 24《食货志》。

18　《隋书》卷 24《食货志》。

19　《马克思恩格斯全集》第 4 卷,人民出版社 1965 年,第 121、122 页。

20　《马克思恩格斯全集》第 25 卷,第 893 页。

21　《新唐书》卷 51《食货志》。

22　《唐律疏议》卷 13《户婚中》。

23　《马克思恩格斯全集》第 25 卷,第 906 页。

24　《马克思恩格斯全集》第 25 卷,第 714 页。

25　《魏书》卷 110《食货志》。

26　《文献通考》卷 3《田赋考三》。

27　《马克思恩格斯全集》第 25 卷,第 909 页。

28　《文献通考》卷 2《田赋考二》。

29　《通典》卷 2《食货·田制下》。

30　《通典》卷 7《食货·丁中》。

31　《册府元龟》卷 495《邦计部·田制》。

32　《隋书》卷 24《食货志》。

33　《魏书》卷 110《食货志》。

34　《唐会要》卷 83《租税》。

35　《册府元龟》卷 495《邦计部·田制》。

36　《通典》卷 2《食货·田制下》。

37　《魏书》卷 110《食货志》。

38　《通典》卷2《食货·田制下》。

39　《通典》卷2《食货·田制下》。

40　《马克思恩格斯全集》第25卷,第695页。

41　李埏:《论我国的"封建的土地国有制"》,《历史研究》1956年第8期。

四、西魏大统十三年残卷与北朝均田制的有关问题

　　敦煌西魏大统十三年残卷(以下为行文之便,简称"残卷"),是目前反映北朝均田赋役制度唯一的出土文物。由于北朝的均田制度史书记载简略,因此"残卷"是深入研究北朝均田制度的宝贵资料。近年来,国内一些学者据"残卷"的记载,对北朝均田制度及相关问题进行了一些研究。但是,对于"残卷"的运用则存在着差异。王棣《从〈邓延天富等户残卷〉看西魏北周的均田制度》[1],是将"残卷"作为西魏北周推行均田制的实证,来论证西魏北周的情况。周秀女《从敦煌户籍残卷 S.0613 号看北朝均田制的若干问题》[2],认为"残卷""是北魏均田制的直接产物,它只能用以解释和说明北魏均田令颁布(485 年)以后到宇文氏均田令实施(约 547—549 年)以前均田制度的实行情况"。所以,如何准确运用"残卷"研究北朝均田制度,仍是一个值得探讨的问题。在此,谈点个人之管见。

一、北魏均田令的修定

　　否定"残卷"反映的是西魏北周均田制的意见,周秀女同志在其文中从史料上作了比较详细的论述,我们赞同周秀女的看

法,此不再赘。这里,主要论述北魏的情况。

我们知道,从均田令的颁布到均田制的实施,这是一个复杂的过程。需要"量地划野",划分甲莱,清查户口,登记丁年等。因此,在均田制实施的过程中,不仅在时间上各个地区之间会出现不平衡、不齐一的情况,而且还会在内容(均田条例)上出现某些与实际情况有差异的地方,尤其是在实施了一段时间以后,就必须要依不同的情况,在原有的基础上作出某些必要的调整和补充。北魏高祖孝文帝太和九年(485年)颁布均田令后,经过三十余年,即在肃宗孝明帝熙平年间(516—517年),便对均田令进行了一次较大的调整和补充。《魏书》卷一九中《景穆十二王列传·任城王云附子元澄传》载:肃宗继位之初,尚书令任城王元澄"又奏垦田授受之制八条,甚有纲贯,大便于时"。这次对田制的调整补充,非元澄一人所就,而是集结了一些人共同商定而成。如当时任司徒记室参军的崔孝芬,亦曾参加了这次田制的修订,同上书卷五七《崔挺传附子孝芬传》载:"熙平中,(元)澄奏地制八条,孝芬所参订也。"

为说明对本朝均田令的修订,乃是当朝执政者一项必然的工作,我们再引北齐、隋唐为证。据《通典》卷二《田制下》引宋孝王《关东风俗传》所言:北齐"帖卖者,帖荒田七年,熟田五年,钱还地还,依令听许"。"依令",自然是依北齐田令。但北齐初年是,"北齐给授田令,仍依魏朝。每年十月普令转授,成丁而授,丁老而退,不听卖易"。[3]至河清三年(564年)重新颁布均田令,亦无允许帖卖荒田、熟田的条令。可见,宋孝王所说"依令听许",乃是河清三年后重新增订的条文。又如,《通典》载,隋代"丁男、中男永业露田皆遵后齐之制"[4],而北齐河清三年令中并无中男授田的规定,仅规定"男子十八以上,六十五已下为丁;十六以上,十七已下为中多;……率以十八受田输租调"[5],即只有丁男受田之制。由此亦可见,北齐中男受田之制,也是在河清三年令颁布以后才增订的。隋初,奴婢是受田的对象之一。但至炀帝继位之时(604 年)"诏除妇人及奴婢、部曲之课"[6]后,依据"未受地者皆不课"[7]的原则,奴婢则不再受田。因此,田令中的授田对象也必然要作出相应的改订。唐代,则史书有明确记载。开国之初,唐高祖于武德七年(624 年)颁布了均田令,时隔百余年,唐玄宗于开元二十五年(737 年)又重新颁布了均田令。

遗憾的是,历朝对于本朝均田令的修订,除了唐代有比较详细的记载外,北魏、北齐等均无具体记载,给我们研究该时代整个田制的发展变化带来了很大的困难。但是,从这些零碎的记载中,我们至少可以看到这样一个史实,即历朝都曾对本朝的均田令作过一些必要的调整修订。这对运用史料与出土文物进行综合研究,解释、论证"残卷"上所反映的均田制问题以及补正史料记载的不足,提供了一定的依据。

从北魏肃宗时元澄奏垦田授受之制的记载来看,我们可以确定:一、这次修订对太和九年的均田令作了比较大的调整和补充。太和九年的均田令,总共为十五条,而元澄奏了八条,可见其修订量之大。可惜,史书没有记载元澄所奏八条的具体内容,因此,从史料上我们只能不得而知了。二、修订后的均田令确实已经实施,并且比较符合当时的实际情况,因此,才说是"大便于时"。据此,我们从史料上可以断定,"残卷"所反映的应是元澄等人于熙平中修订过的北魏后期的均田令。

下面,我们再从"残卷"来进行分析。

二、"残卷"中应受田标准额的由来

要明确"残卷"中应受田标准额的来源和依据，首先需要搞清北魏太和九年田令与西魏北周田令中授田数、土地类别的同与不同。

北魏太和九年均田令规定（此仅引能与西魏北周田令相比较的，余皆略）：

> 诸男夫十五以上，受露田四十亩，妇人二十亩。奴婢依良；丁牛一头，受田三十亩，限四牛。所授之田率倍之，三易之田再倍之，以供耕作及还受之盈缩。
>
> 诸初受田者，男夫一人给田（桑田）二十亩。
>
> 诸民有新居者，三口给地一亩，以为居室，奴婢五口给一亩。[8]

西魏北周田令规定：

> 凡人口十已上，宅五亩；口九已上（"下"之误），宅四亩；口五已下，宅三亩。有室者，田百四十亩，丁者田百亩。[9]

由上可见，太和九年令虽然规定露田男夫四十亩，妇人二十亩，但"所授之田率倍之"，因此，其数额为男夫八十亩，妇人四十亩，加永业田二十亩，一夫一妇合为百四十亩。单丁则合为百亩。这与西魏北周之数正相一致。所不同的是，太和九年令规定露田、倍田分开计算，"诸一人之分，正从正，倍从倍，不得隔越他畔"[10]。所谓"正"，即是指露田。而西魏北周则将倍田并入露田一起计算，有室者田百四十亩，减去永业田二十亩，便为露田丁男八十亩，妇人四十亩，并不再有"正"、"倍"之分。这还可以从北齐田令得到佐证，田令规定，"一夫受露田八十亩，妇四十亩"，[11]而田令中则取消了有关"倍田"的令文。之所以会将倍田并入露田之数，是因为倍田与露田的性质在北魏时是一致的。它是授田时加倍给予的"露田"，换言之，"倍田"在性质上属于露田一类，它们依令同为"还授之田"。有鉴于此，所以西魏北周、北齐便将倍田通入露田之数。北齐人宋孝王就直称其为"口分"田。[12]以后隋唐因循不变。对于这一变化，以往研究均田制者虽有论及，但往往不太注意，正是这一点不同，为我们论证"残卷"受田标准额的来源和依据以及它所反映的时代问题提供了重要的依据。下面我们即将展开论述。其次，关于园宅地，太和九年田令与西魏北周的数量也是不同的。至于其他诸如：牛、奴婢、麻布之土的授田量等，虽然与"残卷"的记载有关，但是因为西魏北周田令缺载，我们无以断定其与太和九年令之同否，也无以断定"残卷"上所反映的是太和九年田令，还是西魏北周田令。可以说皆同，亦可以说不同。因为，北魏至唐的均田令，有其因袭不改的一面，也有其适时变通的一面。至多只能推测，因为它们是相同的，所以史书略而不载。因其缺乏确凿论据，我们姑且不论。

现在，我们进而分析"残卷"中应受田标准额的来源和依据。由"残卷"的记载进行核算，可知其应受田标准额是，丁男正田（露田）二十亩，丁女十亩（其他还有麻田，奴婢、牛受田等，此不作论，其原因上面已经说明）。[13]为何会有这一应受田数额呢？迄今尚未有人作出解释。我们认为，它是由狭乡受田正田减宽乡之半的原则而来，并且是在太和九年田令的基础上确定的。太和九年令规定,男夫正田四十亩,妇人二十亩,减半,便为二十、十亩。这一论断,并非凭空推测。而是可以从北魏以后的均田令和实施情况得到充分证实。

　　唐代均田令规定:"授田之制,丁及男年十八以上者,人一顷,其八十亩为口分,二十亩为永业,老及笃疾者,人四十亩;寡妻妾三十亩,当户者增二十亩,皆以二十亩为永业,其余为口分……田多可以足其人者为宽乡,少者为狭乡。狭乡授田,减宽乡之半","应给宽乡并依所定数。若狭乡所受者,减宽乡口分之半"。[14]这是史籍所载。我们再看吐鲁番西州地区户籍残卷的记载。《唐贞观十四年(640)九月安苦呬延手实》,[15]此《手实》虽残缺户主等,但保存着应受田数,即"合受田八十亩"。由于这些手实是平定高昌的第二个月就申报的,因此,很可能是沿用西魏齐周的旧制。[16]《手实》中合受田八十亩是怎么来的呢?乃是按狭乡受田露田减半的原则来计算一夫一妇的应受田数,即永业田 20 亩、露田男夫 40 亩、妇 20 亩,合为 80 亩(西魏北周、北齐皆规定:露田男八十亩,女四十亩,永业二十亩)。

　　再如《唐开元四年(716)西州柳中县高宁乡籍》,[17]其中江义宣一户记载俱全,此户记应受田玖拾壹亩,依令为一丁二寡应受田。唐令:丁田百亩,八为口分,二为永业;寡妇口分三十亩。按狭乡授田口分减半计算,则为永业 20 亩 + 一丁口分 40 亩 + 两寡口分 30 亩 + 园宅 1 亩 = 91 亩。这与户籍所载完全一致。《户籍》中还有阴婆记等数户的应受田数,皆是依狭乡减半的原则计算的,此不再一一例举。[18]

　　由上可见,从史料到文物都说明了唐代均田制中狭乡受田口分减宽乡之半的原则的存在。但是,这一原则并非唐代始有,我们通过《唐贞观十四年(640)九月安苦呬延手实》,可以从西魏北周看到唐代这一原则由来的踪迹,并且通过"残卷"可以将其源头追溯到更长远的北魏后期。从北魏后期到唐代,狭乡受田减半的原则在均田制实行中的一贯性,说明了均田制中这一原则的因袭性,从而可以证明我们对于"残卷"应受田标准额由来和依据的论断的合理性。并且,可以进而证明"残卷"中的应受田标准,只能是按照元澄等人修订后的均田令实行的。它既不是依照北魏太和九年田令,也不是依西魏北周的田令。因为太和九年田令,还未有此原则,只有"诸地狭之处,有进丁受田而不乐迁者,则以其家桑田为正田分;又不足,不给倍田;又不足,家内人别减分"[19]的规定。而西魏北周的田令,已将倍田通人露田之数,减半授田应为丁男四十亩,妇人二十亩,则与"残卷"之数不符。再则,西魏北周已无"正"、"倍"之分,而"残卷"则仍称"正田"。

　　"残卷"中的应受田数是依狭乡减半的原则定的,那么,瓜州效榖郡地区是否属于狭乡呢?回答是肯定的。依据"田多可以足其人者为宽乡,少者为狭乡"的规定,效榖郡地区,从开始推行均田制就是田地不足其人的狭乡。我们引"残卷"记载的授田数及田亩四至为证:

户主邓延天富壬辰生年叁拾陆　　白丁　　课户中
(下略)

应受田四十六亩$\left[\begin{array}{l}\text{廿六亩已受(下略)}\\[1em]\text{廿亩未受}\end{array}\right.$

一段十亩麻　舍西一步东至舍西至渠南至渠北至□
一段十亩正　舍东二步东至匹知拔西至舍南至渠北至渠

　　　　　右件二段户主天富分[20]麻足正少十亩

一段五亩麻　舍西廿步东至天富西至渠南至乌地拔北至渠

　　　　　右件一段妻吐归分麻足正未受

一段一亩居住园宅

为了有助于说明,我们再引一例:

　　户主王皮乱己巳生年件拾究(九)白丁　课户中

(下略)

应受田四十六亩 ⎧ 廿二(应为三)亩已受(下略)
　　　　　　　⎩ 廿三亩未受

一段十亩麻　舍东二步东至安周西至舍南至渠北至元兴

一段七亩正　舍西三步东至舍西至元兴南至渠北至元兴

　　　　　右件二段户主皮乱分麻足正少十亩

一段五亩麻　舍西一里东至步胡朱西至乙升南至婆洛

门北至丰虎

右件一段妻处姬分麻足正未受

一段一亩居住园宅[21]

　　从以上所引"残卷"的记载可见:一、所受之地,绝大部分都
在户主居舍的前后左右,离居舍最近的只有一步,最远的是一
里,而大部分都是几步之外。并且,地块比较集中,多者十亩,
少者五亩。夫妇地段相连接。二、实际受田数量,皆不足应受
田数。不过,其中居住园宅地,麻田则一般受足。不足者,主要
是正田分。这与北魏至唐均田制实施过程中,土地授受先永业

后口分的原则是一致的。"残卷"中还有刘文成、侯老生等数户的受田、田亩四至的记载，与上引邓延天富、王皮乱两户的情况是基本相同的。"残卷"所反映的情况说明，当时该地区土地买卖、土地兼并还不严重，亦还没有因户口增长等多次还授变化造成土地授受的畸零和严重不足。与唐代敦煌地区户籍残卷记载的受地既畸零又离居舍远等情况相比较，说明这里土地的占有还是比较稳定的。土地之所以会授受不足，是因为该地区本来就是属于田地不足其人的狭乡。

下面，我们再来看居住园宅地。前面我们已将太和九年田令与西魏北周的授与数作了比较，指出了它们的不同。从"残卷"记载来看，所有的居住园宅地皆为一亩，与太和九年令相同。这说明元澄等人在修订太和九年的田令时，没有改动此条规定，仍然保留了。因此，"残卷"授受数如太和九年之制。

三、"残卷"中"丁中"年限的依据

依"残卷"所载，"丁中"的年限为："黄口"——三岁以下；"小口"——四至九岁；"中口"——十至十七岁；"丁口"——十八至六十四岁；"老口"——六十五岁以上。

周秀女同志依"残卷"的"丁中"年限论证北魏太和九年田令，认为两者"丁中"的年限是一致的，并进而作为"残卷"是太和九年田制的直接产物的论据之一，这是值得商榷的。

首先，"老口"年限不符。北魏太和九年的田令提到"老口"的有两处，即"诸民年及课则受田，老免及身没则还田"，"诸有举户老、小、癃、残无授田者，年十一已上及癃者各授以半夫田；年逾七十者不还所受"。[22] 前面一条是说民田还受的年龄准则，后面一条是说在特殊情况下给予的照顾。综合这两条令文来看,太和九年时"老口"的年限应是七十以上,而不是六十五以上。因为,倘若六十五岁为"老口",依"老免及身没则还田",那么,到六十五岁时就必然要退尽所授之田,则"年逾七十者不还所受"从何而言呢?只有民年在七十岁以前仍是授田对象,到了七十岁应退田时,因特殊情况需予以照顾,才能实行"不还所受"。所以,七十岁才是由丁为"老口"的年限。

其次,关于"丁口"的年限。周秀女依唐武德七年"十六以上为中","二十有一为丁",受田"丁男、中男以一顷(注云:中男年十八以上者,亦依丁男给)"的规定,认为北魏太和九年时的情况亦同然。百姓十八岁进丁,受田则从十五岁(中口)开始。我们认为,太和九年时的规定与唐初不同,成丁年龄不是十八岁,而应是十五岁。其理由是:一、只有"丁"者,才负担课役。太和九年令规定:"诸民年及课则受田",这与赋役令中"民年十五以上未娶者,四人出一夫一妇之调"[23]的规定是相一致的。就是说,只有负担国家租调的百姓,才能受田。我们通查北齐、北周、隋、唐的均田赋役令,所见负担赋役的皆为"丁"者。如北齐,"男子十八以上,六十五以下为丁。……率以十八受田,输租调。二十充兵,六十免力役。六十六退田免租调"。[24]西魏北周,"凡人自十八以至六十有四,与轻癃者皆赋之","十八以至五十有九,皆任于役"。[25]隋代,"十八已上为丁,丁从课役,六十为老,乃免",而授田则规定"其丁男、中男永业露田,皆遵后齐之制"。[26]可见,中男虽受田,但不从课役。唐代因缘隋制,授田丁男、中男给一顷(唐制:十六至二十岁为中男,二十一岁为丁,中男十八以上受田),而"赋役之法:每丁岁入租粟二石,……凡丁,岁役二旬,若不役,则收其庸,每日三尺"。[27]并且,唐代中男不负担课役,从唐初至开元末年皆有明确记载。

成书于唐高宗永徽四年(653 年)的《唐律疏议》云:"其漏无课役口者,谓身虽是丁,见无课役,及疾、老、中、小。"[28]《唐会要》载:睿宗景云元年(710 年)"省司举征租调,殿中侍御扬瑒执之曰:'韦庶人临朝当国,……何独于已役中男,重征丁课。恐非保人之术。'省司遂依瑒所执,奏停"。[29]又《通典》载:"按开元二十五年(737 年)户令云:诸户主皆以家长为之,户内有课口者为课户,无课口者为不课户。诸视流内九品以上官及男年二十以上("下"之误)、老男、废疾、妻妾、部曲、客女、奴婢皆为不课户。"[30]由上可见,封建国家制定"丁"者年限的目的,在于使百姓承担课役有一个统一的年龄标准,不致造成混乱以保证国家租调力役的征收。因此,百姓成丁即从课役,实行均田制度的各朝在律令的规定上始终是相一致的(至于临时征发的杂徭,特殊情况下如战争、大兴土木之时的横有征发,则应当别论)。有鉴于此,北魏太和九年令规定民年十五便从课役,则说明十五岁已为"丁口"。而其时民年十五受田,与唐代中男受田所反映的成丁年限是不能同类作比的。二、"残卷"中年逾十五岁的中男有二人,但他们既不受田,也不从课。现引录于下:

> 户主侯老生水酉生年卌拾卌　　白丁　课户上
> 妻邓延腊腊丙子生年卌拾两　　丁妻
> 息男阿显丁未生年两拾壹　　白丁
> 息男显祖辛亥生年拾柒　　中男
> (下略)

$$
口三不课
\begin{cases}
（略）
\begin{cases}
口一中年十七 \\
口一小年四
\end{cases} \\
（略）
\end{cases}
$$

$$
口三课见输
\begin{cases}
二丁男 \\
一丁妻
\end{cases}
$$

$$
计受田口三
\begin{cases}
二丁男 \\
一丁妻
\end{cases}
$$

另一人为户主其天婆罗门之子"息男归安水丑生年拾件，中男"，其不课，不列入受田口数的记载与侯老生户完全一样，此不再引。从以上二中男的情况可见，用"残卷"的"丁中"年限去套太和九年之令，论证中男十五岁始受田，十八岁进丁是行不通的。相反，它只能证明，太和九年时，民年十五岁进丁。

澄清了"残卷"中"丁中"年限与北魏太和九年田令的不同，有助于我们进一步明了"残卷"并不是太和九年田令的直接产物。说明元澄等人在修订田令时对"丁中"年限作了改定，将成丁年龄由十五岁改为十八岁，老口年龄由七十岁改为六十五岁。[31]北齐、西魏北周的年限虽与"残卷"相同，乃是因循此制。同时，亦证明"残卷"所反映的应是肃宗熙平年间经过修订的均田令。

四、"残卷"中的租调数量

"残卷"中记载有各户的租调数量，因此，进行租调数量的比较，也是说明"残卷"所反映的均田令时代性的一个重要方面。周秀女同志进行比较分析后，认为"残卷"中的"租"，与宇文氏均田令相殊很大，却与北魏太和九年令十分接近，一是交租对象同；二是皆依课等分别纳租；三是"残卷"中租"一床纳粟二石至二石五斗"，"北魏时一夫一妇纳粟二石，同于'残卷'课户中的租额，此也相近"。

我们赞同"残卷"与西魏北周田令相殊较大的意见。不过，这里需要纠正一点。周秀女认为"残卷"与宇文氏田令"计量单位相殊，前者以'石'计租，后者以'斛'输粟"。其实，"残卷"中是"斛"、"石"并用。如"残卷"首件（a）中，记有"都合租捌拾斛叁斗，仟拾斛叁斗输租，……叁拾捌石折输草"。此后，提到"斛"的还有两处。所以，这条论证是欠准确的。

对于与北魏太和九年田令相近的三条理由，我们认为，第一、二条是因循旧制。而第三条，则是周秀女计算有误，实际数量是与太和九年之令相差甚大。"残卷"中租的数额并不是"一床纳粟二石至二石五斗"，而应是"课户上"为四石，"课户中"为三石五斗（"课户下"缺，依残卷首件推断大约单丁为一石）。现将"残卷"中有明确记载的引录于下：

户主	课户等级	受田人数	租额	备注
刘文成	课户上	一丁男、一丁妻	四石	
侯老生	课户上	二丁男、一丁妻	六石	
（缺）	课户上	二丁男、一丁妻、一贱丁婢	六石四斗五升	贱丁婢为四斗五升[32]
邓延天富	课户中	一丁男、一丁妻	三石五斗	
王皮乱	课户中	一丁男、一丁妻	三石五斗	
白丑奴	课户中	三丁男、二丁妻	八石七斗五升	

北魏太和九年令中规定,一夫一妇粟二石,而"残卷"中则是课户上四石,课户中三石五斗,其差额上者为一倍,中者亦超出一石五斗。北周为五斛,又有重于"残卷"。可见,"残卷"中租的数额是经过改定的。并且,从太和九年令到"残卷"及至西魏北周租的数额不断加重的趋势中,亦可证明"残卷"中租的数额必定是在太和九年之后,西魏北周田令之前修订的。

"调"的情况,与"租"相似。"调"中,布的数量是一床一匹,与太和九年、西魏北周皆相同。麻则不同。太和九年令中没有纳麻的规定,"残卷"中一夫一妇纳麻二斤,单丁半之,西魏北周之令为"麻十斤,丁者又半之"[33]。这与"租"所反映的不断加重的趋势一样。说明租、麻的数额是在同时改定的。依据现有史料来看,租调的改定可能与应受田数额、"丁中"年限的改定是在同一时期,即肃宗熙平年间元澄等人所修订。"残卷"中租调的数额乃是依照修定后的均田赋役制实行。

以上,我们结合史料与"残卷"进行了综合分析,结论可以简单归结为:"残卷"中应受田标准数额乃是依狭乡受田正田减宽乡之半的原则而来,它与"丁中"年限、租调数额皆是依据北魏肃宗熙平年间元澄等人所修订的均田新令。它既不是按照北魏太和九年的田令,也不是按照西魏北周的田令。因此,用"残卷"来说明西魏北周的均田制度,或说明北魏肃宗熙平以前的均田制度都是不妥当的。"残卷"所反映的均田制度的时间界限,应为北魏肃宗熙平(516—517 年)以后至西魏北周均田令实施(约 547—549 年)以前这一历史时期。

(原载《思想战线》1984 年第 2 期)

注　释

1　王棣：《从〈邓延天富等户残卷〉看西魏北周的均田制度》，《山西大学学报》1981 年第 1 期。

2　周秀女：《从敦煌户籍残卷 S. 0613 号看北朝均田制的若干问题》，《浙江师院学报》1982 年第 4 期。

3　《通典》卷 2《食货·田制下》。

4　《通典》卷 2《食货·田制下》。

5　《隋书》卷 24《食货志》。

6　《资治通鉴》卷 180，文帝仁寿四年十月条。

7　《隋书》卷 24《食货志》。

8　《魏书》卷 110《食货志》。

9　《隋书》卷 24《食货志》。

10　《魏书》卷 110《食货志》。

11　《隋书》卷 24《食货志》。

12　《通典》卷 2《食货·田制下》。

13　此应授田数额，唐耕耦先生已有明确论证，故不再说明。详见《西魏敦煌计帐文书以及若干有关问题》，《文史》第九辑。

14　《新唐书》卷 51《食货志》；《通典》卷 2《食货·田制下》。

15　〔日〕池田温：《中国古代籍账研究·录文》，第 234 页。

16　参见韩国磐：《关于吐鲁番出土的唐代西州户籍残卷中的几个问题》，《中国社会经济史研究》1983 年第 2 期。

17　〔日〕池田温：《中国古代籍账研究·录文》，第 243 页。

18　关于唐代吐鲁番西州地区应受田数问题，韩国磐先生作有比较详细的论证，此不赘述。

19　《魏书》卷 110《食货志》。

20　右件二段，即上件二段。原文是直行从右向左书写，故谓右件。以下所引皆同。

21　〔日〕池田温：《中国古代籍账研究·录文》，第 161—163 页。本文所引"残卷"均出于此书，下不再注。

22 《魏书》卷110《食货志》。

23 《魏书》卷110《食货志》。

24 《隋书》卷24《食货志》。

25 《隋书》卷24《食货志》。

26 《隋书》卷24《食货志》。

27 《旧唐书》卷48《食货志》。

28 《唐律疏议》卷12《户婚上》。

29 《唐会要》卷85《团貌》。

30 《通典》卷7《食货·丁中》。

31 改定本朝"丁中"的年限,我们还可以从隋唐得证。隋文帝时,二十一为丁,六十为老。炀帝改为二十二成丁,五十八为老。唐武德六年,二十一为丁,六十为老。神龙元年,二十二成丁,五十八为老(景云元年奏停,依旧,见《唐会要》卷85)。天宝三载,二十三成丁。(上俱引《通典》卷7《食货·丁中》);至唐广德年间,又改为二十五成丁,五十五为老。(《新唐书》卷51《食货志》)由隋唐之状可见,"丁中"年限改定的趋势是成丁晚,入老早。这与北魏改定的情况也是一致的。

32 残卷首件(a)中记载有"口一贱婢",租额内计"四斗五升贱"。由此可知,时一贱丁婢的租额为"四斗五升"。

33 《隋书》卷24《食货志》。

五、北魏均田令补遗

均田制自北魏太和九年至唐中叶，历时近三百年。在这近三百年中，均田制的基本精神和原则一直为历代所沿袭。然而在具体内容上，则不断地因时势变迁而有所损益，不断地发生着演变。均田制的变化，不惟发生于嬗递相交的各朝代，而且还发生于各朝之内。北魏、北齐、西魏北周、隋、唐都颁布均田令，又都不断地调整、补充和修订均田令。遗憾的是，各朝均田令修订的具体时间和内容，除唐代有较为详细的记载外，其余各朝皆无比较明确而翔实的记载。这给我们全面、系统、准确地研究均田制的发展演变带来了很大的困难。不过，在现有史籍和出土文物中，尚能见到一些有关各朝均田令修订的大致时间和具体内容的记载。它对于我们进一步了解各朝均田令的内容，尤其是深入掌握均田制发展演变的阶段和过程，却仍有着极为重要的价值。本文拟据有关记载，对北魏均田令作些拾遗补缺。

北魏孝文帝太和九年（485 年）颁布了比较周详的均田令。但此令并未一贯于整个北魏，而是此后又进行过调整、补充和修订。其中修订比较大的，是距太和九年田令颁布后的三十余年，即肃宗孝明帝熙平年间（516—517 年）。《魏书》卷一九《景穆十二王列传·任城王云附子元澄传》载:肃宗即位之初,尚书令任城王元澄"又奏垦田授受之制八条,甚有纲贯,大便于时"。这次对田令的修订补充,非元澄一人所就,而是集结了一班人,如当时任司徒记室参军的崔孝芬,亦曾参与了这次田令的修订工作,《魏书》卷五七《崔挺附子孝芬传》载,"熙平中,(元)澄奏地制八条,孝芬所参订也"。

从肃宗时元澄奏垦田授受之制的记载来看:第一,这次修订,对太和九年田令作了较大的调整和补充。太和九年田令共十五条,而元澄奏了八条,可见其修订量之大。第二,修订后的均田令确实已付诸实施,并且比较符合当时的实际情况,所以才说是"大便于时"。

北魏先后修订田令的具体内容,包括元澄所奏垦田授受之制八条,由于史籍阙载,无以周知。然敦煌出土的西魏大统十三年(547年)瓜州效榖郡计帐残卷(以下为行文之便,简称"残卷")和文献中的有关记载,为我们提供了北魏均田令修订的一些具体内容。[1]据这些记载,我们对北魏均田令的内容可暂补充以下六条:

一、"受田悉足者为宽乡,不足者为狭乡"

太和九年时,尚未明确确定宽乡、狭乡之制,田令中惟有"地足之处"、"地狭之处"之称。宽乡、狭乡之制始于何时?史籍中无确切记载。同时使用"宽乡"、"狭乡"专用名称的,最早见诸于隋代。《隋书·食货志》载:开皇十二年(592年),"时天下户口岁增,京辅及三河,地少而人众,衣食不给。议者咸欲徙就宽乡。其年冬,帝命诸州考使议之。又令尚书,以其事策问四方贡士,竟无长算。帝乃发使四出,均天下之田。其狭乡,每

丁才至二十亩,老、小又少焉。"为此,有的同志认为,将北魏太
和九年田令中"地狭之处"和"地足之处"分别概括为"狭乡"和
"宽乡",是隋朝的首创[2]。其实不然,宽乡和狭乡之制的创立,
宽乡和狭乡专用名称的出现,并非始于隋代,而应是始于北魏
后期。其据有二:第一,西魏大统十三年残卷中人户应受田数
额的记载反映出,北魏在太和九年以后的田令修订中,已增入
了"狭乡受田,露田减宽乡之半"的条文,并已付诸实施(详论见
下文第二条)。田令中即已有此条文,那么,相应的当已有宽
乡、狭乡的区分,定有宽乡、狭乡之制。这是制定和实施"狭乡
受田,露田减宽乡之半"条文的前提条件。并且,"宽乡"、"狭
乡"专用名称与太和九年田令中"地足之处"、"地狭之处"称谓
的基本内涵显然是一致的。随着分别制定"地足之处"与"地狭
之处"不同受田数额的需要,将"地足之处"、"地狭之处"这样
的笼统称谓,改进为有明确的划分标准,固定使用"宽乡"、"狭
乡"专用名称,则完全是顺乎自然和合乎逻辑发展的。第二,北
齐初年,已经使用"宽乡"的称谓。《隋书·食货志》载:"天保
八年,议徙冀、定、瀛无田之人,谓之乐迁,于幽州、范阳宽乡以
处之。"天保八年为公元557年,此时北齐尚未颁布本朝均田
令。至公元564年即河清三年北齐才颁布均田令。在河清三
年以前,北齐田制"仍依魏朝"[3]。因此,北齐初年使用"宽乡"专
用名称,应是沿袭北魏之旧。既已有"宽乡"之称,那么,相对的
必已有"狭乡"之称。"宽乡"、"狭乡",本是相对而言,故两种
称谓必定同时出现,同时行用。并且,北齐初"宽乡"的含义,与
后代田令中"田多可以足其人者为宽乡,少者为狭乡"[4]的规定
是完全相一致的。上引材料明确表明是议徙冀、定、瀛三州"无
田之人"于幽州、范阳"宽乡以处之"。所以,据上所证,可以推

定"受田悉足者为宽乡,不足者为狭乡"的条令是制定于北魏后期,应属北魏均田令的内容。北齐、隋、唐的宽乡、狭乡之制乃是沿袭北魏之制。

二、"狭乡受田,露田减宽乡之半"

太和九年时,即无宽乡、狭乡的区分,亦未分别制定宽乡、狭乡的应受田数额。田令中仅规定:"诸地狭之处,有进丁受田而不乐迁者,则以其家桑田为正田分;又不足,不给倍田;又不足,家内人别减分。"[5] 当时,全国露田实行统一的受田标准,即丁男四十亩,丁女二十亩。但由"残卷"的记载进行核算,其应受田标准额是:露田("残卷"记为"正田",即露田。这是沿用太和九年田令中的称谓),丁男二十亩,丁女十亩;麻田,丁男十亩,丁女五亩。麻田授受数额与太和九年田令相同,露田则为太和九年田令规定数额的一半。"残卷"中露田授受标准额是怎么确定的呢? 我们认为,它是依据北魏田令中关于"狭乡受田,露田减宽乡之半"的规定而来。这一规定是在太和九年田令基础上修订的。这一论断,既非出于数字的巧合,亦非凭空推测。

首先,"残卷"所记载的瓜州效穀郡地区属于狭乡。

对此,我们可以"残卷"记载的土地实际授受状况为证:第一,人户所受之地,绝大部分都在户主居舍的前后左右,离居舍最近的只有一步,最远的仅是一里,大部分都是在几步之外。并且,地块比较集中,多者十亩,少者五亩。夫妇地段相连接。第二,依据"残卷"上的应受田标准,绝大部分人户的实际受田数量皆不足额。"残卷"所记应受田户共三十三户,其中唯有以癃、老、中、小当户者的六户全部受足,其余二十七户皆未受足。

不足者,主要是正田分。园宅地、麻田则一般受足。"残卷"所反映的情况表明,当时该地区土地买卖、土地兼并还不严重,亦还没有因户口增长等多次还授变化造成土地授受的畸零和严重不足。与唐代敦煌地区户籍残卷记载的受地既畸零又离居舍远等情况相比较,说明这里土地的占有还是比较稳定的。土地之所以会授受不足,是因为该地区本来就是属于田地不足其人的狭乡。

其次,我们可以通过逆向考察,即从北魏以后的均田令和实施情况,来证实"残卷"中应受田标准额确定的依据。

关于狭乡受田,露田减宽乡之半,在唐代均田令中有明确的规定:"授田之制,丁及男年十八以上者,人一顷,其八十亩为口分,二十亩为永业;……田多可以足其人者为宽乡,少者为狭乡。狭乡受田,减宽乡之半"[6],"应给宽乡并依所定数,若狭乡所受者,减宽乡口分之半。"[7]这是史籍所载田令的情况。我们再看吐鲁番西州地区户籍残卷对均田制实施情况的记载,如唐代《唐开元四年(716)西州柳中县高宁乡籍》[8],其中江义宣户合受田者为一丁二寡,应受田玖拾壹亩。唐令:丁男百亩,八为口分,二为永业;寡妇口分田三十亩。按唐令狭乡受田口分减半计算,江义宣户应受田数为:永业田 20 亩＋一丁口分 40 亩＋两寡口分 15 亩＋园宅 1 亩＝91 亩,这与户籍所载应受田数完全一致。该户籍中还有数户应受田数,皆是依狭乡受田减宽乡口分之半的规定计算的,兹不一一列举。在均田制实施过程中,狭乡受田按口分田减宽乡之半的规定授受的情况,不独存在于唐。在反映唐以前的西魏北周田令的吐鲁番文书中也同样存在。如《唐贞观十四年(640)九月安苦呵延手实》[9],此《手实》是在唐平定高昌的第二个月申报的。因此,《手实》中的应受田数额很可能是沿用西魏北周旧制[10]。《手实》中记有"合受田八十亩",这合受田八十亩是怎么来的呢?此乃是以一夫一妇按"狭乡受田,露田减宽乡之半"的规定来计算的,即永业田二十亩,露田男夫四十亩,妇人二十亩,合为八十亩(西魏北周田令规定:"有室者,田百四十亩"[11],即露田丁男八十亩,妇人四十亩,永业田二十亩)。由上述可见,从史籍到文物,即从令文到实践都表明,唐代均田制中狭乡受田减宽乡口分之半的原则的存在。但是,这一原则并非肇始于唐代。我们通过《唐贞观十四年(640)九月安苦呵延手实》,可以从西魏北周看到唐代这一原则由来的踪迹,并且通过西魏大统十三年残卷,可以将其源头追溯到更长远的北魏后期。从北魏后期到唐代,狭乡受田减宽乡口分之半的原则在均田制实施过程中的一贯性,说明了均田制中这一原则的因袭性,从而可以证明我们对于"残卷"应受田标准额由来和依据的论断的合理性。诚如上述,则"狭乡受田,露田减宽乡之半"的条文,应是始定于北魏后期,属北魏均田令的内容。

三、"年十八以上进丁受田,六十五老免退田"

太和九年时,民年十五以上,七十以下为丁。故田令规定,男夫十五以上授田,年逾七十者退田。"残卷"所载"丁中"的年限划分与太和九年时相比,已经发生了变化。其"丁中"年限为:"黄口"——三岁以下;"小口"——四至九岁;"中口"——十至十七岁;"丁口"——十八至六十四岁;"老口"——六十五岁以上。这说明,太和九年以后,北魏政府对"丁中"年龄的划分已经作过新的调整。成丁入老的年龄有了改变,民人受田、退田的年龄必定随之作出新的规定。从"残卷"的记载来看,当

时授受田的年龄确已按新的规定实施。"残卷"中记有十五岁
（婆罗门户），十七岁（侯老生户）的中男各一人，在记帐中，他
们既不受田也不从课。还记有十八岁进丁者共三人（白醜奴户
一丁男，残缺户主户内一丁男、一丁婢），他（她）们皆受田从
课。现各引一列于下：

> 户主侯老生水酉生年卌拾件　　白丁　课户上
> 　妻邓延腊腊丙子生年卌拾两　　丁妻
> 　息男阿显丁未生年两拾壹　　白丁
> 　息男显祖辛亥生年拾柒　　中男
> （下略）

```
                    ┌─口一出陈不课中女死
                    │
        凡口七       │                    ┌─口二男┌─口一中年十七
            │        │          ┌─口三不课│      └─口一小年四
            │        │          │        │
            └─口六见在│          │        └─口一中女年十
                     └──────────┤
                                │
                                └─口三课见输┌─二丁男
                                            └─一丁妻
```

> （略）

> 计受田口三┌─二丁男
> 　　　　　└─一丁妻

　　上列为十七岁的中男不受田不从课，下列为十八岁的男子
进丁、受田从课：

户主白醜奴丁亥生年肆拾壹　白丁　课户中

母高阿女壬寅生年捌拾陆　老妻

妾张醜女丙申生年叁拾两　丁妻

息男显受庚戌生年拾捌　白丁　进丁

（略）

弟武兴壬寅生年叁拾陆　白丁

兴妻房英英已亥生年两拾究（九）　丁妻

$$
凡口十五
\begin{cases}
口十不课
\begin{cases}
（残缺）\\
口八女
\begin{cases}
口一老年八十六\\
口二中年十二已下\\
口四小年八已下\\
口一黄年二
\end{cases}
\end{cases}\\
口五课见输
\begin{cases}
三丁男\\
二丁妻
\end{cases}
\end{cases}
$$

（略）

$$
计受田口五
\begin{cases}
三丁男\\
二丁妻
\end{cases}
$$

从上引"残卷"记载的情况可见，太和九年以后，随着"丁中"年龄界限的变更，北魏政府已将太和九年田令中男夫十五以上受田，年逾七十者退田的规定更改为："年十八以上进丁受田，六十五老免退田。"

四、"小男、老男当户者，各授以半夫田"

太和九年田令对于无丁人户的授田规定为，"诸有举户老小癃残无授田者，年十一已上及癃者各授以半夫田，年逾七十者不还所受，寡妇守志者虽免课亦授妇田"，亦即无丁户，中男、癃者授以半夫田；老男不还已受之田；寡妇依妇人授田法。从"残卷"中癃老中小受田的情况来看，北魏后期对太和九年田令的规定作了新的修改。现将"残卷"中癃老中小受田情况的记载移录于下：

（前略）
都合应受田户叁拾叁
　户　　六　　足
　　口六男隆老中小
　牛　　一　　头

右件应受田壹顷壹拾陆亩足 $\begin{cases} \text{卅亩麻} \\ \text{八十亩正} \\ \text{六亩园} \end{cases}$

（后略）

这段记载表明，这时对举户老小癃残无受田者人户的受田，在太和九年田令的基础上作了两点修改。

其一，新增了小男当户者的受田，应受田数额为丁男之半。太和九年田令中没有小男受田的规定，"残卷"中则明确记载了"小"男的受田。小男是在什么情况下受田呢？"残卷"载"户六足口六男隆老中小"，这显然是每户一人受田，受田者自然应是当户者。所以,小男必定亦是以当户者的身份受田。受田数额:癃老中小六口,应受田数额已全部受足。其中,麻田三十亩,系六人每人五亩;正田八十亩,减去牛一头受田二十亩,余六十亩,为每人十亩;园宅地六亩,每户一亩。据此,癃老中小当户者的应受田数额为:正田十亩,麻田五亩。按该地区丁男应受田,正田二十亩、麻田十亩的标准额计算,癃老中小当户者的应受田数额为丁男的一半。

其二,老男当户者的受田。太和九年田令是"年逾七十者不还所授",即已受田不还公。依此令,如果其实际占田数额与丁男相同,也不追减。据"残卷"的记载和以上癃老中小应受田数额的计算,北魏后期的田令中,老男当户者的应受田数额已限定为丁男之半,即授以半夫田。与太和九年田令的规定相比,其数额缩减了一半。

史籍中有关小男受田的明确记载,最早见于隋代。《隋书·食货志》载,开皇十二年"帝乃发使四出,均天下之田。其狭乡,每丁才至二十亩,老、小又少焉"。但小男、老男当户者的受田,非隋代始有,而是因袭北魏旧制。

五、"职分公田,不问贵贱,一人一顷,以供刍秣"

太和九年田令中,没有明确的关于官吏"职田"授受的条令。但田令中规定:"诸宰民之官,各随地(近)给公田,刺史十五顷,太守十顷,治中别驾各八顷,县令、郡丞六顷。更代相付,卖者坐如律。"唐人杜佑认为,"职分田起于此"[12]。杜佑此言,是基于对"公田"性质的认识。因其按品秩等级受田的授受方式和"更代相付"、不准买卖,土地所有权属于国家的性质,与后代职田的授受方式、性质是一致的。太和九年田令中的"公田",就是后代之"职田"。就其性质而言,无疑是正确的。后代有关官吏职田授受比较周详的条文,是在太和九年田令"公田"授受条文基础上的不断发展和完善化。不过,杜佑将职田的起源定于太和九年,则为时过晚。推行均田制以前的太和五年,北魏政府就已规定:"州刺史、郡太守,并官节级,给公田。"[13]太和九年田令中关于地方官吏受"公田"的条文,实际上是将太和五年的规定纳入均田制度中。所以,职田的起源至迟可以溯源到太和五年。

太和九年田令中关于官吏受公田的规定,一是仅限于地方官;二是还未明确使用"职田"的名称。然北齐人宋孝王的《关东风俗传》云:"魏令,职分公田,不问贵贱,一人一顷,以供刍秣。"[14]依宋孝王之言,此条令应系"魏令"的内容。毋庸置疑,这显然不是太和九年田令中的内容,而是以后新增订和颁布的条令。这一条令,语焉不详,难以辨明其施行的范围。"一人一顷"是仅限于京官呢?还是包括了全国所有的官员?地方官原来的受田数额,刺史十五顷,太守十顷,最少的,县令、郡丞亦有六顷。此时锐减为一顷,显然行不通。所以,日本学者堀敏一认为,这一规定主要是以京官为对象的。颁行的时间,最大的可能性是在迁都洛阳时期。[15]韩国磐先生则认为,这种一人一顷的公田,既不同于对有功者的赐田,也非以后按品级给予官吏的永业田,更不是按品级给予的,更代相付的职分田,该是沿西晋时给予诸侯的刍藁田而来,以后演变和并入官吏的永业中。[16]我们认为,这一人一顷的职分公田,最初是以职田的形式分配给京官的,并且很可能有如堀敏一之言,是在迁都洛阳时期所颁布。但是,这一条令,在很大程度上是属于权宜之计。其目的在于,满足迁都洛阳的官僚们的利益,稳定官僚队伍,保证迁都和迁都后统治的稳固,并没有从完善官吏职田授受制,完善均田制度的角度出发。所以,这条"职分公田"的规定,不仅与太和九年田令中的"公田"授受条令无紧密的承前联系,而且与后代田令中的职田授受条令亦无紧密的启后关系。一言概之,此条令虽属北魏田令的内容之一,但它在均田制度中官吏职田授受制的发展完善过程中不起重要作用,属于权宜之计。正因为如此,这一人一顷的职分公田,到北魏末期,即宣武帝时,便"始以水赐,得听买卖"[17],由属于国家的职田转化为官吏的私田。

六、"每年十月,还授民田"

土地还授的时间,太和九年田令规定:"诸还授民田,恒以正月",即每年正月实行土地还授。《通典·田制下》记载,北齐初年土地还授的时间定为每年十月。土地还授时间的更改,是在北魏后期,还是在北齐初年,史籍中无明确记载。但由《通典》的记载来看,似应变更于北魏后期。《通典》谓:"北齐给授田令,仍依魏朝。每年十月,普令转授,成丁而授,丁老而退,不听卖易。文宣帝天保八年,议徙冀、定、瀛无田之人……武成帝河清三年诏……。"[18]《通典》对北齐田制的记载,具有比较明确的时间顺序。"每年十月,普令转授"的条文在时间上系于河清三年田令之前。这显然表明,此条文是在河清三年田令颁布以前就已经确定的。《隋书·食货志》比较详细地记载了北齐河清三年田令的内容,但田令中没有关于土地还授时间的条文。这也可以佐证,土地还授时间由原来的正月改为十月,是早在河清三年以前就已经修改的。北齐在河清三年田令颁布之前,实行均田制,乃是沿用北魏的田令。如此,则"每年十月,普令转授"的规定,自然亦是沿用北魏旧制。所以,从史籍的记载来看,土地还授时间改定为每年十月,应是在北魏后期,而非始于北齐。

土地还授时间的更改,自然是为了更适合于农业生产耕作交替的时间。所以,我们还可以通过对当时农业生产状况的考察进行论证。据《齐民要术》记载,当时黄河中下游地区[19],凡一年一熟的地区,一般耕地的时间是在春季、秋季,即播种前和收获以后,冬季休耕;二年三熟的地区,主要在春、秋二季耕地,有时夏季也耕地,田间空闲的时间亦在冬季。春耕后紧接着是播种。《齐民要术》比较详细地叙述了主要农作物的播种时间,并分列出上、中、下三时。如谷,上时二月上旬,中时三月上旬,下时四月上旬;水稻,上时三月,中时四月上旬,下时四月中旬;小麦,上时八月上戊前,中时八月中戊前,下时八月下戊前。书中强调,播种适用于上时,并主张适当早种。倘若延至中、下时播种,则必须比上时播种时多下种子。由上可见,春耕、播种时节,正是农业生产中时间最紧迫又最繁忙的时节,而且是影响到当年收成的关键性节令。土地还授行之于正月,已临近春耕播种时节。而土地还授一般需经过几道手续,在短时间内不易完成。北魏有关土地还授方法、期限的规定,史书阙载。但唐代有比较明确的记载,可资参考。《唐六典》载:"应收授之田,皆起十月,里正勘造簿历,十一月县令亲自给授,十二月内毕。"[20]从里正校勘、编造簿册,到县令亲自签署授受,通常需三个月的时间。在具体办理过程中,若有退田和补授欠田者,手续就比较复杂。根据吐鲁番出土的唐代高昌地区的有关文书可知,其程序除欠田人户向官府提出申请要求补授欠田外,官府需造三类簿书:欠田簿、退田簿、给田簿。编造过程,由里正依田令"预校勘造簿",写成文牒申报于乡,乡编造成乡簿申报于县,县总汇之,编成县簿,最后由"县令总集应退应授之人",签署实行"对共给授"[21]。如此手续,没有二、三个月的时间是不能完成的。当然,这是唐代的情况,不能简单比附于北魏。或许北魏时土地还授的手续,要比唐代简化,时间亦不需三个月。然无论如何,要在一个月内完毕土地还授是极难做到的。但是,如果正月内不能完成土地还授,或稍有迟缓,则势必影响当年的春耕、播种,以致影响当年的农业收成。所以,土地还授的时间定于每年正月,显然是很不适应于当时黄河中下游地区的农业生产状况。从这一地区的农业生产季节来看,惟有每年的冬季即十月至十二月是空闲时节。在这一季节内,一般不从事田间耕作。当时人认为,十月、十一月耕作,不仅违反天道,伤害了越冬的虫子,而且土地也不膏润,收成必薄。[22]因此,将土地还授的时间定于每年十月,在农业季节上是最合适的。《齐民要术》成书于北魏末年或东魏初年(公元534年前后),它所反映的农业生产情况,主要是北魏时期(尤其是后期)黄河中下游地区。据此,结合上述文献记载,我们可以推断,将土地还授的时间由每年正月改为十月,必定是在北魏时期。更改的时间,很可能是在迁都洛阳以后。

　　以上就笔者所识,补北魏均田令六条。文中若有不当甚至错误之处,祈请识者匡正。北魏均田令仍是很不完整的,期望同仁们再予补正,以裨益于均田制的深入研究。

(原载《学术月刊》1990 年第 7 期)

注　释

1　西魏大统十三年残卷,见〔日〕池田温:《中国古代籍帐研究·录文》,第149—
　　165页。"残卷"所反映的均田令的时间界限,我们认为应是北魏肃宗熙平
　　(516—517年)以后至西魏北周均田令实施(约547—549年)以前这一历史时
　　期,其内容属北魏后期修订和颁布的均田令。详论请见拙作:《西魏大统十三年
　　残卷与北朝均田制的有关问题》,《思想战线》1984年第2期。

2　见翁俊雄:《隋代均田制研究》,《历史研究》1984年第4期。

3　《通典》卷2《食货·田制下》。

4　《新唐书》卷51《食货志》。

5　《魏书》卷110《食货志》。

6　《新唐书》卷51《食货志》。

7　《通典》卷2《食货·田制下》。

8　《中国古代籍帐研究·录文》,第243页。

9　《中国古代籍帐研究·录文》,第234页。

10　参见韩国磐:《关于吐鲁番出土的唐代西州户籍残卷中的几个问题》,《中国社
　　会经济史研究》1983年第2期。

11　《隋书》卷24《食货志》。

12　《通典》卷1《食货·田制上》。

13　《通典》卷35《职官·职田公廨田》。

14　《通典》卷2《食货·田制下》。

15　详见堀敏一:《均田制的研究》,福建人民出版社1984年,第195页。

16　详见韩国磐:《北朝隋唐的均田制度》,上海人民出版社1984年,第72—74
　　页。

17　《通典》卷2《食货·田制下》。

18　《通典》卷2《食货·田制下》。

19　《齐民要术》论述农业生产的地区范围,主要在黄河中下游,大概包括山西的
　　东南部,河北的中南部,河南的黄河北岸和山东。参见中国农业科学院、南京
　　农学院中国农业遗产研究室编著:《中国农学史》上册,科学出版社1984年,
　　第238页。

20　《唐六典》卷30《三府·都督·都护·州·县官吏》,京畿及天下诸县令之职
　　　条。

21　详见拙作:《论均田制土地授受方式》,《历史研究》1987 年第 5 期。

22　《齐民要术》卷1《耕田第一》。

六、北齐、隋朝均田令补遗

在北朝隋唐推行均田制的近三百年间,北魏、北齐、西魏北周、隋、唐都颁布过本朝均田令,又都不断地调整、补充和修订均田令。各朝均田令修订的具体时间和内容,除唐朝有较为详细的记载外,其余各朝皆无比较明确而翔实的记载。唐朝的田令虽然记载较详,仍有粗疏之处。日本学者仁井田陞在《唐令拾遗》中对唐朝田令作了较为细致的梳理与辑补,使我们能够比较全面地了解和掌握唐朝的田令。但北魏、北齐、西魏北周、隋朝的田令补遗,以往却一直未见有论著发表。其原因在于资料的严重匮乏,难于作出比较全面而系统的补遗。然而,根据现有史籍和出土文物中的一些零星记载,对各朝均田令作些拾遗补阙,增补个别条文,辨析修订的大体时间,还是可能做到的。这些条文虽然极为有限,并不足以恢复各朝均田令的全貌,但对于我们进一步了解各朝均田令的内容,深入研究均田制发展演变的阶段和过程,却仍有着极为重要的价值。关于北魏的均田令,我曾补遗六条[1]。本文就北齐、隋朝的均田令作点补遗。

一、北齐均田令补遗

北齐建立之初,继续推行均田制,沿用北魏的均田令,"北齐给授田令,仍依魏朝,每年十月普令转授。成丁而授,丁老而退,不听卖易"[2]。至武成帝河清三年(564年)始颁布本朝均田令[3]。据《隋书》、《通典》的有关记载,北齐在河清三年令以后,曾增补过新的条文,就目前所知者,至少有两条。

(一)"诸田帖卖者,帖荒田七年,熟田五年,钱还地还"

《通典》卷二《田制下》引宋孝王《关东风俗传》云:北齐"帖卖者,帖荒田七年,熟田五年,钱还地还,依令听许"。"依令",自然是依北齐田令。北齐河清三年均田令的内容,《隋书·食货志》、《通典》卷二《田制下》都有比较详细的记载,田令中没有关于土地帖卖的条文。宋孝王所言土地帖卖"依令听许"的令文,显然是在河清三年令以后新增补的。增补的时间,史籍没有明确的记载,只好付之阙如。

由于北齐允许土地帖卖,致使土地买卖,土地兼并,人口流移的情况十分严重,"比来频有还人之格,欲以招慰逃散。假使暂还,即卖所得之地,地尽还走。虽有还名,终不肯住,正由县听其卖帖田园故也。"[4]所以,以后唐朝的田令在吸收北齐关于土地帖卖的条文时(隋朝田令中是否有关于土地帖卖的条文,未见诸史籍记载,目前尚不能断),对土地帖卖的范围作了严格的限定,以限制土地买卖,抑制土地兼并。《通典》载唐开元二十五年(737年)田令规定:"诸田不得贴赁及质,违者财没不追,地还本主。若从远役外任,无人守业者,听贴赁及质;其官人永业田及赐田,欲卖及贴赁者,皆不在禁限。"一般均田农户的土地不允许贴赁,只有远役外任而无人守业的府兵兵士及官僚的土地才允许贴赁及质。

(二)"中男受田,依丁男给授"

《隋书·食货志》在记载隋朝开皇二年(582年)田令中云:"其丁男、中男永业露田,皆遵后齐之制。"关于中男受田的条文,这是首次见及。对这一条文,有的同志提出疑义,认为"北齐河清三年令根本没有关于中男受田的规定,怎么能按北齐的规定受田呢? 再说,开皇二年田令也不应有中男受田的条文。中男受田实际上始于开皇三年。开皇二年新令规定:'十八已上为丁',而在开皇三年正月'初令军人以二十一成丁'。成丁年龄提高了,而原十八以上受田的规定并未相应改变(这一规定并被唐朝所继承)。这样,十八岁以上的中男才受田。由此可见,这句话中的'中男'二字显然是错误的。"[5]要言之,中男受田的条文,既非北齐田令所有,亦非隋开皇二年田令的内容,而是始于开皇三年。

这样的分析与推测,初看起来似乎是有道理的。但仔细推敲,则疑窦丛生。因北齐河清三年田令中没有关于中男受田的规定,便完全否定其存在的可能性,不免失之偏颇。从史籍的记载来看,各朝在首次颁布本朝田令之后,都或多或少对田令有过修订,进行过必要的调整和补充。北魏太和九年令后,至肃宗熙平年间,对田令进行过重大修订。唐朝于武德七年(624年)、开元七年(719年)、二十五年(737年)先后数次颁布田令。北齐自然不能例外。前述关于允许土地帖卖的条文,河清三年田令中并无此项规定,但它确系北齐的令文,只是它属于河清三年以后新增订的田令条文。所以,中男受田的规定始于北齐,系北齐河清三年令后新增补的田令条文的可能性,应该说是存在的。

以成丁年龄提高了,而原十八以上受田的规定并未相应改变作为中男受田之制始于开皇三年的论据,显然亦是不充分的。隋开皇二年田令颁布实施后,并非一贯有隋一代而无变动,亦是有过调整和补充的。如开皇十年,隋文帝下诏改革府兵制,寓兵于农,府兵兵士与百姓一样还受土地。而史籍所记载的有关隋朝田令方面的内容并未见有府兵兵士受田的条文,但府兵受田却是实施了(关于隋朝田令修订的情况,我们在隋朝田令补遗中还将详细论述,此仅举一例)。这说明,随着府兵制度的改革,田令也相应的增补了有关府兵兵士还受土地的条文。只是史籍中对田令修订、增补的情况未作明的记载。因此,断定开皇三年成丁年龄提高后,原十八以上受田的规定并未相应改变,这样十八以上的中男才受田,并据此认为《隋书·食货志》关于隋朝中男受田遵后齐之制的记载是错误的,都是缺乏依据的。

成丁年龄发生变化,受田的年龄亦随之变动,而史籍却无明确记载的情况,北魏就已存在。北魏太和九年田令规定:"诸男夫十五以上,受露田四十亩,……。"[6]时民年十五进丁受田。根据敦煌西魏大统十三年记帐残卷的记载,北魏后期进丁年龄与授田的情况都已发生变化。记帐中,户主侯老生户内有十七岁的中男一人,户主其天婆罗门户内有十五岁的中男一人,他们皆不受田[7]。此时,民年十八才进丁受田。这说明,太和九年以后,北魏政府对"丁中"年限的划分已经作过新的调整,成丁的年龄提高了，田令中关于民人受田的年龄也相应作了改变，并且已付诸实施。但是，对于这一重大变化，史籍中却无明确的记载。然而，这一变化却是确凿存在的，出土的记帐残卷提供了实证。北魏成丁的年龄由十五岁提高到十八岁后，原十五至十七岁受田的丁男便降为中男，除中男当户者可继续受一定数量的土地外，一般的中男不再成为受田对象。由北魏的情况可见，以开皇三年成丁年龄由十八岁提高到二十一岁后，原十八以上受田的丁男便成为中男受田的推断，亦是缺乏说服力的。

　　所以，我们认为在没有确凿的资料为证以前，不应轻易否定《隋书·食货志》关于隋朝中男受田遵后齐之制的记载。就现有史籍记载所反映的情况来看，中男受田之制始出现于北齐（河清三年以后的时期），属北齐田令的条文之一，是具有很大可能性的。北齐河清三年令，包括田令、赋役令等内容，其中还有一段令文，即"每岁春月，各依乡土早晚，课人农桑。自春及秋，男十五已上，皆布田亩。桑蚕之月，妇女十五已上，皆营蚕桑。孟冬，刺史听审邦教之优劣，定殿最之科品。人有人力无牛，或有牛无力者，须令相便，皆得纳种。使地无遗利，人无游手焉。"[8]这段令文，《通典》、《册府元龟》皆列入北齐河清三年田令的内容[9]，《隋书·食货志》则附于田令、赋役令之后。无论以上诸书将此段令文排列的秩序如何，该令文属武成帝河清三年令的内容则是毋庸置疑的。由这段令文反映出，十五岁以上的男子，其中主要又是中男（河清三年定令，十六以上、十七以下为中；十五以下为小），虽然不受田，但在自春及秋的农业生产季节中，都必须与丁男一样服劳田亩，参加农田生产劳动。中男必须参加农业生产的情况，不惟出现于北齐，早在北魏孝文帝时期就已经实行。孝文帝太和元年(477 年)三月曾诏令：
"一夫制治田四十亩,中男二十亩"[10],具体地规定了丁男、中男
耕作的亩数。太和九年推行均田制后,丁男受田;户内有丁男
者,则中男不受田;若户内无丁,中男当户者授半夫田;田令规
定:"诸有举户老小无授田者,年十一以上及癃者各授以半夫
田,……。"[11]所谓十一以上者,即指中男当户者的受田。所以,
从开始推行均田制,就已经有中男受田的规定,只不过这时中
男的受田,还仅限于中男当户者,受田的数额为丁男的一半。
一般的中男虽不受田,但中男参加农业生产的传统很可能继续
延续着。而且,北魏后期丁、中的年龄界线都相应提高,原十五
至十七岁的受田丁男,此时降为中男而不受田,但他们必定不
会因此而脱离农业生产,成为游手而闲居。北齐河清三年令中
规定男子十五以上必须"皆布田亩",与北魏后期农业生产劳动
的社会状况应该说是有一定联系的,换言之,很可能是继续着
北魏后期的传统,只是此时以诏令的形式使其制度化。中男在
农业生产中是农田上的生产劳动者,但在土地授受中,他们却
没有自己的土地份额,这自然不利于调动其生产劳动的积极
性。所以,河清三年以后,在修订田令时,将原来仅限于中男当
户者的受田,调整扩大为凡中男皆依丁男受田。隋朝推行均田
制,仍因袭其制。故《隋书·食货志》的编撰者,在移录隋开皇
二年田令时,将丁男、中男受田的规定,概括为"皆遵后齐之
制"。中男应受田的数额是多少,北齐、隋朝皆无记载,惟唐令
中规定:"中男年十八已上者,亦依丁男给"[12],即受田百亩。唐
朝中男受田之制系沿袭隋制,而隋又遵后齐之制,故北齐中男
受田的数额亦当与丁男相同,即露田八十亩,桑田二十亩,合为
百亩。

二、隋朝均田令补遗

隋朝于开皇二年颁布均田令[13]。均田令的内容见诸史籍者十分简略。这并非开皇二年颁布的均田令就是如此简略,而是编修史书者的省减。之所以省减,是因为隋朝田令中关于一般百姓还受土地的规定多因北齐之制,故以"其丁男、中男永业露田,皆遵后齐之制"一言而概之。此句显然不是隋朝田令中的原文,而是编史者的概括之言。田令中惟官员受永业田和职分田的等级数额记载较详,说明此为隋朝新增之制。然以一言概百姓之受田,未免过于空疏,且有遗漏。近年翁俊雄在《隋代均田制研究》一文中[14],对《隋书·食货志》所载隋开皇二年田令的内容作了一些补正,补正者共三条:一、"一夫受露田八十亩","又每丁给永业二十亩,为桑田";二、露田"妇四十亩,奴婢依良人";三、应有老、小受田的规定。这三条无疑是正确的。此外,田令中还有一处需予以纠正,即"又给公廨田,以供公用"的条文,不属于开皇二年田令的内容。给公廨田之制,起始于开皇十四年,它是由公廨钱改变而来(下面我们将专条论述)。这是编史者的粗疏所致,误将以后增补的令文载入开皇二年田令。

隋朝开皇二年颁布均田令后,在实行的过程中亦应有过新的补充与调整。就史籍的记载来看,至少有四条。

(一)府兵兵士依民还受土地

开皇十年五月,隋文帝诏令:"魏末丧乱,宇县瓜分,役车岁动,未遑休息。兵士军人,权置坊府,南征北伐,居处无定,家无完堵,地罕包桑,恒为流寓之人,竟无乡里之号。朕甚愍之。凡是军人,可悉属州县,垦田籍帐,一与民同,军府统领,宜依旧式。"[15]由此诏令可知,在开皇十年以前,府兵兵士"无乡里之号",不附籍州县;"居处无定","恒为流寓之人",未受有固定的土地。这时改为"悉属州县,垦田籍帐,一与民同",即同均田农户一样,附籍州县,授受土地。隋文帝的这一改革措施,在短期内便得到了实施。《资治通鉴》卷一七八开皇十二年十二月条载:"诏曰:'宁积于人,无藏府库。河北、河东今年田租三分减一,兵减半功,调全免。'(胡三省注:田出租,丁出调,详已见前。兵受田,计亩为功,以其所出,修器械,备糗粮,今亦减其半。)"这表明,至开皇十二年时,府兵兵士皆已受田,实现了"垦田籍帐,一与民同"。如此,则隋朝必定在改革府兵制的同时或稍后,对田令进行了必要的增补,补充了关于府兵兵士依一般百姓还受土地的条文。

(二)府兵兵士身死王事者,所受露田不退还公,由子继承

《隋书·郎茂传》载:"(郎茂)又奏身死王事者,子不退田,品官年老不减地,皆发于茂。"此所谓"身死王事者",当指阵亡之府兵兵士。这条记载表明,在郎茂上奏之前,府兵兵士已按田令的规定受有土地,并如同百姓一样实行还受之制。为了以示国家对阵亡兵士的优恤,又提出了凡阵亡兵士,其所受露田不入还授之列,可由其子继承之议。郎茂的奏议后为隋文帝所采纳(据《郎茂传》,郎茂此奏是在开皇年间),并已付诸实施。因为唐朝田令中"身死王事者,其子孙虽未成丁,身分地勿追"[16]的条文,显然是沿袭隋朝之制。所以,在开皇十年五月改

革府兵制度之后，隋朝的田令还应增补有关于府兵兵士身死王事者，所受露田不退还公，由子继承的条文。

（三）省府州县，皆给公廨田，以供公用

《隋书·食货志》将此条文载入开皇二年之田令，而实际上，开皇二年时根本还没有公廨田之制，那是开皇十四年的事。此议首发于工部尚书苏孝慈，《隋书·苏孝慈传》载："先是，以百僚供费不足，台、省、府、寺，咸置廨钱，收息取给。孝慈以为，官民争利，非兴化之道，上表请罢之，请公卿以下给职田各有差。上并嘉纳焉。"关于苏孝慈上表之事，《隋书·食货志》亦有记载，且详于本传，并记有确切的时间，"先是京官及诸州，并给公廨钱，回易生利，以给公用。至十四年六月，工部尚书、安平郡公苏孝慈等，以为所在官司，因循往昔，以公廨钱物，出举兴生，唯利是求，烦扰百姓，败损风俗，莫斯之甚。于是，奏皆给地以营农，回易取利，一切禁止。"由此可知，苏孝慈上表的时间是在开皇十四年六月[17]。其所言"给职田各有差"或"皆给地以营农"的含义，根据本传和《食货志》记载的具体内容来看，应是指给中央及地方官署公廨田各有差。因为，职田是授与有官职的官员的，官员依品级受田，职田的收入归官员本人所有，作为官员的俸禄；苏孝慈上表中所指的台、省、府、寺，皆是官署，其受田自然与授予官员本人的职田相异，土地属官司占有，收入归官司所有，以供官司公用。并且，提出给官司土地的缘由，是为了革除以往给公廨钱，官司出举争利，败损风俗之弊，故以给地取代给公廨钱。不过，职田与公廨田的性质是相同的，皆为公田。苏孝慈上表以前尚未有"公廨田"之称谓，故其权以"职田"名之。苏孝慈之奏议，很快便为隋文帝所采纳，下诏实行官可给公廨田之制，"（开皇十四年）六月丁卯，诏省、府、州、县，皆给公廨田，不得治生，与人争利。"[18]此令中，首次明确使用"公廨田"的称谓。显然，这里名之的"公廨田"，就是苏孝慈奏议中所言的"职田"，其含义是一致的。由上可见，隋朝省府州县"给公廨田，以供公用"的规定起始于开皇十四年六月。开皇二年田令中不应有此条文，这一条文应是开皇十四年六月才增补。《册府元龟》卷四九五《邦计部·田制》在记载隋朝田令时，关于公廨田的条文已作了纠正，记为"（开皇）十四年，诏省、府、州、县，皆给公廨田，不得治生，与人争利"，这是正确的。

（四）取消妇人、奴婢的受田

开皇二年田令中，应有妇人、奴婢受田的条文，这已成为定论。然至隋炀帝即位，于公元 604 年 10 月"诏除妇人及奴婢、部曲之课"[19]。既除妇人、奴婢之课，那么，依照隋朝"未受地者皆不课"[20]的规定，妇人、奴婢于此时起便不再受田。相应的，原田令中关于妇人、奴婢受田的条文，当应随之而取消。所以，唐朝田令中不再有妇人（除寡妻妾外）、奴婢受田的条文。

以上就我们所见及的资料，对北齐、隋朝的均田令作了数条补遗，以期裨益于均田制的深入研究。一孔之见，未必精当。若有不当之处，祈请识者斧正。

（原载《思想战线》1990 年第 6 期）

注　释

1　详见拙作《北魏均田令补遗》,《学术月刊》1990 年第 7 期。

2　《通典》卷 2《食货·田制下》。

3　《隋书》卷 24《食货志》。

4　《通典》卷 2《食货·田制下》。

5　翁俊雄:《隋代均田制研究》,《历史研究》1984 年第 4 期。

6　《魏书》卷 110《食货志》。

7　详见拙作《西魏大统十三年残卷与北魏均田制的有关问题》,《思想战线》1984
　　年第 2 期。

8　《隋书》卷 24《食货志》。

9　详见《通典》卷 2《食货·田制下》;《册府元龟》卷 495《邦计部·田制》。

10　《魏书》卷 7 上《高祖纪》。

11　《魏书》卷 110《食货志》。

12　《唐六典》卷 3《尚书户部》。

13　《隋书·食货志》、《通典·田制》载隋代均田令,均未有田令颁布的时间。惟
　　《册府元龟》卷 487《赋税一》载:"(开皇)二年颁新令。"隋代赋役令与田令系
　　同年颁布,故知田令颁布于开皇二年。

14　翁俊雄:《隋代均田制研究》,《历史研究》1984 年第 4 期。

15　《隋书》卷 2《高祖纪下》。

16　《通典》卷 2《食货·田制下》。

17　《资治通鉴》卷 178 对此事亦有记载,其内容与《隋书·食货志》所载基本相
　　同,但时间则系于开皇十四年四月。此按《隋书·食货志》记载的时间。

18　《隋书》卷 2《高祖纪下》。

19　《资治通鉴》卷 180,文帝仁寿四年十月条。

20　《隋书》卷 24《食货志》。

七、均田制中永业田的授受问题

均田制中永业田的授受问题,迄今史学界意见不一。一些同志认为,永业田是人户原有土地,并非由国家实际授予。有的同志又提出,初授的永业田皆是由国家授给的,不包括农户原有土地。我认为,永业田中既有人户原有的土地,也有国家直接授给的土地。现就上述问题进行探讨,以求教于方家。

一

从北魏至唐,桑田(永业田)的授受即土地的来源,应是既有人户原有土地,又有国家直接授予的土地。下面,我们分而论之。

北魏颁行均田制度,其实质是为了限制鲜卑贵族和汉族地主的土地兼并,解决土地争讼,使流亡农民、无地农民与国家所掌握的荒闲土地相结合,使他们成为国家的均田农户,以达缓和社会阶级矛盾、稳定社会秩序、增长国家赋税收入、巩固封建统治的目的。既然如此,那么,将国家所掌握的土地授予无地的农民,将农民固着于土地上,必然是实行均田制的一项重要内容。不然,就不可能达到上述目的。实际上,由国家直接授地与无地农民的措施,北魏政府在推行均田制以前就已经实行

了。如拓跋珪时对迁徙之民的"计口授田"[1]，世祖时，"是时多
禁封良田，……悉以授民"[2]等均属此种性质。太和九年推行均
田制的内容之一，就是将这一措施制度化、完整化并扩大到全
国范围内实施。正因为在实行均田制度时，国家需直接授地与
民作为桑田，所以，在均田令中对于桑田的授受才会有这样一
条规定："诸初受田者，男夫一人给二十亩，课莳余，种桑五十
树，枣五株，榆三根……。限三年种毕，不毕，夺其不毕之地。"[3]
所谓"初受田者"，盖指无世业之田者，需由国家授予土地作为
桑田。因为，所给之田必须种植一定数量的桑榆，如三年内不
完成，国家将收回所给之地。这说明，这些土地在此之前并非
是种桑之田，也不是人户世业田，而是国家授予的荒闲土地。
可见，均田令中此条规定所适用的范围和对象，很明确，是针对
原来没有土地而需由国家授予的"初受田者"。

北魏太和九年颁行均田制后，北魏政府也确曾将国家土地
分授与民。这在史书中有明确记载：

《魏书·公孙表附子公孙邃传》："高祖与文明太后引见王
公以下，高祖曰：'比年方割畿内及京城三部于百姓，颇有益
否？'邃对曰：'先者，人民离散，主司猥多，至于督察，实难齐整。
自方割以来，众赋易办，实有大益。'太后曰：'诸人多言无益，卿
言可谓识治机矣。'"北魏的"畿内"与"部"是在太祖时划定的，
高祖时，"比年方割畿内及京城三部于百姓"，当是指在畿内与
三部之内分割土地与百姓。正是分土与民，才会出现"众赋易
办"。分割土地与百姓的时间，即"比年"，当包括太和九年、十
年和十一年五月之前。因为，高祖与文明太后引见王公以下的
事，是在高祖诏公孙邃等率众南讨舞阴之后[4]，而讨伐舞阴事，
是在"（太和）十有一年"[5]。由此可见，高祖分割畿内与京城三

部土地于百姓的时间,正值推行均田制之时,是均田制授受土地的实施。既然分授土地的对象主要是百姓,且又依据均田令授受,那么,受田百姓中原"游食之口"和被检括出的无地农民的桑田,就不是先有地,而是直接受自于国家。因为均田制土地授受的原则是先永业后口分,无论土地授受量的多寡,总是先授与人户永业田。

北魏国家直接授田予民作为桑田的事实,以后各朝依然存在。

北齐时,"贫户因王课不济,率多货卖田业,至春困急,轻致藏走。亦懒惰之人,虽存田地,不肯肆力,在外浮游,三正卖其口田以供租课。比来频有还人之格,欲以招慰逃散,假使暂还,即卖所得之地,地尽还走"[6]。货卖田业、浮游在外之人,自然已是无地的农民。他们因国家招慰流散而返回乡里,既而,又"卖所得之地",这所得之地是得自谁呢? 当然只能是得自于国家。

隋代,隋初高颎建"输籍之法","定其名、轻其数,使人知为浮客,被强家收大半之赋;为编氓,奉公上蒙轻减之征。"杜佑注曰:"浮客,谓避公税依强豪作佃家也。……高颎设轻税之法,浮客悉自归于编户。隋代之盛,实由于斯。"[7]浮客,既然是佃种强豪土地之人,他们必然手无寸土。高颎设轻税之法后,这些浮客脱离强豪而附籍国家,成为国家编户,负担国家的赋役。国家就必须授予他们一定数量的土地,使他们成为均田农户。隋代规定"未受地者皆不课"[8]。可谓为有力之反证。

开皇十年(590年),隋文帝颁布了府兵"兵农合一"的诏令:"魏末丧乱,宇县瓜分,役车岁动,未遑休息。兵士军人,权置坊府,南征北伐,居处无定,家无完堵,地罕包桑,恒为流寓之人,竟无乡里之号。朕甚愍之。凡是军人,可悉属州县,垦田籍帐，一与民同，军府统领，宜依旧式。"[9]这一诏令说明，隋开皇十年以前，府兵军士都是无土地者。此时，改府兵军士"垦田籍帐，一与民同"，即同均田农民一样，隶属州县，受有土地。隋文帝的这一改革，在短期内便得到了实施。

隋代，浮客及府兵军士的受田，自然都是依均田制度分为口分、永业授受。他们的永业田不是原有土地，而是由国家实际授予。

唐初，由于隋末暴政和长达数年的战争，人口大量减少，土地荒芜；同时社会上还存在着不少流民。唐高祖武德二年(619年)曾诏："流冗之民，随加赈抚。"[10]一直到贞观年间流散者才得以"咸归乡里"[11]。我们知道，从高祖到太宗，尤其是在太宗时，统治集团将恢复和发展社会经济作为巩固和加强封建政权的急务之一，对于流移之人，唐政府自然不会摈弃于这政策之外，而是采取招诱、检括的手段，使他们回归乡里。到了贞观年间，流散者能够"咸归乡里"，说明唐初国家对于回归乡里的流民确实授予了土地。这些流民，也就由无地游民变为占有永业、口分田的均田农户。

唐初，在全国范围内，土地占有的矛盾并不严重。但是，随着社会经济的恢复和发展，土地兼并也随之愈演愈烈，少地和无地的农民越来越多。为了解决这一矛盾，唐政府采取的重要措施之一，就是鼓励农民由狭乡迁居宽乡，并给以优惠的条件。唐令规定："诸人居狭乡乐迁就宽乡者，去本居千里外，复三年；五百里外，复二年；三百里外，复一年。"[12]唐玄宗开元十六年(728年)十月甚至诏令："诸州客户有情愿属边缘利者，至彼给良沃田安置，仍给永年优复。"[13]而且，迁居宽乡后，占田数超过田令的规定，也"律不与罪"，只须"申牒立案"[14]。唐政府的这一政策收到了较大的成效。这从"开元、天宝之中,耕者益力,四海之内,高山绝壑,耒耜亦满"[15],土地大量垦辟种植的情况得到反映。狭乡迁就宽乡,大多是垦辟荒闲之地。而土地的大量垦辟,亦说明确有不少农民由狭乡迁居宽乡,依均田制度领受口分、永业田。他们的永业田,也就不是先有,而是受自国家。

为了解决土地占有的矛盾,唐政府还以国家掌握的各种土地分授给逃户和贫下户。如唐太宗贞观十四年(640年)平定高昌后,诏令将"彼州所有官田,并分给富人首望及百姓"[16]。中宗时,曾检括寺院的限外占田,所括之田"在京并令司农即收,外州给贫下课户"[17]。唐玄宗开元十年诏:"内外官职田,除公廨田园外,并官收,给还逃户及贫下户欠丁田。"[18]直至代宗时,还曾"委州县取逃死户田宅,量丁口充给"逃还户[19]。以上这些形式的国家土地授予逃还户和贫下户的记载,也从一个方面说明唐代部分农民的永业田是直接得自于国家。

另外,在实行均田制的年代里,历代都存在着括户的记载,而尤以唐代为多。封建国家要达到括户的目的,就必须授予他们土地。因此,封建统治阶级在括户的同时,也往往以国家所有的土地授予被检括的人户。如唐玄宗开元九年时的宇文融括户,"置劝农判官十人,并摄御史,分往天下。所在检括田畴,招携户口。其新附客户,则免其六年赋调,但轻税入官。……于是诸道括得客户凡八十余万,田亦称是。"[20]可见,这次大规模的括户是与括田同时进行,以所括之田分授所括之人,大大增加了国家所控制的劳动人手,扩大了赋税之源。所以,从历代括户来看,封建国家为达到增加赋税收入的目的,对被检括出的无地农民,必定由国家直接授予一定数量的土地。

由上述可见,从北魏至唐始终存在着由封建国家以其直接掌握的土地按照均田制度分授予民的事实。这说明，均田农户的永业田并不完全是人户世业之田，其中不少是直接受自于封建国家。

二

均田农户的永业田由国家直接授予，这只是永业田授受中的一个方面。另一方面，还存在着由"人户世业"之田通过"回受"而成为永业田的情况。

北魏以来推行的均田制，并非如同有些同志所说的，仅仅是一种国有荒地的授受制，不包括人户已经占有的土地。实际上，均田制度是在全国范围内实施的一种土地制度。不是单纯为了授受荒闲无主土地给无地的游民，还包括限制土地的占有量、限制土地兼并、加强国家对全国土地和人口控制的目的。基于这样的目的，均田制度实行的范围和对象就不可能局限于荒闲土地和无地的流民，而必然包括已经被占有的土地和占地的人户。所以，《魏书·食货志》在记载北魏的均田令时，一开头就写道："（太和）九年，下诏均给天下民田。"所谓"天下"，自然是指北魏统治的整个区域。

推行均田制度，确实不触动人户原有的土地，但是，并不意味着均田制度不推行于这些人户和土地。因为，均田制度毕竟不是一种土地调配制度，更不是重新分配土地的制度。实质上，均田制下的土地的最高权力属于国家，官僚、地主、百姓等臣民依照一定标准和条件"均平"占有土地的制度，即所谓"令分艺有准，力业相称。细民获资生之利，豪右靡余地之盈。无私之泽，乃播均于兆庶"[21]。宋人马端临在评述均田制时亦曾指出："至魏孝文始行均田，然其立法之大概，亦不过因田之在民者而均之。"[22] 又说:"其时户户授田",故"不必履亩论税,只逐户赋之,则田税在其中矣。至唐始分为租庸调,……所谓租庸调者,皆此受田一顷之人所出也"[23]。所以,均田制度在具体实施时,其土地授受的方式是:对于已经占有土地的人户,主要是按照均田令所规定的款式将土地分类登记于户籍之上;对于无地和少地的人户,则依照田令的规定,由国家从荒闲土地中授予一定数量的土地,同时登记于户籍之上。正是通过这样的授受方式,从而将二者统一于均田制度之下。因此,依照均田令由国家直接授田和由国家进行簿籍上的授受,都是均田制度的具体实施。均田制度能够在当时土地私有因素逐渐增长的历史条件下推行,并且相继推行几个朝代,其土地"授受"的方式应是重要原因之一。所以,是否触动原有土地和是否推行了均田制度,是问题的不同方面,并不能相互印证,这是必须加以区别的。

对于上述这一点,我们可以从均田令本身得到说明。北魏田令对桑田授受的规定是:

> 诸桑田不在还授之限,但通入倍田分。于分虽盈,(没则还田),不得以充露田之数,不足者以露田充倍。
>
> 诸初受田者,男夫一人给二十亩,课莳余,种桑五十树、枣五株、榆三根……。限三年种毕,不毕,夺其不毕之地。
>
> 诸桑田皆为世业,身终不还,恒从见口。有盈者无受无还,不足者受种如法。盈者得卖其盈,不足者得买所不足。不得卖其分,亦不得买过所足。[24]

由这三条规定可见:第二条,是针对无世业之田的"初受田者"。而第一、第三条中,"于分虽盈,不得以充露田之数"、"有盈者无受无还"和"盈者得卖其盈"的条文,则明显地是针对在太和九年推行均田制以前已经占有土地的人户而言。这里,"盈"与"无受无还"是很能说明问题的。因为,由国家以荒闲土地授予均田农户的桑田,决不会"盈"于田令的标准数额。从史籍及出土的户籍残卷的记载来看,授田至多是依标准额授足,而受足的占少数,多数人户都是不足额的。所以,只有在具有"人户世业"之田的人户中,才可能会有"盈"者。而"无受无还",则是反映了在实施均田制时,对有世业之田的人户的处理方法是不牵动土地,主要是履行"授受"手续,即依田令格式将土地分别登记在户籍上,以统一于均田制度之下。这种授受方式,自然只有在具有世业之田的人户中才能实行,对于无田的农民,根本就谈不上"无受无还"。

北魏均田令中桑田授受依两种不同情况作出的分别规定,充分证明均田制所推行的范围,包括已经占有土地者和无土地者,是推行于全国的土地制度。同时也说明,北魏太和九年推行均田制度时,均田户初授的桑田——从广义的角度来讲,无论是人户原有的土地,还是由国家直接授予的土地,在均田制度初推行时,都应称之为初授的桑田——并非是皆由国家直接授予,是存在着由人户世业之田转变而成桑田的情况的。

北齐、西魏、北周和隋实行均田制度的情况,史书记载甚少。但是,依《通典·田制下》"北齐给授田令,仍依魏朝",《隋书·食货志》"(隋)其丁男、中男永业露田,皆遵后齐之制"之说,可知这几个朝代,均田制度具有较大的因袭性。可以推知其时均田制度推行的范畴和对象,土地授受的方式,与北魏相较,不会发生多少变化。况且,隋文帝开皇十二年(592 年),曾

"发使四出,均天下田"[25],炀帝大业五年(609年)又"诏天下均田"[26],说明隋代均田制度依然是推行于全国的土地制度。

唐代,唐高祖武德七年(624年)始颁行均田制度,使一大批曾经依托地主为荫户、佃客的农民重新获得了土地,成为自耕农。如武德四年窦建德败亡后,其部将范愿、董康买等人想再次举兵,前往联络窦建德的故将刘雅,结果刘雅则说:"天下适安定,吾将老于耕桑,不愿复起兵。"[27]刘雅之所以不愿再起兵,是因为他已经占有了一定数量的土地,往日参加起义的目的已经实现。又如武德六年,唐高祖《禁止迎送营造差科诏》曰:"新附之民,特蠲徭赋,欲其休息,更无烦扰,使获安静,自修产业。犹恐所在州县,未称朕怀,道路迎送,廨宇营筑,率意征求,擅相呼召,诸如此类,悉宜禁断。"[28]诏中谓"新附之民",使"自修产业",意即使这些农户致力于农业生产,说明这些新附之民中,大多已占有一定数量的土地。所以,在唐武德七年颁行均田制度时,尽管在社会上还存在着不少荒闲土地和流民,但是就农民来说,在全国毕竟已是占有土地、安居乡里者多,流寓无地之人少。那么,唐政府推行均田制度,对这些已经占有土地的农民,是否仍像前代一样,统一于均田制度之下呢?回答是肯定的。

均田制度在唐代经济、政治中占有重要的地位。它是租庸调制的重要基础,又是维系府兵制的重要支柱,"田制既坏,府兵亦废,而唐常有养兵之困"[29]。对于具有如此重要地位和起着重大作用的均田制度,无论如何不可能仅仅是一种局限于国有荒闲土地的授受制度,均田农户亦不可能仅仅是由无地的农民所构成,而不包括大量的已经占有土地的农民。不然,无从解释均田制对于租庸调制、府兵制的推行所起的重要作用,以及租庸调制、府兵制在唐代中期相继破坏的重要原因。所以，唐初开始推行的均田制度，如同租庸调制、府兵制一样，是推行于全国的制度。唐代的均田制度，并没有改变北魏以来相继推行的均田制度的本质。

唐代除租庸调外，还征收户税、地税。地税征收的范围，是"自王公已下，爰及众庶"[30]。而其征收的规则，是"据已受田及借荒等具所种苗顷亩"，"亩别纳粟二升"[31]。说明唐代自王公至一般百姓，皆是授田的对象，他们都须按"已受田"及借荒等实际占有的田亩数交纳地税。

唐代的均田令也同样反映了永业田的授受包括已经被占有的土地和占地的人户。田令在关于官吏按等级受永业田的条文后紧接着云："若当家口分之外，先有地，非狭乡者，并即回受，有剩追收，不足者更给。……其除名者，依口分例给，自外及有赐田者并追。若当家之内有官及少口分应受者，并听回给，有剩追收。"[32]田令中这条规定很明确，在永业田的授受过程中，凡是已"先有地"者，一律以其地"回受"，不足的再由国家另行授予。这里，永业田的授受包括人户的"先有地"，应是无疑的了。所以，犹如于志宁那种"臣居关右，代袭其裘，周魏以来，基址不坠"[33]的大土地占有者，并不是如有的同志所主张的那样，将他们的土地完全排斥于均田制度之外。事实上，他们的土地每每都依田令中"无受无还"、"并即回受"之法得以世代承袭。并且，这又与他们长期居显要之官职，在均田制度的推行中，享有优惠的等级条件有关。而一般百姓所占有的小块土地同样也必定纳入田制的范畴，皆依"回受"之法授受。

再从唐代均田制实施的状况来看，亦说明唐代永业田的授受包括人户的原有地。在已发现的唐代敦煌吐鲁番地区的户籍残卷上，记载有当地土地授受的情况，绝大部分人户都受有永业田，只是有受足与受不足的差异。韩国磐先生曾就唐代敦煌户籍残卷作过统计，其中有户主或户内家口名字、受田数的计五十六户，其中有三户全未受田，一户受田类别不明。除此四户，还有一户无永业田，五十一户受有永业田。而在这五十一户中永业田受足者达四十二户，另有二户离受足只各少一亩。[34]从敦煌户籍残卷中永业田授受的统计数看，我们很难想象所有占有永业田的人户，他们的永业田都是在实行均田制度时由国家直接授予的，在此之前，他们却都是无土地者。恐怕应该说这些人户的永业田大部分是在实行均田制度时，通过"回受"的方法而占有更为确切、更符合实际吧！

　　总之，唐代的均田制度如同前代一样，是施行于全国的土地制度。

　　综合以上论述，我们认为：北魏至唐代的均田制度是推行于全国范围内（包括已经占有的土地和未被占有的土地在内）的土地制度。所以，均田制中的永业田是由国家依田令直接授地给无地农户和由人户世业之田通过依田令"回受"的方式而构成。它既不是尽是人户世业之田，也不是皆由国家直接授予。

（原载《学术月刊》1985 年第 7 期）

注　释

1　《魏书》卷 2《太祖纪》。

2　《魏书》卷 48《高允传》。

3　《魏书》卷110《食货志》。

4　《魏书》卷33《公孙表附子公孙邃传》。

5　《魏书》卷7下《高祖纪下》。

6　《通典》卷2《食货·田制下》。

7　《通典》卷7《食货·历代盛衰户口》。

8　《隋书》卷24《食货志》。

9　《隋书》卷2《高祖纪》。

10　《唐大诏令集》卷115《皇太子等巡京城诸县诏》。

11　《资治通鉴》卷193，贞观四年条。

12　《通典》卷6《食货·赋税下》。

13　《册府元龟》卷70《帝王部·务农》。

14　《唐律疏议》卷13《户婚中》。

15　《元次山集》卷7《问进士》。

16　《文馆词林》卷644。

17　《唐大诏令集》卷110《诫励风俗敕》。

18　《旧唐书》卷8《玄宗本纪》。

19　《唐大诏令集》卷4《改元大历赦》。

20　《旧唐书》卷105《宇文融传》。

21　《魏书》卷53《李孝伯附李安世传》。

22　《文献通考》卷2《田赋考二》。

23　《文献通考》卷3《田赋考三》。

24　《魏书》卷110《食货志》。

25　《隋书》卷24《食货志》。

26　《隋书》卷3《炀帝纪上》。

27　《资治通鉴》卷189，武德四年七月条。

28　《唐大诏令集》卷111《禁止迎送营造差科诏》。

29　《汉唐事笺》后集。

30　《唐会要》卷88《仓及常平仓》。

31　《唐六典》卷3《户部尚书》。

32　《通典》卷2《食货·田制下》。

33　《旧唐书》卷78《于志宁传》。

34　韩国磐:《关于吐鲁番出土的唐代西州户籍残卷中的几个问题》,《中国社会经济史研究》1983 年第 2 期。

八、略论均田制中奴婢受田
及其变化的原因

　　均田制,从北魏太和九年(485年)至唐中叶,共施行了三百余年。在这三百多年中,均田制的颁行发生了不少变化,特别是到了唐代,变化尤烈。其中授田的对象,就是一大变化。北魏时,奴婢、丁牛和妇人皆受田,而到了唐代,除寡妻妾以外,其他妇人、奴婢和丁牛都不再受田,而新增了僧尼、道士、女冠和工商业者的受田。[1]官吏的受田,唐以前主要是依其占有奴婢的多寡来决定的,自隋代开始,则规定"自诸王已下,至于都督,皆给永业田,各有差,多者至一百顷,少者至四十亩"[2]。唐代也规定官爵、官勋、职官、散官等,自一品至九品官都依品级受田[3]。授田对象的这些变化,是有其社会经济和政治原因的。目前,这些变化的原因尚未见有较深入和系统的研究,可以说,这是均田制研究中的薄弱环节。本文不准备就这些变化逐一论述,主要就奴婢受田变化问题,作比较系统的剖析。

一

　　北魏均田令规定,"诸男夫十五以上,受露田四十亩,妇人二十亩,奴婢依良"[4],说明北魏奴婢是受田的。为什么受田?

这是由北魏的经济、政治条件决定的。北魏王朝在其吞并邻族,侵入汉地,争雄于北中国之时,拓跋族还处于家长奴隶制阶段。以后,虽然由于其本身生产力的发展和汉族地区封建制度对他们的影响而跨入了封建社会,但是,拓跋贵族中已有的役奴思想意识和奴隶制剥削形态却仍然保存着。而且在统一北中国的过程中,由于他们在军事上的胜利,使得奴婢数量大增。大量的战俘被掠为奴,数量往往一次就是上千万口,或数万口(户)。当时的贵族、大官僚以及居住在北方的汉族强宗豪族,都拥有大量奴婢,就连一般庶人小地主亦占有奴婢(据北齐"奴婢受田者,……八品以下至庶人限止六十人"之规定,可知北魏时庶人必占有奴婢)。

那么,大量奴婢的存在何以役使呢? 从史书的记载来看,他们中的大多数人是被驱赶到田畴、牧场从事生产活动。《南齐书》卷五七《魏虏传》载义熙中(405—418 年)仇池公杨盛的奏文说:"妃妾住皆瓦屋,婢使千余人,织绫锦贩卖,酤酒,养猪羊,牧牛马,种菜逐利。"婢尚且从事生产活动,奴则不言可知。不仅王宫中如此,贵族官僚地主亦如之。咸阳王禧"奴婢千数,田业盐铁遍于远近,臣吏僮隶相继经营"[5]。再从租调制中"奴任耕,婢任绩者,八口当未娶者四"[6]的规定里也可看到奴婢是直接从事生产劳动的。正因为如此,所以当时北魏社会中流行着"耕则问田奴,绢则问织婢"[7]的俗谚。由此可见,北魏时的奴婢,乃是北魏社会经济中一支不小的生产大军。

正是由于北魏社会奴婢的大量存在和奴婢直接从事生产活动及其在社会经济中的作用,构成了北魏太和九年均田令中定有奴婢依良受田之制的主要原因,或者说,这就是奴婢依良受田之制为什么产生于北魏的原因之一。此外,尚有一个重要的因素,这就是当时北魏的拓跋贵族,拥有大量奴婢,占有大量土地。实行均田制,不能损害这些人的利益。均田制规定奴婢受田,实际上意味着这部分人可以凭借其本来拥有的大量奴婢而广占田地,并且得到法律的保护。正因为如此,所以均田制才没有遭到官僚地主的反对,得以在北中国推行。

北魏孝文帝的改革,加速了北魏的封建化。奴隶制生产关系不再具有巩固和发展的客观条件,奴隶制生产就必然随着封建经济的发展而逐步向着封建生产方式演化。到太和二十三年(499 年)魏孝文帝定官制时,王、公、侯、伯、子、男等爵的封土上就不再设有"总统群隶"的"典师",而改置"大农"之官[8]。"大农"是管理农奴的官吏,与先前的"典师",不只是官名之别,而是有实质的差异。这一变化说明,北魏在迅速封建化的过程中,奴婢的身份和奴隶劳动的形态也随之相应地发生了转变,原来的奴婢逐步地变成为束缚在土地上的封建农奴。但是,这一变化没有能够顺着正常的方向发展,而因社会政治风云的变化,出现了暂时的曲折。

二

534 年,北魏分裂为东、西魏,接着又演变成为北齐、北周。在新的分裂和兼并掠夺战争中,掳人为奴的现象再次重现。据史书记载,拼战的双方"相互侵掠,得其民口,各以为奴婢"[9]。因此,社会内部奴婢的数量又随着战争的加剧而不断增长。奴隶制的残余形态因其特殊的社会条件,在较短的一个时期内,又有所发展。这种暂时的逆转,却引起了统治阶级内部的矛盾,即大土地占有者与国家之间争夺土地的矛盾冲突愈演愈烈。

　　还在北魏末年，就已经出现了大土地占有者逾限占田，蚕食国家土地，破坏均田制的状况。如豫州刺史崔暹"坐遣子析户，分隶三县，广占田宅，藏匿官奴，障吝陂苇，侵盗公私，为御史中尉王显所弹免官"[10]。此外未被弹劾的也所在不鲜。北魏分裂后，这些拥有大量土地的官僚地主，在兼并掠夺战斗中又获得不少新的奴婢，他们必然依据均田令中奴婢依良受田的规定，向国家请授田地，以合法手段扩大土地的占有（东魏、北齐初均无新的田令，而是"给授田令仍依魏朝"[11]。这里我们主要论述北齐，因北周建立之初便颁布田令，故下当别论）。东魏、北齐的统治地区，是地主经济比较发达的区域，土地兼并本已有所发展，大土地占有者再扩大占田，必然使土地占有的矛盾尖锐起来。北齐人宋孝王《关东风俗传》说："广占者，依令，奴婢请田亦与良人相似，以无田之良口，比有地之奴牛。宋世良天保中（550—559年）献书：请以富家牛地先给贫人。其时，朝列称其合理。""肥饶之处，悉是豪势或借或请，编户之人不得一垄。"[12]这说明北齐初，土地多为官吏豪强地主所占，土地的正常授受发生了困难。大土地占有者所占土地愈多，则国家所拥有的土地就愈少，随之而来的便是"豪党兼并，户口益多隐漏，……户口租调，十亡六七"[13]。国家的赋役征收日益减缩。在这种情况下，北齐的统治者便不得不约束大土地占有者，以保证国家的赋役征收，巩固封建国家的统治。因此，北齐在河清三年（564年）颁布的均田令中，限制了奴婢占田的人数。田令规定："奴婢受田者，亲王止三百人；嗣王止二百人；第二品嗣王已下及庶姓王，止一百五十人；正三品已上及皇宗，止一百人；七品以上，限止八十人；八品已下至庶人，限止六十人。奴婢限外不给田者，皆不输。"皇亲国戚及大官僚地主们拥有的奴婢往往以千计,而按田令则最高等级的官僚地主仅准许有三百名奴婢占田。显然,北齐田令中有关限定奴婢受田人数的规定,旨在限制官僚豪强地主的占田。这是在奴隶制经济发生逆转的特殊条件下引起的大土地占有者与国家之间争夺土地的矛盾斗争尖锐化的产物。这一规定的颁行,当然不可能阻止豪强地主的"广占田地",但是,田令颁行之后,大土地占有者以奴婢广占田地的合法途径有所限制,这就可以促使豪强地主减少蓄奴和放奴为良。因此,北齐田令的颁行,在客观上起着限制和减少奴隶制经济的作用。

北周,在政权建立之初便"创置六官,司均掌田里之政令:凡人口十以上宅五亩,口九以上宅四亩,口五以下宅二亩。有室者田百四十亩,丁者田百亩"。田制中无奴婢受田之规定。租调制中亦无奴婢交纳赋役之规定。因此,北周奴婢是否受田,尚不能定。然在周武帝宇文邕时,则一再下令释免奴婢[14]。北周一再释免奴婢,这与周武帝励精图治,顺应社会经济发展的要求,发展封建经济,加强和巩固封建政权是分不开的。北周能以强于北齐的经济、军事力量而吞并北齐,统一北中国,其大量放免奴婢,发展封建经济也是一个重要原因。

三

隋代周后,在开皇元年颁布的田令中没有奴婢受田之令式,仅有"奴婢则五口给一亩"园宅地的规定。但是,实际上奴婢仍然是受田的。《隋书·食货志》在记述隋代赋役制时说:"丁男一床,租粟三石,桑土调以绢绝,麻土以布,绢绝以匹,加绵三两,布以端,加麻三斤。单丁及仆隶各半之。未受地者皆不课。"仆隶,即奴婢也。奴婢须负担赋役,说明他们仍然是授田的对象。又根据隋炀帝登位时（604 年）"诏除妇人及奴婢、部曲之课"[15]的诏令来看，也说明隋前期奴婢是受田的。

然而，依据隋代"未受地者皆不课"的原则，则自隋炀帝颁布"除妇人及奴婢、部曲之课"之令起，奴婢可能就不再受田。到唐高祖武德七年（624 年）颁行均田令时，奴婢受田之制终被明确废除了。为什么到了唐初，奴婢受田之制要被废除？其原因何在？近人研究均田制的有关著述中，对奴婢不受田的问题已有所涉及，一般都认为唐代奴婢不受田的原因，是因为大土地私有制的发展，官僚地主普遍地可依品级获得大量的土地，所以通过奴婢受田的办法已成为不必要。但是，从史实来看，是奴婢受田之制被废除之后才出现官僚地主按品级占田的规定。可见，奴婢受田之制被废除的根本原因，是封建经济不断发展、奴隶生产形态不断封建化的结果。

从北魏到唐初的几百年中，虽然社会政治风云不断变幻，朝代更替，但是整个社会却一直沿着封建制的道路前进。随着封建生产关系的日臻稳固和扩大，封建经济的不断发展，使奴隶生产形态日益相形见绌而逐渐被封建生产形态所取代，直接的生产者——奴婢，则或同时转化为封建农奴，或脱离生产而为家仆。隋统一南北前，北方从北魏改管理王公贵族土地上生产者的"典师"为"大农"，到北周的大量释免奴婢，便显示出了这一发展的必然趋势。

北方的具体情况，我们在前二节中已经阐明，此不赘述。现在，我们再来看南方的情况。南方总的发展趋势与北方是一致的。南朝前期，由于南北战争和镇压少数民族反抗中的人口掳获，奴婢数量亦不少。而从史书的记载来看，大部分奴婢是被直接用于生产劳动。如《宋书》卷六七《谢灵运传》载：谢灵运"生业甚厚,奴僮既众,义故门生数百,凿山浚湖,功役不已"。又如《南齐书》卷三八《萧景先传》载:"三处勤作,自足供衣食,力少更随宜买粗猥奴婢充使。"所以,南朝前期也流传着"耕当问奴,织当访婢"的俗谚[16]。但是,自萧齐起,历代都一再释免奴婢,并且释免量越来越大。如南齐永明十一年(493年)八月诏:"近北掠余口,……可一同放遣,还复民籍。"[17]梁太清三年(549年)诏:"诸州见在北人为奴婢者,并及妻儿,悉可原放。"[18]《资治通鉴》载:是年"所免万计"[19]。陈朝天嘉六年(565年)三月诏:"侯景以来,遭乱移在建安、晋安、义安郡者,并许还本土。其被略为奴婢者,释为良民。"[20]南朝不断放免奴婢,自然是与南朝从"江南之俗,火耕水耨,土地卑湿,无有蓄积之资"[21]到"膏腴上地,亩直一金"[22]的封建经济不断发展的情形有着密切的关系。

南北朝一再释免奴婢,并不像封建史家所说,是出于封建帝王的恩赐,而实际上是封建帝王被迫服从于封建经济向前发展的客观要求。在封建经济不断发展的情况下,奴隶生产形态的落后性和对生产发展的束缚性就日益显示出来,不能适应封建经济发展的需要。其次,由于奴隶恶劣的生产条件,使其没有劳动积极性,他们所能创造的产品也少于一般农民,实行均田制的历代赋役令中奴婢的负担均少于一般农民的规定,便是奴婢生产率低下的一个很好的折射反映。而奴隶生产率低下的状况却与封建地主阶级日益增长的剥削欲望相抵牾。地主为了获得尽可能多的剥削量,必然采取有利可图的削剥形式。正如斯大林指出的:"新的生产力要求生产者在生产中能表现出某种主动性,愿意劳动,对劳动感兴趣。于是,封建主就抛弃奴隶,抛弃这种对劳动不感兴趣,完全没有主动性的工作者,宁愿利用农奴。因为农奴有自己的经济,自己的生产工具,具有为耕种土地并从自己收成中拿出一部分实物缴给封建主所必需的某种劳动兴趣。"[23]正是由于奴隶生产制的落后性与封建经济发展的要求矛盾,封建地主剥削的贪欲与奴隶生产率低劣的矛盾,促使着封建国家和官僚地主不断地释免奴婢,使奴婢转变为封建依附农民,奴隶生产形态转化为封建生产形态。隋初,因"大索貌阅",从豪强地主的庇荫下括出四十四万三千丁,新附一百六十四万一千五百口的大最劳动人口的情况[24],便有力地说明了隋初在封建地主所占有的土地上从事耕作的大部分劳动者,已不是奴婢,而是失掉土地的封建依附农民。

隋统一南北后,由于隋文帝吏治比较清明,社会出现了安定的局面,给生产力的发展提供了有利的条件。因此,在隋文帝统治的短短二十多年中,社会经济有了较大幅度的增长。而封建经济的迅速发展,加速着残存的奴隶和奴隶生产形态向着封建化转化,使奴隶生产形态逐渐退出农业生产领域。从唐初制定的法律《唐律疏议·斗讼》中有关"部曲、奴婢是为家仆,事主须存谨敬"等条例,便可窥见隋代这种转化之一斑,因为唐律是在隋律的基础上修定而成。至隋末,农民起义的烽火一燃,又为扫除奴隶制残余形态开辟了广阔的道路,起义军"得隋官及士族子弟皆杀之"[25],沉重地打击了官僚豪强地主。许多奴婢也纷纷起来参加反抗地主阶级的斗争,如灵武人白瑜娑(白榆妄)率众起义,号为"奴贼"[26],原州奴隶起义军围攻扶风等[27]。大量的奴婢在农民革命中挣脱了奴隶的枷锁而成为封建农民。

自南北朝至唐初,社会中奴婢状况的这种变化,从唐代前期的史实中可以更明显地看到:(一)奴婢大部分已退出农业生产领域,而主要从事于家内服役。这从唐律上"奴婢是为家仆"

得到反映,在社会经济中亦可得到证实。唐代国家的营田、公廨田和职分田皆"雇民或借庸以耕","借民佃植,至秋冬受数"[28]。官吏、地主们所占有的土地,主要是庇荫流亡的破产农民和佃民耕作。唐代从武周时起,农民流亡之广,客户之多,政府括户之众以及租佃制的不断发展,正反映了这一状况。当然,我们这里并不排斥有奴隶生产的情况,事实上,在唐代也还存在着一些奴隶直接从事生产劳动。但是,从唐代整个社会来看,从事家内服役的奴婢已占绝对优势,从事农业生产的奴婢只占绝对少数。唐初"奴婢是为家仆",与南北朝初期"耕当问奴,织当问婢"的情况相较,奴婢在社会农业生产中的地位已是不可同日而语了。(二)大量的奴婢转化为封建的依附农民,奴婢的来源又日益受到限制,因此,奴婢数量减少。唐玄宗时对官吏拥有奴婢的限数规定为:"虽王公之家,不得过二十人;其职事官,一品不得过十二人,二品不得过十人,三品不得过八人,四品不得过六人,五品不得过四人,京文武清官,六品七品不得过二人,八品九品不得过一人。"[29]这和北齐时庶人还可拥有受田的奴婢六十人相比较,其数量已大大减少。

正是由于奴婢的状况到了隋末唐初已发生了这样两大变化,便使得制定于北魏、北齐和隋初社会条件下的奴婢受田之制,成为过时之文,失去其现实的社会作用。既然奴婢大部分已经转化为封建依附农民,奴婢数量已大大减少,未被释免的奴婢也已主要从事于家内服役,那么,再行奴婢受田之制,必成具文而不必要。所以,唐初颁行的均田令便不再有奴婢受田的规定,奴婢受田之制终被废除。

奴婢受田之制被废除,必然涉及官僚地主占田的方式问题。因为唐以前,官僚地主的占田主要是以拥有奴婢的多寡来决定的。但是,由于南北朝以来奴婢的状况已发生了很大变化,奴婢受田之制到唐初已成为不必要而被废除。这样,官僚地主占田也就必须有新的依据和标准。所以,官僚地主皆按品级占田的规定,便相应地在均田令中出现了。

总而言之,奴婢受田之制的产生直至废除,是由于奴隶制经济本身在封建社会整个社会经济中所占比重的变化而引起的。而使之发生变化的决定性因素,乃是封建经济在其不断发展和扩大的过程中对奴隶制经济的改造和取代。

(原载《历史教学》1982 年第 11 期)

注　释

1　《通典》卷 2《食货·田制下》。

2　《隋书》卷 24《食货志》。

3　《通典》卷 2《食货·田制下》。

4　《魏书》卷 110《食货志》。

5　《魏书》卷 21 上《咸阳王禧传》。

6　《魏书》卷 110《食货志》。

7　《魏书》卷 65《邢峦传》。

8　《魏书》卷 113《官氏志》。

9　《资治通鉴》卷 173,太建九年十一月条。

10　《魏书》卷 89《崔暹传》。

11　《通典》卷 2《食货·田制下》。

12　《通典》卷 2《食货·田制下》。

13　《隋书》卷 24《食货志》。以下未注出处引文均出此篇。

14　周武帝在保定五年(565 年),建德元年(572 年),建德六年二月、十一月,宣政元年(578 年),先后五次诏令放免奴婢。俱见《周书》卷 5、卷 6《武帝纪》,此不赘引。

15　《资治通鉴》卷180,仁寿四年十月条。

16　《宋书》卷77《沈庆之传》。

17　《南齐书》卷4《郁林王纪》。

18　《梁书》卷4《简文帝纪》。

19　《资治通鉴》卷162,太清三年夏四月条。

20　《陈书》卷3《世祖纪》。

21　《隋书》卷24《食货志》。

22　《宋书》卷54《孔季恭羊玄保沈昙庆传论》。

23　斯大林:《列宁主义问题》,人民出版社1964年,第651页。

24　《隋书》卷24《食货志》。

25　《资治通鉴》卷183,大业十二年条。

26　《隋书》卷4《炀帝纪下》。

27　《旧唐书》卷59《丘和附丘行恭传》。

28　《通典》卷35《职官·职田公廨田》;《新唐书》卷53《食货志》。

29　《唐会要》卷86《奴婢》。

九、论均田制土地授受方式

——兼论均田制实施范围

北魏至唐均田制确曾实施，并非具文，现在已是不刊之论。但是，均田制究竟是在多大的范围内实施？迄今仍意见不一。我认为，弄清和正确理解均田制的土地授受方式是解决这一问题的关键之一，因为它比征引零碎、具体的史料更有广阔性和普遍性，能够比较全面地反映和证实均田制实施的范围。本文拟从这方面作些探讨。

一、簿籍授受方式

北魏孝文帝太和年间，土地兼并不断发展，流移之民日渐增多，致使赋役阙征，社会不宁。为此，李安世祖述古制，"田莱之数，制之以限"，使"土不旷功，民罔游力，雄擅之家，不独膏腴之美，单陋之夫，亦有顷亩之分"；倡行均田之制，令"宜更均量，审其经术，令分艺有准，力业相称，细民获资生之利，豪右靡余地之盈"[1]。孝文帝纳而行之，于太和九年（485年）冬十月诏令："今遣使者循行州郡，与牧守均给天下之田，还受以生死为断。"[2]从均田之议的源起及李安世之议、孝文帝之令可见，推行均田制，从一开始就意在施行于全国。国家试图通过在全国各州郡实行"量地画野",均平占田的方式,达到"豪右靡余地之盈",游手与荒田相结合,地无遗利之目的。

为了实现推行均田制的预期目的,确保国家对全国土地的控制,田令规定人户占田必须通过国家授受,因而土地授受便成为均田制的主要特点之一。这样,首先就涉及怎样处理人户已经占有的土地,田令中土地授受的条例为我们展示了其处理方式。

北魏田令规定:

> 诸桑田不在还受之限,但通入倍田分。于分虽盈,(没则还田),不得以充露田之数,不足者以露田充倍。
>
> 诸桑田皆为世业,身终不还,恒从见口。有盈者无受无还,不足者受种如法。盈者得卖其盈,不足者得买所不足。不得卖其分,亦不得买过所足。[3]

这两条规定,显然是针对推行均田制以前已经占有土地的人户而言。条令中的"盈"和"无受无还"很能说明问题。"有盈者",必定是拥有世业之田的人户。因为,国家以官荒田授予人户的土地,绝不会超出授田的标准额,只有已经占有较多土地的人户,才会"于分"有"盈"。而"无受无还"则清楚地表明,对于有世业之田的人户,在实施均田制时,是既不再实际授予土地,也不还田,即不触动土地,只是履行"授受"手续,依田令的规定将土地登记于户籍之上。这种方式,实际上是簿籍上的授受。令文虽仅指桑田的授受,露田不能以桑田充,似乎露田皆由国家另行给授,然而在实际施行中,露田授受却如桑田之法。因为,在当时土地占有的状况下,国家不具有另行授予全国每个丁男、丁女各一分露田的现实条件,即并未握有如此庞大数量的官荒地。所以,对世业之田充作桑田后仍有"盈"的人户,国家不可能另外再授予露田,而只会是从世业之田中划出一部分作为露田,实行簿籍上的授受。

北魏在推行均田制时,对于人户世业之田正是通过簿籍授受的方式,将这些土地纳入均田制下。

簿籍授受的方式,逮于唐代依然行用,而且田令中规定得更为明确。唐令规定:

> 其永业田,亲王百顷,……若当家口分之外,先有地,非狭乡者,并即回受,有剩追收,不足者更给。……其除名者依口分例给,自外及有勋田者,并追。若当家之内有官爵及少口分应受者,并听回给,有剩追收。[4]

唐令表明,唐代实施均田制时,对于已经占有土地的人户是采用"回受"的方式,亦即簿籍上的授受。并且,无论是永业田抑或口分田都实行簿籍授受之法。

开始推行均田制时,国家采取簿籍授受的方式,将人户原有土地统一于均田制下。此后,凡人户新增添的土地,国家以同样方式,将其纳入均田制下。其中最为明显的便是人户的买田。买田纳入人户应受田数额之内,敦煌户籍残卷中有数例记载。买田并非国家授予,却一一记入均田户已受田数额之内,说明均田户买入田地以后,在记帐、造籍时,国家以授田名义将其买田登记于簿籍之上,实行簿籍上的授受,使买田也纳入均田制之下。

由上可见,从北魏至唐推行均田制,人户已经占有的土地是通过簿籍授受,不触动土地的方式统一于均田制之下。不惟一般农民占有的土地如此,大官僚地主们的土地亦如之。

　　从敦煌户籍残卷所反映的均田制下土地占有的状况来看,各户、丁实受田与应受田数额的差距很不均等,有的甚至多丁之户已受田数还少于单丁户。如天宝六载(747年)敦煌县龙勒乡都乡里籍:程思楚户三丁,应受田三顷六十五亩,已受七十九亩;阴承光户二丁二寡,应受田二顷六十二亩,已受田四十九亩;而程智意户一丁,应受田一顷八十六亩,已受九十二亩;程大庆户一丁,应受田一顷六十三亩,已受六十八亩。[5]这样的受田不均等、与田制规定不相符合的情况,并非表明这些地区没有实施均田制,相反,它恰恰证明了在实施均田制时,官府对人户的原有土地采取了簿籍授受的方式。由于人户原有占田数就多寡不均,所以实行簿籍授受之后,便出现了各户、丁实受田与应受田数额差距不均等的状况。

　　有些论者认为,推行均田制是不触动人们原有的私有土地,所以,均田制的授受只是在属于国家所有的荒闲无主土地的范围内实行,是统治者强迫农民阶级同所有权属于国家的空闲无主土地相结合的一种制度。[6]这一看法,是误解了均田制的实质,误认为只有国家实际授田与人户才是实施了均田制。由上述簿籍授受的方式可知,不触动人户原有土地,并非意味着均田制不推行于这些人户和土地。不触动人户原有土地和是否推行了均田制,是问题的不同方面,必须加以区别。

　　从北魏至唐,就整个社会而言,毕竟是占有土地之人众,游手及荒闲土地少,因此,推行均田制,簿籍授受是土地授受方式中运用最多和最广泛的方式。

二、官田授受方式

将国家所掌握的荒闲土地授予无地少地的农民,是均田制实施的重要内容之一。因而,官田授受成为土地授受的又一方式。

北魏田令中"诸初受田者,男夫一人给二十亩,课莳余,种桑五十树,枣五株,榆三根……。限三年种毕,不毕,夺其不毕之地"[7]的规定,无疑是针对原来没有土地而需由国家授予土地的受田者。在均田制实施过程中,北魏政府也确曾将国家所掌握的土地分授予民。

高祖孝文帝时,据《魏书·公孙表附子公孙邃传》载:"高祖与文明太后引见王公以下,高祖曰:'比年方割畿内及京城三部于百姓,颇有益否?'邃对曰:'先者,人民离散,主司猥多,至于督察,实难齐整。自方割以来,众赋易办,实有大益。'"北魏的"畿内"与"部",据《魏书·食货志》记载是在太祖时划定的,高祖时方割畿内及京城三部于百姓,当是指在畿内与三部之内分割土地给百姓。而分割土地的时间,即"比年"包括太和九年、十年和十一年五月之前。因为,高祖与文明太后引见王公以下是在高祖诏公逊邃等率众南讨午阴之后,而讨伐午阴之事是在十一年五月。所以,高祖分割畿内与京城三部土地于百姓正值推行均田制之时,是官田授受的实施。正是由于实施官田授受,使"游食之口"及被检括出的无地农民与国有土地相结合,成为国家的均田农户,才会出现"众赋易办"。北魏不惟在畿内与京城三部实施了官田授受,世宗时,在边镇地区也曾依田令按"先贫后富"的原则实施官田授受,将诸镇水田分授给细民[8]。

以后各朝依然有官田授受方式。

北齐时,"贫户因王课不济,率多货卖田业,至春困急,轻致藏走。亦懒惰之人,虽存田地,不肯肆力,在外浮游,三正卖其口田以供租课。比来频有还人之格,欲以招慰逃散,假使暂还,即卖所得之地,地尽还走"[9]。货卖田业,浮游在外之人,自然已是无地的农民。他们因国家招慰流散而返回乡里,既而,又"卖所得之地",这所得之地必然是通过官田授受而得。

隋代,高颎建"输籍之法",使"浮客悉自归于编户"[10]。浮客,是佃种强豪土地之人,他们中的绝大多数必然贫无立锥。输籍之法实行后,这些浮客脱离强豪而附籍国家,负担国家的赋役,要使浮客能够向国家纳租服役,国家自然要以官田授受的方式授予他们一定数量的土地。况且,隋代还规定,"未受地者皆不课"[11]。

开皇十年(590年),隋文帝颁布了府兵"兵农合一"的诏令。诏令表明,开皇十年以前,府兵兵士"居处无定","无乡里之号",都是无固定土地者。此时,改府兵兵士"悉属州县,垦田籍帐,一与民同"[12],即同均田农民一样,隶属州县,授受土地。隋文帝的这一改革,在短期内便得到了实施。《资治通鉴》卷一七八开皇十二年十二月条载:"诏曰:'宁积于人,无藏府库。河北、河东今年田租三分减一,兵减半功,调全免(胡三省注:田出租,丁出调,详已见前。兵受田,计亩为功,以其所出,修器械,备粮粮,今亦减其半)'。"由此可知,开皇十二年时,府兵兵士已经受有土地,实行了"垦田籍帐,一与民同"。这众多的府兵兵士的土地自然只能是通过官田授受的方式获得。

唐代,从太宗到代宗,官田授受史籍屡有记载。

隋末丧乱,民多流徙。太宗时,招徕流民,分授官田,安辑流散,因此"流散者咸归乡里"[13]。贞观以后,土地兼并日臻激烈,少地和破产流亡的人户日渐增多。为了解决这一社会矛盾,唐政府采取了一系列措施,其中主要的三项措施皆系官田授受。

一是以优惠的条件,鼓励农民由狭乡迁就宽乡,垦辟国有荒闲土地。唐令规定:"诸人居狭乡乐迁就宽乡者,去本居千里外,复三年;五百里外,复二年;三百里外,复一年。"[14]玄宗开元十六年(728年)十月甚至诏令:"诸州客户有情愿属边缘利者,至彼给良沃田安置,仍给永年优复。"[15]而且,凡徙居宽乡者,占田逾限也"律不与罪",只"须申牒立案"[16]。从开元、天宝中,土地大量垦辟种植的记载来看,确有不少人由狭乡徙居宽乡,通过官田授受的方式而占有永业田和口分田。

二是国家将其直接掌握的各种官田分授给逃户和贫下户。如中宗唐隆年间,曾检括寺院的限外占田,所括之田"在京并令司农即收,外州给贫下课户"[17]。玄宗时,开元年间数以官职田分授还逃户和贫下户[18]。天宝十一载(752年),又检括、官收"两京去城五百里内"的限外占田,"并特给复业,并无籍贯浮逃人,仍据丁口,量地好恶,均平给授"[19]。直至代宗时,还曾于大历元年(766年)制:"其逃户复业者,宜给复二年,无得辄有差遣。如有百姓先货卖田宅尽者,宜委本州县取逃死户田宅量丁口充给。"[20]

三是国家括田括户,以所括之田授予客户。唐代多有括户之记载,而尤以开元九年宇文融括田括户之事最为突出。括田括户的结果,诚如《文献通考》引沙随程氏之言,"融检括剩田以授客户"[21]。检括出的籍外剩田,依令属国家所有,因此,以籍外剩田分授客户,就是实行官田授受。

上述事例表明,从北魏至唐均田制土地授受中一直存在着官田授受的方式。这一方式实施的对象,包括官僚地主及一般民户,但主要是无地的流民和少地的贫下户。

三、户内通分方式

北魏均田令规定,露田"诸民年及课则受田,老免及身没则还田"[22]。历北齐、北周、隋、唐口分田的还授,皆遵北魏之制,不同的只是进丁入老的年龄界限。那么,推行均田制后,户内有进丁应受田者,国家是怎样实现其受田的呢? 在均田制下,人户受田普遍不足,所以在大多数情况下,国家不可能对进丁应受田者另行给授土地,解决的办法主要是通过"户内通分"的方式。

北魏田令规定:"诸地狭之处,有进丁受田而不乐迁者,则以其家桑田为正田分,又不足不给倍田,又不足家内人别减分。无桑之乡准此为法。"[23]此条令明确地表明,在人户受田不足的地狭之处,凡户内有进丁合受田者,首先是以户内的桑田充作露田;若没有土地充作倍田,则不给倍田;若桑田之数还不够充露田,那就减户内人丁原已受田的数额充之。这种方式,显然是户内通分的方式。它不涉及土地的实际授受,只是在簿籍上调整划分而已。北魏政府在制作田令时就已经考虑到日后还授的问题,因而在田令中说明,所授之田率倍之,三易之田再倍之,以供耕作和"还受之盈缩"[24]。所谓"还受之盈缩",便包含着以后户内有进丁受田者,将通过户内通分的方式受田。田令的规定虽然仅指露田的授受,但在狭乡,国家不仅不会另行给授露田,连桑田也不可能另授。所以,在实际施行中,对新进丁应受田者,无论露田抑或桑田的授受主要都是采取户内通分的方式。

以后历朝的土地授受,勿庸置疑,亦必定有户内通分的方式。虽然户内通分的条令史籍中无明确记载,但由敦煌户籍残卷中各户受田的情况可知,逮于唐代仍然运用这一授受方式。在唐代敦煌户籍中,有不少是兼丁户,兹列引其受田情况于下:

户有三丁的三户:

1. 户主不详,三丁一老男,应受田三顷四十四亩,已受田七十四亩。六十亩永业;一十二亩口分;二亩居住园宅。[25]

2. 程思楚户,三丁,应受田三顷六十五亩,已受田七十九亩。六十亩永业;一十八亩口分;一亩居住园宅。

3. 杜怀奉户,三丁二寡,应受田及勋田三十三顷二十五亩,已受田七十八亩。六十亩永业;十六亩口分;二亩居住园宅。

户有二丁的四户:

1. 张玄均户,二丁一寡,应受田二顷三十一亩,已受田七十五亩。四十亩永业;三十五亩口分。

2. 郭玄昉户,二丁,应受田二顷一亩,已受田二十亩。二十亩永业。

3. 曹仁备户,二丁,应受田及勋田三十一顷八十二亩,已受田六十三亩。四十亩永业;二十二亩口分;一亩居住园宅。

4. 阴承光户,二丁二寡,应受田二顷六十二亩,已受田四十九亩。四十亩永业;七亩口分;二亩居住园宅。

户有一丁一中的二户[26]：

　　1. 郑恩养户，一丁一中男一寡，应受田二顷三十四亩，已受田一顷一亩。四十亩永业；四十七亩口分；一十二亩买田；二亩居住园宅。

　　2. 卑二郎户，一丁一中男一寡，应受田二顷三十四亩，已受田五十七亩。四十亩永业；七亩口分；一十亩勋田。

　　上引这些兼丁户，不仅没有一户受田足额，而且多数是距应受田数额相去甚远。其中永业田，除郭玄昉一户外，其余各户悉足，说明各丁、中都曾受田。但口分田严重缺额，有的甚至付之阙如。这样的土地授受状况反映出，户内的进丁合受田者，当时绝大部分都不曾得到国家另行给授的土地，他们的受田往往是通过户内通分的方式来实现。仅仅在记帐、造籍时，于该户应受田中增加进丁受田者的数额，调整已受田中永业、口分田的数额，应受田与已受田的差额因而随之扩大。

　　此外，还有两种情况也近似于户内通分的方式。

　　一是"其退田户内，有合进受者，虽不课役，无听自取，有余收授"[27]，亦即在适逢户内有应退田时，合受田者可以优先获得父祖应退还公田。这种父退子受，也只是簿籍上的还授。

　　二是户内有身没、入老应退田者，若该户为缺田户，则兄弟均分父祖之永业、口分田。如天宝六载敦煌龙勒乡都乡里户籍中有两对兄弟分家的户，程大忠与程大庆，程什柱和程仁贞。分家后的这四户，受田都不足额。显然，在其父未亡、兄弟未分家以前，这两户都属缺田户。对兄弟分家时父祖财产的分配，唐《户令》规定:"诸应分田宅者,及财物,兄弟均分。妻家所得之财,不在分限。兄弟亡者,子承父分。兄弟俱亡,则诸子均分(注云:其父祖永业田及赐田亦均分。口分田即准丁中老小法。若田少者,亦依此法为分)。"[28]这两户原为缺田户,所以兄弟分家时,不论父祖永业、口分田都可依均分法和口分田授受法于兄弟间分受。其父祖的应退还公田和兄弟欠田补授,都是簿籍上的还授。

"户内通分"的土地还授方式,从其实质来看,仍属簿籍上的授受,不过,与前述簿籍授受之法有着不同的内容。这种土地还授方式,在受田普遍不足额的情况下,经常、广泛地被运用。

四、对共给授方式

均田制土地授受普遍不足额,有大量的欠田人户。国家对于欠田人户的土地补授,除少量从官田中授予外,主要的是通过依令收取退还公田而转授欠田户。这种还授方式,即所谓"对共给授"。

"对共给授"方式的原则和程序,《唐律疏议》卷一三《户婚》中有明确记载:"'应收授之田,每年起十月一日,里正预校勘造簿,县令总集应退应受之人,对共给授。'又条:'授田,先课役,后不课役;先无,后少;先贫,后富。'其里正皆须依令造簿通送及课农桑。"吐鲁番出土的唐代开元年间西州高昌县的欠田、退田、给田文书证明,"对共给授"是实施了的。例证如下[29]:

欠田文书:

大谷 2912 号、2886 号、2891 号文书(三号文书相联结)

1. 宁昌乡

2. 合当乡第九第八户欠田丁中惣一百人。

3. 八十七人第九户

4. 康大智〔二丁欠　常田二亩　部田四亩〕刘威感〔二丁欠　常田二亩　部田三亩〕申屠嗣嘉〔丁欠常田二亩部田四亩〕

5. □□□〔□欠常田一亩〕杨孝忠〔丁欠常田一亩〕康神奴〔二丁欠常田一亩部田一亩〕

6. □□□〔□□半〕赵素才〔丁欠常田二亩部田一亩〕王定远〔丁欠常田一亩部田二亩〕

7. □宝子〔丁欠常田一亩半部田一亩〕张思礼〔二丁欠部田十亩〕□□□〔一丁中欠常田一亩〕

（余略）

此欠田文书明确记载了缺田户的户主、户等、缺田的丁、中数、缺田的类别及数额，说明编造欠田簿是依均田令土地授受的标准，即依不同对象的应受田数额来勘定的。这样的记载方式，同时为授田"先课役，后不课役；先无，后少；先贫，后富"原则的实行提供了依据。

退田文书：

（一）旅顺博物馆旧藏

1. □□部田城东五里□□

2. □□□田城东五里左部渠　东自祐　西渠　南张□明　□□

3. □□□田城西五里屯头渠　东张斌　西渠　南渠　北□□

4. □□当乡剥籍地如前、谨牒。

5. 开元廿九年三月　日里正阙□□

（二）大谷2913号文书

1. 太平乡

2. 史阿堆死退一段二亩^{常田}城北廿里新兴　东　西　南　北

3. 车寿持出 嫁 ▢（退一段）亩半^{常田}城东四里石宕渠^{东渠　西渠　南翟玄}^{北渠}

4. 右 件 地、其阿堆等地。先通状入▢、充 孙 ▢

5. 替讫。今贾九配 请 ▢

6. 授、请处分。

（后欠）

（三）大谷2914号文书

1. 尚贤乡

2. 和静敏一段二亩^{常田}城东二里七顷渠　东渠　西翟大索 南驿田　北渠

3. 一段三亩^{部田}城北廿里新兴 屯 亭　东荒　西渠　南张守悦 北 荒

（后　欠）

（四）大谷2855号文书.

（前　略）

2. 鄬 索 师死退一段二亩^{常田}城北廿里▢

3. 阴久讬死无籍剩退六 十 步^薬▢

4. 右件地、所由里正索▢

『会先给郭 奴 奴 讫云』

5. 大女史阿堆死绝退二亩^{常田}城北廿里▢

『准前 先 给麹盲子讫云』

6. 大女车寿持出嫁绝退一亩^{常田}城东四里石宕渠　东渠　西 渠　南翟素　北渠

7. 右件地、所由里正阚孝迁。

8. 和静敏死退二亩^{常田}城东二里七顷渠　东渠　西翟 大索

南 驿田 北渠

9. 一段三亩^{部田}城北廿里新兴屯亭　东荒　西渠　南 张守 悦

北渠

10. 右件地、所由里正孙鼠居。

（余略）

　　以上四份退田文书可分为三类：（一）为里正所造的退田文牒；（二）（三）为乡编造的退田簿；（四）为县汇集各乡退田簿而编制的退田簿，因为此文书中的第 5、6 行系（二）太平乡的退田户，第 8、9 行系（三）尚贤乡的退田户。

　　给田文书：

大谷 1238 号、2604 号文书（两片相联）

（前略）

6. 一段贰亩^{部田三易}城西五里胡麻井渠　□□西追永寺　南□

7. 『昌』「给　翟　思　□　充『秦』」

8. 一段叁亩^{薄田}城东六十里横截城阿魏渠　东至渠　西至道南至渠□

9. 「壹亩给安忠『大』秀『天』贰亩给

10. 『戎』义仙充『秦』」

11. 康虵子死退一段贰亩^{常田}城东廿里高宁　东申德　西李秋　南安僧伽　北竹鸟□

12. 『昌』「给史『大』尚宾充『天』」

（余　略）

给田文书系县衙直接编造，其中退田人、退田亩数及方位（即田亩四至）是转抄于退田簿，新受田人是根据欠田簿（据退田、欠田文书中所载年代，这两种文书皆编造于开元二十九年，系同一年内所造。又据欠田、给田文书，有几人的名字分别出现于这两种文书上）[30]，授田由县令统一签署实行。

以上所引高昌县欠田、退田、给田文书，不仅证实了唐律令中"对共给授"确曾付诸实施，而且具体地展示了"对共给授"的途径、过程和方法。实行"对共给授"，需造三类簿书，欠田簿、退田簿、给田簿。编造过程，由里正依田令"预校勘造簿"，写成文牒申报于乡，乡编造成乡簿申报于县，县总汇之，编成县簿，最后由"县令总集应退应授之人"，签署实行"对共给授"，即在同一时间内实行还收退田和授田。

欠田人户要求补授欠田，本人还必须向官府提出申请，经官府批准，方能受欠田。这是授受欠田的一项必要手续。关于人户"请"或"请授"土地的规定及方式，史籍和吐鲁番文书中皆有记载，此不赘引。

敦煌吐鲁番文书中已受田田亩地段的记载反映出，人户占有的土地既分散又畸零，有的一户之内地段分为十几、二十几段。每段田亩数多为几亩，不少地段仅有几十步。各地段相距最远的有几里、甚至十几、二十几里。这与田令中土地授受"务从近便，不得隔越"[31]的规定完全不相符。对此，有些论者曾怀疑唐代是否实施了均田制？是否实施了土地还授？实际上，这种状况正是实施均田制的体现，它是实行"对共给授"的土地还授方式所必然产生的结果。因为，每年退田人户的居住远近不等,退留数额多寡不均,不少退田户的退田数额只有一、二亩或几十步,所以,经过几代人、上百年的"对共给授"后,就必然造成一县、一乡之内人户占有的土地犬牙交错、地段分散、距离悬远、地亩畸零的状况。为了解决这种占田状况给人户耕作带来的困难,相应地也就出现了如吐鲁番租佃文书中所反映的均田农户彼此交错租佃土地的情况。

以上我们用以论证的论据虽然仅限于吐鲁番高昌地区,但是由律令的规定和社会实际可以确认,"对共给授"的方式在唐代不会仅施行于高昌地区,而是推行于全国。这种土地还授方式,有确切记载并付诸实施的仅见于唐代。北朝、隋代是否有此方式,目前尚未见有史籍记载,亦无实物可证。但是,从均田制由北魏至唐在多方面的因袭性,及土地授受中簿籍授受,官田授受、户内通分等方式的普遍运用来看,"对共给授"的方式很可能不肇始于唐,唐代亦是因前代之制,或许在因袭的基础上有所发展。

五、均田制实施的范围

均田制土地授受的方式大体上就是上述四种,现在由此进而探讨均田制实施的范围。

均田制土地授受的四种方式,按其实质大体可以分为两类:一类是簿籍授受、户内通分的方式,它们都是以人户已经占有的土地为基础,在户籍上依田令的款式进行登记、调整而实现土地的授受,国家并不实际授予土地。这类方式诚如宋人马端临在评述均田制时曾指出的,"至魏孝文始行均田,然其立法之大概,亦不过因田之在民者而均之,不能尽如三代之制"[32];一类是官田授受、对共给授的方式,它们都是通过国家直接授予一定数量的国有土地而实现土地的授受。这两类授田方式的共同特点是授受田都不是按田令规定的应受田数额授（受）足。均田制土地授受的方式和特点表明，均田制并不是一种土地调配制度，更不是重新分配土地的制度。均田制的实质是，它是一种全国土地的最高所有权属于国家，官僚、地主、百姓等臣民依照一定的标准和条件"均平"占有土地（通过国家授受的方式而占有）的土地制度。田制中各类应受田的标准额并非实际授受田数，而是人户占田数的最高限额。唐律中"王者制法，农田百亩，其官人永业准品，及老、小、寡妻受田各有等级，非宽闲之乡不得限外更占。若占田过限者，一亩笞十，十亩加一等，过杖六十。二十亩加一等，罪止徒一年"[33]的条例与均田制的精神正是相一致的。这是国家以法律的形式来维护均田制的实施，而法律正是现实生产关系的反映。因此，由法律也有力地证明了田令中规定的应受田数是人户占田的最高限额，而不是国家要实际授给的土地数额。

　　了解了均田制土地授受的方式和特点，明确了均田制的实质，我们便可以确认：将人户已经占有的土地，依照均田制所规定的款式分类登记于户籍之上；对无地和少地的人户，由国家直接授予一定数量的土地，同时依田制登记于户籍上，都是均田制土地授受的实施，或者说都是均田制的实施。马端临将均田制名之为"授田均田之法"[34]是不无道理的。由上我们又可以进而确认：均田制实施的范围，是既包括人户已经占有的土地，也包括国有荒闲无主土地（用于屯田、各类官田的除外），均田制是推行于全国范围内的土地制度。

　　均田制是推行于全国范围内的土地制度，还可以从与均田制密切相关的赋税制度得到证实，因为"分配的结构完全决定于生产的结构"[35]。

北魏规定:"诸民年及课则受田。"[36]所谓"及课",亦即达到负担国家租调力役的年龄——"丁年"。"进丁"方能"受田"。北魏年十五者为丁,田令"诸男夫十五以上受露田四十亩"与赋役令"民年十五以上未娶者,四人出一夫一妇之调"[37]的规定相一致,说明北魏凡负担国家赋役者皆受田。而且,受田以成丁、纳租调、服力役为先决条件。显然,授受田是具有全国意义的。北齐,"男子十八以上,六十五岁以下为丁……率以十八受田,输租调。二十充兵,六十免力役,六十六退田,免租调"。北周,"有室者,田百四十亩,丁者田百亩。……凡人自十八以至六十有四,与轻癃者,皆赋之"[38]。北齐、北周受田与赋役的规定,也同样反映了受田广及全国人丁。隋代均田制推行于全国已有明确记载。开皇十二年隋文帝"发使四出,均天下之田。其狭乡,每丁才至二十亩,老小又少焉"[39]。唐代,《新唐书·食货志》载,"唐之始时,授人以口分世业田,而取之以租、庸、调之法",说明租庸调的征收是以人户受田为基础和前提,唐代赋税征收的情况亦同样反映出均田制是实施于全国的。下面我们分而论之。

首先,唐代中叶全国的垦田数,是按全国人户的应受田来计算的。《通典》卷三《田制下》载:"天宝中,应受田一千四百三十万三千八百六十二顷十三亩。"杜佑注曰:"按十四年有户八百九十万余计,定垦之数每户合一顷六十余亩。"杜佑是唐代人,又长期经管国家财政,对当时的均田制自然十分熟悉,他以全国人户来换算全国应受田数,正说明均田制是全国性的土地制度,全国的人户都纳入了均田制的范围。

其次,唐天宝以前租庸调是按全国范围内的课丁数征收的。《通典》卷六《赋税下》载:"天宝中,天下记帐户约有八百九十余万,其税钱约得二百余万贯,地税约得千二百四十余万石。课丁八百二十余万,其租庸调等……。大凡都计租税庸调,每岁钱粟绢绵布约得五千二(应为三)百二十余万端、匹、屯、贯、石","资课及勾剥等当合得四百七十余万"。由以上记载可知,天宝中国家每岁收入总数为五千七百余万,减去资课及勾剥等所得四百七十余万,户税、地税所得一千四百四十万,所剩约三千八百余万皆系租庸调的收入。租庸调的收入占总收入的百分之六十七强,即占三分之二多。从国家租庸调的收入来自全国总人户的课丁的输纳,及租庸调在总收入中所占的比重可见,唐代的均田制是推行于全国范围。

复次,唐代的地税,征收的对象是"自王公已下,爰及众庶"[40],征收的依据是"已受田及借荒等"[41]实际占田数,说明唐代自正公以下至一般百姓,皆是受田的对象,这与田令中王公以下皆受田的规定是相一致的。杜佑在《通典》中对地税收入的计算进一步证明了此点。《通典》卷六《赋税下》载:"天宝中,天下计帐户约有八百九十余万,……其地税约得千二百四十余万石。"杜佑注曰:"西汉每户所垦田,不过七十亩,今亦准此约计数。"杜佑计算地税,显然是以天宝中的八百九十余万户,据汉代每户垦田七十亩之数来换算的,得出全国垦田约为六百二十余万顷,地税亩纳二升,共计一千二百四十余万石。如果均田制不是实行于全国,杜佑怎会以全国户数来计算地税总额呢?

综合以上对各朝赋税征收的论述,我们援引马端临之语作为总结。马端临论述北朝隋唐的赋税制度时说:"然其时户户授田,则虽不必履亩论税,只逐户赋之,则田税在其中矣。至唐始分为租庸调。田则出粟稻为租,身与户则出绢布绫绵诸物为庸调。然口分、世业每人为田一顷,则亦不殊元魏以来之法。而所谓租庸调者,皆此受田一顷之人所出也。"[42]马端临之说基本上是符合当时社会实际的,无论北朝抑或隋唐,均田制皆是推行于全国的土地制度,并且可以说基本上是"户户授田"。

当然,均田制的实施是很不彻底的。之所以如此,有多方面的社会原因,而其中最主要的则是封建经济的发展,特别是商品经济的日益发展,使土地私有制不断发展。田亩卖易,丁口流移,贫富升降,国有土地日趋私有化,致使均田制无法切实依田令之制实行。从北魏至唐,均田制的实行,从空间来看,北方实施的程度要比南方好,成效也比南方大;从时间上来看,大体有如马端临所言:"其间能行授田均田之法者,自元魏孝文至唐初才二百年。"[43]爰及唐代中叶,均田制已近名存实亡。唐政府虽然采取一些措施企图继续维护均田制,但已无法改变即成的社会现实。土地私有制剧烈发展的洪流终于湮没了推行数百年的均田制。

(原载《历史研究》1987 年第 5 期)

注　释

1　《魏书》卷 53《李孝伯附李安世传》。

2　《魏书》卷 7《高祖纪第七下》。

3　《魏书》卷 110《食货志》。

4　《通典》卷 2《食货·田制下》。

5　本文所引敦煌户籍残卷资料皆自〔日〕池田温:《中国古代籍帐研究·录文》敦煌籍帐部分,不一一详注。

6　见拙作《建国以来均田制研究综述》,《云南社会科学》1984 年第 2 期。

7　《魏书》卷110《食货志》。

8　详见《魏书》卷41《源贺附源怀传》。

9　《通典》卷2《食货·田制下》。

10　《通典》卷7《食货·历代盛衰户口》。

11　《隋书》卷24《食货志》。

12　《隋书》卷2《高祖纪》。

13　《资治通鉴》卷193,太宗贞观四年条。

14　《通典》卷6《食货·赋税下》。

15　《册府元龟》卷70《帝王部·务农》。

16　《唐律疏议》卷13《户婚中》。

17　《唐大诏令集》卷110《诫励风俗敕·又》。

18　详见《旧唐书》卷8《玄宗本纪》,《唐会要》卷92《内外官职田》,《新唐书》卷55《食货志》。

19　《全唐文》卷33,玄宗《禁官夺百姓口分永业田诏》。

20　《唐大诏令集》卷4《改元大历敕》。

21　《文献通考》卷3《田赋考三》。

22　《魏书》卷110《食货志》。

23　《魏书》卷110《食货志》。

24　《魏书》卷110《食货志》。

25　原残卷该户丁口数已阙,此据应受田数推算。

26　这里的"中"指年十八以上合应受田的中男。

27　〔日〕仁井田陞:《唐令拾遗·田令第二十二》第23条"田令授田条集解",日本东方文化学院东京研究所1933年,第638页。

28　《宋刑统》卷12《户婚律》引《户令》。

29　所引文书皆自《中国古代籍帐研究·录文》中高昌县欠田、退田、给田簿及给田关系文牒部分。

30　参见〔日〕西嵨定生:《中国经济史研究》第二部第四章,东京大学出版会1966年。

31　《通典》卷2《食货·田制下》。

32　《文献通考》卷1《田赋考一》。

33　《唐律疏议》卷13《户婚中》。

34　《文献通考》卷 1《田赋考一》。

35　《马克思恩格斯选集》第 2 卷，人民出版社 1972 年，第 98 页。

36　《魏书》卷 110《食货志》。

37　《魏书》卷 110《食货志》。

38　《隋书》卷 24《食货志》。

39　《隋书》卷 24《食货志》。

40　《唐会要》卷 88《仓及常平仓》。

41　《唐六典》卷 3《仓部郎中员外郎》。

42　《文献通考》卷 3《田赋考三》。

43　《文献通考》卷 1《田赋考一》。

十、论北朝隋唐均田
制度的演变

均田制度自魏孝文帝太和九年（485 年）开始推行于全国之后，东魏北齐、西魏北周、隋、唐相袭沿行，直至唐中叶最终废弛，历时近三百年。在近三百年的漫长岁月中，社会各种力量的交错运动，推动着社会不断向前演进。政治、经济、军事、思想、文化等诸领域发生着深刻的变化。均田制，作为当时社会一项重要的经济制度，自然不能不随着社会的演进而演变，以适应现实社会条件，持续它的可行性和现实效用。那么，从北魏到唐中叶，均田制度发生了哪些变化呢？为什么会发生这些变化？对此问题，以往已有学者作了一些研究。但是，迄今未见有通贯性的比较全面的系统论著，在变化原因方面的研究还很欠缺。并且，在有些方面仍有待于深入研究。为此，本文拟对均田制度的演变作系统的探讨。

一、成丁入老年龄的变化

从北魏至唐，历代颁行的均田令，都包含有成丁入老的年龄界限。封建国家制定成丁入老的年龄界限，其目的在于使百姓受田、承担课役有一个统一的年龄标准，不致造成混乱，以保证土地的还授和租调力役的征收。然而,各代成丁入老的年限却非划一,而是屡有变更。有的朝代在本朝内就几经变更。兹将各朝代黄、小、中、丁、老的年龄界限列表于下:

年龄(岁) 时间	黄	小	中	丁	老	材料来源
北魏太和九年 (485 年)				15—70	71	《魏书·食货志》[1]
北魏熙平年间 (516—517 年)	1—3	4—9	10—17	18—64	65	敦煌西魏大统十三年残卷[2]
北齐河清三年 (564 年)		—15	16—17	18—65	66	
西魏恭帝三年 (556 年)			—17	18—64	65	
隋开皇二年 (582 年)	1—3	4—10	11—17	18—59	60	《隋书·食货志》
隋开皇三年 (583 年)	1—3	4—10	11—20	21—59	60	
隋炀帝继位初 (604 年 10 月)	1—3	4—10	11—21	22—59	60	
唐武德七年 (624 年)	1—3	4—15	16—20	21—59	60	《唐六典·尚书户部》
唐神龙元年 (705 年)	1—3	4—15	16—21	22—57	58	景云二年(710 年)停,仍依武德七年。《唐会要·团貌》
唐天宝三载 (744 年)	1—3	4—17	18—22	23—57	58	《唐会要·团貌》
唐广德元年 (763 年)	1—3	4—17	18—24	25—55	56	

由上表可见,从北魏至唐,丁老年限的趋势是:成丁年龄逐渐提高,入老年龄逐渐降低。成丁的年龄:北魏为十五岁,至唐武德七年已改为二十一岁,提高了六岁;入老的年龄,北魏为七十一岁,至唐武德七年已改为六十岁,降低了十一岁。这就是说:一个男子受田从课的年限,从北魏至唐初,由原来的五十六年下降为三十九年,缩短了十七年。若延至唐广德元年(763年),则下降为三十一年,缩短了二十五年。

丁老年龄界限为何会出现这样的变化? 究其原因,主要在于:人口不断增长,官田日臻减少,使土地授受日益困难。如隋初便出现有"民田不赡"的情况,为此,"太常卿苏威立议,以为户口滋多,民田不赡,欲减功臣之地以给民"[3]。隋炀帝继位,于604年10月"诏除妇人及奴婢、部曲之课。男子二十二成丁"[4]。炀帝提高男子成丁的年龄,免除妇人、奴婢、部曲之课的原因,胡三省认为是"户口益多,府库盈溢,故有是诏"[5]。其实"府库盈溢"是虚,"户口溢多"才是真谛。隋代周,全国有户三百五十九万余,文帝开皇九年平陈得户五十万,总计四百余万。及至炀帝大业二年(606年),全国总户数已达八百九十万余,才二十六、七年,户数直增四百八十余万[6]。虽然有隋一代,土地不断垦辟,耕地面积不断增长,然而耕地面积的增长不及人口增长之速。并且,官僚、地主以各种方式广占土地。大量土地集中于少数大官僚、大地主之手,国家直接控制的土地数额不断减少。因此,户口益多,而耕地益少,土地授受便益发困难。早在开皇十二年时,就已经出现了户口岁增,人多地少,土地授受严重不足的困境。《隋书·食货志》载,开皇十二年"时天下户口岁增,京辅及三河,地少而人众,衣食不给,议者咸欲徙就宽乡。其年冬,帝命诸州考使议之。又令尚书,以其事策问四方贡士,竟无长算。帝乃发使四出,均天下之田。其狭乡,每丁才至二十亩,老、小又少焉。"开皇十二年时且已如此,炀帝即位之初,人多地少的矛盾自然更为严重。所以,炀帝提高男子成丁的年龄,免除妇人、奴婢、部曲的赋役和受田(即免课,随之必取消受田。因为"妇人及奴婢、部曲课役各随给田为差"[7]。且隋代还规定"未受地者皆不课"[8]),其主要的动机和目的,在于解决人多地少,土地授受严重不足的矛盾(废除妇女、奴婢的受田,除此原因外,尚有其他原因,详见下述)。唐代的情况几如隋代。唐代官僚、地主、商人兼并土地、广占土地的情况更为严重,大土地私有制不断发展。因此,国家掌握的可供授受的国有土地日益缩减。而另一方面,唐代的人口却随唐代社会经济的发展而不断增长。贞观初户不满三百万,永徽三年(652年)七月,增至三百八十万。爰及开元二十年(732年),达到七百八十六万。到天宝中又增为八百九十余万[9]。人口增长,国有土地减少,均田制下土地占有的矛盾日益尖锐。故宋人刘恕在评述均田制时谓:"至唐,承平日久,丁口滋众,官无闲田,不复给授,故田制为空文。"[10]将均田制成为空文的根由仅归结于"丁口滋众,官无闲田",自然过于偏颇,失之肤浅。然而,这确是使土地授受发生困难,均田制难于施行的重要原因之一。唐代屡次下诏提高成丁的年龄,降低入老的年龄,当与解决土地占有的矛盾有着紧密的关系。提高成丁受田的年龄,降低入老退田的年龄,不仅可以在一定程度上改变人户受田严重不足的状况,而且还可以缓和人户占田严重不足而租税负担过重的矛盾。这样,既有利于安定社会,又有利于维持均田制,保证国家的赋税收入。

二、民户受田类别、数额的变化

均田制下,官僚与一般百姓(为行文之便,我们概称为"民户")的受田状况不尽一致,故拟分别论述。此节仅述民户受田的变化。

据北魏太和九年令[11],开始推行均田制时,民户的受田分为四类:一、露田(又称正田),男夫四十亩,妇人二十亩;二、倍田,其数额同露田;三、桑田,男夫一人给二十亩。若是麻布之土,则"夫给一亩(桑田),依法课莳榆、枣",另男夫给麻田十亩,妇人五亩[12];四、园宅地,三口给地一亩,奴婢五口给地一亩。通计以上各类土地的数额,产绢的地区,一夫一妇合应受田一百四十一亩(园宅地皆以一亩计),产麻布的地区,一夫一妇合应受田一百三十七亩。产绢的地区和产麻的地区,人户受田的数额和对土地享有的权利(桑田为世业田,麻田为还受之田)是不均等的。另外,田令中尚规定有"三易之田再倍之"。但虽有此制,通常都不授予。故北齐、北周、隋皆无此令文。唐田令中复有"易田则倍给"的条文。然据敦煌户籍残卷,凡宽乡受田者,应受田通以丁男百亩为额,不曾见有记入易田之数者。所以,唐代亦是徒有此制。有鉴于易田在实际施行中并不存在,故兹不列入民户的受田额中。

露田、倍田、桑田、麻田,在北魏时是有严格区分的。桑田"皆为世业,身终不还,恒从见口",并可以"盈者得卖其盈,不足者得买所不足";露田、倍田皆为还受之田,不能继承、买卖。桑田与露田、倍田差异迥然。为防止这二类土地的混淆,田令规定:"诸应还之田,不得种桑榆枣果,种者以违令论,地入还分";麻田,"皆从还受之法",例同露田;园宅地,自然属人户世业,身终不还。倍田与露田虽同属还受之田,但两者仍有区分,即正、倍之分。田令规定:"诸一人之分,正从正,倍从倍,不得隔越他畔",正、倍田是分别计数,不能相互混淆的。田令又规定:"诸桑田不在还授之限。但通入倍田分。于分虽盈,不得以充露田之数。"即人户世业之田充作桑田分后仍有余的,可充作倍田分,但不能充作露田(正田)分。这再次表明正、倍田是不能混同的。同时,这也反映出倍田在性质上虽然属还受之田,但人户世业田可充作倍田,倍田又或多或少带上了桑田性质的成分。因此,倍田是介乎于露田、桑田性质之间的土地,或者说,倍田的性质并非露田那样确定,而是可以有所转化的。

北魏太和九年令对民户受田类别的规定,行于北魏一代而无变更。因为,西魏大统十三年敦煌计帐文书对民户受田的记载,仍记为"正田"、"麻田"、"居住园宅"。北齐、北周以后,民户受田的类别、数额发生了变化。

首先是取消了正、倍田的区分,将倍田之数通入正田分。北齐河清三年令规定:"一夫受露田八十亩,妇四十亩","又每丁给永业二十亩为桑田"[13],一夫一妇受田数额为百四十亩。西魏北周,"有室者田百四十亩"[14],当是露田丁男八十亩,妇人四十亩,丁男桑田二十亩之和。北齐、西魏北周民户受田的数额(不包括园宅地)与北魏完全相同,北魏是丁男露田四十亩,妇人二十亩,倍田丁男四十亩,妇人二十亩,桑田二十亩,合为百四十亩。所不同的是,北齐、西魏北周田令中已没有"所授之田率倍之"的条文,亦没有正、倍田的区分。而将露田的数额由北魏时的丁男四十亩,妇人二十亩,提高为丁男八十亩,妇人四十亩。显然,这是取消了倍田,将倍田之数并入露田。之所以会将倍田统入露田,是因为倍田与露田的性质基本上是一致的,它是授田时加倍给予的"露田"，是"以供耕作（休耕）及还受之盈缩"，换言之，"倍田"在性质上属于露田一类，它依令同为"还受之田"。有鉴于此，所以西魏北周、北齐为了授田时划分土地类别和登记于户籍上的省便，便将倍田统入露田之数。北齐人宋孝王就径称其为"口分"田[15]。从西魏北周、北齐以后，民户受田的类别便由原来的露田、倍田、桑田（或麻田）、园宅地四类简化为露田、桑田（或麻田）、园宅地三类。隋唐时只是露田、桑田的名称有所不同。隋称为露田、永业田，唐称为口分田、永业田。

其次是改麻田为人户永业田。北魏时麻田"皆从还受之法"。北齐河清三年令则规定为："又每丁给永业二十亩为桑田，土不宜桑者，给麻田，如桑田法。"这就将还受之麻田改为身终不还的人户永业田。随着这一变动，麻田的授受数额亦必定如同桑田一样，由北魏时的男夫十亩、妇人五亩，增长为一户受二十亩。由于麻田、桑田已同属人户世业之田。故自隋开皇二年令开始，人户受田就不再有桑田、麻田的区分，而统称为永业田。唐代因之。并且，唐令明确规定，丁男受田百亩，八为口分，二为永业。永业田的数额无论是桑土抑或麻土皆为二十亩。唐令的规定，亦可佐证我们上面的推断，即北齐河清三年令后，麻田的授受额已如同桑田之数，为二十亩。改麻田"如桑田法"，是为了使桑土之乡和麻土之乡的人户占田条件均等，使之不仅皆能拥有"皆为世业，身终不还，恒从见口"的永业田，而且使受田总额亦一致。改变了北魏时桑土、麻土地区人户占田数额和对所占田地的权利不均等的状况。

再次，永业田的数额向着扩大的趋势发展。北齐河清三年令："职事及百姓请垦田者，名为永业田。"所谓"请垦田者"，意即请授民户受田额之外的剩余土地。对土旷人稀地区民户受田额之外的剩余土地的处理，北魏时规定："诸土广民稀之处，随力所及，官借民种莳。后有来居者[16]，依法封授"，是采取暂时借赁出租于民的方式。以后有迁徙入居者，官府便收回所借土地而转授予来居者。爰及北齐，则不再借赁，而径直授予垦种者为永业。或许北齐变北魏借赁为永业，意在鼓励开垦荒闲土地。北魏时，国家就曾一再申令，使"地无遗利，人无遗力"。北齐河清三年令中亦令"使地无遗利，人无游手"。直至唐代仍有此类规定，"谓计口受足以外，仍有剩田，务从垦辟，庶尽地利，故所占虽多，律不与罪。仍须申牒立案，不申请而占者，从'应言上不言上'之罪"[17]。国家实行鼓励开垦的政策，在当时对于土地的垦辟，赋税的征收，无疑会起到一定的积极作用。但是在另一方面，却为新的私有土地的产生，新的大土地所有者的产生提供了条件和途径，并且是合法的途径。永业田数额的扩大，意味着私有土地的扩大。虽然，当时永业田还不属具有"排他性"的私有土地，其经营、买卖等还受到国家的干涉和控制。但是，诚如马克思所指出的，"私有权的统治主要随着土地占有而开始，土地占有是私有权的基础"。[18]永业田为"身终不还"的人户世业之田，可以世代长期占有，故已具有私有性质，发展为排他性的私有土地仅仅是一个时间问题。而有能力在应受田数额之外申请垦田、多占永业田者，自然大多数是拥有一定资产和劳动力的人户，即官僚地主和豪强地主及富裕农民。一般的均田农户是没有能力开垦荒闲土地的。所以，北齐推行这一政策，使一部分人户的永业田数额增长，世业之田与还受之田的比例缩小，人户间贫富悬殊扩大，同时，又助长了大土地所有制的发展。

人户应受田的数额,至隋末又有新的变化。隋炀帝于公元604 年 10 月,诏除妇人之课,妇人由此亦不再受田。这样,以一夫一妇之家计算,应受田数额便由原来的一百四十亩,缩减为一百亩(减妇人受露田四十亩)。唐代因之。

土地授受额的另一变化,即宽乡、狭乡民户应受田标准额的区分。北魏太和九年令时,虽已考虑到"地狭之处"、"地足之处"人户与土地数量不均等的状况,但未作出不同的受田标准,概以百四十亩为准额。然行之不久,至迟在肃宗熙平年间,便改变了以往令文中不论"地狭"或"地足"之处划一授田的制度。新增订了狭乡受田的标准额,即正田减宽乡之半[19]。这一制度,为以后各朝所沿袭。随着这一制度的确立,人户应受田数额就因地区不同而相异。宽乡、狭乡人户占田的条件亦出现了不均等。关于宽乡、狭乡之制确立和使用"宽乡"、"狭乡"专用名称的时间,史籍中无明确记载。同时使用"宽乡"、"狭乡"专用名称的,最早见诸史籍的是隋代。《隋书·食货志》载,开皇十二年"时天下户口岁增,京辅及三河,地少而人众,衣食不给。议者咸欲徙就宽乡。……帝乃发使四出,均天下之田。其狭乡,每丁才至二十亩,老小又少焉"。为此,有的同志认为,将北魏太和九年令中"地狭之处"和"地足之处"分别概括为"狭乡"和"宽乡"是隋朝的首创[20]。其实不然,宽乡、狭乡之制的创立,宽乡、狭乡专用名称的出现,并非始于隋代,而应是始于北魏后期。其证据有二:一、据西魏大统十三年敦煌记帐文书所反映的北魏肃宗时修定后的田令,应已增入"狭乡受田正田减宽乡之半"的条令,并且已付诸实施。既有此令,那么相应的当有宽乡、狭乡之区分,确定宽乡、狭乡区分的标准。并且,北魏太和九年令中虽无"宽乡"、"狭乡"的称谓,但已有"地足之处"、"地狭之处"之称。"宽乡"、"狭乡"与"地足之处"、"地狭之处"的内涵显然是一致的。北魏时,既然已有"地足之处"、"地狭之处"的区分,稍后又有"狭乡受田正田减宽乡之半"的实践,那么,由"地足之处"、"地狭之处"的称谓演进为固定的使用"宽乡"、"狭乡"专用名称,则完全是合乎逻辑发展的。二、北齐初年,已有"宽乡"的称谓。《隋书·食货志》载:"天保八年,议徙冀、定、瀛无田之人,谓之乐迁。于幽州、范阳宽乡以处之。"天保八年为公元557年,此时,北齐尚未颁布本朝田令,至河清三年始颁布北齐田令,为公元564年。河清三年令以前,北齐田制,"仍依魏朝"[21]。因此,"宽乡"之称应是沿袭北魏之旧。既已有宽乡之称,那么,相对的必已有狭乡之称。宽乡、狭乡,本是相对而言,故两种称谓必定同时出现,同时行用。并且,北齐初"宽乡"的含义与唐代田令中"田多可以足其人者为宽乡,少者为狭乡"[22]的规定亦是相一致的。上引材料明确表明,是议徙冀、定、瀛三州"无田之人"迁于幽州、范阳"宽乡以处之"。据上所证,北魏后期的田令中,应已有宽乡、狭乡的区分,确立了宽乡、狭乡之制。

此外,到了唐代,土地类别中永业田与口分田的界限即区分,已不如前代那样严格和明显,而是趋向混同。这在唐代敦煌、吐鲁番籍帐文书中有明确的反映。这种状况的出现,是与人户长期占有一定量的土地及土地私有制的不断发展,土地授受严重不足有着紧密的关系。同时,这也反映出,均田制在唐中叶(开元、天宝之际)已濒临崩溃的边缘。

三、土地还授时间的变化

土地还授的时间,北魏太和九年令规定:"诸还受民田,恒以正月"，即每年正月实行土地还授。《通典》卷二《田制》记载北齐初土地还授的时间为每年十月。这一时间的更改，是在北魏后期还是在北齐初年，史籍中无确切记载。但由《通典》的记载来看，似应变更于北魏后期。《通典》中"北齐给授田令，仍依魏朝。每年十月，普令转授。成丁而授，丁老而退，不听卖易"的记载，在时间上系于北齐河清三年令之前，这显然指的是河清三年以前的情况。河清三年以前，北齐推行均田制是沿用北魏的田令。既然如此，那么，"每年十月，普令转授"的规定，自然亦是沿用北魏之制。所以，土地还授的时间由原来每年正月改为每年十月，应是在北魏后期，而非始于北齐。

　　将土地还授的时间由每年正月改为每年十月，自然是为了更适合于农业生产耕作交替的时间。据《齐民要术》记载，当时黄河中下游地区凡一年一熟的地区，冬季休耕，一般耕地是在秋季、春季。二年三熟的地区，主要还是春秋二季耕地，有时夏季亦耕地。秋耕的目的，是为了将田地的心土翻上，经过一冬的长时间的风化，使土壤变熟，以增加土壤的肥力。待来年春耕时节，春耕后即播种。这样有利于单位面积产量的提高。所以，从秋耕到春耕是农业生产上紧密相连接的重要环节。而土地还授行之于每年正月，正处于秋耕和春耕之间，则必然不利于生产过程的这一连续性。且又临近春耕，土地还授工作稍有迟缓，势必影响春耕播种，以致影响当年的收成。将土地还授改为十月进行，正是在多数主要作物秋收之后，是一年农业生产环节的终点（据《齐民要术》，北方主要农作物，如谷、黍、春大豆、麻子、水稻、旱稻、瓜等播种时期皆在每年的二、三月份，惟大麦、小麦在八月播种）。此时实行土地还授，则不至于影响正常的农业生产活动，在时间上更适合于农业生产的季节。所以,以后各朝土地还授的时间都因循不变。

四、授田对象的变化

授田对象的变化,是均田制发生变化较大的一个方面。其变化较大的时期,主要集中于隋末唐初。北魏推行均田制时,奴婢、妇人、丁牛皆为受田对象,而到了隋末唐初,除寡妻妾以外的妇人及奴婢、牛都不再受田,却新增了僧尼、道士、女冠、工商业者和贱民中的杂户、官户的受田[23]。授田对象的变化,从总体来讲,是封建经济不断发展的结果,但又有着具体的原因和特点,并且,往往又经历着一个历史过程。下面,我们就授田对象的变化及其原因逐一述之。

(一)妇人受田及其废除

北魏太和九年令:"诸男夫十五以上,受露田四十亩,妇人二十亩",妇人受田为男夫的一半。妇人作为受田对象,必须是已婚女性(寡妇守志者,虽免课,亦授妇田),凡是未婚女性虽已成年(丁年)亦不能受田。这在田令中虽未明确说明,然从敦煌记帐文书和北魏租调制可以见及。敦煌西魏大统十三年记帐文书在各户的记载中,凡已婚女性则皆记为"丁妻","丁妻"皆为受田对象;凡未婚女性则皆记为"中女",无论成年与否一概不受田。突出的例证是:王皮乱户家有二十七岁的女儿,在出嫁前仍被记为"中女",不受田。在均田制下,田制与租调制是相对应的,受田者皆须交纳租调,未受地者皆不课。所以,租调制是佐证田制的重要材料。北魏租调制明确规定:"其民调,一夫一妇帛一匹,粟二石。民年十五以上未娶者,四人出一夫一妇之调；奴任耕、婢任绩者，八口当未娶者四；耕牛二十头当奴婢八。"条令所及的一夫一妇，十五岁以上未娶的男子，奴、婢、耕牛皆为受田对象，故皆须负担租调。条令唯不及未婚女性，说明她们皆不受田，故亦不纳租调。以后北齐、北周、隋代的租调制基本原则（受田则课，未受地者则不课）都因袭北魏，未婚女性皆属不课口。所以，在实行均田制时期，妇女作为受田对象仅限于已婚女性。

　　已婚妇女作为授田对象，与中国封建社会以一家一户为基本生产单位的经济结构紧密相关。已婚妇女是一家一户的家庭经济体中的主体之一，又是主要生产劳动者之一，自然也就成为受田的对象。而封建国家将对女性的授田限于已婚妇女，有利于稳固小农经济，稳固和强化封建经济结构，从而稳固其存在的经济基础。此外，当时北魏的社会现实状况，亦需要利用妇女劳动力。在北魏的诏令中，"无令人有余力，地有遗利"之类的令文屡次见及，说明当时北魏境内存在着较大量的无主土地有待于耕垦种植。因此，需要利用可能利用的劳动力投入土地耕垦，以期恢复和发展社会生产，增长国家的赋税收入。所以，已婚妇女被列为受田对象，又与北魏的这一客观社会现实有关。

　　妇女作为受田对象一直延续到隋代，直到604年10月隋炀帝"诏除妇人及奴婢、部曲之课"起，妇人才不再受田。妇人、奴婢、部曲免除租调和取消受田是否在同一年内，尚不能断言。但是，根据隋代"未受地者皆不课"和保持租调与受田相均衡的基本政策，可以推定在炀帝诏令发布后的一、二年内，至迟在大业五年"诏天下均田"[24]之前，必定已明确废除妇人、奴婢、部曲的受田。妇人受田虽然直到隋后期才被废除，但妇人受田后产生的社会问题则早在北齐时已十分明显。这主要是由受田和租调负担量的不均等所引起。北魏以来，妇人受露田为丁男的一半，无桑田，一夫一妇合受田百四十亩。未婚丁男受田百亩，而租调，单丁则仅为一夫一妇的一半。已婚丁男因妻子受田四十亩，却要比单丁多纳一倍的租调。显然应受田额与租调量是不均等的。因此，在北齐时便出现民户多以"无妻"避征科的情况。《隋书·食货志》载，北齐文宣帝时，"阳翟一郡，户至数万，籍多无妻，有司劾之，帝以为生事，由是奸欺尤甚"，以致造成"户口租调，十亡六七"。这种状况，见于记载的虽仅是北齐，但恐怕不独存在于北齐，而是存在于整个北方，惟北齐表现的尤为突出，故才书于史册。爰及隋初，由于没有从制度上解决受田与租调的不均衡（隋开皇二年新令的租调制依然规定单丁、仆隶的租调量为一夫一妇的一半[25]），所以，户口不实。逃避征科的状况仍然十分严重。因此，才会有开皇五年的"大索貌阅"，检括户口，以增加国家收入。然而，"大索貌阅"毕竟是权宜之计，非长久之策，不能从根本上解决因受田与租调不均而引起的社会问题。炀帝即位，诏除妇人之课，随之废除妇人受田，很可能就是为了从制度上改变受田与租调数额的不均等，以稳定社会，稳定国家的收入，同时亦炫示其善政。以上可谓废除妇女受田的原因之一。尚有另一重要原因，就是当时"户口滋多"，依均田令实行土地授受日益困难，同时废除妇人、奴婢、部曲的授田，可在一定程度上缓解人多地少、土地授受严重不足的矛盾。这在第一节中已有述及，此不赘言。

（二）奴婢受田及其废除

北魏均田令规定，"奴婢依良"受田，并不限人数。奴婢受田，这是由北魏的经济、政治条件决定的。

拓跋族入主中原时，还处于家长奴隶制阶段。此后，虽然由于其社会生产力的发展和汉族地区封建生产关系对他们的影响而较快地跨入了封建社会，但是，拓跋贵族中原有的役奴思想意识和奴隶制剥削形态却仍然保存着。而且在统一北中国的过程中，由于他们在军事上的胜利，使得奴婢数量大增。大量的战俘被掠为奴，数量往往一次就是上千万口，或数万口（户）。当时的贵族、大官僚以及居住在北方的汉族强宗豪族，都拥有大量奴婢，就连一般庶人小地主亦占有奴婢（据北齐"奴婢受田者，……八品以下至庶人限止六十人"的规定，可知北魏时庶人必占有奴婢）。

那么，大量奴婢的存在何以役使呢？从史书的一些记载来看，他们中的大多数人是被驱赶到田畴、牧场从事生产劳动。北魏租调制中"奴任耕、婢任绩者，八口当未娶者四"[26]的规定，及当时北魏社会中流行的"耕则问田奴，绢则问织婢"[27]的俗谚，更进一步证明大多数奴婢是直接从事生产劳动的。北魏时的奴婢，乃是北魏社会经济中一支不小的生产大军。

正是出于北魏社会奴婢的大量存在和奴婢直接从事生产活动及其在社会经济中的作用，构成了北魏太和九年均田令中定有奴婢依良受田之制的主要原因，或者说，这就是奴婢依良受田之制为什么产生于北魏的原因之一。此外，尚有一个重要因素，这就是当时北魏的拓跋贵族不仅拥有大量奴婢，而且还占有大量土地,实行均田制,不能损害这些人的利益,规定奴婢依良受田,实际上意味着这部分人可以凭借着拥有的大量奴婢而广占土地,并得到法律保护,成为合法的占有。正因为如此,所以均田制才没有遭到官僚地主的反对,得以在北中国推行。

由于北魏孝文帝的改革,加速了北魏封建化,奴隶制生产关系不再具有巩固和发展的客观条件,奴隶制生产就必然随着封建经济的发展而逐步向着封建生产方式演化。到太和二十三年(499年)魏孝文帝定官制时,王、公、侯、伯、子、男等爵的封土上原来设置的"职比家丞,总统群隶"的"典师",改置为"大农"之官[28]。"大农"为管理农奴的官吏,其与先前的"典师"非仅是官名之别,而有着实质的差异。这一变化说明,北魏在迅速封建化的过程中,奴隶的身份和奴隶劳动的形态也随之相应地发生了转变,原来的奴婢逐步地变成为束缚在土地上的封建农奴。但是,这一变化没有能够顺着正常的方向发展,而因社会政治风云的变化,出现了暂时的曲折。

534年,北魏分裂为东、西魏,继而又演变成北齐、北周。在新的分裂所带来的兼并掠夺战中,掳人为奴的现象再次重现。拼战的双方"相互侵掠,得其民口,各以为奴婢"[29],因此,社会内部奴婢的数量又随着战争的加剧而不断增长。奴隶制的残余形态因其特殊的社会条件,在较短的一个时期内,又有所发展。这种暂时的逆转,却引起了统治阶级内部的矛盾,即大土地占有者与国家之间争夺土地的矛盾冲突愈演愈烈。

还在北魏末年,就已经出现了土地占有者逾限占田,蚕食国家土地,破坏均田制的情况。北魏分裂后,这些拥有大量土地的官僚地主势必又以新获得的奴婢,依均田令向国家请授土地,以合法手段扩大土地的占有(东魏、北齐初无新的田令,仍依魏朝。西魏建立不久便颁布田令,下另作论。此先述北齐)。
东魏、北齐的统治地区,是地主经济比较发达的区域,土地兼并
本已有所发展,大土地占有者再扩大占田,必然使土地占有的
矛盾尖锐起来。北齐人宋孝王《关东风俗传》说:"广占者,依
令,奴婢请田亦与良人相似,以无田之良口,比有地之奴牛。宋
世良天保中(550—559 年)献书:请以富家牛地先给贫人。其
时,朝列称其合理。""肥饶之处,悉是豪势或借或请,编户之人
不得一垄。"[30]这说明,北齐初土地多为官吏豪强地主所占,土地
的正常授受发生了困难。大土地占有者所占土地愈多,国家所
拥有的土地就愈少,赋役征收便日益减缩。在这种情况下,北
齐的统治者不得不约束大土地占有者。于是,河清三年颁布的
田令中,限制了奴婢受田的人数。田令规定:"奴婢受田者,亲
王止三百人;嗣王止二百人;第二品嗣王已下及庶姓王,止一百
五十人;正三品已上及皇宗,止一百人;七品以上,限止八十人;
八品已下至庶人,限止六十人。奴婢限外不给田者,皆不输。"
皇亲国戚及大官僚地主拥有的奴婢往往以千计,而按田令则最
高限额仅准许有三百名奴婢占田。显然,北齐田令中限定奴婢
受田人数的规定,旨在限制官僚豪强地主的占田。这是在奴隶
制经济发生逆转的特殊条件下引起的大土地占有者与国家之
间争夺土地的矛盾斗争尖锐化的产物。北齐田令的颁布,在客
观上起着限制和减少奴隶制经济的作用。

　　西魏于恭帝三年(556 年)颁布均田令[31],但田令中无奴婢
受田之规定。租调制中亦无奴婢纳课的规定。因此,北周奴婢
是否受田,尚不能定。不过,从隋初奴婢仍为受田对象来看,很
可能西魏北周时奴婢仍受田。但是,北周已开始大量释免奴
婢。周武帝宇文邕时,从保定五年(565 年)至宣政元年(578

年)先后五次下诏释免奴婢[32]。北周一再释免奴婢,这与周武帝励精图治,顺应社会经济发展的要求,发展封建经济,加强和巩固封建政权是分不开的。

隋代周后,奴婢仍依北齐之制受田。逮于604年10月隋炀帝诏除奴婢之课,奴婢受田之制随之被废除。唐武德七年均田令中,便不再有奴婢受田的规定。隋末唐初奴婢受田之制最终被废除的原因何在?近人研究均田制的有关著述中已有所涉及,一般都认为奴婢受田之制被废除的原因,是因为大土地私有制的发展,官僚地主普遍地可依品级获得大量土地,所以通过奴婢受田的办法已成为不必要。但是,从史实来看,是奴婢受田之制被废除之后才出现有官僚地主普遍按品级占田的规定。因此,上述看法与史实不符。我们认为,奴婢受田之制被废除的根本原因,是封建经济不断发展,奴隶生产形态不断封建化的结果。

从北魏至唐初的几百年中,虽然社会政治风云不断变幻,朝代更替,但是整个社会却一直沿着封建制的道路前进。随着封建生产关系的日臻稳固和扩大,封建经济的不断发展,使奴隶生产形态日益相形见绌而逐渐被封建生产形态所取代,直接的生产者——奴婢,则或同时转化为封建小农,或脱离生产而为家仆。隋统一南北前,北方从北魏改管理王公贵族土地上生产者的"典师"为"大农",到北周的大量释免奴婢,便显示了这一发展的必然趋势。南方的情况,总的发展趋势与北方是一致的。南朝前期,出于南北战争和镇压少数民族反抗中的人口掳获,奴婢数量亦不少。而从史书的记载来看,大部分奴婢是被直接用于生产劳动。所以,南朝前期亦流传着"耕当问奴,织当问婢"的俗谚[33]。但是,从萧齐起,历代都一再释免奴婢,并且释免量越来越大,有时"所免万计"[34]。南朝不断释免奴婢,自然是与南朝封建经济的不断发展密切相关。

南北朝一再释免奴婢,并不像封建史家所说,是出于封建帝王的恩赐,而实际上是封建帝王被迫服从于封建经济向前发展的客观要求。在封建经济不断发展的情况下,奴隶生产形态的落后性和对生产发展的束缚性就日益显示出来,不能适应封建经济发展的需要,亦不能满足封建地主阶级日益增长的剥削欲望。正是由于奴隶生产制的落后性与封建经济发展的要求的矛盾,封建地主阶级剥削的贪婪性与奴隶生产率低劣的矛盾,促使着封建国家和官僚地主不断地释免奴婢,使奴婢转变为封建依附农民,奴隶生产形态转化为封建生产形态。隋初,"大索貌阅"从豪强地主的庇荫下括出四十四万三千丁,新附一百六十四万一千五百口的情况[35],便有力地说明了隋初在封建地主所占有的土地上从事耕作的大部分劳动者,已不是奴婢,而是失掉土地的封建依附农民。

隋统一南北后,由于隋文帝励精图治,在短短的二十多年中,社会经济有了较大幅度的增长。封建经济的迅速发展,加速着残存的奴隶和奴隶生产形态向着封建化转化,使奴隶生产形态逐渐退出农业生产领域。至隋末,农民起义的烽火一燃,又为扫除奴隶制残余形态开辟了广阔的道路,大量的奴婢在农民革命的烽火中挣脱了奴隶的枷锁而成为封建农民。

自南北朝到唐初,社会中奴婢状况的变化,从唐代前期的史实中可以更明显地看到:(1)奴婢大部分已退出农业生产领域,而主要从事于家内服役。这不仅从唐初的律令中"部曲、奴婢是为家仆,事主须存谨敬"[36]等条例得到反映,在社会经济中亦可得到证实。唐代国家的营田、公廨田和官僚职分田皆"借民佃耕,秋冬受数","雇民或借庸以耕"[37]。官僚、地主所占有的土地,主要是庇荫流亡的破产农民和佃民耕作。唐代从武周时起,农民流亡之广,客户之多,政府括户之众以及租佃制的不断发展,正反映了这一状况。当然,我们这里并不排斥存在奴隶生产的情况,事实上,在唐代也还有一些奴隶直接从事生产劳动。但是,从唐代整个社会来看,从事家内服役的奴婢已占绝对多数。唐初"奴婢是为家仆",与南北朝初期"耕当问奴,织当问婢"的情况相较,奴婢在社会农业生产中的地位已是不可同日而语了。(2)大量的奴婢转化为封建的依附农民,奴婢的来源又日益受到限制,因此奴婢数量不断减少。玄宗时规定:"虽王公之家,不得过二十人;其职事官,一品不得过十二人,二品不得过十人,三品不得过八人,四品不得过六人,五品不得过四人,京文武清官,六品七品不得过二人,八品九品不得过一人。"[38]这和北齐时庶人还可拥有受田的奴婢六十人相比较,其数量已大大减少。

正是由于奴婢的状况到了隋末唐初已发生了这样两大变化,便使得制定于北魏、北齐和隋初社会条件下的奴婢受田之制,已成为过时之文,失去其现实的社会作用,奴婢受田之制终被废除。奴婢受田之制的产生直至被废除,是由奴隶制经济本身在封建社会整个社会经济中所占比重的变化而引起的。而使之发生变化的决定性因素,乃是封建经济在其不断发展和扩大的过程中对奴隶制经济的改造和取代。

(三)僧尼、道士、女冠的受田

僧尼、道士、女冠在唐以前皆不受田,至唐初则成为授田对象。《唐六典·尚书户部》载唐代田令云:"凡道士给田三十亩,女冠二十亩,僧尼亦如之。"[39]这既是唐政府对寺观占田的既成事实的承认,又是意在限制寺观的广占田地,而又以后者为主。

北魏以来,随着佛教的传布和兴盛,寺庙的不断增加,皇帝的封赐,寺院经济日益发展。高宗文成帝时,沙门统"昙曜奏:平齐户及诸民,有能岁输谷六十斛入僧曹者,即为'僧祇户',粟为'僧祇粟',至于俭岁,赈给饥民。又请民犯重罪及官奴以为'佛图户',以供诸寺扫洒,岁兼营田输粟。高宗并许之。于是僧祇户、粟及寺户,遍于州镇矣。"[40]可见,此时寺院已拥有大量地产和依附民。寺院不仅拥有皇帝封赐的和贵族官僚施舍的田宅,还大肆侵夺民田,扩展寺院土地。北魏迁都洛阳后,"自迁都以来,年逾二纪,寺夺民居,三分且一。……非但京邑如此,天下州镇亦然,侵夺细民,广占田宅"[41]。北齐、北周时,寺观占夺民田有增无减。北齐武平年间,"凡厥良田,悉为僧有"[42]。北周寺观同样广占田地,所以终至发生了周武帝灭佛、道事件。周武帝建德三年(574年)诏:"断佛、道二教,经像悉毁,罢沙门道士,并令还民。"[43]周武帝灭佛、道二教的主要目的,就在于获取土地和劳动人手,所谓"求兵于僧众之间,取地于塔庙之下",以"寺地给民"[44],维护均田制的施行,保证国家的兵源和增加国家的财政收入。周武帝灭佛、道,使"前代关东、西数百年来官私佛法,扫地并尽"[45]。然而,佛教毕竟是封建统治者用以麻痹人民,维系封建统治秩序的重要工具。因此,佛教不久便灭而复兴。579年,周宣帝宇文赟诏:"佛法弘大,千古共崇,岂有沉隐,舍而不行。自今以后,王公已下并及黎庶,并宜修事。"[46]佛教由此而复兴。爰及隋代,隋文帝于"开皇元年普诏天下,任听出家,仍令计口出钱,营造经像"[47],佛教随之而兴盛。

北方是如此,南方亦如之。五世纪初,佛、道二教已十分兴盛,寺观广占田地和劳动人手。时人郭祖深在其奏疏中谓:"都下佛寺五百余所,穷极宏丽。僧尼十余万,资产丰沃。所在州县,不可胜言。道人又有白徒,尼则皆畜养女,皆不贯入籍,天下户口几亡其半。……罢白徒养女,听畜奴婢。婢唯著青布衣,僧尼皆令蔬食。……不然,恐方来处处成寺,家家剃落,尺土一人,非复国有。"[48]由郭祖深之言,可知南方寺院经济发展的程度比之北方毫不逊色。并且,寺院亦不断的兼并占夺土地。梁武帝大同七年(541 年)十二月诏:"……又复公私传屯邸冶,爰至僧尼当其地界,此应依限守规。乃至广加封固,越界分断……。"[49]此诏中便言及僧尼任意封占土地。南朝时期,佛、道二教未曾遭受禁断,因此其势力扶摇直上。

逮于唐初,佛、道寺观不仅已占有大量土地,而且依然"驱策田产,聚积货物"[50]。面对寺观广占田地的社会现实,唐政府不得不予以承认。但是,对于寺观广占田地,侵夺国有土地和民田的情况,又不能不加以限制。若任其发展,则不仅破坏均田制的施行,而且影响国家的兵源和财政收入。寺院僧尼是"寸绢不输官府,升米不进公仓","家休大小之调,门停强弱之丁,入出随心,往还自在"[51]。所以,唐政府在均田令中规定道士、女冠、僧尼的受田数额,便具有此两重意义。

唐政府试图以法令的形式来限制寺观的广占田地,但是收效甚微。寺观依然限外占田,侵损百姓。所以,唐政府一再诏令检括寺观的限外田。中宗唐隆元年(710 年)敕:"寺观广占田地,及人碾硙,侵损百姓,宜令本州长官检括。依令式以外,及官人百姓将庄田宅舍布施者,在京并令司农即收,外州给贫下课户。"[52]以后,玄宗开元十年正月又"敕祠部:天下寺观田,宜准法据僧尼、道士合给数外，一切管收，给贫下欠田丁。其寺观常住田，听以僧尼、道士、女冠退田充。一百人以上，不得过十顷，五十人以上，不得过七顷，五十人以下，不得过五顷。"[53]从中宗、玄宗的敕文，我们亦可见唐初定道士、女冠、僧尼的受田，其主要意图是在于将寺观的土地纳入于均田制之下，限制寺观的占田。

（四）工商业者的受田

唐令规定："诸以工商为业者，永业、口分田各减半给之，在狭乡者并不给。"[54]工商业者始成为均田制下的授田对象。这主要是为了限制商人资本大量流向土地。

南北朝时期，我国封建社会的商业和商品经济走出低谷，逐渐恢复和发展。北朝初期因战争频仍，商业仍显得衰落。但至北魏后期，商业则已发展起来，"逮景明之初，承升平之业，四疆清晏，远迩来同。于是藩贡继路，商贾交入，诸所献贸，倍多于常"[55]。洛阳城内，商业兴盛，商贾众多，"凡此十里，多诸工商货殖之民，千金比屋，层楼对出，重门启扇，阁道交通，迭相临望"[56]。北齐时，"州县职司，多出富商大贾"[57]。可见，随着商业的发展，商人队伍日臻壮大，商人的经济、政治势力日趋上升。南朝，未如北方那样长期遭受战争的破坏，故商业一直比北方发达。北魏甄琛在上表中曾曰："（南朝）今伪弊相承，仍崇关鄽之税；大魏恢博，唯受谷帛之输。"[58]这便道出了南北的差异。商税已成为南朝政府财政收入中的一个重要部分，表明南方的商业很繁盛。商业繁盛，商人必然众多。并且，南朝时期民间"人竞商贩，不为田业"[59]，弃农从商的情况十分突出。梁朝沈约云:"……稼人去而从商,商子事逸,末业流而浸广。泉货所通,非复始造之意。于是竞收罕至之珍,远蓄未名之货,明珠、翠羽,无足而驰;丝罽、文犀,飞不待翼。天下荡荡,咸以弃本为事。"[60]由于"小人卒多商旅"[61],因此"商旅转繁"[62],商人队伍十分庞大。当然,其中资产微薄的小商小贩之辈为数不少,但是也逐渐形成了一大批富有资财的富商大贾。

　　商人势力的崛起,给社会带来的重大影响之一,便是商人资本大量流向土地,购置田产,商人成为兼并土地的一股社会力量。在中国封建社会,由于历代政府都推行"崇本抑末"政策,加上小农业与家庭手工业紧密结合的社会经济结构对商品经济发展的制约,所以商人资本的流向,大多遵循着一条传统的准则,即"以末致财,用本守之"。并且,在封建社会土地是权势的基础,"从前主要的势力是地,——在农奴制度时代就是这样的,谁有地,谁就有权有势"[63]。因此,商贾一旦富有资财,便"求田问舍",购买土地。而在均田制度下,土地可以有限度的买卖,则正为商人购买田产提供了条件。商人资本纷纷流向土地,商人成为新兴地主。如唐代西京富商邹凤炽"邸店园宅,遍于海内"[64]。然邹凤炽并非出身于世代豪富之家,据《朝野佥载》的记载,他起初是"先贫,尝以小车推蒸饼卖之"的小商人。以后,由经商日渐发家,终成为财势显赫一时的大富商兼大地主。邹凤炽的道路正是一般商人的共同道路。唐代的一些诏令中常常斥责"富商大贾,……广占田宅,多滞积贮"[65],便反映了当时商人争占田地的情况。商人资本大量流向土地,使土地买卖、地权运动日益频繁,这不仅加剧了均田农户的破产流亡,而且加速了土地私有化的进程。大土地私有制日益发展,均田制也就日趋破坏。均田制推行至唐代,始定工商业者为授田对象,说明这时商人争占土地,破坏均田制的情况已十分严重。唐政府为维护均田制的施行,已不能不对商人资本大量流向土地的状况予以限制。

(五)官户、杂户、太常音声人的受田

《唐六典》所载唐代田令记有"凡官户受田,减百姓口分之半",不见杂户、大常音声人的受田条例。《通典》则三者皆无记载。然据《唐律疏议》卷三《名例》"杂户者,……依令,老免、进丁、受田,依百姓例",及卷一七《贼盗》"杂户及太常音声人,各附县贯,受田、进丁、老免与百姓同",说明杂户和太常音声人亦属受田对象,受田百亩。

唐代的官户、杂户和太常音声人属于贱民阶层。依据奴婢"一免为番户(官户),再免为杂户,三免为良人"[66]的规定,官户为贱民层中的第二等级,杂户和太常音声人为第一等级。官户"州县无贯,唯属本司"[67],即有技能者配诸司,无技能者咸归司农。官户服役,一般为一岁三番。若不上番,可纳资代役。但也有被留作长上无番者。官户除上番以外,不再交纳其他赋税,国家亦不供给资粮衣服(长役无番的官户则皆由官府供给)。所以政府授予官户四十亩土地,主要是给官户自营为生。

杂户,"附州县户贯,赋役不同白丁"[68],服役于各司。役次为二年五番,每年比官户少半个月。不上番,可纳资代役。杂户,在法律上除当色相婚,良人不准养杂户子孙的条例体现了其贱民身份外,其他则一同良人之例。杂户无论从经济条件还是社会地位,与其他贱民(除太常音声人)相比,有着极大差异,已接近一般良人。太常音声人,是封建国家中专门从事音乐工

作的人。他们除了分番服役外,不再负担其他杂役,并且是一人服役,举家皆免差役。在法律上,他们是贱民阶层中唯一能够享有"依令婚同百姓"[69]的人。太常音声人虽尚属贱民之列,但实际上与良人已几无差异。由于杂户、太常音声人已基本类似良人,所以与均田农户一样受田。[70]

五、府兵兵士的受田及其对府兵的优惠政策

西魏建立府兵制时,实行兵农分离。以后,府兵制逐渐向着兵农合一的方向演进。至隋开皇十年,终于确立了府兵制的兵农合一。府兵兵士遂为均田制下的授田对象。

《隋书·高祖纪下》载,开皇十年(590年)五月,隋文帝诏:

> 魏末丧乱,宇县瓜分,役车岁动,未遑休息。兵士军人,权置坊府,南征北伐,居处无定,家无完堵,地罕包桑,恒为流寓之人,竟无乡里之号。朕甚愍之。凡是军人,可悉属州县,垦田籍帐,一与民同。军府统领,宜依旧式。

由此诏令可知,在开皇十年以前,府兵兵士"无乡里之号",不附籍州县;"居处无定",未受有固定的土地。此时,改为"悉属州县,垦田籍帐,一与民同",即同均田农民一样,附籍州县,授受土地。隋文帝这一诏令,在短期内便得到了实施。《资治通鉴》卷一七八开皇十二年十二月条载:"诏曰:'宁积于人,无藏府库。河北、河东今年田租三分减一,兵减半功,调全免'。(胡三省注:田出租,丁出调,详已见前。兵受田,计亩为功,以其所出,修器械,备糗粮,今亦减其半。)"这段记载表明,至开皇十二年时,府兵兵士都已受田,实现了"垦田籍帐,一与民同"。

唐代,仍因隋制,府兵兵士皆为受田对象。

随着府兵兵士受田之制的确立,相应地出现了优惠府兵兵士的政策。隋代,《隋书·郎茂传》载:"(郎茂)又奏身死王事者,子不退田,品官年老不减地,皆发于茂。"此"身死王事者",即指阵亡之府兵兵士。这些兵士的已受田不按一般均田户"身没则还田"之制论处,而是允许其子孙继承。唐代不仅继承了隋代的这一政策,而且又有新的增加。唐田令中规定:"诸因王事没落外藩不还,有亲属同居,其身分之地,六年乃追,身还之日,随便先给。即身死王事者,其子孙虽未成丁,身分地勿追。其因战伤及笃疾废疾者,亦不追减,听终其身也。"[71]府兵兵士没落外藩而身还或战伤残疾可受到优惠,府兵兵士阵亡,其子孙可受到优惠。这些都是不同于一般民户的土地还授条例。隋、唐封建国家在实行均田制时,对府兵兵士实行优惠政策,这自然是为了体现国家对府兵兵士的优恤,以保证府兵的兵源。

六、土地买卖规定的变化

北魏至唐,历代所颁行的均田令,皆有关于土地可以在一定条件下和范围内买卖的条令。这是均田制与以往由国家颁布和施行的田制的一个重要不同之处,如西周的井田制、战国的授田制、西晋的占田制等,皆无土地可以买卖的规定。允许土地在一定限度内买卖,这是均田制的重要特点之一。

北魏太和九年令规定:

> 诸桑田皆为世业,身终不还,恒从见口。有盈者无受无还,不足者受种如法。盈者得卖其盈,不足者得买所不足。不得卖其分,亦不得买过所足。

田令中关于土地买卖的条令只此一条,且系于桑田之下。显然,北魏时,露田在任何情况下都不准买卖,唯有桑田可以买卖。而桑田的买和卖,都仅限于一种情况下:卖者,必须是"有盈者",即实行土地授受后,人户世业之田充作应受的桑田数额后,还有剩余的,允许其出卖剩余之田;买者,必须是"不足者",即通过土地授受,人户所占有的桑田不足应受田的数额,允许其买入部分桑田,以补授田之不足。无论是买和卖,其数额都有一个限度,即应受田额。卖者"不得卖其分",不准将应受田数额内的土地出卖;买者"不得买过所足",买入的土地数额不准超出应受田数额。

北魏允许桑田有限度的买卖,是旨在通过民间"有盈者"和"不足者"之间的相互买卖,以调节土地占有的不均,实现均田制下土地占有的"均衡"。

北魏及北齐初,"给授田令,仍依魏朝。每年十月,普令转授。成丁而授,丁老而退,不听卖易"[72]。至河清三年,北齐颁行本朝均田令。田令中未见关于土地买卖的条令,很可能土地买卖的规定,仍因袭北魏之制。及至北齐后期,国家允许土地"帖卖"。宋孝王《关东风俗传》云:北齐"帖卖者,帖荒田七年,熟田五年,钱还地还、依令听许。"[73]所谓"依令听许",显然是河清三年后的新令,因为河清三年令中并无允许土地"帖卖"的条令。不过,此令实行的时间不会太长,或许仅限于北齐后期的短暂时间内。隋代未见及土地是否可以帖卖的记载。唐代则明确规定,"诸田不得贴赁及质"。只有在"远役外任,无人守业"的情况下,以及官人的永业田、赐田,方允许贴赁及质[74]。西魏北周及隋代,田令中皆无关于土地买卖的具体条令。然据隋代"其丁男、中男永业露田,皆遵后齐之制"[75]之说,可以推知这几个朝代关于土地买卖的规定,大体上仍沿袭北魏之制,主要限于桑田的买卖。

唐代,均田令中对于土地买卖有了新的规定,与北魏太和九年令相较,发生了比较大的变化,现移录于下:

《唐律疏议》卷一二《户婚上》载:

> "即应合卖者",谓永业田家贫卖供葬,及口分田卖充宅及碾硙、邸店之类,狭乡乐迁就宽者,准令,并许卖之。其赐田欲卖者,亦不在禁限。其五品以上若勋官,永业地亦并听卖。

《通典》卷二《田制下》载:

> 诸庶人有身死家贫无以供葬者,听卖永业田。即流移者,亦如之。乐迁就宽乡者,并听卖口分。卖充住宅、邸店、碾硙者,虽非乐迁,亦听私卖。诸买地者不得过本制,虽居狭乡,亦听依宽制。其卖者,不得更请。……诸田不得贴赁及质,违者财没不追,地还本主。若从远役外任无人守业者,听贴赁及质。其官人永业田及赐田,欲卖及贴赁者,皆不在禁限。

《新唐书》卷五一《食货志》载:

> 凡庶人徙乡及贫无以葬者,得卖世业田;自狭乡而徙宽乡者,得并卖口分田。

从以上诸书的记载可知,唐代均田制下的土地在以下几种情况内可以买卖:一、家贫无以供葬;二、徙乡;三、卖充住宅、邸店、碾硙;四、由狭乡迁就宽乡;五、官人永业田及赐田。这与前几个朝代相比,唐代允许土地买卖的条件和范围已大为放宽,而且不仅永业田可以买卖,口分田亦可以买卖。

唐代土地买卖的规定虽然已大为放宽,但是并没有完全放任民间自由买卖,即使是符合田令规定的买卖,亦依然受国家的严格控制。首先,"买地者不得过本制"。所谓"本制",即指官僚依品阶应受田的数额以及一般均田农户等应受田的数额。就是说,买地者土地占有的总量不能超出本身应受田的数额。这一点,仍然因袭了北魏太和九年令的精神。其次,土地买卖必须经官司申牒立案,"凡买卖皆须经所部官司申牒,年终彼此除附。若无文牒辄卖买,财没不追,地还本主"[76]。土地买卖,须立有文牒,这并非肇始于唐代,在唐以前就已经存在了。如《隋书·食货志》载:"晋自过江,凡货卖奴婢、马牛、田宅有文券,率钱一万输估四百入官,卖者三百,买者一百。……历宋齐梁陈,如此以为常。"但是,东晋、宋齐梁陈和唐代所规定的买卖土地需立文牒的作用和目的相迥异。东晋、宋齐梁陈是为了保证国家向买卖双方征收交易税,唐代则是为了保证国家对土地买卖的控制,防止土地的违法买卖。凡具有通过官司审核的文牒,才算是合法的买卖。反之,则被视为"私窃贸易"或"盗贸易者",不仅要受到笞、杖之刑,而且还要受到"田无文牒,辄卖买者,财没不追,苗子及买地之财并入地主"[77]的处罚。唐代与东晋、宋齐梁陈土地买卖文牒的作用的差异,反映出唐代的土地买卖受到国家的严格控制,民间尚不能自由买卖。

正因为唐代均田制下的土地买卖是有条件的、限定范围的,所以,土地买卖便有合法与非法之分。对于非法买卖和逾限占田者,《唐律疏议》中列有专门的处罚条例:

《唐律疏议》卷一二《户婚上》载:

> 诸卖口分田者,一亩笞十,二十亩加一等,罪止杖一百。地还本主,财没不追。即应合卖者,不用此律。
>
> 疏议曰:"口分田",谓计口受之,非永业及居住园宅。辄卖者,《礼》云:"田里不鬻",谓受之于公,不得私自鬻卖。违者,一亩笞十,二十亩加一等,罪止杖一百。卖一顷八十一亩,即为罪止。地还本主,财没不追。

《唐律疏议》卷一三《户婚中》载:

> 诸占田过限者,一亩笞十,十亩加一等,过杖六十,二十亩加一等,罪止徒一年。若于宽闲之处者,不坐。
>
> 疏议曰:王者制法,农田百亩,其官人永业准品,及老、小、寡妻受田各有等级,非宽闲之乡不得限外更占。若占田过限者,一亩笞十,十亩加一等,过杖六十,二十亩加一等,一顷五十一亩,罪止徒一年。又,依令:"受田悉足者为宽乡,不足者为狭乡。"若占于宽闲之处不坐,谓计口受足以外,仍有剩田,务从垦辟,庶尽地利,故所占虽多,律不与罪。仍须申牒立案,不申请而占者,从"应言上不言上"之罪。

律令与田令的精神是相一致的,这是国家力图以法律的形式来维护均田制的实施，保证国家对土地的控制权。

这里，逾限占田而"律不与罪"者，唯于宽闲之处的占田。这是唐政府为解决人多地少的狭乡受田严重不足的矛盾，鼓励狭乡之民徙就宽乡，同时亦是为了鼓励民众开发人稀地广的宽乡，垦辟国有荒闲土地，"庶尽地利"。因此，国家予以优惠的条件。但是，占田者仍必须向官府申牒立案方算合法占有，不然则以"应言上不言上"罪之。这表明，土地所有权仍然控制在国家手中，民户不能任意占田，肆意买卖。

唐代，不仅土地买卖受到国家的严格控制，而且经过合法手续买卖的土地，依然受到国家的控制，被列入买者的应受田数额内，这在敦煌、吐鲁番户籍残卷中多有记载，此不胪列。国家之所以要把买田记入应受田数额之内，其目的，除了控制买地者"不得过本制"之外，更重要的是防止均田制下的口分、永业田游离于国家控制之手，成为民户荫占之田，变为私有土地。唐代将买田纳入应受田数额之内的情况亦反映出，直到唐代，国家允许均田制下的土地可以有条件的买卖，仍因袭有北魏始推行均田制时，国家试图通过民间的土地买卖，调节土地占有不均的矛盾，达到"均衡"占田的基本意图和目的。

由上述可见，从北魏太和九年至唐代前期，均田制下土地买卖的规定和基本精神，有其相因袭的一面，如土地买卖不得超过应受田的标准数额，土地买卖受国家的控制，通过土地买卖来调节土地占有的"均衡"等。这说明在实行均田制的年代里，均田制的基本原则和精神始终存在；又有其发生较大变化的一面，逮于唐代，土地买卖的条件和范围都已大为放宽，而且不仅永业田可以买卖，口分田亦可以买卖。这说明，在实行均田制的年代里，均田制的具体规定又在不断地发生着变化。

均田制下土地买卖的条件和范围向着宽松的方向演变,其根本原因是土地占有的严重不均和土地私有制的不断发展。早在推行均田制之前的北魏前期,土地兼并和土地私有制就已逐渐发展起来。推行均田制后,虽然对于土地兼并和土地的私有化起了一定的限制作用,但是并不能完全扼制土地兼并和土地私有制的发展。尤其是在中央集权制国家政权日渐式微的情况下,土地买卖、土地兼并、土地私有制便急剧发展。如北魏后期,豫州刺史崔暹"广占田宅"、"侵盗公私"[78],华州刺史杨播"至州借民田"[79]。北齐后期则更为严重,"其时强弱相凌,恃势侵夺,富有连畛亘陌,贫无立锥之地。……而齐民全无斟酌,虽有当年权格,时暂施行,争地文案有三十年不了者,此由授受无法者也","又河渚山泽,有司耕垦,肥饶之处悉是豪势或借或请,编户之人不得一垒。……露田虽不复听卖买,卖买亦无重责。贫户因王课不济,率多货卖田业。至春困急,轻致藏走。亦懒惰之人,虽存田地,不肯肆力,在外浮游,三正卖其口田以供租课。比来频有还人之格,欲以招慰逃散,假使暂还,即卖所得之地,地尽还走。"[80]官僚地主、豪势之家兼并小农,蚕食国有土地,广占田宅,使土地不断地集中于少数人之手,贫户则多"无立锥之地"。土地买卖也十分频繁,永业田、口分田都被大量地违法买卖。国家已无力控制土地,均田制名存实亡。随着土地买卖的发展,土地私有制便不断地发展起来。隋代,自立国之初土地占有就严重不均。《隋书·王谊传》载:"太常卿苏威立议,以为户口滋多,民田不赡,欲减功臣之地以给民。谊奏曰:'百官者,历世勋贤,方蒙爵土,一旦削之,未见其可。如臣所虑,正恐朝臣功德不建,何患人田有不足?'上然之,竟寝威议。"[81]苏威议减官僚之地予民,说明隋代在推行均田制之初,已是官僚地主占有大量土地,一般百姓则"民田不赡"。然隋代统治者为维护官僚地主的利益,无意解决土地占有严重不均的矛盾,俟统治者觉察到问题的严重性时,则无法予以解决。文帝曾"命诸州考使议之,又令尚书,以其事策问四方贡士,竟无长算"[82]。所以,有隋一代土地占有严重不均的矛盾一直存在,并且不断发展和加剧。开皇十二年,"帝乃发使四出,均天下之田。其狭乡,每丁才至二十亩,老、小又少焉"[83]。及至炀帝,于大业五年春正月再次"诏天下均田"[84]。如此一再地诏令均天下之田,正反映出天下占田严重不均。

　　爰及唐代,虽然有隋末农民大起义的风暴,冲击了官僚地主、地方豪势之家,在一定程度上缓解了土地占有的矛盾,但是土地占有不均的现象并未得到解决。并且,伴随着李唐王朝的建立,一批新贵成为新的大土地占有者,官宦世家的官僚地主们,则依然保留着大量土地。犹如唐代于志宁那样的"臣居关右,代袭箕裘,周魏以来,基址不坠"[85],长期世袭占有大量土地,历几朝而不衰的大土地占有者亦为数不鲜。这一大批与李唐王朝封建政权的命运休戚相关的官僚阶层、大土地占有者们的利益,又是李唐王朝必须予以极力维护的,不仅不可削夺其土地,相反还以扩大官吏永业田授受的范围和数额的方式来保证他们的合法占田。一般庶民地主与贫民之间历史地形成的在土地占有上的贫富不均,国家已不可能通过"夺富补贫"的方法来调节。庶民地主通过开垦荒地、购买土地及恃势侵夺等方法和途径逐渐积聚起来的大量土地,虽然尚不能够"把它作为排斥其他一切人的、只服从自己个人意志的领域"[86],独占地、排他地支配它,但是,由于庶民地主长期地占有这些土地,土地已具有私有性质。诚如唐玄宗时李元纮在上疏中所言:"百姓私田,皆力自耕,不可取也。"[87]富民土地"本于交易,焉得夺富以补贫"[88]。所以,唐代统治者面对前几朝日积月累而形成的官僚地主、豪富之家广占田地,贫户则少有土地的占有不均和土地不断私有化的局面,已无力通过国家政权力量对经济领域的强行干涉来改变,只有顺从经济发展的规律,顺从土地私有制不断发展的趋势,采取相应的政策。土地买卖规定的宽松便是在这样的社会条件下出现的。国家试图通过土地买卖的经济手段来调节土地占有的矛盾,缓解土地占有严重不均的局面。然而,事与愿违,土地买卖的樊篱一旦破冲开,随着唐代商品经济的不断发展,土地买卖的汹涌之势便势不可挡地蔓延于整个社会。唐政府数次诏令禁止土地违法买卖,如唐高宗"永徽中,禁买卖世业田、口分田,其后豪富兼并,贫者失业,于是诏买者还地而罚之。"[89]玄宗"(开元)二十三年九月诏曰:天下百姓口分、永业田,颇有处分,不许买卖典贴。如闻尚未能断,贫人失业,豪富兼并,宜更申明处分,切令禁止。若有违犯,科违敕罪。"天宝十一载又诏:"爰及口分、永业,违法买卖,或改籍书,或云典贴,……自今已后,更不得违法买卖口分、永业田。"[90]但屡禁而不能止。土地买卖不仅斯风未改,而是愈演愈烈。"开元之季、天宝以来,法令弛坏,兼并之弊有逾于汉成、哀之间"[91]。土地买卖的浪潮,终于形成为一股冲毁均田制的重要力量。

七、官吏的永业田、职分田及官府的公廨田

(一)官吏的永业田

北魏太和九年令中,没有专门的关于官吏受永业田(桑田)

的条令,其时官吏本身受永业田的数额与一般良人相同,即每人二十亩。官僚地主保留其原有的大量土地和扩大土地占有,主要通过奴婢受田之制得以实现。占田的多少决定其拥有奴婢的多寡,奴婢受田保证了官僚大量占田的合法化。东魏北齐、西魏北周因北魏之制而行之,没有出现新的条令。随着封建经济的不断发展,奴隶生产形态逐渐退出生产领域,大量的原直接从事农业生产劳动的奴婢转化为封建依附农民,奴婢的数量日益减少。奴婢数量的减少,便直接影响到官吏的受田。为了继续维护官僚地主们的利益,国家必须制定出新的政策。于是,在隋初便产生了官吏按品级受永业田的新令式。隋代,官吏受永业田的范围和数额,《隋书·食货志》载:"自诸王已下,至于都督,皆给永业田,各有差。多者至一百顷,少者至四十亩。"这时,官吏依品级受永业田尚仅限于自诸王至都督,不是所有的官吏都可依品级受田。

隋炀帝践祚,于公元604年10月"诏除妇人及奴婢、部曲之课"[92],奴婢不从课便不再受田。随着奴婢受田之制的最终被废除,官吏依品级受永业田便相应地普遍化。唐初,各级官吏从一品至九品,"凡官人及勋,授永业田"[93]。唐代的均田令中详细地规定了各级品官受永业田的数额及方法。《通典》卷二《田制下》载:

> 其永业田:亲王百顷,职事官正一品六十顷,郡王及职事官从一品各五十顷,国公若职事官正二品各四十顷,郡公若职事官从二品各三十五顷,县公若职事官正三品各二十五顷,职事官从三品二十顷,侯若职事官正四品各十四顷,伯若职事官从四品各十顷,子若职事官正五品各八顷,

男若职事官从五品各五顷。上柱国三十顷,柱国二十五顷,上护军二十顷,护军十五顷,上轻车都尉十顷,轻车都尉七顷,上骑都尉六顷,骑都尉四顷,骁骑尉、飞骑尉各八十亩,云骑尉、武骑尉各六十亩。

其散官五品以上,同职事给。兼有官、爵及勋,俱应给者,唯从多,不并给。若当家口分之外,先有地非狭乡者,并即回受,有剩追收,不足者更给。

诸永业田,皆传子孙,不在收授之限。即子孙犯除名者,所承之地亦不追。

所给五品以上永业田,皆不得狭乡受,任于宽乡隔越射无主荒地充(原注:即买荫赐田充者,虽狭乡亦听)。其六品以下永业,即听本乡取还公田充,愿于宽乡取者,亦听。

其应给永业人,若官爵之内有解免者,从所解者追(原注:即解免不尽者,随所降品追),其除名者,依口分例给,自外及有赐田者并追。若当家之内有官爵及少口分应受者,并听回给,有剩追收。其因官爵应得永业,未请及未足而身亡者,子孙不合追请也。诸袭爵者,唯得承父祖永业,不合别请。若父祖未请及未足而身亡者,减始受封者之半。

官吏依品级受永业田之制的确立与官吏受田的普遍化,从制度上保证了整个官僚集团广占土地的特权,体现了政治地位与经济利益的一致性。受田的多寡决定于品级的高低,数额的变动决定于官秩的升迁和降免。官僚地主合法占有永业田的数额蔚为可观,尤其是上层官僚,高达数十顷,乃至百顷。这与一般民户受永业田仅二十亩的数额相较,判若天壤。不过,这在以等级制为特征的封建社会中亦就不足为奇了。官吏的永业田既可传之子孙、世代因袭，又可听任买卖、帖赁及质，具有较强的私有性。所以，官吏依品级受永业田之制的确立，同时也反映出，在均田制的实施过程中，土地私有制日益发展。

（二）官吏的职分田

官吏职分田属公田，与永业田性质不同，实质上是俸禄的一部分，其土地属国家所有，土地上的收获物归官吏。

北魏太和九年令中，没有明确的关于官吏授受"职分田"的条令。但田令中规定："诸宰民之官，各随地（近）给公田，刺史十五顷，太守十顷，治中别驾各八顷，县令、郡丞六顷。更代相付，卖者坐如律。"[94] 唐人杜佑认为，"职分田起于此"[95]。杜佑此言，是基于对公田性质的认识。因其按品秩等级受田的授受方式和"更代相付"，不准买卖，土地所有权属于国家的性质，与后代职分田的授受方式、性质是一致的。太和九年田令中的"公田"，就是后代之"职分田"，就其性质而言，无疑是正确的。后代有关官吏职分田授受比较周详的条文，是在太和九年田令中"公田"授受条文基础上的不断发展和完善化。不过，杜佑将职分田的起源定于太和九年，则为时过晚。推行均田制以前的太和五年，北魏政府就已规定，"州刺史、郡太守，并官节级，给公田"[96]。太和九年田令中关于地方官吏受"公田"的条文，实际上是将太和五年的规定纳入均田制度中。所以，职分田的起源至迟可以溯源于太和五年。

太和九年田令中关于官吏受公田的规定，一是仅限于地方官；二是还未明确使用"职分田"的名称。然北齐人宋孝王《关东风俗传》云："魏令,职分公田,不问贵贱,一人一顷,以供刍秣。"[97]依宋孝王之言,此条令应系"魏令"的内容。毋庸置疑,这显然不是太和九年田令中的内容,而是以后新增订和颁布的条令。这一条令,语焉不详,难以辨明其施行的范围。"一人一顷",是仅限于京官呢? 还是包括了全国所有的官员? 地方官原来的受田数额,刺史十五顷,太守十顷,最少的县令、郡丞亦有六顷。此时锐减为一顷,显然行不通。日本学者堀敏一认为,这一规定主要是以京官为对象的。颁行的时间,最大的可能性是在迁都洛阳时期[98]。韩国磐先生则认为,这种一人一顷的公田,既不同于对有功者的赐田,也非以后按品级给予官吏的永业田,更不是按品级给予的、更代相付的职分田,该是沿西晋时给予诸侯的刍藁田而来,以后演变和并入官吏的永业中[99]。我们认为,这一人一顷的职分公田,最初是以职田的形式分配给京官的,并且很可能有如堀敏一之言,是在迁都洛阳时期颁布的。但是,这一条令在很大程度上是属于权宜之计。其目的在于,满足迁都洛阳的官僚们的利益,稳定官僚队伍,保证迁都和迁都后统治的稳固,并没有从完善官吏职分田授受制,完善均田制度的角度出发。所以,这条"职分公田"的规定,不仅与太和九年田令中的"公田"授受条令无紧密的承前联系,而且与后代田令中的职分田授受条令亦无紧密的启后关系。一言概之,此条令虽属北魏田令的内容之一,但它在均田制度中官吏职分田授受制的发展完善过程中不起重要作用,属于权宜之计。正因为如此,这一人一顷的职分公田,到北魏末期,即宣武帝时,便"始以永赐,得听买卖"[100],由属于国家的职分公田转化为官吏的私田。

　　北魏以后的各朝皆沿袭前制,授予官吏职分田,并不断地发展完善化。

北齐河清三年令：

> 京城四面，诸坊之外三十里内为公田。受公田者，三县代迁户执事官一品已下，逮于羽林武贲，各有差。其外畿郡，华人官第一品已下，羽林武贲已上，各有差。[101]

北齐虽沿称"公田"，但其授田以执事官为对象，且一品以下各有差，按官秩等级授给，所以，其所谓"公田"，实质即"职分田"。北周田令，因史书记载十分简略，未见关于"职分田"的条令。但可以肯定，北周必然沿北魏之制实行官吏职分田的授受。

逮于隋代，田令中始用"职分田"的名称，规定内外官皆受职分田。《隋书·食货志》载：

> 京官又给职分田。一品者给田五顷，每品以五十亩为差，至五品，则为田三顷，六品二顷五十亩。其下每品以五十亩为差，至九品为一顷。外官亦各有职分田。

唐田令中关于官吏授受职分田的条令则更为完备。《通典》卷二《田制下》载：

> 京官文武职事职分田：一品一十二顷，二品十顷，三品九顷，四品七顷，五品六顷，六品四顷，七品三顷五十亩，八品二顷五十亩，九品二顷。并去京城百里内给。其京兆、河南府及京县官人职分田亦准此，即百里外给者，亦听。

诸州及都护府、亲王府官人职分田:二品一十二顷,三品一十顷,四品八顷,五品七顷,六品五顷(原注:京畿县亦准此),七品四顷,八品三顷,九品二顷五十亩。

镇戍关津岳渎及在外监官:五品五顷,六品三顷五十亩,七品三顷,八品二顷,九品一顷五十亩。三卫中郎将、上府折冲都尉各六顷,中府五顷五十亩,下府及郎将各五顷。上府果毅都尉四顷,中府三顷五十亩,下府三顷。上府长史、别将各三顷,中府、下府各二顷五十亩,亲王府典军五顷五十亩,副典军四顷,千牛备身、左右太子千牛备身各三顷。诸军上折冲府兵曹二顷,中府、下府各一顷五十亩。其外军校尉一顷二十亩,旅帅一顷,队正、副各八十亩,皆于领所州县界内给。其校尉以下,在本县及去家百里内领者,不给。

诸职分分陆田限三月三十日,稻田限四月三十日,以前上者并入后人,以后上者入前人。其麦田以九月三十日为限。

唐代官吏职分田的数额,普遍高于隋代。同为京官一品,隋为五顷,唐则增至十二顷,增长一倍多。九品,隋为一顷,唐增至二顷,增长一倍。外官则更高,九品达二顷五十亩,

由于官吏授职分田的数额的提高,加上官员数额的增长,所需职分田的数量便随之日渐扩大。同时,依令官吏职分田的授受,京官于"去京城百里内给",外官"皆于领所州县界内给",都是在民田密集的区域内授受。这必然与百姓的受田相冲突。所以,为了解决官吏受职分田与民户受田的矛盾,唐代职分田在实施过程中,曾时兴时废。贞观十一年(637年)三月

敕:"内外官职田,恐侵百姓,先令官收,虑其禄薄家贫,所以别给地子。"[102]贞观十八年三月"复京官职田,以京兆及岐、同、华、朔方等州空闲地及陂泽堪佃食者充之"[103]。开元十年(722年)正月又"命有司收内外官职田,以给逃还贫户。其职田,以正仓粟亩二升给之"[104]。开元十八年三月再次恢复给京官职分田,外官职分田则仍以"租价对定",不再给授[105]。

官吏职分田的经营方式,是"借民佃植,至秋冬受数而已"[106],即实行租佃制,出租于民。出租的方式,常常是由官员强行"抑配"于民佃种。

(三)官府的公廨田

公廨田亦属公田,由国家授给,其收入作为各级官府的办公费用。

均田制中公廨田授受的条令,始见于隋代。《隋书·食货志》载:"及颁新令……,又给公廨田,以供公用。"所谓"新令",即开皇二年颁布的均田令[107]。但是公廨田授受的起始时间并非于开皇二年,而是在开皇十四年。此事《隋书·苏孝慈传》、《隋书·食货志》、《资治通鉴》卷一七八文帝开皇十四年条等皆有记载,《隋书·食货志》所载较为详细明了,此引录之。"先是京官及诸州,并给公廨钱,回易生利,以给公用。至十四年六月,工部尚书、安平郡公苏孝慈等,以为所在官司,因循往昔,以公廨钱物,出举兴生,唯利是求,烦扰百姓,败损风俗,莫斯之甚。于是,奏皆给地以营农,回易取利,一切禁止"。苏孝慈的奏疏得到隋文帝的"嘉纳"[108],文帝于开皇十四年"六月丁卯,诏省、府、州、县,皆给公廨田,不得治生,与人争利"[109]。这些记载明确表明,官府给公廨田之制是始于开皇十四年六月。所以,开皇二年新令中原是没有"又给公廨田,以供公用"之条令的。《隋书·食货志》所载隋代田令之所以会出现此条令,或是编史者的疏忽,或是编史者为省便起见,将开皇二年以后新修订的条令并入开皇二年田令中。《册府元龟》卷四九五《邦计部·田制》在记载隋代田令时,关于公廨田的条文便作了纠正,记为"(开皇)十四年,诏省、府、州、县,皆给公廨田,不得治生,与人争利",这是正确的。

隋代公廨田授受的情况,由于《隋书》以"又给公廨田,以供公用"一言以概之,故不得其详。但唐代的田令中记载十分完备。朝廷各官署的公廨田,《通典》卷三五《职田公廨田》载:

> 大唐凡京诸司,各有公廨田:司农寺给二十六顷,殿中省二十五顷,少府监二十二顷,太常寺二十顷,京兆府、河南府各十七顷,太府寺十六顷,吏部、户部各十五顷,兵部、内侍省各十四顷,中书省、将作监各十三顷,刑部、大理寺各十二顷,尚书都省、门下省、太子左春坊各十一顷,工部一十顷,光禄寺、太仆寺、秘书监各九顷,礼部、鸿胪寺、都水监、太子詹事府各八顷,御史台、国子监、京县各七顷,左右卫、太子家令寺各六顷,卫尉寺、左右骁卫、左右武卫、左右威卫、左右领军卫,右右金吾卫、左右监门卫、太子左右春坊各五顷,太子左右卫率府、太史局各四顷,宗正寺、左右千牛卫、太子仆寺、左右司御率府、左右清道率府、左右监门率府各三顷,内坊、左右内率府、率更府各二顷。

地方官署的公廨田,《唐六典·尚书户部》载:

凡天下诸州公廨田：大都督府四十顷，中都督府三十五顷，下都督、都护、上州各三十顷，中州二十顷，官总监、下州各十五顷，上县十顷，中县八顷，中下县六顷，上牧监、上镇各五顷，下县及中牧、下牧、司竹监、中镇、诸军折冲府各四顷，诸冶监、诸仓监、下镇、（上）关各三顷，互市监、诸屯监、上戍、中关及津各二顷（原注：津隶都水则不别给），下关一顷五十亩、中戍、下戍、岳、渎各一顷。

从唐令的规定可知，唐代从中央到地方各级各类官署都受有数额不等的公廨田。多者，中央的司农寺二十六顷，地方的大都督府四十顷，最少者亦有一顷田地。公廨田的经营方式，如官吏职分田，亦是"借民佃植，至秋冬受数而已"，实行租佃制。

（原文发表时分为上下篇，上篇发表于《史学论丛》第3辑，云南人民出版社1988年版；下篇发表于《史学论丛》第4辑，云南大学出版社1989年版）

注　释

1　关于成丁入老的年限，北魏田令中虽无明确记载，然据"诸男夫十五以上，受露田四十亩"，"年逾七十者，不还所授"，可以推定，北魏太和九年时，成丁的年龄为十五岁，入老的年龄为七十一岁。

2　详见〔日〕池田温：《中国古代籍帐研究·录文》，第149—165页。

3　《隋书》卷40《王谊传》。

4　《资治通鉴》卷180，仁寿四年十月条。

5　《资治通鉴》卷180，仁寿四年十月条。

6　《通典》卷7《食货·历代盛衰户口》。

7　《资治通鉴》卷180,仁寿四年十月条。

8　《隋书》卷24《食货志》。

9　《通典》卷7《食货·历代盛衰户口》;《唐会要》卷84《户口数》。

10　《困学纪闻》卷16。

11　《魏书》卷110《食货志》。

12　原令文为"诸麻布之土,男夫及课,别给麻田十亩,妇人五亩,奴婢依良。皆从还受之法。"因"别给"二字,有人认为,麻布之土,除给二十亩桑田外,别给麻田十五亩。此说不确。一、这里的"别给"是针对前面"非桑之土,夫给一亩"而言,换言之,麻布之土给一亩桑田外,另给麻田十五亩;二、据敦煌西魏大统十三年残卷,各户的已受田有正田、麻田、园宅地,而无桑田。据以上二点可以判定麻布之土一夫一妇的受田数中不包括二十亩桑田。

13　《隋书》卷24《食货志》。

14　《隋书》卷24《食货志》。

15　《通典》卷2《食货·田制下》。

16　《魏书》卷110《食货志》。原文为"役有土居者",误。据《通典》、《册府元龟》,应为"后有来居者"。

17　《唐律疏议》卷13《户婚中》。

18　马克思:《经济学—哲学手稿》,人民出版社1956年,第46页。

19　此据西魏大统十三年敦煌瓜州效縠郡记帐文书。详见拙作:《西魏大统十三年残卷与北朝均田制的有关问题》,《思想战线》1984年第2期。

20　见翁俊雄:《隋代均田制研究》,《历史研究》1984年第4期。

21　《通典》卷2《食货·田制下》。

22　《新唐书》卷51《食货志》。

23　《通典》卷2《食货·田制下》;《唐六典》卷3《户部尚书》。

24　《资治通鉴》卷181,大业五年正月癸未条。

25　《隋书》卷24《食货志》。

26　《魏书》卷110《食货志》。

27　《魏书》卷65《邢峦传》。

28　《魏书》卷113《官氏志》。

29　《资治通鉴》卷173,太建九年十一月条。

30　《通典》卷2《食货·田制下》。

31　据《隋书》卷24《食货志》:"后周太祖作相,创制六官。……司均掌田里之政令(下为田制内容,从略)。"后周太祖宇文泰相西魏创制六官的时间是在恭帝三年,故田令当公布于此年。

32　详见《周书》卷5、卷6《武帝纪》。

33　《宋书》卷77《沈庆之传》。

34　参见《南齐书》卷4《郁林王传》;《梁书》卷4《简文帝纪》;《资治通鉴》卷162,太清三年夏四月条;《陈书》卷3《世祖纪》。

35　《隋书》卷24《食货志》。

36　《唐律疏议》卷23《斗讼》。

37　《新唐书》卷53《食货志》;《通典》卷35《职官·职田公廨田》。

38　《唐会要》卷86《奴婢》。

39　此系唐武德七年令的内容。因太宗时少林寺"都维那故惠义,不闲敕意,妄注赐地为口分田"(《金石萃编》卷74《少林寺赐田敕》),说明太宗时已经实行了僧尼受田之制。

40　《魏书》卷114《释老志》。

41　《魏书》卷114《释老志》。

42　《广弘明集》卷7。

43　《周书》卷5《武帝纪》。

44　《广弘明集》卷24。

45　《续高僧传》卷23《释静蔼传》。

46　《广弘明集》卷10。

47　《隋书》卷35《经籍志》。

48　《南史》卷70《循吏郭祖深传》。

49　《梁书》卷3《武帝纪下》。

50　《旧唐书》卷1《高祖纪》。

51　《广弘明集》卷27。

52　《唐大诏令集》卷110《诫励风俗敕·又》。

53　《唐会要》卷59《祠部员外郎》。

54 《通典》卷2《食货·田制下》。

55 《魏书》卷65《邢峦传》。

56 《洛阳伽蓝记》卷4。

57 《北齐书》卷8《后主纪》。

58 《魏书》卷68《甄琛传》。

59 《隋书》卷24《食货志》。

60 《宋书》卷56《谢瞻孔琳之传》。

61 《隋书》卷29《地理志》。

62 《南史》卷70《循吏郭祖深传》。

63 《列宁全集》第6卷,人民出版社1959年,第337页。

64 《太平广记》卷495《邹凤炽条》。

65 《唐大诏令集》卷117《遣使宣慰诸道诏》。

66 《唐六典》卷6《尚书刑部》。

67 《唐律疏议》卷3《名例》。

68 《唐律疏议》卷12《户婚上》。

69 《唐律疏议》卷14《户婚下》。

70 关于官户、杂户、太常音声人的具体情况,详见拙作《唐代的贱民》,《贵州文史丛刊》1984年第3期。

71 《通典》卷2《食货·田制下》。

72 《通典》卷2《食货·田制下》。

73 《通典》卷2《食货·田制下》。

74 《通典》卷2《食货·田制下》。

75 《隋书》卷24《食货志》。

76 《通典》卷2《食货·田制下》。

77 《唐律疏议》卷13《户婚中》。

78 《魏书》卷88《崔逞传》。

79 《魏书》卷58《杨播传》。

80 《通典》卷2《食货·田制下》。

81 据《隋书》卷1《高祖纪上》载,开皇五年四月"上柱国王谊谋反伏诛"。如此,上引议减功臣之地予民之事,当在开皇五年四月之前。

82　《隋书》卷24《食货志》。

83　《隋书》卷24《食货志》。

84　《隋书》卷3《炀帝纪》。

85　《旧唐书》卷78《于志宁传》。

86　《马克思恩格斯全集》第25卷，第695页。

87　《新唐书》卷126《李元纮传》。

88　《全唐文》卷300，李元纮《废职田议》。

89　《新唐书》卷51《食货志》。

90　《册府元龟》卷495《邦计部·田制》。

91　《通典》卷2《食货·田制下》。

92　《资治通鉴》卷180，仁寿四年十月条。

93　《旧唐书》卷43《职官志二》。

94　《魏书》卷110《食货志》。

95　《通典》卷1《食货·田制上》。

96　《通典》卷35《职官·职田公廨田》。

97　《通典》卷2《食货·田制下》。

98　详见堀敏一：《均田制的研究》，福建人民出版社1984年，第195页。

99　详见韩国磐：《北朝隋唐的均田制度》，上海人民出版社1984年，第73—74页。

100　《通典》卷2《食货·田制下》。

101　《隋书》卷24《食货志》。

102　《唐会要》卷92《内外官职田》。

103　《唐会要》卷92《内外官职田》。

104　《唐会要》卷92《内外官职田》。

105　《册府元龟》卷505《邦计部·俸禄一》。

106　《通典》卷35《职官·职田公廨田》。

107　《隋书》卷24《食货志》所载隋代均田令，未记颁布的时间。《册府元龟》卷487《赋税一》载："（开皇）二年颁布新令。"隋代赋役令与田令系同年颁布，故知田令颁布于开皇二年。

108　《隋书》卷46《苏孝慈传》。

109　《隋书》卷2《高祖纪下》。

十一、唐代庶族地主的发展
及其历史作用

南北朝隋唐之际,是我国封建社会史上地主阶级集团中士族地主由盛而衰,庶族地主由弱而强的演变时期,尤其是到了唐代,庶族地主迅速发展壮大,成为一支重要的社会力量。为什么庶族地主到了唐代迅速发展壮大起来? 它的发展壮大对当时社会产生过什么影响,起过什么作用,引起过哪些社会变化,尤其是在社会经济关系方面有些什么变化? 对于这些问题,迄今还很少研究。本文拟就唐代庶族地主发展的社会条件,庶族地主的发展壮大对社会发展的影响和作用,进行一些探讨。

一、唐代庶族地主发展的社会条件

所谓庶族地主,是相对士族地主而言。在汉代,"本无士庶之别",只是到了"魏晋以来,以贵役贱,士庶之科较然有辨"[1]。庶族地主,是指出身寒门、身份低微而拥有一定数量土地的地主,他们包括未跻入士族行列的下品官僚、地方土豪,由农民内部分化而来的新兴地主,由工商业者转化而来的地主等。庶族地主的成分和社会地位决定了他们的特征:政治、经济上没有特权,不可能依靠政治地位和权势获得土地和有效地控制土地上的劳动者。他们获得土地的主要途径是以资购买,土地的经营方式,一般都是采取租佃制,庶族地主的发展壮大,有赖于商品经济的发展,土地运动的频繁和小农的发展、分化。

魏晋时期,是士族地主的鼎盛时期。士族地主在经济上,拥有大量土地,而且土地具有较高的稳定性,同时,又占有大量具有十分强烈的人身依附关系的佃客、部曲和奴婢等劳动人手;在政治上,把持选举,世代高官,享有封建特权,又有占田制、荫族制、给客制等保护其经济基础。这一时期士族地主势力的鼎盛,自然是与当时社会的历史条件分不开的。对于士族地主形成和发展的社会条件,不属本文论述的范围,且前人已有论述,此不赘言。这里需要指出的是,当时社会商品经济的微弱,自然经济的强化,士族地主土地占有的稳定性,形成了这一时期土地非运动性的特点;战乱的影响,个体小农纷纷流亡,投奔于世家大族,大量的自耕农沦为士族地主的私属,从而加强了宗族关系,增强了士族地主的经济、政治力量;奴隶制残余势力的存在,佃客的农奴化,形成了这一时期人身依附关系十分强烈的特点。在具有以上这些特点的社会条件下,庶族地主自然不可能发展壮大起来。

但是,社会不可能永远停滞在一个点上,它总是要沿着一定的规律向前发展。随着封建经济的发展,阶级斗争和统治阶级内部斗争的发展,使社会发生着新的变化。

南方,在南朝时期,封建经济有了较大的发展。过去那种"江南之俗,火耕水耨,土地卑湿,无有蓄积之资"的状况,转变为"民勤本业,一岁或稔,则数郡忘饥"[2],"从江以南,千斛为货"[3],商品经济也随之发展起来。《南史》卷七〇《循吏郭祖深传》谓南朝"商旅转繁"、"耕夫日少"。《隋书》卷二四《食货志》亦言南朝"人竞商贩,不为田业"。北魏的甄琛在上表中曾曰:"(南朝)今伪弊相承,仍崇关廛之税;大魏恢博,唯受谷帛之输。"[4]这说明,随着南方商品经济和商业的发展,商税已成为南朝政府财政收入中一个重要的部分。

封建经济、商品经济的发展,为庶族地主的发展提供了条件。因为,江南"各别资财,同居异炊,一门数灶"[5],"共甑分炊饭,同铛各煮鱼"[6]的习俗,往往出现"士大夫以下,父母在而兄弟异计,十家而七矣;庶人父子殊产,亦八家而五矣"[7]的情况。这种分产析户使得众多的个体家庭,在封建经济发展尤其是商品经济发展的情况下,容易造成分化,产生新兴的地主。而商品经济的发展,将冲击士族地主稳定性的经济基础,冲破土地的非运动性,使庶族地主有可能扩张其经济势力。所以,到梁朝时,南方庶族地主的经济势力已经崛起,并开始染指国家土地。梁武帝大同七年(541 年)十一月的诏令中曾说到:"如闻顷者,豪家富室,多占取公田,贵价僦税,以与贫民,伤时害政,为蠹已甚。自今公田悉不得假与豪家,已假者特听不追,其若富室给贫民种粮共营作者,不在禁例。"[8]这些"贵价僦税",即以租佃制为土地经营方式和"给贫民种粮共营作"的豪家富室,当然大多数都是庶族地主。

与此同时,南朝农民起义和统治阶级的内部斗争,沉重地打击了士族地主的势力。南朝曾发生过多次农民起义,起义大多集中在士族地主比较集中的吴郡、吴兴、会稽等地区[9]。无疑,这些起义都沉重地打击了士族地主。而统治阶级的内部斗争,侯景之乱,造成"贵戚、豪族皆自出采稆,填委沟壑,不可胜纪"[10],"衣罗绮,怀金玉"者,"交相枕籍,听命待终"[11]。西魏破江陵，"江陵既平，衣冠士伍，并没为仆隶"[12]。所以，到了南朝后期，已是"太清之季，名宦盖微"[13]。曾经权势极盛，"王与马，共天下"的王氏，自"晋世以来，诸王冠冕不替"，但到陈朝灭亡之年，也已势去名沉，"及于陈亡之年，淮流实竭，曩时人物扫地尽矣"[14]。士族地主的衰落，使庶族地主的政治势力开始抬头。他们不仅"典掌机要"，而且要求废除士族特权，如受宠任于陈后主的沈客卿就曾奏请打破南朝士族"并无关市之税"的传统特权，要求"不问士庶，并责关市之征"[15]。

南朝后期上述情况的出现，显然表明庶族地主已开始兴起。

北方，三长制、均田制的相继推行，一方面瓦解着以宗族关系为势力后盾的士族地主的经济基础；另一方面，被国家检括出的荫户和流亡的农民重新与土地相结合，北魏时又规定，"工商杂伎，尽听赴农"[16]，从而培植起了一大批类似于自耕农的均田农户，他们推动着黄河流域社会经济的恢复和发展。同时，也孕育着庶族地主的发展和壮大。鲜卑贵族入主中原，与士族地主产生了矛盾，统治者之间的争斗倾轧，使士族地主势力屡遭挫折，"文宣之代，政令严猛，羊毕诸豪，颇被徙逐"[17]。山东大族崔氏、封氏等并遭诛杀[18]。北方的农民起义，也同样给予鲜卑贵族和士族地主以沉重打击。北朝经济关系的变化，士族地主势力受到打击，使庶族地主得以有机会发展起来。所以，到了北齐后主时，"州县职司多出富商大贾"[19]，西魏、北周则开始"罢门资之制"[20]，诏令："选举者，当不限资荫，唯在得人。苟得其人，自可起厮养而为卿相。"[21]这些都说明北朝后期庶族地主正在兴起。

如上所述，南北朝时期社会经济、政治的发展变化，使庶族地主的发展获得了一定的条件。不过,庶族地主在这一时期只是开始兴起,并未能发展成一支强大的社会力量。因为有利于庶族地主发展的社会条件,受到当时封建经济、商品经济发展程度,士族地主的社会势力,南北分裂割据,南北战争等一系列客观社会条件的限制,在社会的广度和深度上都没有成熟。但是,南北朝时期所产生的这些变化,对于以后庶族地主的发展壮大则具有重要的"路基"作用。

隋代周后,隋文帝大刀阔斧打击士族地主,"大索貌阅",检括户口,"大功以下,兼令析籍,各为户头"[22];"输籍定样",轻税之法,使依强豪作佃家的浮客"悉自归于编户"[23],严重地破坏了北方士族地主的经济基础。平陈后,隋文帝将"江南士人悉播迁入京师"[24],"大小在路,五百里垒垒不绝"[25],使大批江南士族地主失去了维系其势力的经济基础。在政治上,"罢中正,举选不本乡曲"[26],开始废除士族地主的特权地位,出现了"里闾无豪族,井邑无衣冠"[27],"罢乡举,离地著,尊执事之吏,……士族乱而庶人僭"[28]的局面。在士族地主势力急剧衰落的另一面,则自然是创造了庶族地主发展的条件。然而,炀帝荒淫贪暴,致使社会局势发生骤变,以致经衰政亡,战乱中李唐王朝取而代之。

历史跨入到唐代,南北朝以来的社会发展变化日渐寝广,通过唐初数十年的运动发展,社会终于具有了各种有利于庶族地主发展壮大的条件。

南北朝后期,士族地主已走向衰落,经过隋初对士族地主的打击,尤其是隋末农民战争"见人称引书史,辄杀之"[29],"得隋官及士族子弟皆杀之"[30],对士族地主的沉重打击,使士族地主急剧衰亡。那些免遭杀戮的士族地主,许多到了唐初也已经是"名不著于州间,身未免于贫贱"[31],"贩鬻松槚,依托富贵"[32]。至武则天时,又一次大规模地诛杀、打击士族地主,致使士族地主的社会势力丧失殆尽。士族地主在经济、政治上的失势,使以往来自社会上层势力对庶族地主发展的抑止力量在唐代已大大的消失了,庶族地主发展的道路由此而大为畅通,这就便利了庶族地主的迅速发展。

由于隋末农民战争,大土地所有者或被诛杀,或是"通庄并溃"[33],从而使一大批曾经依托地主为荫户、佃客的无地农民重新获得土地,成为自耕农;又由于战乱,出现大量的无主土地,使唐初具有了继续推行均田制的条件,流亡的破产农民能够重新与土地相结合,成为均田农户。所以,唐初小土地占有者在整个社会经济体系中占有较大的比例。对于这一点,我们可以从唐初国家户口数的增长,课户在总户数中的数量,国家财政收入的丰厚以及唐初经济的繁荣等方面得到证实,这里我们不再展开论述。小农,他们始终处于不断的分化之中,而小农的分化,一部分富裕起来的农民购买土地演变为新兴地主,则是庶族地主的来源之一。唐初,大量小土地占有者的存在,便使庶族地主队伍的扩大具有了可能性。

由于隋末农民战争的历史教训,唐初,一方面,"大姓豪猾之伍,无敢侵欺细民"[34];另一方面,统治者采取了"养民生息"、"轻徭薄赋"的统治政策。这就使小土地占有者对于土地的占有和经营具有相对的稳定性,个体小农经济也就易于发展起来。因为对于小农来说,"土地的占有,表现为直接生产者的生产条件之一,他对土地拥有的所有权,则表现为他的生产方式的最有利的条件,他的生产方式得以繁荣的条件"[35],正是唐初小农经济获得了有利的发展条件,使小农经济迅速发展,推动着整个社会生产力和封建经济的迅速发展,出现了唐代经济繁荣昌盛的局面。而伴随着个体小农经济的发展,在农民阶层中必然会因劳动条件、劳动力、生产技术等方面的差异而出现贫富分化,滋长出一批富有者。所以,唐初庶族地主队伍的扩大,不仅具有可能性,而且具有了向现实性转化的条件。

由于社会基本矛盾的运动和农民反徭役、反人身依附斗争的作用,到了唐代,赋税制中以往的徭役部分,开始实行以"庸"代役,征收实物。租庸调制,实际上已是实物地租的形态。虽然在实际的施行中,仍有征役的,但比起唐以前的时代,至少在正常的社会秩序下,农民已可以纳资而减免徭役。私家佃农,对于地主的人身依附关系,比起以前各朝已大为削弱,不再是"客皆注家籍"、"父子低首奴事富人,躬帅妻孥为之服役"[36],而大多是契约佃农,主要是完纳地租而已。实物地租的推行,人身依附关系的削弱,使个体农民经营活动的独立性和主动性随之扩大,"生产者在这里变得较为独立"[37],"已经有了较大的活动余地,去获得时间来从事剩余劳动,这种劳动的产品,同满足他的最必不可少的需要的劳动产品一样,归他自己所有"[38]。而农民独立性的扩大,则意味着农民分化的萌芽,它"会使各个直接生产者的经济状况出现更大的差别。至少,这样的可能性已经存在。并且,这些直接生产者获得再去直接剥削别人劳动的手段的可能性已经存在"[39]。因为农民独立性的扩大,"有可能以自己的劳动获得除了满足自己必要的需要以外的剩余生产品"[40]。唐代史籍中,从高宗以后见载有"高户"、"富户"、"富人"之类[41],这些人户便是从农民中发展起来的新的富有者。在已发现的唐代敦煌籍帐中,就有一般农民购买土地的记载。如唐天宝六载敦煌郡敦煌县龙勒乡都乡里的籍账中,白丁、下中户郑恩养的已受田数额中,记有"一十二亩买田",而这一十二亩买田,分为二段,一段六亩,很可能这一十二亩土地,是户主分二次购置的[42]。又《三水小牍》记载:唐初"汝南编户"卫庆,以"服田"起家,十多年以后,便发展为拥有垦田二千亩的大地主,被称为"富家翁"。身为佃农的客户,也已有自贴买得田地者,所以唐代宗"宝应二年九月敕:客户若住经一年以上,自贴买得田地,有农桑者,无问于庄荫家住,及自造屋舍,勒一切编附为百姓差科"[43]。有买者,就有卖者。出卖土地的除了一部分士族、官僚之家外,大部分自然是贫民。农民阶层中土地的买卖,显然反映了农民的贫富分化。这种分化,至唐中期已发展到"贫富升降,非旧第矣"[44]的地步,可见其分化面之广泛。所以,唐代实物地租制的推行,农民人身依附关系的削弱,独立性的扩大,加之唐初小农经济获得了有利的发展条件,这就必然扩大和加快农民贫富分化的范围和速度,为庶族地主的发展壮大提供了条件。

唐代前期,社会经济和封建经济关系在更加广阔的区域内迅速发展,特别是商业繁荣和商品经济发展的程度远远超越南北朝和隋代。而商品经济的发展,则为庶族地主的发展壮大开创了有利的条件。

商品经济的特性是"流动",它分秒不甘寂寞,所以它所流浸之处,往往引起流通领域的扩大和兴盛。唐代商品经济的发展,引起了土地运动的日益频繁。中国封建社会自战国以来,土地就可以买卖。既然土地可以买卖,那么,土地也就会像商品一样进入流通领域,发生流转(当然不是土地的流转,而是土地所有权的流转);既然会像商品一样流转,那么,土地流转的速度和频率的快慢,就有赖于商品经济发展的程度,有赖于货币的增长和流通。魏晋南北朝时期,许多地区或"钱货无所周流"[45],或"钱皆不行"、"俱不用钱"[46],或"悉以绢为货"[47],或"多以盐米布交易"、"杂以谷帛交易"[48]。在这种自然经济强大,商品经济不发达的情况下,我们自然看不到土地买卖盛行的记载。而唐代,至唐中叶时已是,"肃、代以来,……虽私家用度,亦非钱不行。天下之物隐没不见,而通行于世者,惟钱耳!"[49]当时的理财家刘晏,曾言"如见钱流地上"[50]。商品经济的发达,土地运动的加剧、流转的频繁也就成了必然的趋势。唐初,国家推行均田制,放宽了土地买卖的范围,这就为商品经济对土地稳定性的冲击,把土地卷入流通领域开辟了道路。道路一经开辟,随着商品经济的发展,土地买卖的范围就会越来越宽,往往超出法令的规范。唐高宗时,不得不强行规定:"禁买卖世业、口分田。其后豪富兼并,贫者失业,于是诏买者还地而罚之。"[51]然而,违背经济发展现实的强行规定,只能是徒劳。土地的买卖,不仅斯风未改,而是愈演愈烈。唐玄宗时,已是"王公百官及富豪之家,比置庄田,恣行吞并,莫惧章程。借荒者皆有熟田,因之侵夺;置牧者唯指山谷,不限多少,爰及口分永业,违法买卖,或改籍书,或云典贴,致令百姓,无处安置"[52]。逃人田宅,依制应由官处分,但是往往"妄被人破除",或"亲邻买卖"[53],或"因被贼卖"[54]。甚至国家所有的职分田、官田亦已可能出现违法买卖。《唐律疏议》卷一三《户婚中》谓:"或将职分、官田,贸易私家之地,科断之法,一准上条贸易为罪。"律令中对于职分、官田的买卖列有科罪之条,说明社会现实中存有买卖之例。从已发现的敦煌籍帐中,拿唐代授田文牒与西魏大统十三年的授田文牒相比,西魏时授田地段比较集中,每段的数量多在十亩左右,而唐代地段分散,土地畸零,每段的数量多在五亩以下,乃至一亩、半亩一段。唐代的不少文牒上记有"买田"、"买附"、"自田"(买田、买附的每块数量也多是几亩),而在西魏的文牒中则未曾见有。唐代与西魏授田文牒记载的这些差异,反映了唐代土地运动已大大超越前代。及至唐末,据方回《续古今考》卷二〇载,买卖土地已有"刻板印契"。土地买卖发展到使用"刻板印契",其广泛和频繁的程度是不难想象的了。由上可知,土地运动在有唐一代已是日趋频繁。土地运动的频繁,正适合了庶族地主发展壮大的需要。在中国封建社会,对于土地存在着这样一条通例,即"富者有资,可以买田;贵者有力,可以占田"[55]。庶族地主本非"贵"者,乃为"富"者,他们无权享受"占田"的特权,他们获得土地的主要途径,只能是以资购买。所以,唐代商品经济的发展引起土地的大量商品化,土地运动的加剧,使富者有广泛的机会购买土地,这便为庶族地主的发展壮大提供了最有利的条件。

　　唐代商品经济的发展,孕育了一大批新兴商人。因为行商坐贾,"乘时射利者,日以富豪;田垄罢人,望岁勤力者,日以贫困。劳逸既悬,利病相诱,则农夫之心尽思释末而倚市,织妇之手皆欲投杼而刺文。"[56]商业利润的引诱,吸引着社会各阶层的人争欲跻入商人的行列,官僚兼商,佛寺经商,农人弃农从商,手工业者作贾行商。所以,唐中宗神龙元年(705 年),宋务光上疏谓当时社会已是"稼穑之人少,商旅之人众"[57]。宋务光之言,不免有虚张之嫌,但也确实反映了当时商人数量的众多。安史之乱以后,战乱迭至,"诸道节度使、观察使多率税商贾以充军资杂用"[58]。德宗时,政府财政拮据,"幸得商钱五百万缗,可支半岁"[59]。商税数额的巨大,正反映了唐中叶时商品经济的活跃和商人队伍的壮大。而商贾数量的增多,也就意味着庶族地主队伍的扩大。因为,中国封建社会历代政府都推行"崇本抑末"政策,加之于小农业和家庭手工业紧密结合的社会经济结构,使商人资本的流向,大多遵循着一条传统的准则,即"以末致财,用本守之"。商贾一旦富有资财,便"求田问舍",购置地产,转化为庶族地主。史家常常援引西京富商邹凤炽"邸店园宅,遍满海内"的史料,而邹凤炽并非出身于世代富豪之家,据《朝野佥载》的记载,他起初却是"先贫,尝以小车推蒸饼卖之"的小商人。实际上,邹凤炽的道路亦是一般商人的共同道路。唐代的一些诏令中常常斥责"富商大贾,……广占良田,多滞积贮"[60]。正是由于唐代商业资本大量流向土地,在唐玄宗开元二十五年(737 年)重新颁布的均田令中才定有工商授田的规定,"诸以工商为业者,永业、口分田,各减半给之"[61],以企图限制商贾的大量占田。所以,唐代商品经济的发展,商人队伍的壮大,为庶族地主的发展壮大提供了有利的条件。

唐初,经过隋末农民战争的涤荡,旧的官吏们或死或逃,一时出现了"士不求禄,官不充员"[62]的状况。无奈乎,李唐政权在建国过程中,不得不对"卜祝庸保,量能使用"[63]。政权虽然建立起来了,但是仅有关陇集团作为支柱,其社会基础并不牢固。为巩固政权,李唐王朝必须扩大它的社会基础,广泛搜罗人才为其服务。当时,一方面士族地主已经衰落,李唐王朝为加强皇权,也不可能去收揽旧士族地主作为它的社会基础,而是"崇重今朝冠冕"[64],吸收和选拔地主阶级各阶层的优秀人才。另一方面,庶族地主已经兴起,随着他们经济力量的壮大,竭力要求跻入仕途,谋得冠冕,获得社会政治地位和封建特权。这从唐初科举考试时,"选集之始,雾积云屯;擢叙于终,十不收一"[65],庶族地主趋之如鹜的状况便可窥见。由于存在以上两方面的条件,唐初科举制的广泛施行有了现实的社会基础。科举制因之日益发展和完备。科举制的盛行,便为庶族地主入仕为官,走上政治舞台,扩张其政治势力提供了有利条件。所以,《唐摭言》卷九谓:"三百年来科第之设,草泽望之起家。"

以上,我们分别论述了唐代庶族地主发展的社会条件。由上可见,庶族地主的发展,如同世间一切事物的发展变化一样,表现为一个历史过程,这一过程大体始于南北朝初期,以后渐次演进,发展到唐代,终于展现出广阔的情景,使庶族地主的发展具有了有利的社会条件。因此,庶族地主才在唐代迅速地发展壮大起来。同时也表明,庶族地主的发展,是社会整体内诸因素互相联系、相互作用,组合、交错、运动的结果,它"不是一成不变的事物的集合体,而是过程的集合体"[66]的产物。而在这诸种社会因素的交错运动中,封建经济关系的不断发展,则起着主导的作用。所以,庶族地主的发展壮大,是封建经济发展的必然结果。

二、庶族地主的发展壮大对社会发展的作用

庶族地主是封建经济结构中的一个重要组成部分,它的发展壮大,必然会对社会的发展产生重大影响,起着重大作用,以致引起社会经济关系等方面的某些变化。唐代庶族地主的发展壮大,对当时社会发展所产生的影响和作用,主要是:

(一)土地私有制的发展和深化,庶族地主土地所有制占居统治地位

庶族地主获得土地的主要途径,是依靠经济手段——以资

购买,对于那些向庶族地主演化的商贾、手工业者、富裕农民,则可以说,购买土地是他们上升为庶族地主的唯一途径。所以,伴随着庶族地主的发展壮大,就是土地私有制的日益发展和深化。

土地,一旦进入流通领域,土地私有权也由此得以实现和深化。列宁指出:"遗产制度以私有制为前提,而私有制则是随着交换的出现而产生的。"[67]恩格斯说:"随着商品生产,出现了个人单独经营的土地耕作,以后不久又出现了个人的土地所有制"[68],土地进入交换,"变成商品的土地财产,从那一瞬间起,大土地所有制的产生,便仅仅是一个时间问题了。"[69]唐代商品经济的发展,引起了土地运动的加剧,庶族地主的发展壮大,土地买卖的频繁,则加速了土地的私有化。对于商品交换的经济原则,任何人包括最有权威的封建帝王也是不可抗拒和改变的。唐前期,虽然对于均田制下的土地买卖,唐政府仍然想以地主的身份予以控制,把买田纳入均田制授田数额之内,但是,亦不得不承认买主对土地具有的所有权。唐玄宗时,李元纮上疏中言:富民土地"本于交易,焉得夺富以补贫"[70]。为了安辑流散,维持均田制,国家只得出钱向买主购还农民出卖的口分、永业田。如玄宗天宝十一载十一月乙丑诏:"其口分、永业地,先合买卖,若有主来理者,其地虽经除附,不限载月近远,宜并却还。至于价值准格并不合酬备。既缘先已用钱,审勘责其有契验可凭持,宜官为出钱,还其买人。"[71]国家出钱购归土地,实际上是国家承认买主对土地具有所有权。

唐代,庶族地主的发展,土地的买卖,在全国并非限于一地一处,而是遍于广大的地区。这从唐代流民之众之广,可以窥见。因为引起农民流亡的主要原因,是土地被兼并,因赋役苛重、天灾人祸等农民被迫"拆屋卖田"[72]、"卖舍贴田"[73]。唐玄宗天宝十一载的诏令中就说："王公百官及富豪之家，比置庄田，咨行吞并，莫惧章程。……爰及口分永业，违法买卖，或改籍书，或云典贴。致令百姓，无处安置，乃别停客户，使其佃食，既夺居人之业，实生浮惰之端，远近皆然，因循亦久。"[74]代宗宝应元年（762 年）四月敕令中亦指出："百姓田地，比者多被殷富之家、官吏吞并，所在逃散，莫不由兹。"[75]而从武则天以后农民流亡、土地流转、贫富升降的广度来看，在全国范围内，购买、兼并土地的主要社会力量，自然是散布于全国广大区域内的庶族地主和向庶族地主转化的富裕农民、工商业者。玄宗、代宗诏令中所指的"富豪"、"殷富之家"，显然是指庶族地主。宇文融检括户口、田地，曾遭到户部侍郎杨玚的反对，杨玚"以括客不利居人，征籍外田税，使百姓困弊"[76]。杨玚所谓"居人"、"百姓"，无疑亦是指多占田地，收容客户的庶族地主。所以，在唐代，庶族地主是蚕食、侵吞均田制下的国有土地，变国有土地为私有土地的主要力量。

在庶族地主迅速发展壮大，土地买卖盛行的情况下，封建国家依靠出钱购还土地，岂能维持均田制。均田制下的土地既然可以有限度地买卖，违法买卖又禁止不了，大量的土地通过流通领域发生着所有权的转移，土地"从一个人手里流到另一个人手里，并且任何规律都不能把它再保持在少数预定的人们手里"[77]，带有国有土地性质的均田制的崩溃，庶族地主土地私有制的发展已是必然趋势。唐代中叶均田制的破坏，大多认为："唐初定均田，有给田之制，盖由有在官之田也。其后给田之制不复见，盖官田益少矣"，"官无闲田，不复给授，故田制为空文"[78]。然而唐中叶，并非无田可授。开元十年九月，"张说

擒康愿子于木盘山。诏移河曲六州残胡五万余口于许、汝、唐、
邓、仙、豫等州,始空河南朔方千里之地"[79]。许、汝、唐、邓、仙、
豫等州,位于今河南、河北之地,皆不属荒缘地区,却一次便能
迁入安置五万余口,说明这些地区是有较多剩田的。又开元十
八年,宣州刺史裴耀卿论时政上疏曰:"窃见天下所检客户,除
两州计会归本贯已外,便令所在编附,年限向满,须准居人,更
有优矜,即此辈侥倖,若全征课税,目击未堪。窃料天下诸州,
不可一例处置,且望从宽乡有剩田州作法。窃计有剩田者,
(不)减三四十州。取其剩田,通融支给。"[80]可见,唐中叶时仍
有剩田可供施行均田制。只是因为土地买卖的频繁,庶族地主
的发展壮大,土地的私有化已成不可遏制之势。原有的口分、
永业田已大量向着私有演化。开元十四年,宰相李元纮就已指
出:"今百官所废职田不一县,弗可聚也。百姓私田,皆力自耕,
不可取也。"[81]所以,再以剩田继续施行均田制,也只能像明人丘
浚所说:"均田之制,口分世业之法,……行之而不能久,何也?
其为法虽各有可取,然不免拂人情而不宜于土俗,可以暂而不
可以常也,终莫若听民自便之为得也。"[82]所谓"不免拂人情而
不宜于土俗",就是有违于土地私有化之社会趋势。在当时的
社会条件下,唐政府想继续推行均田制,已是"欲行古道,势莫
能遵"。国家要想使赋入有常,只有顺应土地私有化的发展趋
势,放弃给田、还田之格的均田制度。所以,裴耀卿的上疏在
"取其剩田,通融支给"后说:"其剩地者,三分请取一分已下,
其浮户请任其亲戚乡里相就,每十户已上,共作一坊,每户给五
亩充宅,……丁别量给五十亩已上为私田,任其自营种。"[83]裴耀
卿提出的给田法,已不再循均田旧制,而是直言给民"私田"。
唐玄宗时,虽仍有按均田制"据丁口给授"土地,但对于一些土

地的处理,已开始不再依均田给授法。如杂开稻田,"（开元二十六年正月丁丑制）京兆府界内应杂开稻田,并散给贫丁及逃还百姓,以为永业"[84]。这里,"散给"的田地已不再分为口分、永业,而皆为永业,可见土地已朝着私有的方向演化。又如闲田,"所在闲田,劝其开辟,逐土任宜收税,勿令州县差科。征役租庸,一皆蠲放"[85],蠲放租庸,据地收税,说明农民耕垦占有的土地,已完全是作为私有土地。由上可知,均田制的最后崩溃,不复再现,并非完全是由于无田可授,其真谛,乃是庶族地主的发展壮大,土地私有制的日益发展和深化。庶族地主收买土地又收容逃户,变国田为私田,变国佃为私佃,改变了均田制下土地的占有形态,使均田制的继续推行失去了现实基础。

由于土地的私有化,庶族地主土地所有制的发展已成为不可遏制的趋势,对于土地买卖、土地兼并,国家亦只能放弃前期"诏买者还地而罚之"[86]的措施,转而采取"兼并者不复追正,贫弱者不复田业,姑定额取税而已"[87]的政策。新的赋税制度——两税法,也就是在这样的历史条件下产生出来。唐代赋税制度从以"人丁为本"的租庸调制到以"资产为宗"、"贫富为差"的两税法的变换,本身就反映了庶族地主的发展壮大,土地私有制在整个社会诸种土地所有制形式中比重的变化,因为"分配的结构完全决定于生产的结构,分配本身就是生产的产物"[88]。至此时,庶族地主的土地所有制在整个社会中已占居了主导地位。

此后,土地的私有化更是日渐浸广。地主的私有土地以"庄田"的形式迅速地发展。国家所控制的荒闲田、陂泽地、绝户田等国有土地,凡经民承垦耕种者,皆向着私有转化。穆宗长庆元年(821 年)正月敕:"应诸道管内百姓,或因水旱兵荒,流离死绝,见在桑产,如无近亲承佃,委本道观察使于官健中取无庄田有人丁者,据多少给付,便与公验,任充永业,不得令有力职掌人妄为请射。"[89]国家的营田,也开始被分割,向着私田转化,"宪宗末,天下营田皆雇民或借庸以耕,又以瘠地易上地,民间苦之。穆宗即位,诏还所遗地而耕以官兵。耕官地者给三分之一以终身"[90]。迨至武宗,会昌元年(841年)敕:"荒闲、陂泽、山原,百姓有人力能垦辟耕种,州县不得辄问。所收苗子五年不在税限,五年之外依例纳税。"[91]而在唐玄宗时,"所在陂泽"还仅仅是"并任百姓佃食"[92]。武宗废浮图法,籍没寺观土地千万顷,"腴田鬻钱送户部。"[93]国家将土地当作商品出卖,变官田为私田,这在唐以前是未曾有的。以上这些,反映了唐代后期官田的大量私田化。到唐宣宗时,大中六年(852年)中书门下的奏书中言:"据地出税,天下皆同;随户杂徭,久已成例。"[94]可见,发展到唐宣宗时,天下土地已多是"据地出税"的私有土地。逮至北宋元丰年间,全国土地总额中,民田已占总数的百分之九十八点六三,官田仅占百分之一点三七[95]。北宋初年,全国土地的高度私有化,溯其源,主要是唐中叶以后土地私有制的急剧发展和日益深化的结果。

(二)租佃制的普遍发展

租佃制,早在战国秦汉时已经存在。但是,地主对于农民的这种剥削形式,在唐以前并没有很大的发展。魏晋南北朝时期,是士族地主大土地所有制和部曲佃客制占居着优势地位。到了唐代,租佃制才普遍地发展起来。租佃制的发展,与庶族地主的发展壮大有着紧密的联系。

庶族地主以及向庶族地主转化者，大多没有政治权势，不是宗族大姓，因此，他们不可能通过凭恃政治权势和温情脉脉的宗族面纱有效地控制土地上的劳动者，建立起强烈的人身依附关系。他们的土地经营方式，一般都是采取出租土地，"坐食其租"。所以，庶族地主发展壮大的过程，也就使租佃制普遍地发展起来。

唐代，从武则天时起，农民大量破产流亡，逃亡农民的流向，"或出入关防，或往来山泽"[96]，或入城市为工商业者，或至边地垦辟荒田，然最大量的仍是流向比州旁县，依托地主，其中大量的又是依托于庶族地主。因为，自武则天以后，士族地主已是"衣冠迁徙，人多侨寓。士居乡土，百无一二"[97]。即使乡居的士族地主也已多是"衣冠士族，或贫无他财，独守故业"[98]，或"衣冠之家，素乏储蓄，朝夕取给，犹足为忧"[99]。而庶族地主则在全国广大的区域内迅速发展壮大，他们兼并土地，收容逃户。所以，武后时陈子昂上疏言：逃户"不属州县，土豪大族，阿隐相容"[100]。《新唐书》卷一二八《李杰传》谓："（神龙初，李杰）以采访使行山南，时户口逋荡，细弱下户，为豪力所兼。"玄宗时，在《科禁诸州逃亡制》中亦谓：百姓"莫不轻去乡邑，共为浮惰，或豪人成其泉薮，或奸吏为之囊橐"[101]。这些所谓"土豪"、"豪人"，自然是指庶族地主，庶族地主大量阿隐逃亡农户，那么他们是怎样处置依附流民呢？唐玄宗天宝十一载的诏令中明确指出："……致令百姓无处安置，乃别停客户，使其佃食，既夺居人之业，实生浮惰之端，远近皆然，因循亦久。"[102]陆贽也说："今制度弛紊，疆理隳坏，恣人相吞，无复畔限。富者兼地数万亩，贫者无容足之居，依托豪强，以为私属，贷其种粮，赁其田庐，终年服劳，无日休息。馨输所假，常患不充。有田之家，坐食租税。"[103]可见，皆是以租佃的方式为主，正如恩格斯所指出的,地主在掠夺到土地以后,"靠出租土地,靠最终占有他的佃户的种种改良的成果进行掠夺"[104],以实现其对佃户的封建剥削。

唐代,全国大部分地区都发生着农民的破产流亡。武后时,陈子昂上疏中曾言:"自剑以南,爰及河、陇、秦、凉之间,山东则有青、徐、曹、汴,河北则有沧、瀛、恒、赵……流离分散,十至四五。"[105]还有山南地区,亦是"户口逋荡"[106]。至开元年间,农民逃亡几乎遍及全国各地。因此,玄宗开元十六年十月敕云:"诸州客户有情愿属边缘利者,至彼给良沃田安置,仍给永年优复。"[107]农民的破产流亡,不仅地区日广,而且数量亦日增,玄宗时,开元九年宇文融括户,得客户八十余万户[108]。时全国户口,据《唐会要》卷八四《户口数》记载:"开元十四年,户部进计帐,言今年管户七百六万九千五百六十五",由此可推知,开元九年时,户不到七百万,客户占总户数的十分之一强。天宝年间,柳芳指出,其时"豪猾兼并,强者以财力相君,弱者以侵渔失业,人多逃役者,多浮寄于闾里,县收其名,谓之'客户'。杂于居人者十一二矣"[109]。而至德宗建中初年,"命黜陟使往诸道按比户口,约都得土户百八十余万,客户百三十余万"[110],客户已占总户数的十分之四有奇。

随着庶族地主在全国范围内的发展壮大,农民破产流亡地区的日益广阔和数量的日益增长,租佃制也就必然在这广大的区域内普遍地发展起来。近代在敦煌、吐鲁番发现的唐代籍帐残卷中,有不少租佃契约,说明租佃制在这些地区已大量存在,敦煌、吐鲁番皆属唐朝边地州县,边地既已如此,那么地主经济发达的内地州县,租佃制的普遍发展则是无疑的。唐代史籍中,常有关于租佃的记载,正是反映了租佃制在此时的普遍发展。

租佃制的发展,不仅仅局限在庶族地主对农民剥削的范围内,而是影响到整个地主阶级包括代表地主阶级利益的国家政府机构。租佃制的剥削方式,人身依附关系比较薄弱,佃农对地主主要是交纳地租,"在这种关系内,直接生产者对于他们的全部劳动时间应如何利用的问题,已经或多或少有权可以自由支配,……为地主而做的劳动曾经引起的苛扰性的、视徭役劳动管理方法而多少不等地发生扰乱作用的中断,在产品地租纯粹出现的地方已经消失,在某些徭役劳动仍然在产品地租旁边维持下去的地方,也至少已经在一年中压缩成为少数几个短暂的间歇期间。"[111]所以,租佃制的剥削方式。比较适合当时封建经济的发展,适合农民要求减轻人身依附关系的要求,因此,也就比较容易招徕流民。在均田制日趋崩溃,农民大量流亡,庶族地主发展壮大,租佃制日益发展的情况下,士族、官僚地主、封建政府要想争夺劳动人手,也就只能推行租佃制。唐政府的诸色职田,皆实行"佃植",由百姓租佃。《唐会要》卷九二《内外官职田》载:"天宝十二载十月敕:两京百官职田,承前佃民自送。道路或远,劳费颇多,自今以后,其职田去城五十里内者,依旧令,佃民自送入城。自余限十月内便于所管州县并脚钱贮纳。"至唐后期,仍因循不变,"会昌六年十月,京兆府奏,诸县征纳京百司官秩职田斛斗等,伏请从今以后,却准会昌元年已前旧例,上司官斛斗,勒民户使自送纳"[112]。政府的公廨田,"其田亦借民佃植,至秋冬受数而已。"[113]唐玄宗时,国家所掌握的陂泽地也出佃与民,"所在陂泽,……前令简括入官者,除昆明池外,余并任百姓佃食。"[114]安史之乱以后,国家的官田[115]、官庄及皇庄都是实行租佃。唐德宗贞元八年(792年)十二月《赈恤遭水灾百姓敕》中谓:"其州府损田苗及五六分者,今年税米及诸色官田租子并减放一半,损七以上,一切全免。"[116]所谓"诸色官田租子"，说明官田是出租与民，收取地租。官庄的租佃，则有明确记载，懿宗咸通八年（867年）令，"应租庄宅使司产业、庄砲、店铺，所欠租斛斗草及舍课地头钱等，所由人户贫穷，无可征纳，年岁既远，虚系簿书，缘咸通七年赦条不该。今宜从大中三年以后至大中十四年以前，并令放免"[117]。此外，唐政府的牧田、驿田等国有土地亦租佃与民。《唐会要》卷六五《闲厩使》条称："岐阳马坊地，既不妨百姓租佃，又不阙官中赋税。"元稹在《同州奏均田》疏中谓："其公廨田、官田、驿田等，所税轻重，约与职田相似，亦是抑配百姓租佃。"[118]在吐鲁番出土的唐西州地区的文牒中，有租佃官田、职田、公廨田等的文牒[119]，这些文牒进而证实了当时租佃制的普遍推行。另外，寺观土地除了部分使奴婢耕作外，也有租与佃户耕种。已发现的敦煌文件中，如 S.1733 号载寺观造面收麦等帐中有一笔收入，系"入租地价麦壹拾贰硕伍斗，豆壹升"[120]。由上可见，到了唐中叶以后，不仅一般庶族地主的土地经营方式是采取租佃制，就连政府控制的国有土地、寺观土地等亦多施行租佃制。租佃制，至此时已开始成为地主阶级剥削农民的普遍方式。

（三）商人社会地位的提高

庶族地主中的一部分成员，是从商人转化而来的。而且，这些商人在购置田产跻入庶族地主行列后，其中一些人并没有因此而脱离商业，而是既经营土地又从事商业活动，集商人、地主于一身。所以，随着庶族地主的发展壮大，其社会经济、政治势力的日益上升，商人的社会地位也随之得到提高。

商人，在唐以前社会地位是十分低下的，所谓士、农、工、商,商人在"良人"的行列中,处于最后一等。不唯如此,依律令规定,商人还不准入仕为官,被排斥于仕途之外。直至唐初,商人的社会地位仍然十分低下,国家仍规定:"工商之家不得预于士"[121],"大唐制令,宪章古昔,商贾之人,亦不居官位"[122]。《旧唐书》卷一七七《曹确传》载:"臣览贞观故事,太宗初定品官,令文武官共六百四十三员,顾谓房玄龄曰:'朕设此官员,以待贤士,工商杂色之流,假令术逾侪类,止可厚给财物,必不可超授官秩,与朝贤君子,比肩而立,同坐而食。'"可见,唐初商人仍受鄙视,例同"杂色之流",被拒于仕宦门径之外,纵有超人才学,也不得入仕为官。

从武则天以后,随着庶族地主的发展壮大,政治势力的上升,商人的社会地位也随之发生了变化,商人可以出入禁中,不仅同朝官"同坐而食",而且还侍宴帝王。《资治通鉴》卷二〇七载:则天武后久视元年(700年)十月,张易之等人"侍宴禁中,易之引蜀商宋霸子等数人在座同博",当时在座的韦安石见此情景,"跪奏曰:'商贾贱类,不应得预此会。'顾左右逐出之。座中皆失色。太后以其直言,劳逸之。同列皆欢服"。如果说,武后时商人社会地位的提高还不稳固,还会被逐出上等阶层活动的场所。那么,到了唐玄宗时,商人跻入上等阶层已得到皇帝、大臣贵族们的普遍承认。李冗《独异志》卷中载:"玄宗御含光殿,望南山,见一白龙横亘山上,问左右,曰:'不见。'急召元宝,见一物横在山顶,不辨其状。左右贵人启曰:'何臣等不见,元宝独见之。'帝曰:'我闻至富敌至贵,朕天下之主;元宝,天下之富,故耳。'"元宝,即被称为"富窟"的有名的京师大富商王元宝。从这一事例中我们可见,到唐中叶时商人已是今非昔比,享有上等的社会地位。

也是自武则天以后,商人不再被拒于仕途之外,而可以通过科举等门径,入仕为官。景帝时,辛替否说:朝廷"百倍行赏,十倍增官,遂使富商豪贾,尽居缨冕之流,鬻伎行巫,咸涉膏腴之地。"[123]到了开元、天宝时,商人与朝官、士人的来往日益频繁,关系日益密切,"比来富商大贾多与官吏往返"[124]。甚至朝廷的一些名僚也出于豪商富民之门下。《开元天宝遗事》载:"长安富民王元宝、杨崇义、郭万金,国中巨富也。各以延纳,四方多士,竞于供送。朝之名僚,往往出于门下,每科场文士,集于数家,时人目之为'豪友'。"由此记载可见,当时豪商富民之流的庶族地主的社会政治势力已是多么巨大。在这样的势力之下,商人地位的提高是很自然的了。

同时,商人(包括商贾地主)还拥有一种使整个社会都要向它屈膝的、具有极大支配力的力量——货币,这对于商人社会政治地位的提高也起着很大的作用。恩格斯指出:"当人们发明货币的时候,他们并没有想到,这样一来他们就创造了一种新的社会力量,一种整个社会都要向它屈膝的普遍力量。这种未经它自身创造者的预知并违反其意志而突然崛起的新力量,就以其全部青春时代的粗暴性使雅典人感受到它的支配力了。"[125]唐代商人凭借和利用着"货币"的支配力量,使他们与朝廷、官吏的关系日益紧密,纵横交织。一方面,朝廷因财政拮据,有求于富商的资助,向商人借贷。官吏为了升官、享乐等亦向商人借贷。商人则往往因出贷而或受赐官衔,或受厚待;另一方面,商贾以货币贿赂官吏以谋官职,或直接出钱购买官职(有关此二方面的事例,史籍中多有记载,此不一一赘引)。通过货币的媒介作用,便利着商人在其经济力量的基础上,升腾于社会的政治舞台,跻身于上层社会的行列。

正是由于庶族地主的不断发展,政治势力的不断上升和商贾利用货币的力量,使商人的社会政治地位不断提高。到了唐代后期,商人参与政治,通过科举、贿买等途径入仕为官已很普遍,而且,商人的势力已逐渐渗透到国家政权的各级机构。对此,元结曾颇为愤慨地斥责:"今商贾贱类,台隶下品,数月之间,大者上污卿监,小者下辱州县。"[126]殊不知,这是唐代社会发展中,一个不可逆转的趋势。

从唐代前期"工商杂色之流,必不可超授官秩",到后期商贾"大者上污卿监,小者下辱州县",自是反映了商人社会地位的变化,这是唐代历史上的一个重要演变。这一演变则是和唐代庶族地主的发展壮大紧密相联的。

由于商人买地兼为地主,入仕为官又兼为官僚,从而集商人、地主、官僚于一身。与此同时,官僚地主经商也日益普遍,他们争趋市利,厕身于商人之列。玄宗时已是"南北卫百官等,如闻昭应县两市及近场处,广造店铺,出赁与人"[127],"郡县官僚,共为货殖"[128]。至代宗时,王公百官,诸道节度、观察使,郡县官吏等都争竞市利,所以代宗于大历十四年(779年)下诏:"王公百官及天下长吏,无得与人争利。"[129]这种情况,使我国封建社会中商人、地主、官僚三位一体的结构特点,在唐代进一步发展、扩大和巩固,对于唐以后的封建社会产生着很大影响。自唐以后,各级官吏经商更为普遍,而且已不再被社会认为是低贱的活动。官吏与商人的利益日益紧密相关。商人入士,已为不易之势,并且,"天下之士多出于商"。清人沈尧说:"古者四民分,后世四民不分。古者士之子恒为士,后世商之子方能为士。此宋元明以来变迁之大概也。"[130]实质上,"宋元明以来变迁",乃是肇于唐代。从唐代开始,中国封建社会传统的商人不准入仕的法规最终被冲破,限制商人等级的樊篱被踏平,商人跻入社会上层政治舞台,并且得到了国家、社会的默认,这便为形成唐以后"天下之士多出于商","商之子方能为士"的社会局势奠下了基础,开创了道路。

唐代庶族地主的发展壮大所引起的土地私有制的日益发展和深化,租佃制的普遍推行,商人社会地位的提高等方面的社会变化,在唐末五代以后日益发展、深化,形成了我国封建社会后期的一些发展趋势和诸特点。这些发展趋势本身乃是社会发展的必然规律,但是其发生重大变化是在唐代,是在庶族地主发展壮大之时,却反映了唐代庶族地主的发展壮大对我国封建社会的发展所产生的重大影响,所起的重大作用。当然,庶族地主的发展壮大所引起的这些社会变化,与当时社会经济、政治发展的历史条件是分不开的。

唐代庶族地主的发展壮大,从地主阶级集团内部来说,也是一种成分和力量的更新(当然不是完全更新或更替)。魏晋南北朝时期,士族地主的力量在整个地主阶级集团中占居着优势地位,而到了唐中叶,庶族地主的力量,无论是经济的,还是政治的力量都占居了优势地位。魏晋南北朝时的士族地主带有比较浓厚的宗族关系色彩和奴隶制剥削关系的残余,士族地主的这一特点与日益发展的社会经济是相悖的。而且到了南北朝后期,士族地主日益走向腐朽,这就决定了士族地主的统治必然使士族地主制经济形态与社会经济发展的矛盾日益激化,导致封建统治的危机。而庶族地主的发展壮大,特别是新兴庶族地主的产生和形成,是在封建经济发展的条件下产生和形成的。因此,庶族地主的剥削方式、统治形式都比较适应当时封建经济的发展,很少带有旧社会的落后因素,局部地改变了先前的地主制经济结构形态,这就使地主制经济能够在新的历史条件下继续发展。所以,唐代地主阶级集团中因士、庶地主消长所形成的成分和力量的更新,增强了整个地主阶级的生命力,这对于封建的地主制经济和地主阶级的封建统治的延续,无疑是起了作用的。

（原载《中国封建经济史研究》,云南人民出版社 1987 年版。后收入《中国封建地主阶级研究》,《历史研究》编辑部编,中国社会科学出版社 1988 年版）

注　释

1　《通典》卷 16《选举·杂议论上》,引沈约梁天监中上疏。

2　《宋书》卷 54《孔季恭羊玄保沈昙庆传论》。

3　《宋书》卷 82《周郎传》。

4　《魏书》卷 68《甄琛传》。

5　《魏书》卷 71《裴叔业附从子植传》。

6　《太平广记》卷 247。

7　《宋书》卷 82《周郎传》。

8　《梁书》卷 3《武帝纪下》。

9　参见缪钺:《南朝农民起义的地区问题》,《历史教学》1963 年第 5 期。

10　《资治通鉴》卷 162,太清三年五月条。

11　《南史》卷 80《侯景传》。

12　《周书》卷 32《唐瑾传》。

13　《南史》卷 64《江子一等传论》。

14　《南史》卷 24《王裕之等传论》。

15　《资治通鉴》卷 176,长城公至德二年十一月条。

16　《魏书》卷 7《高祖纪》。

17　《通典》卷 3《食货·乡党》。

18　《北史》卷 21《崔浩传》;《北齐书》卷 39《崔季舒传》。

19　《北齐书》卷 8《后主纪》。

20　《通典》卷 14《选举·历代制中》。

21　《周书》卷 23《苏绰传》。

22　《隋书》卷 24《食货志》。

23　《通典》卷 7《食货·丁中》。

24　《隋书》卷 21《天文志》。

25　《南史》卷 10《陈本纪》。

26　《通典》卷 17《选举·杂议论中》。

27　《通典》卷 17《选举·杂议论中》。

28　《新唐书》卷 199《柳冲传》。

29　《资治通鉴》卷 182,炀帝大业九年三月条。

30　《资治通鉴》卷 183,炀帝大业十二年十二月条。

31　《贞观政要》卷 7《礼乐》。

32　《旧唐书》卷 65《高士廉传》。

33　《续高僧传》二集卷 28。

34　《贞观政要》卷 1《论政体》。

35　《资本论》第 3 卷,人民出版社 1966 年,第 721 页。

36　《通典》卷 1《食货·田制上》。

37　列宁:《俄国资本主义的发展》,人民出版社 1953 年,第 148 页。

38　《马克思恩格斯全集》第 25 卷,第 896 页。

39　《马克思恩格斯全集》第 25 卷,第 896 页。

40　列宁:《俄国资本主义的发展》,第 148 页。

41　如:高宗时,《新唐书》卷 55《食货五》:"永徽元年,……其后又薄敛一岁税,以高户主之,月收息给俸";武后时,《新唐书》卷 123《李峤传》:"今道人私度者几数十万,其中高户多丁、黠商大贾,诡作台府,羼名伪度";中宗时,《旧唐书》卷 96《姚崇传》:"中宗时,……富户强丁皆经营避役,远近充满";玄宗时,《新唐书》卷 134《王鉷传》:"取诸郡高户为租庸脚士";代宗时,《新唐书》卷 134《刘晏传》:"初州县取富人督漕挽……。"

42　见〔日〕池田温:《中国古代籍帐研究·录文》,第 192—194 页。

43 《唐会要》卷 85《籍帐》。

44 《旧唐书》卷 118《杨炎传》。

45 《魏书》卷 110《食货志》。

46 《通典》卷 9《食货·钱币下》。

47 《宋书》卷 81《刘秀之传》。

48 《通典》卷 9《食货·钱币下》。

49 《文献通考》卷 9《钱币考二》。

50 《新唐书》卷 134《刘晏传》。

51 《新唐书》卷 51《食货一》。

52 《册府元龟》卷 495《邦计部·田制》。

53 《唐会要》卷 85《逃户》。

54 《唐大诏令集》卷 110《诫励风俗敕》。

55 《文献通考》卷 1《田赋考一》。

56 《白氏长庆集》卷 46《息游惰》。

57 《新唐书》卷 118《宋务光传》。

58 《通典》卷 11《食货·杂税》。

59 《新唐书》卷 52《食货二》。

60 《唐大诏令集》卷 117《遣使宣慰诸道诏》。

61 《通典》卷 2《食货·田制下》。

62 《文献通考》卷 37《选举考十》。

63 《旧唐书》卷 75《张玄素传》。

64 《旧唐书》卷 65《高士廉传》。

65 《唐会要》卷 74《论选事》。

66 《马克思恩格斯选集》第 4 卷，第 240 页。

67 《列宁全集》第 1 卷，人民出版社 1955 年，第 133 页。

68 《马克思恩格斯选集》第 4 卷，第 109 页。

69 恩格斯：《德国古代的历史和语言》，人民出版社 1957 年，第 72 页。

70 《全唐文》卷 300，李元纮《废职田议》。

71 《册府元龟》卷 495《邦计部·田制》。

72 《全唐文》卷 169，狄仁杰《请曲赦河北诸州疏》。

73　《新唐书》卷 123《李峤传》。

74　《册府元龟》卷 495《邦计部・田制》。

75　《唐会要》卷 85《逃户》。

76　《旧唐书》卷 105《宇文融传》。

77　马克思：《经济学—哲学手稿》，人民出版社 1956 年，第 49 页。

78　《困学纪闻》卷 16。

79　《旧唐书》卷 8《玄宗本纪》。

80　《唐会要》卷 85《逃户》。

81　《新唐书》卷 126《李元纮传》。

82　《大学衍义补》卷 14《制民之产》。

83　《唐会要》卷 85《逃户》。

84　《册府元龟》卷 85《帝王部・赦宥四》。

85　《全唐文》卷 29《置劝农使诏》。

86　《全唐文》卷 51《食货一》。

87　《文献通考》卷 3《田赋考三》。

88　《马克思恩格斯选集》第 2 卷，第 98 页。

89　《唐会要》卷 85《逃户》。

90　《新唐书》卷 53《食货志》。

91　《文献通考》卷 3《田赋考三》。

92　《全唐文》卷 30《弛陂泽入官诏》。

93　《新唐书》卷 52《食货志》。

94　《唐会要》卷 84《税租下》。

95　梁方仲：《中国历代户口、田地、田赋统计》，上海人民出版社 1980 年，第 290 页。

96　《唐会要》卷 85《逃户》。

97　《唐会要》卷 76《孝廉举》。

98　《唐会要》卷 84《杂税》。

99　《唐会要》卷 92《内外官料钱下》。

100　《陈子昂集》卷 8《上蜀川安危事》。

101　《全唐文》卷 22《科禁诸州逃亡制》。

102　《册府元龟》卷 495《邦计部・田制》。

103 《陆宣公文集》卷22《均节赋税恤百姓第六条》。

104 《马克思恩格斯全集》第1卷，人民出版社1956年，第609页。

105 《全唐文》卷22，陈子昂《上军国利害书》。

106 《新唐书》卷128《李杰传》。

107 《册府元龟》卷70《帝王部·务农》。

108 《唐会要》卷85《逃户》。

109 《全唐文》卷372，柳芳《食货论》。

110 《通典》卷7《食货·历代盛衰户口》。

111 《资本论》第3卷，第929—930页。

112 《唐会要》卷92《内外官职田》。

113 《通典》卷35《职官·职田公廨田》。

114 《全唐文》卷30，玄宗《弛陂泽入官诏》。

115 唐代的官田，不包括屯田、公廨田、官司职田等国有土地，而只是国有土地中的一种。《通典》卷23《职官·工部尚书》载："（屯田郎中）掌屯田、官田、诸司公廨、官人职分，赐田及官园宅等事。"

116 《文苑英华》卷484《赈恤遭水灾百姓敕》。

117 《唐大诏令集》卷86《咸通八年五月德音》。

118 《元氏长庆集》卷38《同州奏均田》。

119 〔日〕池田温：《中国古代籍帐研究》，第332—340页。

120 转引自韩国磐《隋唐五代史纲》（修订本），人民出版社1979年，第304页。

121 《唐六典》卷3《尚书户部》。

122 《唐会要》卷91《内外官料钱上》。

123 《旧唐书》卷101《辛替否传》。

124 《唐会要》卷85《定户等第》。

125 《马克思恩格斯选集》第4卷，第109页。

126 《元次山文集》卷7《问进士》。

127 《全唐文》卷32，玄宗《禁赁店于利诏》。

128 《唐会要》卷69《县令》。

129 《唐会要》卷89《市》。

130 沈尧：《落帆楼文集》卷24《费席山先生七十双寿序》。

十二、汉代名田和授田析论

汉代的名田和授田是汉代土地制度的主要组成部分。对于汉代的名田,以往的研究已比较深入。但是,迄今论者的看法仍不尽一致。有的人认为,名田是由臣民自己去占有土地;有的人则认为,汉代的名田与商鞅变法时的"名田宅"的含义一样,名田就是授田[1]。对于汉代授田的研究则显得比较薄弱,而对汉代名田和授田关系的综合研究则更是鲜见。本文拟就以上这些问题谈些个人的意见。

一

汉代的名田始于何时,史书无明确记载。据董仲舒"汉兴,循而未改"之语[2],汉初是承秦代之制,所以很可能从汉初就开始实行名田。汉高祖五年(公元前202年)夏五月诏曰:"民前或相聚保山泽,不书名数,今天下已定,令各归其县,复故爵田宅。"[3]所谓"不书名数",即不著户籍。这些"相聚保山泽"的流亡人户,只要回归乡里,自己申报户口而著名籍,便可以占有土地,重新获得土地占有权。对"复故爵田宅",颜师古注曰:"复,还也。"显然,复田宅,并不是由国家授予土地,而是归还土地,换言之,就是由人户重新占有土地。重新占有土地的条件,就是"书名数",著籍与占田紧密相连。凭名籍即户籍占田,这是汉代名田制的基本特点。所以,汉高祖五年的这一诏令,反映了汉初已推行名田。

汉初的名田没有明确规定每户的占田限额,推行名而无限的政策。哀帝时师丹明确指出:"孝文皇帝承亡周乱秦兵革之后,天下空虚,故务劝农桑,帅以节俭。民始充实,未有并兼之害,故不为民田及奴婢为限。"[4]这是因为汉初土地大量荒芜,如汉文帝后元三年(公元前161年)的诏书所说:"夫度田非益寡,而计民未加益,以口量地,其于古犹有余。"[5]国家为了鼓励农民垦荒,使流散劳动力与荒闲土地相结合,以尽快恢复社会经济,故不限制人户的占田数额。

汉代的名田至汉武帝时发生重大变化,变名田无限为名田有限。

由于汉初推行名而无限的名田制,随着社会经济的恢复和发展,人口的不断增长,地主制经济的复苏和发展,使汉初的"未有并兼之害",又迅速地转变为"并兼之害","至武帝之初七十年间,……于是罔疏而民富,役财骄溢,或至并兼豪党之徒以武断于乡曲。宗室有土,公卿大夫以下争于奢侈,室庐车服僭上亡限。"[6]为"塞并兼之路",于是出现了限民名田之议。这是地主与农民、国家与地主之间在土地占有关系及分配关系上的矛盾交错运动的结果。汉武帝时,董仲舒首发"限民名田"的主张。《汉书·食货志》载:

> 董仲舒说上曰:"……汉兴,循而未改。古井田法虽难卒行,宜少近古,限民名田,以澹不足,塞并兼之路。"

何为"限民名田",颜师古注曰:"名田,占田也,各为立限,不使富者过制,则贫弱之家可足也。"很明确,所谓"限民名田",就是限制民户的占田数额。那么这里的"名田"的性质是授田呢?还是由民户自己占田呢?这就需要弄清楚在汉代时有关"占"的确切含义。汉武帝实行算缗告缗令时,令商人"各以其物自占",《索引》按:"郭璞云:占,自隐度也。谓各自隐度其财物多少,为文簿送之于官也。若不尽,皆没入于官。"[7]此"占"原意,就是由商人自己审度、计算财物价值多少,登记于文簿,然后呈报官府。《汉书·昭帝纪》载:"令民得以律占租。"如淳注曰:"律,诸当占租者,家长身各以其物占,占不以实,家长不身自书,皆罚金二斤,没入所不自占物及贾钱县官也。"颜师古曰:"占,谓自隐度其实,定其辞也。……今犹谓狱讼之辨曰占,皆其意也。"这里的"占",亦是自己"隐度",即自己估算。汉代对流民的招抚主要是采取"自占"法,颜师古称此法是"自隐度其户口而著名籍。"[8]"占"的含义与以上所引证的仍是一致的。又《史记·平准书》载:"贾人有市籍者,及其家属,皆无得籍名田,以便农。敢犯令,没入田僮。"《索隐》谓:"贾人有市籍,不许以名占田也。""若贾人更占田,则没其田及僮仆,皆入之于官也。"这一条史料尤能说明"名田"是自占土地而非授田。因为若是名田即授田,那么地方官吏是不可能违抗政府的规定而将土地授予贾人的,也就不会存在"犯令"的问题,且处罚的规定亦未牵涉到官吏。所谓"敢犯令,没入田僮",当是指贾人若违令自己去占田,将受到"没入田僮"的处罚。从以上所引《史记》、《汉书》的有关记载可见,汉代的名田显然与授田毫无干系,其与国家授田制并非一回事。汉代的"名田"制的实质就是"占田"制,它是由臣民自己去占有土地,尔后将所占有的土地数额呈报上籍。臣民如何占田呢，那就是凭户籍占田。因为贾人不能凭市籍占田，反之，其他人户则需凭"名数"即户籍占田，如上引《索隐》所云："以名占田也。"

董仲舒首倡"限民名田"，虽然没有提出具体的方案和措施，也没有能够得到全面推行，但是，从中国古代土地制度发展的历史进程来看，董仲舒"限民名田"主张的提出，仍具有划时代的重要意义。他第一次提出把占田与限田结合为一体，融为一个制度，这对当时社会和后世的土地制度有着重大而深远的影响。

因汉前期的"限民名田"未能付诸实施，所以人户的占田实际上仍然没有受到限制，以致土地兼并愈演愈烈，日益成为严重的社会问题，所以，到哀帝时，师丹再次提议限民名田。《汉书》卷二四《食货志》载：

> 哀帝即位，师丹辅政，建言："古之圣王莫不设井田，然后治乃可平。……盖君子为政，贵因循而重改作，然所以有改者，将以救急也。亦可未详，宜略为限。"天子下其议。丞相孔光、大司空何武奏请："诸侯王、列侯皆得名田国中。列侯在长安，公主名田县道，及关内侯、吏民名田皆毋过三十顷。诸侯王奴婢二百人，列侯、公主百人，关内侯、吏民三十人。期尽三年，犯者没入官。"时田宅奴婢贾为减贱，丁、傅用事，董贤隆贵，皆不便也。诏书且须后，遂寝不行。

又《汉书》卷一一《哀帝纪》载，哀帝绥和二年（公元前 7 年）：

　　有司条奏:"诸王、列侯得名田国中,列侯在长安,及公主名田县道,关内侯、吏民名田,皆无得过三十顷。诸侯王奴婢二百人,列侯、公主百人,关内侯、吏民三十人。年六十以上,十岁以下,不在数中。贾人皆不得名田、为吏,犯者以律论。诸名田、畜奴婢过品,皆没入县官。"

　　从上引两段记载来看,哀帝绥和二年师丹建议限民名田后,丞相孔光、大司空何武等人具体地制定了诸侯王至吏民占田、占奴婢最高限额,商贾不得占田,及对占田、占奴婢逾限者的处罚的法令。这是中国历史上制定的第一部占田与限田相统一的法令。它第一次以法令的形式肯定了从诸侯王到吏民占田的合法性,第一次明确规定了占田的最高限额。

　　哀帝时的名田制进一步说明名田非授田。名田制中明确规定了从诸侯王、列侯到吏民名田的地点和数额,这是规定了各等级占田的最高限额,而不是由国家授田的数额。而且国家授田是不可能达到或超过限额的,何以谓"诸名田、畜奴婢过品,皆没入县官",只有名田者是自己占田才有可能逾限,超出田制规定的限额。

　　由于《汉书·食货志》"诏书且须后,遂寝不行"之语,论者大多认为哀帝时的限田法令仍是一纸具文,实际上,这次的限田法令却曾付诸实施过。"时田宅奴婢贾为减贱",显然表明,因国家推行限民名田、限占奴婢的法令,其中规定凡所占田地、奴婢超出限额者,"期尽三年,犯者没入官",亦即必须在三年内退出多占的数额,按法令规定的品级限额占有田地、奴婢,否则"诸名田、畜奴婢过品,皆没入县官",所以才引起逾限占田、占奴婢者一时争相鬻卖田宅、奴婢,导致田宅、奴婢的价格大幅度下跌。倘若国家未推行限田法令,何以会出现"田宅奴婢贾为减贱"的状况呢? 又据《汉书》卷八六《王嘉传》,王嘉向哀帝复奏封事中曰:"诏书罢苑,而以赐(董)贤二千余顷。均田之制,从此堕坏。"孟康注曰:"自公卿以下,至于吏民,名曰均田,皆有顷数,于品制中令均等。今赐贤二千余顷,则坏其等制也。"孟康是魏明帝时人,他对王嘉传中关于"均田"的注解,应当是可信的。据载,董贤是因为"东平事件"而受赐土地的,时间是建平三年(公元前4年);王嘉的封事,是在董贤等封侯数月后写成的,董贤等人封侯的时间是建平四年三月,封事亦奏于同年[9]。占田限田法令制定于公元前七年,董贤受赐土地是在此后三年,可见王嘉所谓的"均田之制",就是指依品级名田的占田限田制。由于哀帝赐董贤二千余顷土地,亲自打破了"于品制中令均等"的占田限额,使占田限田制堕坏。这说明,在此之前占田限田制是在推行的,否则王嘉在所奏封事中何出"均田之制,从此堕坏"之言。所以,哀帝时的限民名田确曾推行过,只是时间十分短暂,未几即罢。此外,据孟康注文所言,当时制定的占田限额,可能比《汉书·食货志》及《哀帝纪》中的记载要具体,可能按不同品级定有不同的占田数额,而不是从诸王到吏民"皆毋过三十顷",不然,孟康何以谓"于品制中令均等"。而且,《哀帝纪》中"诸名田、畜奴婢过品,皆没入县官"的"过品",分明是指超过按品级占田、占奴婢的限额。再则,占田、占奴婢的限额是同时制定的,奴婢的占有限额根据不同的品级分别为三等,占田的限额恐怕相应的亦分有不同的等级。

　　由于哀帝时推行的占田限田制旋即废弛,故而抑制土地兼并的效果甚微。土地兼并依然不断发展,于是又出现了王莽的"王田制"。王莽的王田制,表面上似乎是要恢复井田制,实质上仍是实行限制占田数额的占田限田制。王莽的主观意图是试图通过推行王田制,将全国土地的所有权皆收归国有,以限制豪富占田,堵塞兼并之道,分豪富之家逾限占有的土地予无田的贫民,彻底解决董仲舒、师丹等人不断提出而又未能解决的"限民名田"问题。所以,王莽王田制的主旨与董仲舒提出的"限民名田,以澹不足,塞并兼之路"的限田主张,其基本精神和根本目的仍是相一致的。但是,王田制的方式脱离了当时社会土地占有关系的客观现实,违背了封建土地所有制发展的历史趋势,不仅未能达到解决土地兼并问题的预期目的,相反造成了社会的大混乱,进一步激化了社会阶级矛盾和统治阶级内部矛盾,因而王田制推行仅四年,只好偃旗息鼓,放而纵之。

东汉继续推行名田制。东汉初年,曾有"度田"之举。然而,实行未几,终因官僚、郡国大姓及豪富地主们的反抗而不了了之。所以,强弱相凌,豪强兼并土地的浪潮一浪高于一浪。爰及东汉后期,豪强地主经济已是"豪人之室,连栋数百,膏田满野,奴婢千数,徒附万计。"[10]东汉末年人仲长统认为,这种状况的出现,"虽亦有纲禁疏阔,盖分田无限使之然也",豪强地主经济迅速发展的根本原因,就在于名田无限。因此,仲长统再次提出恢复井田制,实行限民名田,"犹当限以大家,勿令过制"[11]。

东汉末年人荀悦对于汉代田制曾有过这样一段评论:

> 孝武皇帝时,董仲舒尝言,宜限人占田。至哀帝时,乃限人占田不得过三十顷,虽有其制,卒难施行。然三十顷又不平矣。且夫井田之制,不宜于人众之时,田广人寡,苟为可也。然欲废之于寡,立之于众,土田布列在豪强,卒而

革之，并有怨心，则生纷乱，制度难行。由是观之，若高祖初定天下，光武中兴之后，人众稀少，立之易也。既未悉备井田之法，宜以口数占田，为之立限，人得耕种，不得卖买，以赡贫弱，以防兼并，且为制度张本，不亦宜乎。虽古今异制，损益随时，然纪纲大略，其致一也。[12]

荀悦的评论，是汉代关于土地问题方面具有广泛代表性的思想，可以说是概括地总结了汉朝解决土地兼并问题的基本思想理论。董仲舒、师丹、荀悦的基本思想是一致的，认为井田制破坏后，土地兼并愈演愈烈，富者田连阡陌，贫者无立锥之地，土地占有的悬殊已成为严重的社会问题，因此必须抑制兼并。抑制兼并的办法，在不具备恢复井田制的社会条件下，参照井田制的基本立法精神，推行占田限田制。由此可见，汉朝提出限民名田，推行名田制，是与井田制既有联系，又有区别，是在井田制基础上的发展演进，而不是完全脱离于古田制。荀悦提出"以口数占田，为之立限"，这比董仲舒提出的限民名田和哀帝时的占田限田令又进了一步，以往都还比较笼统，荀悦则具体地提出了以口为单位占田，制定每个人占田的标准和限额，这是汉代占田限田思想理论的进一步发展和深化，它直接影响于西晋的占田制。

二

汉初在实行名田的同时，也实施授田。汉高祖五年夏五月诏令：

> 七大夫、公乘以上，皆高爵也。诸侯子及从军归者，甚

多高爵,吾数诏吏先与田宅,及所当求于吏者,亟与。爵或
人君,上所尊礼,久立吏前,曾不为决,甚亡谓也。异日秦
民爵公大夫以上,令丞与亢礼。今吾于爵非轻也,吏独安
取此!且法以有功劳行田宅,今小吏未尝从军者多满,而
有功者顾不得,背公立私,守尉长吏教训甚不善。其令诸
吏善遇高爵,称吾意。且廉问,有不如吾诏者,以重论之。[13]

　　诏令中的"先与田宅"、"行田宅",就是授田。如淳注"行
田宅"曰:"犹付与也",说明是由国家直接授予土地。这亦是沿
用战国时期授田的称法。战国时,普遍实行国家授田制,列国
以"分田"、"予田宅"、"均地"、"行田"、"授田"等各种名义实
施授田。如《管子·入国》云:"凡国都皆有掌媒,⋯⋯取鳏寡而
和合之,予田宅而家室之。"又《吕氏春秋·乐成》曰:"魏氏之
行田也,以百亩,邺独二百亩,是田恶也。"由汉高祖五年诏令可
见,汉初承续着战国以来的国家授田制。不过,诏令中所反映
的授田,其主要对象是有军功爵位者,至于对一般的贫民是否
实施授田,难以确证。由前述汉初推行名田制的情况来看,或
许在一般民户中所实施的土地制度主要是名田制而非授田制。

　　汉高祖时,由于土地大量荒芜,国家直接掌握着大量土地,
因此具有推行授田制的条件。所以,当时对有军功爵位者的授
田,可以确定是普遍实施了的。但是,汉高祖以后,这样的授田
制是否还继续推行,一直推行到什么时候才终止,由于史载阙
如,目前尚无以周知。

　　汉武帝以后,由于土地兼并的不断发展,大量农民破产流
亡。在这样的情况下,有关国家授田的记载又接踵而见,这就
是史籍中所谓的以公田"假予贫民"、"赋贫民"等。如西汉时:

昭帝元凤二年(公元前 79 年),"罢中牟苑,赋贫民。"[14]

宣帝地节元年(公元前 69 年),"假郡国贫民田";地节三年,"池籞未御幸者,假予贫民。郡国宫馆,勿复修治。流民还归者,假公田,贷种食。"[15]

元帝初元元年(公元前 48 年)春正月,"以三辅、太常、郡国公田及苑可省者,振业贫民,赀不满千钱者,赋贷种食";同年四月,"江海陂湖园池属少府者,以假贫民,勿租赋";初元二年三月,"水衡禁囿、宜春下苑、少府佽飞外池、严籞池田,假予贫民";永光元年(公元前 43 年)三月,"其赦天下,令厉精自新,各务农亩。无田者皆假之,贷种食如贫民。"[16]

哀帝建平元年(公元前 6 年)春正月,"太皇太后诏,外家王氏田,非冢茔,皆以赋贫民。"[17]

平帝元始二年(公元 2 年)夏四月,"郡国大旱,蝗,青州尤甚,民流亡。安汉公、四辅、三公、卿大夫、吏民为百姓困乏,献田宅者二百三十人,以口赋贫民。"[18]

东汉时:

明帝永平十二(69 年)年,诏"滨渠下田,赋与贫人,无令豪右得固其利。"[19]

章帝建初元年(76 年)七月,"诏以上林池籞田赋与贫人";元和三年,"告常山、魏郡、清河、钜鹿、平原、东平郡太守相曰:'……今肥田尚多,未有垦辟,其悉以赋贫民,给与粮种。务尽地力,勿令游手。'"[20]

和帝永元五年(93 年)二月,诏"自京师离宫果园、上林广成囿,悉以假贫民,恣得采捕,不收其税。"[21]

安帝永初元年(106 年)二月,"以广成游猎地及被灾郡国公田假于贫民";永初三年三月,"诏以鸿池假与贫民";三年四月,"诏上林广成苑可垦辟者,赋与贫民。"[22]

对于汉朝的"假予"贫民之田,颜师古注曰:"权以给之,不常与。"[23]这说明,授予贫民之田的所有权仍属于国家,受田者只有占有权和使用权,并且不是终身占有,而是有"假"有还,实行土地还授制。至于如何还授,史书阙载。对于汉朝的"赋贫民"田,颜师古注曰:"计口而给其田宅也"[24],是实行计口授田。赋予贫民之田,其土地所有权仍属于国家,还是由此而转化为贫民的私有土地,因史书记载不详,尚难以断定。赵充国在其屯田奏疏中云:"田事出,赋人二十亩",颜师古注云:"赋,谓班与之也。"[25]这里的"赋",其含义显然与赋贫民田的"赋"是一致的,都是由国家授予土地。这表明,在汉代无论是授予贫民田抑或授予屯民的田,都称为"赋",都属于公田的授受。只是前者所授之田的土地所有权属性今已无从判定,而后者则是明确的,国家赋予屯民土地,是予屯民耕作,土地所有权为国家所有。由上述可见,汉代的"假予"贫民田和"赋贫民"田是有差异的。尽管如此,从土地制度的视角来看,这两种方式皆属于授田制的范畴,其实质仍是一致的,都是由国家将公田授予贫民耕作。视名田制为授田制的人认为,"假田"是国家将土地临时性的借给贫民而不是授田。我认为此说不妥。是否属于授田制,不能仅仅以土地是否还授作为唯一判断的依据和准则。从授田制的产生与发展演变来看,在授田制下存在着两种类型:一种类型是,国家在实施授田时,明确规定所授土地实行还授制,并确定有还授土地的时间或年龄界限。如西周井田制下的授田,国家明确规定:"民年二十受田,六十归田。"[26]推行于北朝隋唐五朝的均田制,在历朝均田令中都明确规定了受田和还田的年龄。而且,对于这类形式的土地授受,田令中明确称之为"授田"或"受田"。授田与限田相统一,这是均田制的基本特征。往古来今还没有人把均田制下的授田称之为"借田"或"租田"。可见实行土地还授,亦属于授田制。另一种类型是,国家在实行授田时,不明确规定土地是否实行还授及还授的时间。如战国时的授田制,汉初对有军功爵位者的授田。不惟如此,当时人甚至把屯田分配土地的方式亦径称为授田。如前引赵充国屯田奏疏中所言。又曹魏屯田亦如是称。曹操在建安七年(202年)正月令中,将屯田土地分配给屯民耕种,谓之"授土田"[27]。所以,我认为汉代以"假予贫民"或"赋贫民"的形式将公田授予贫民的方式都应属于授田制的范畴。

昭帝以后所实行的授田,其主要对象已不是有军功爵位者,而是无地的流民和少地的贫民。授田的主要目的,也由汉初以奖励军功为主而转为安辑流散,稳定社会,增加国家的赋税收入。这是汉代授田制的一个重大转变。

汉代虽然承续战国以来的授田制,但是从一项制度的规范化来讲,却已不如战国时期那样完整和有着一定体系。战国授田制已是一项比较完整的土地制度,概括起来具有如下一些特征和内容:一、以户为单位授田,未成家的男子不授田。二、一夫受田百亩,易田倍给。三、授田制与户籍制相配合,"上无通名,下无田宅。"四、确立受田户田界系统,开阡陌封疆。五、国家直接规定和干预土地的经营。六、赋税以授田制为基础。战国授田制的这些内容,在汉代的授田中却未有全面的体现,更无发展。汉代的授田已几乎成为国家的一种权宜之计和临时措施,只是为了暂时解决因土地兼并而引起农民大量破产流亡失去土地和生存条件的社会矛盾,已不再是一项系统的土地制度。

三

由上述可见，汉代从汉初开始就同时推行名田和授田，这是两种性质各异，内容不同的制度。这两种制度同时并存，兼而行之。这是西周以来土地制度发展演变的结果，是势之使然。

西周井田制，是"溥天之下，莫非王土"，土地纯属国有，由国家直接垄断和分配。到了春秋战国时期，由于牛耕的推广、铁器的使用、社会分工的不断扩大等推动着社会生产力迅速发展，引起了政治、经济体制的变革。在社会大变革中，封建地主制经济逐渐确立，使井田制下的"田里不鬻"，土地的非运动性状况被打破，从而为土地兼并、土地占有的贫富不均和两极分化提供了可能性。过去土地由国家直接垄断和分配的制度亦随之瓦解，土地不断流入新兴地主和封建自耕农之手，在此基础上，形成了土地国有制、地主大土地占有制和封建小农小土地占有制三者并立的局面。土地占有关系的变化，使土地所有制结构亦发生着变化。土地所有制结构又是一个动态结构，在各种社会因素的影响下发生着彼此消长的演变。其总的发展趋势则是土地国有制日趋削弱，地主大土地占有制日益发展。为适应土地占有关系和土地所有制结构的变动，土地制度亦发生着重大变化。

战国时期，授田制是国家的基本土地制度，它是以国家直接掌握大量国有土地为基础的。在授田制下，国家通过土地授受的方式，培育了众多的占有小块土地的以个体家庭为社会基本经济单位的小农经济，小农也由此获得了稳定的土地占有权，成为封建自耕农；在普遍授田的同时，国家又推行军功赏田法,培育起了一批封建新贵即官僚地主与军功地主,打破了庶民之间"财均力平"的状况,在庶民中间造成并发展了贫富分化,为土地兼并的出现和发展铺设了道路和桥梁。战国以来社会生产力的迅速提高,商品经济和商业的发展,又加速着小农的分化,推动着土地兼并的发展。官僚地主、军功地主、庶民地主、商人地主纷纷兼并小农,致使土地占有日益不均,以致出现董仲舒所谓的"富者田连阡陌,贫者亡立锥之地","或耕豪民之田,见税什五"的严重局面。所以,战国以后大量土地已为贵族、官僚、地主及自耕农所占有,地主大土地占有制又日趋拓展。秦末农民战争对地主制经济的打击,虽然局部地改变和调整了这种局面,但是由于汉初为恢复和发展农业经济,推行占而无限的名田制和以有军功爵位为主要对象的授田制,使地主制经济又迅速复苏和发展,土地兼并愈演愈烈,国家直接掌握的土地日臻减少,使授田制作为国家基本土地制度的现实经济基础和条件日益丧失。在这样的社会条件下,汉代封建国家不得不顺应社会经济发展的历史潮流,不仅不可能全面继承和发展战国授田制,相反只能逐渐弱化授田制,将授田制作为调节土地占有矛盾的辅助手段。所以,授田制作为封建国家的基本土地制度到汉代便已不复存在。授田制在汉代土地制度中已居于次要的或辅助的地位。

既然大量土地已为贵族、官僚、地主及自耕农所占有,授田制又不能全面解决因土地兼并不断发展而引发的各种社会经济、政治矛盾,这就必须出台一种新的制度和措施。实行土地的再分配,显然行不通。因为大地主们已长期占有大量土地,土地已成为累世之业,土地正朝着私有化的方向逐渐发展,"私有权的统治主要随着土地占有而开始,土地占有是私有权的基础。"[28]汉末荀悦谓:"诸侯不专封,富人名田逾限,富过公侯,是自封也;大夫不专地,(富)人卖买由己,是专地也。或曰,复井田欤? 曰否。专地,非古也;井田,非今也。"[29]指出战国以来的土地占有关系与井田制土地国有制下的土地占有关系相较,已发生了重大变化。所以,封建国家采取收归土地,夺富补贫,均平土地占有的措施,已与现实经济关系相抵牾,不仅难以推行,而且必然适得其反,进一步激化矛盾。在当时的社会经济条件下,能够推行的制度和措施,只能是"塞并兼之路",通过抑制兼并、抑制大土地占有制的发展来调节和缓解土地占有的矛盾。因此,便出现了"限民名田"的主张,逐渐形成为以限田为主体内容,占田与限田融为一体的"名田制",并成为汉代土地制度的主体部分,在整个土地制度中居于主导地位。虽然汉代的"名田制"由于各种原因没有能够得到有效的实施,它却启示了西晋的占田制和北魏的均田制。尽管西晋占田制,尤其是北魏均田制,与汉代的"名田制"相较存在着很大差异,那是后代的发展。所以,汉代以限田为主体内容的"名田制"的产生和形成,是中国古代土地制度发展进程中的一个重要的历史阶段,有着不可低估的历史意义。

(原载《思想战线》1993 年第 4 期)

注　释

1　参见尹协理:《秦汉的名田、假田与土地所有制》,《历史教学》1989 年第 10 期。

2　《汉书》卷 24《食货志》。

3　《汉书》卷 1《高帝纪》。

4　《汉书》卷 24《食货志》。

5　《汉书》卷4《文帝纪》。

6　《汉书》卷24《食货志》。

7　《史记》卷30《平准书》。

8　《汉书》卷8《宣帝纪》。

9　详见《汉书》卷80《东平思王刘宇传》；卷93《董贤传》；卷86《王嘉传》。

10　《后汉书》卷49《仲长统传》。

11　《后汉书》卷49《仲长统传》。

12　《通典》卷1《食货·田制上》。

13　《汉书》卷1《高帝纪》。

14　《汉书》卷7《昭帝纪》。

15　《汉书》卷8《宣帝纪》。

16　《汉书》卷9《元帝纪》。

17　《汉书》卷11《哀帝纪》。

18　《汉书》卷12《平帝纪》。

19　《后汉书》卷2《明帝纪》。

20　《后汉书》卷3《章帝纪》。

21　《后汉书》卷4《和帝纪》。

22　《后汉书》卷5《安帝纪》。

23　《汉书》卷8《宣帝纪》。

24　《汉书》卷12《平帝纪》。

25　《汉书》卷69《赵充国传》。

26　《汉书》卷24《食货志》。

27　《三国志》卷1《魏志·武帝纪》。

28　马克思:《经济学—哲学手稿》,第46页。

29　荀悦:《申鉴》卷2《时势篇》。

十三、略论东晋南朝的
土地国有制

东晋南朝是地主大土地所有制迅速发展的历史时期,因此,以往对东晋南朝土地制度的研究,多集中于大土地所有制的形成和发展,其他方面则致力不多。然而,在东晋南朝土地所有制整体结构中,封建的土地国有制仍居于重要地位。封建国家掌握有相当数量的国有土地,其存在形式主要有山林川泽、公田、禄田、"假与"或"赋给"贫民的官荒地、屯田等。封建国家在土地所有制中的地位,随着地主大土地所有制的发展才逐渐被削弱。所以,深入探索东晋南朝的土地国有制及其变化,无疑将裨益于对东晋南朝土地制度的全面系统研究。

一

山林川泽,自秦汉以来皆为封建国家所有,至晋依然如是。晋代规定:"名山大泽不以封,盐铁金银铜锡、始平之竹园、别都宫室园囿,皆不为属国。"[1]萧梁时再度申令:"名山大泽不以封。盐铁金银铜锡,及竹园、别都、宫室园囿,皆不以属国。"[2]正因为山泽为国家所有,所以才不允许臣民自由封占,才"不为属国"。为了禁止豪族侵占,东晋政府于咸康二年(336 年)颁布了所谓的"壬辰之制"："占山护泽,强盗律论,赃一丈以上,皆弃市。"[3]
绝对不容许任何私人占有山泽。然而,由于晋室南渡后,大量
北方士族南迁,不少是举族而徙,使江南人口骤然增长。数十
年间,七八十万北方人口进入南方。一时间,争占土地之风甚
嚣尘上。而南方,由于自然地理环境与北方相异,平地数量有
限;又南方士族、豪强地主自东吴以来日臻发展,大量平地早已
为他们所占有,且进一步拓展土地占有之势仍在蔓延。所以,
争占土地的主要目标,便由传统的平原熟地转向山林川泽。虽
然国家屡屡禁止私人占固山泽,但客观的社会现实已难遵其
制,故不仅禁而不能断,相反占山护泽之风日炽。大明初年,扬
州刺史刘子尚上言:"山湖之禁,虽有旧科,民俗相因,替而不
奉。燷山封水,保为家利。自顷以来,颓弛日甚,富强者兼岭而
占,贫弱者樵苏无托,至渔采之地,亦又如兹。斯实害治之深
弊,为政所宜去绝。损益旧条,更申恒制。"[4]客观事实表明,在
新的社会条件下,继续坚持山林川泽为国家所有,不允许任何
私人占有和开发利用的传统制度和政策,已与社会现实及发展
趋势相抵牾,禁令必成具文。为此,封建国家不得不改革旧制。
宋孝武帝大明初年,在羊希的建议下,制定和颁布了"占山令"。
《宋书》卷五四《羊玄保附羊希传》载:

> (羊)希以"壬辰之制,其禁严刻,事既难遵,理与时弛。
> 而占山封水,渐染复滋,更相因仍,便成先业,一朝顿去,易
> 致嗟怨。今更刊革,立制五条。凡是山泽,先常燷燳种养
> 竹木杂果为林,及陂湖江海鱼梁鳅紫场,常加功修作者,听
> 不追夺。官品第一、第二,听占山三顷;第三、第四品,二顷
> 五十亩;第五第六品,二顷;第七第八品,一顷五十亩;第九

品及百姓，一顷。皆依定格，条上赀簿。若先已占山，不得更占；先占阙少，依限占足。若非前条旧业，一不得禁。有犯者，水土一尺以上，并计赃，依常盗律论。停除咸康二年壬辰之科。"从之。

"占山令"颁布以前，山林川泽为国家所垄断，尽管士族、豪强地主占山护泽的事实已经存在并不断发展，尽管国家的禁令屡屡失效，对山林川泽已经失控，但在法权形式上仍然还保持着山林川泽的国有制及垄断权。私人占固山泽在法律上仍是不允许的，属违法行为，换言之，他们对山林川泽的占有权并没有得到法权形式上的肯定和承认。"占山令"颁布之后，国家垄断山林川泽的局面终于被打破，国家第一次以法典化的形式承认和确定私人依法占山的合法性，赋予了臣民对山林川泽的占有权。山林川泽的所有权和占有权开始分离。从"占山令"的性质和立法精神来看，这并非是刘宋政府的首创，而是对汉代以来的"限民名田"和西晋"占田令"的继续和发展，其核心依然是占之合法，占而有限。"占山令"的颁布，是江南经济区封建地主制经济发展的必然结果，同时亦标志着江南经济区开始进入一个新的发展阶段，对自然资源的开发和利用已从平原熟地扩展到山林川泽。

"占山令"的颁布，废除了"壬辰之科"，改禁为限，允许臣民依据法令的规定按品级占有一定数量的山林川泽，占而有限，不准许逾限占山，若多占"水土一尺以上"，则"依常盗律论"，予以制裁。山林川泽的最高所有权仍掌握在国家手里。占山令颁布之后，确有一些地方官对违法逾限占山者绳之于法。如蔡兴宗为会稽内史时，"会稽多诸豪右，不遵王宪，又幸臣近习，参半宫省,封略山湖,妨民害治,兴宗皆以法绳之。"[5]又如孔灵符因占山逾限,"为有司所纠,诏原之,而灵符答对不实,坐以免官。"[6]

　　然而,禁止私人封占山泽的樊篱一旦被冲破,限制占山的法令也就难以得到全面的维护和有效的施行。王公权贵、豪强地主们不择手段地扩大占山的面积,恣意吞并,莫惧章程。如上面所引及的孔灵符,"产业甚广,又于永兴立墅,周围三十三里,水陆田地二百六十五顷,含带二山,又有果园九处。"[7]南齐时,"司徒竟陵王(萧子良)于宣城、临成、定陵三县界立屯,封山泽数百里,禁民樵采"。[8]肖梁时的肖正德,"自征虏亭至于方山,悉略为墅",范围达五六十里。[9]齐、梁时已是"权豪之族擅割林池,势富之家专利山海。"[10]

　　为制止王公权贵、豪强地主违法逾限占山,历代封建政府都相继颁布禁令。刘宋孝武帝大明七年(463年)重申旧制,并令有司严加检纠,"秋七月丙申,诏曰:'前诏江海田池,与民共利。历岁未久,浸以弛替,名山大川,往往占固。有司严加检纠,申明旧制。'"[11]所谓"旧制",即指大明初年所颁行的占山令。刘宋朝以后,这类禁令不断复出。如萧齐高帝建元元年(479年)诏令:"援极遗弊,革末反本,使公不专利,氓无失业,二宫诸王,悉不得营立屯邸,封略山湖。"[12]萧梁时,梁武帝大同七年(541年)十二月壬寅诏曰:"又复公私传、屯、邸、冶,爰及僧尼,当其地界,止应依限守视。乃至广加封固,越界分断水陆采捕及以樵苏,遂致细民措手无所。凡自今有越界禁断者,禁断之身,皆以军法从事。若是公家创内,止不得辄自立屯,与公竞作,以收私利。至百姓樵采以供烟爨者,悉不得禁,及以采捕,亦勿诃问。若不遵承,以死罪结正。"[13]禁令不可谓不严,乃至"以死罪结正"。然而,依然是禁者自禁,占者自占。

　　禁止王公权贵、豪强地主违法封固山泽的诏令历东晋南朝连续不断,一方面表明,在整个东晋南朝时期,山林川泽的所有权始终属于封建国家所有,非臣民可以自由封占。另一方面则表明,东晋南朝王公权贵、豪门大姓逾限封占山泽、占夺公田的情况屡禁不止,反映了这一时期国家土地所有制的日渐削弱,封建地主大土地所有制日趋发展。

二

　　公田,是由都督、州、郡、县官府直接经营管理的一种国有土地。刘宋元嘉三年(426年),徐豁表陈三事:"其一曰:郡大田,武吏年满十六,便课米六十斛,十五以下至十三,皆课米三十斛。一户内,随丁多少,悉皆输米。且十三岁儿,未堪田作,或是单迥,无相兼通,年及应输,便自逃逸,既遏接蛮、俚,去就益易。或乃断截支体,产子不养。户口岁减,实此之由。谓宜更量课限,使得存立。"[14]此所谓的"郡大田",即是郡一级地方政府所掌握的公田。这类公田在西晋时已经存在。泰始初,司隶校尉李憙上言:"故立进令刘友、前尚书山涛、中山王睦、故尚书仆射武陔各占官三更稻田,请免涛、睦等官,陔已亡,请贬谥",泰始中,李憙复上言:"骑都尉刘尚为尚书令裴秀占官稻田,求禁止秀。"[15]李憙两次上言中提到的官稻田,便是由地方政府经营管理的官田,其性质与东晋南朝的公田相类似。所以,东晋南朝州郡公田之制很可能乃是沿袭西晋之制。州郡公田的土地数量,由于史书阙载,不详其实。有一条记载,可资参考。《晋书》卷八十一《朱序传》载,孝武帝太元中,朱序镇洛阳,"帝遣广威将军河南太守杨佺期、南阳太守赵睦,各领兵千人隶序。序又表求故荆州刺史桓石生府田百顷,并谷八万斛给之,仍戍洛阳,卫山陵也。"故荆州刺史所辖的桓石生府田显然是州郡公田,其数额达百顷,那么,州郡一级的公田数额当不在百顷之下。不过,或许因历史条件和地理位置等因素,州郡公田的数额和规模亦各有所异。

　　公田上的劳动者,主要是吏,由吏承佃耕种。州、郡、府拥有的吏,数量不少。宋武帝永初二年(421 年)规定:"荆州府……吏不得过一万人,……(州)吏不得过五千人。"[16]这是裁减后所限定的吏员数额,此前的数额必定更多。由吏员的数量亦可见州、郡的公田数额是不小的。公田的租税十分苛重,甚至十三岁的少儿亦要耕作课米,所以引起"户口岁减"。为此,刘宋朝曾减免公田租税,如明帝泰始三年(467 年),"冬十月辛丑,复郡县公田。"[17]关于这类公田的记载不多,刘宋以后公田的情况难周其详。

　　在乡村中还存在着官地。梁武帝天监十七年(518 年)诏曰:"若流移之后,本乡无复居宅者,村司三老及余亲属,即为诣县,占请村内官地官宅,令相容受,使恋本者还有所托。"[18]村里的官地,也属于公田一类的国有土地。

　　禄田,是分配给各级官吏的国有土地,土地所有权属于国家,土地的收益作为官吏的俸禄。西晋时已有此制,当时称之为"菜田",实质即禄田。东晋南朝仍沿袭西晋禄田之制,依然是以品秩高下占田。东晋时应詹上疏曰:"都督可课佃二十顷,州十顷,郡五顷,县三顷。皆取文武吏医卜,不得扰乱百姓。三台九府,中外诸军,有可减损,皆令附农。……然后重职之俸,使禄足以代耕。"[19]《晋书》卷九十四《陶潜传》载:陶潜"为彭泽令。在县,公田悉令种秫谷,曰:'令吾常醉于酒,足矣。'妻子固请种秔,乃使一顷五十亩种秫,五十亩种秔。"陶潜的三顷公田,即为县令的禄田,故能使二顷五十亩种植酿酒之资,所余五十亩种植粮食。县令禄田三顷,与应詹所言的数额是相一致的。

东晋以后,宋、齐、梁、陈各朝都一直沿袭禄田制度。

《宋书》卷三《武帝纪下》载:永初二年,"二月戊申,制中二千石加公田一顷。"这说明宋不仅有作为官员俸禄的公田,而且数额比之晋代又有所增加。南齐时,齐武帝在永明元年(483年)正月下诏:"今区寓宁晏,庶绩咸熙,念勤简能,宜加优奖。郡县丞尉,可还田秩。"[20] 所谓"田秩"就是出自禄田的官俸,显然,这是政府以法令的形式来保证官吏的禄田。萧梁时,义兴太守任昉"在郡所得公田奉秩八百余石,昉五分督一,余者悉原,儿妾食麦而已。"[21] 任昉所得的"公田奉秩",自然是他禄田的收益。在贫民租税逋负的情况下,有些地方官吏则以其禄田的收入助交民租。如梁初,永阳内史伏暅,"征为新安太守,在郡清恪,如永阳时,民赋税不登者,辄以太守田米助之。"[22] 何远为宣城太守时,"田秩俸钱并无所取,岁暮,择民尤穷者,充其租调,以此为常。"[23] 陈朝时,宗元饶"迁贞威将军、南康内史,以秩米三千余斛助民租课。"[24] 上引材料说明,南朝一直实行着禄田制度。

南朝的禄田制度在时间上作了调整。两晋时规定,以立夏日为前后任官吏是否获得本年度禄田收入的分界线,南朝时则改为以芒种日为断限。《南史》卷七十《阮长之传》载:"时郡县禄田,以芒种为断,此前去官者,则一年秩禄皆入后人。始以元嘉末为改此科,计月分禄。长之去武昌郡,代人未至,以芒种前一日解印绶。"这是阮长之为示自己的高洁,在代人未到之前,故意于芒种前一日离职,以将自己应获的禄田秩禄让与继任者。

以上所述的都督、州、郡、县公田,官吏的禄田,这些土地在东晋南朝当为数不少。这些土地,皆非官吏所有。官吏只有占有权,并且不是永久的占有权,须更代相付。官吏调任、解免等,土地占有权亦随之而变换,土地所有权纯属国家所有。这些土地是东晋南朝国有土地主要存在形式之一。

三

东吴立国江东,为与曹魏抗衡,曾以各种方式开发江南,发展农业经济。但是,东吴时期对江南的开发因受到劳动力等条件的限制,仍然十分有限。晋室南渡以后,江南地区仍有大量的荒地有待开发。又东晋南朝时期,北人大量南迁,流民众多。为了开垦荒地,安辑流散,东晋南朝政府或徙民垦辟国有荒闲土地,或以国有土地"假与"、"赋给"、"分给"流民及贫民。此据东晋、宋、齐、梁、陈各朝史籍中的有关记载酌引数例于下:

东晋安帝时,"罢临沂、湖熟皇后脂泽田四十顷,以赐贫人。弛湖池之禁。"[25]

宋文帝元嘉二十六年(449年),因京口民多流散,"募诸州乐移者数千家,给以田宅,并蠲复";元嘉二十七年春诏:"今农事行兴,务尽地利,若须田种,随宜给之";二十八年,又"徙彭城流民于瓜步,淮西流民于姑熟,合万许家。"[26]

太初元年(453年),劭即位后令:"田苑山泽,有可弛者,假与贫民。"[27]

孝武帝孝建二年(455年)诏:"诸苑禁制绵远,有妨肆业,可详所开弛,假与贫民。"[28]

萧齐建武元年(494年)十一月:"诏省新林苑,先是民地,悉以还主。”[29]

梁天监十六年（517 年）春正月辛未，诏曰：“朕务承天休，布兹和泽。尤贫之家，勿收今年之调。其无田业者，所在量宜赋给”；次年又下诏：“凡天下之民，有流移他境，在天监十七年正月一日以前，可开恩半岁，悉听还本，蠲课三年。其流移过远者，量加程日。若有不乐还者，即使著土籍为民，准旧输课。若流移之处，本乡无复居宅者，村司三老及余亲属，即为诣县，占请村内官地官宅，令相容受。”[30]

梁武帝大同七年（541 年）十一月诏：“凡是田桑废宅没入者，公创之外，悉以分给贫民，皆使量其所能，以受田分。”[31]

陈宣帝太建二年（570 年）秋八月甲申诏曰：“顷年江介襁负相随，崎岖归化，亭候不绝，宜加恤养，答其诚心。……州郡县长明加甄别，良田废村，随便安处。”又诏：“有能垦起荒田，不问顷亩多少，依旧蠲税”；太建十一年三月丁未诏：“淮北义人率户归国者，建其本属旧名，置立郡县，即隶近州，赋给田宅，唤订一无所预。”[32]

由上引各朝记载可见，封建国家组织垦荒，“假与”或“赋给”贫民田地，终东晋南朝承续不断。所垦辟和分给贫民的土地，既有“新辟塍畎，进垦蒿莱”，又有“私业久废”、“公田荒纵”[33]，这些土地都是封建国家所有的国有土地，国家以授田的形式分予流民和贫民。农民所受土地的数额是多少，史载阙如。可能在当时每次授与农民的土地是有数额规定的，因为梁武帝大同七年的诏令中言：“皆量其所能，以受田分。”陈朝世祖的诏令中亦谓：“民失分地之业。”[34] 梁、陈两朝诏令中的“分”，即是指一丁或一户之份地或份额。这可以从北魏均田令得到印证，太和九年田令规定：“诸一人之分，正从正、倍从倍，不得隔越他畔。"[35]所谓"一人之分",十分明确,就是指一丁应受田的数额。南朝的"分地"、"以受田分"与北魏的"一人之分",其含义应是相一致的。既然有"分"和"分地"之称,那么,南朝时流民和贫民所受之田当有一定的数额规定。

<h2 style="text-align:center">四</h2>

屯田,是东晋南朝国有土地的又一重要存在形式。永嘉之乱,晋元帝南渡江左,建立东晋政府。然立足未稳,便遇到三吴大饥,死者数百,游移者以十万计。一时征调无所,国用不足,军民乏食,朝议纷纷,奏行屯田。《晋书》卷二六《食货志》载:"(太兴)二年(319年),三吴大饥,死者以百数。……百官各上封事,后军将军应詹表曰:夫一人不耕,天下必有受其饥者。而军兴以来,征战运漕,朝廷宗庙,百官用度,既已殷广,下及工、商、流寓、僮仆,不亲农桑而游食者,以十万计。不思开立美利,而望国足人给,岂不难哉?……故有国有家者,何尝不务农重谷。近魏武皇帝用枣祗、韩浩之议,广建屯田,又于征伐之中,分带甲之士,随宜开垦,故不下甚劳,而大功克举也。间者,流人奔东吴,东吴今俭,皆已还反,江西良田,旷废未久,火耕水耨,为功差易。宜简流人,兴复农官,功劳报赏,皆如魏氏故事。……寿春一方之会,去此不远,宜选都督有文武经略者,远以振河、洛之形势,近以为徐、豫之藩镇,绥集流散,使人有攸依,专委农功,令事有所局。赵充国农于金城,以平西零;诸葛亮耕于渭滨,规抗上国。今诸军自不对敌,皆宜齐课。"又《晋书》卷六七《温峤传》载:"是时(明帝初)天下凋敝,国用不足,诏公卿以下诣都,坐论时政之所先。峤因奏军国要务,……其三曰:'诸外州郡将兵者,及都督府,非临敌之军,且田且守。又

先朝使五校出田,今四军五校有兵者,及护军所统外军,可分遣二军出,并屯要处。缘江上下,皆有良田,开荒须一年之后即易。且军人累重者在外,有樵采蔬食之人,于事为便。'……议奏,多纳之。"所以,在东晋建立之初,便推行屯田。设置了管理屯田的官员,"江左及宋齐则左民郎中兼知屯田事,梁陈则曰侍郎。"[36]在朝廷的督劝下,地方州郡尤其是拥兵将领,利用原野和无主荒地兴置屯田。元帝时,甘卓镇襄阳,"散兵使大佃,而不为备。"[37]穆宗永和中,荀羡北镇淮阳,"屯田于东阳之石鳖。"[38]安帝义熙八年(412年)十一月,"公至江陵,下书曰:'……近因戎役,来涉二州,践境亲民,愈见其瘝,思欲振其所急,恤其所苦。凡租税调役,悉宜以见户为正。州郡县屯田池塞,诸非军国所资,利入守宰者,今一切除之。'"[39]这里所谓的"州郡县屯田池塞",并非皆指屯田。东晋南朝时各地官府设立有不少专门开发山林、斫伐竹木、造作器物等的组织亦称之为"屯"。如刘宋时,刘敬宣任宣城郡内史时,"宣城多山县,郡旧立屯,以供府郡费用,前人多发调工巧,造作器物。敬宣到郡,悉罢私屯,唯伐竹木,治府舍而已。"[40]除去这些屯以外,还有一些是属于屯田。前面所述的州郡"公田",以军吏耕作,每年交租米六十斛,这与北魏民屯所纳租额相等,就其公田上劳动者的身份及租额来看,其经营方式也类似于屯田。

宋、齐、梁、陈各朝都相继推行屯田。刘裕在称帝以前曾屯田于芍陂,"高祖将伐羌,先遣修之复芍陂,起田数千顷。"[41]刘宋时,刘义欣又修治芍陂,继续屯田,"芍陂良田万余顷,堤塌久坏,秋夏常苦旱。义欣遣谘议参军殷肃循行修理。有旧沟引淠水入陂,不治积久,树木榛塞。肃伐木开榛,水得通注,旱患由是得除。"[42]芍陂一带一直是屯田区,刘义欣修治芍陂,自然是继续于此屯田。这里的屯田规模不小,"良田万余顷"。在襄阳地区亦有较大规模的屯田。元嘉十六年(439年),世祖镇襄阳,以刘秀之"为抚军录事参军、襄阳令。襄阳有天门堰,良田数千顷,堰久决坏,公私废业,世祖遣秀之修复,雍部由是大丰。"[43]襄阳地区在东晋时已实行屯田,刘宋朝是在东晋的基础上继续实行屯田。所谓"公私废业",其中"公田",主要就是屯田。还有荆州地区的屯田,"泰豫元年(472年),明帝崩,攸之与蔡兴宗并在外藩,同预顾命。……乃以攸之为镇西将军、荆州刺史,加都督。聚敛兵力,养马至二千余匹,皆分赋逻将士,使耕田而食,廪财悉充仓储。"[44]屯田上的主要劳动者是现役兵士,实行所谓的"耕战递劳",即服劳役与服兵役轮番更替。由于期限短促,奔驰道路,成为士兵的一项沉重负担,所以世祖时张永提出改革意见,"时将士休假,年开三番,纷纭道路。永建议曰:臣闻开兵从稼,前王以之兼隙,耕战递劳,先代以之经远。……伏见将士休假,多蒙三番,程会既促,装赴在早。故一岁之间,四弛遥路,或失遽春耡,或违要秋登,致使公替常储,家网旧粟,考定利害,宜加详改。愚谓交代之限,以一年为制,使征士之念,劳未及积,游农之望,收功岁成。斯则王度无骞,民业斯植矣",张永的建议得到朝廷的采纳。[45]

萧齐时的屯田,如建元中齐高帝萧道成"敕(垣)崇祖曰:'卿视吾是守江东而已邪!所少者食,卿但努力营田,自然平殄残丑。'敕崇祖修治芍陂田。"[46]萧齐屯田的规模不大,而且是时断时续,因此建武中徐孝嗣上表议置屯田。《南齐书》卷四十四《徐孝嗣传》载:"是时连年虏动,军国虚乏。孝嗣表立屯田,曰:'有国急务,兵食是同,一夫辍耕,于事弥切……臣比仿之故老及经彼宰守,淮南旧田,触处极目,陂遏不修,咸为茂草。平原陆地,弥望尤多。今边备既严,戍卒增众,远资馈运,近废良畴,士多饥色,可为嗟叹。愚欲使刺史二千石躬自履行,随地垦辟。精寻灌溉之源,善商肥确之异。州郡县戍主帅以下,悉分番附农。……别立主曹,专司其事。田器耕牛,台详所给。'"徐孝嗣关于屯田的表奏,由于,"时帝已寝疾,兵事未已,竟不施行。"[47]《南齐书》的撰者都为之而惋惜,"斯议殆为空隙,惜矣!"[48]

萧梁屯田的规模,超过萧齐。在司农卿之下,专门设有湖西诸屯主,[49]掌管屯田。在荆州、北梁秦州、司州、豫州等南北交界的北境和竟陵、江州等地,皆设置有屯田。天监元年(502年),始兴忠武王憺拜安西将军、荆州刺史,"时军旅之后,公私空乏。憺励精为治,广辟屯田,减省力役,存问兵死之家,供其穷困,民甚安之。"[50]天监中,裴邃出任竟陵太守,在竟陵境内"开置屯田,公私便之",后转任"北梁、秦二州刺史,复开创屯田数千顷,仓廪盈实,省息边远,民吏获安。"普通四年(523年),裴邃又修治芍陂,实行屯田。[51]中大通年间陈庆之都督南、北司、西豫、豫四州诸军事、南北司二州刺史时,"开田六千顷,二年之后,仓廪充实。"[52]中大通六年(534年),夏侯夔"转使持节督豫、淮、陈、颍、建、霍、义七州诸军事、豫州刺史。豫州积岁寇戎,人颇失业。夔乃帅军人于苍陵立堰,溉田千余顷,岁收谷百余万石,以充储备,兼济贫人,境内赖之。"[53]大同八年(542年)时,"于江州新蔡高塘立颂平屯,垦作蛮田。"[54]可见,萧梁朝屯田的区域和规模在东晋南朝时是居于前列的。

陈朝也有一些屯田。宣帝太建六年(574年)诏:"仍出阳平仓谷,拯其悬磬,并充粮种,劝课士女,随近耕种,石鳖等屯,适意修垦。"[55]所谓"石鳖等屯",显然是指屯田。

五

东晋南朝封建国家直接控制和掌握的国有土地看起来为数不少，但这些国有土地并非固定不变，而是在不断地发生变化，变化的总趋势是国有土地日趋减少，封建的土地国有制日益削弱。

山林川泽起初皆为国家所垄断，不许私人封占。但是由于王公权贵、豪强地主封占山泽之势屡禁不止，封建国家只好顺应社会发展的客观趋势，由禁止封占退让为占而有限，确认占山护泽的合法性。从不准私自封占山泽到允许在一定的限度内占有山林川泽的过程，同时亦是国有土地逐渐丧失的过程。不仅如此，占山令颁布以后，逾限占固山泽的情况仍然是迭出不止，国有的山林川泽被官僚、豪强地主侵占、据为己有的现象终南朝之世未戢。

国有的州郡公田，由于课税极重，致使公田上的劳动者不断逃亡，难以长期维持。而豪家富室又通过各种途径手段占取公田，如梁武帝大同七年十一月诏令所云："如闻顷者，豪家富室，多占取公田，贵价僦税，以与贫民，伤时害政，为蠹已甚。"[56]大量的公田转入官僚、豪强地主之手。

国家"假与"或"赋给"流民、贫民的国有荒闲土地、官地等，皆是有授无还，且又通过土地买卖、强取豪夺等途径，有不少土地逐渐转至官僚、豪强地主之门下。

屯田是随设随罢，很不稳定。

国有土地中还有相当一部分，被皇帝赏赐于官僚。

总之，东晋南朝时期是封建的土地国有制日渐削弱的历史时期，与此相应，地主大土地所有制则日益发展。

（原载《思想战线》1994 年第 4 期）

注　释

1　《晋书》卷 24《职官志》。

2　《隋书》卷 26《百官志上》。

3　《宋书》卷 54《羊玄保传附羊希传》。

4　《宋书》卷 54《羊玄保传附羊希传》。

5　《宋书》卷 57《蔡廓附兴宗传》。

6　《宋书》卷 84《孔季恭附灵符传》。

7　《宋书》卷 84《孔季恭附灵符传》。

8　《梁书》卷 46《顾宪之传》。

9　《南史》卷 51《肖正德传》。

10　《艺文类聚》卷 50，任昉《为齐竟陵王世子临会稽郡教》。

11　《宋书》卷 6《孝武帝纪》。

12　《南齐书》卷 2《高帝纪下》。

13　《梁书》卷 2《武帝纪中》。

14　《宋书》卷 92《徐豁传》。

15　《晋书》卷 41《李熹传》。

16　《宋书》卷 3《武帝纪》。

17　《宋书》卷 8《明帝纪》。

18　《梁书》卷 2《武帝纪中》。

19　《晋书》卷 70《应詹传》。

20　《南齐书》卷 3《武帝纪》。

21　《南史》卷 49《任昉传》。

22　《梁书》卷 53《伏暅传》。

23　《梁书》卷 53《何远传》。

24　《陈书》卷 29《宗元饶传》。

25　《晋书》卷 10《安帝纪》。

26　《宋书》卷 5《文帝纪》。

27　《宋书》卷99《元凶劭传》。

28　《宋书》卷6《孝武帝纪》。

29　《南齐书》卷6《明帝纪》。

30　《梁书》卷2《武帝纪中》。

31　《梁书》卷3《武帝纪下》。

32　《陈书》卷5《宣帝纪》。

33　《陈书》卷6《后主纪》。

34　《陈书》卷3《世祖纪》。

35　《魏书》卷110《食货志》。

36　《通典》卷23《职官·工部尚书》。

37　《晋书》卷70《甘卓传》。

38　《晋书》卷75《荀崧附荀羡传》。

39　《宋书》卷2《武帝纪》。

40　《宋书》卷47《刘敬宣传》。

41　《宋书》卷48《毛修之传》。

42　《宋书》卷51《刘义欣传》。

43　《宋书》卷81《刘秀之传》。

44　《南史》卷37《沈庆之附攸之传》。

45　《宋书》卷53《张茂度附张永传》。

46　《南齐书》卷25《垣崇祖传》。

47　《南齐书》卷44《徐孝嗣传》。

48　《南齐书》卷44《徐孝嗣传》。

49　《隋书》卷26《百官志上》。

50　《梁书》卷22《始兴忠武王憺传》。

51　《梁书》卷28《裴邃传》。

52　《梁书》卷32《陈庆之传》。

53　《梁书》卷28《夏侯夔传》

54　《梁书》卷3《武帝纪下》。

55　《陈书》卷5《宣帝纪》。

56　《梁书》卷3《武帝纪下》。

十四、北朝屯田述论

　　北朝的土地所有制形式,以土地国有制为主。其土地国有制的主要存在形式,一是均田制,二是屯田。对于北朝的均田制,史学界已有深入的研究。然对屯田,则系统研究极少,迄今尚鲜见有专题论述北朝屯田的论著。本文拟就北朝的屯田略作论述。

　　北朝的屯田,始兴于北魏建国之初,以后又不断增置。继之的东魏北齐、西魏北周亦都十分重视屯田。北朝的屯田,不惟持续的时间长,而且规模也比较大。屯田可以划分军事性屯田和民屯两类。军屯主要是因战争和巩固边防之需,所谓"布屯田以实边防",为强兵足食;民屯则主要是为了安辑流散,垦辟荒地,以增长国家收入。北朝的屯田与曹魏的屯田相较,其不同的特点在于,军屯是屯田的主要形式,屯田的区域主要集中于边地。

一、北魏的屯田

　　北魏王朝的建立者鲜卑拓跋族,原系以游牧经济为主。进入中原地区以后,一方面受中原地区封建经济的影响;一方面为适应统治中原地区的新局面,拓跋族开始改变原来的社会组

十四、北朝屯田述论　　　　　　　　　　　　　　　　　249

织和生产方式。太祖拓跋珪"平中原，……其后离散诸部，分土定居，不听迁徙"[1]，此后，拓跋族便逐渐由以游牧经济为主转向以农业经济为主，农业生产日益受到重视。同时，拓跋族为扩大统治区域，统一北方，连年东征西讨。不断的战争，需要大量的军粮供应，而当时的状况却是"太祖定中原，接丧乱之弊，兵革并起，民废农业"[2]，军粮严重匮乏。基于以上这两个原因，垦辟土地，发展农业，就成为北魏政府当时之急务。尤其是为解军需之燃眉之急，屯田遂因之兴起。

　　太祖拓跋珪登国九年（394 年）春三月，"使东平公元仪屯田于河北五原，至于梧杨塞外"[3]，即在今内蒙河套以东，阴山以南，包头市以西的达拉特、准额尔等旗及包头市以东一带地区实行屯田[4]。这是见于记载的北魏时期最早的屯田。这次在河套地区的屯田，规模不小。登国十年秋七月，后燕慕容宝攻入五原，"造舟收谷"[5]，"收稼田百余万斛"[6]。从收谷量估算，屯田的数量约在百余万亩。这次屯田是以徙民屯垦为主，而不是以士兵屯种。它与此后以屯田兵、屯民垦种屯田的方式有所不同。

　　继河套地区屯田之后，拓跋珪时又两次兴置屯田。皇始二年（397 年）拓跋珪攻打中山。夏四月，"珪以军食不给，命东平公（元）仪去邺，徙屯钜鹿，积租杨城。慕容详出步卒六千人，伺间袭魏诸屯，珪击破之。"[7]天兴五年（402 年），为御后秦姚兴寇边，拓跋珪"诏并州诸军积谷于平阳之乾壁"[8]。此虽未直言置屯田，但诸军积谷的方式在当时必定主要是屯垦耕种，设置屯田。以上这两次屯田皆系军事性屯田，都以士兵屯垦。不过，这次屯田的规模不大，存在的时间亦不长。

　　自魏初拓跋珪实行屯田以后，屯田成为北魏政府一项经常性的制度。北魏一代,屯田不断,相继在边地和内地大兴屯田。

边地的屯田,主要是军事性屯田。因此,屯田兴置的区域受边疆形势、战争、供军等因素的影响,集中于北方、西北和南方边境地区。

北魏北连柔然,西邻高车。柔然兴起于前,高车崛起于后,为北魏北方、西北之边患。尤其是柔然汗国,是当时北方强大的游牧国家,长期为北魏的劲敌。为了抵御柔然和高车,北魏王朝于北方、西北沿边相继设置了一系列重镇,驻以重兵。同时,广事屯田,或以兵且戍且田,或徙民屯垦,以助军粮。

世祖太武帝真君五年(444 年),命刁雍为薄骨律镇将。刁雍至镇后上表朝廷曰:"臣蒙出镇,奉辞西藩,总统诸军,户口殷广。又总勒戎马,以防不虞,督课诸屯,以为储积。……今年四月末到镇,时以夏中,不及东作。念彼农夫,虽复布野,官渠乏水,不得广殖。"[9] 由刁雍之表奏可知,薄骨律镇地区在真君五年以前,已经兴置屯田。只是因管理不善,官渠乏水,不能广殖,屯田的成果不佳。因此,刁雍到镇后,兴修水渠,"开富平西(南)三十里艾山旧渠,通河水,溉公私田四万余顷,人大获其利。"[10] 这四万余顷田地中,虽有不少民田,但官田即屯田应是为数居多。可见,薄骨律镇屯田的规模很大。两年以后,刁雍奉诏与高平、安定、统万等镇,"出车五千乘,运屯谷五十万斛付沃野镇,以供军粮"[11]。这表明,刁雍在薄骨律镇兴修水利以后,当地的屯田有了很大进展,收获量有了较大增长。薄骨律镇的屯田属军事性屯田。但屯田的经营,则实行兵农相兼的方式。真君五年刁雍在给朝廷的表奏中说到,"乘前以来,功不充课,兵人口累,率皆饥俭"。此"兵人",显然系指屯田兵和屯民。以后,真君九年刁雍在表奏中又说:"平地积谷,实难守护,兵人散居,无所依恃。……今求造城储谷,置兵备守。镇自建立,更不烦官。又于三时之隙,不令废农。"[12]这段话也显然表明,当地的屯田经营是兵农相兼。屯田兵,自然是本镇戍守之士卒。屯民,则主要是徙内地之民至边地屯垦。

世祖太武帝真君七年诏薄骨律、高平、安定、统万四镇运屯谷五十万斛付沃野镇之事说明,在世祖时,这些边地已实行屯田,并且都具有不小的规模。此外,与薄骨律镇相邻的弘静镇也置有不少屯田[13]。

上述边镇以外的其余北方、西北边镇屯田的情况虽史无明确记载,但北魏的边镇一般都置屯田。世祖太武帝时,"行次云中,将济河,宴诸将于宫。……世祖谓(穆)寿曰:'蠕蠕吴提与牧犍连和,今闻朕征凉州,必来犯塞,若伏兵漠南,珍之为易。朕故留壮兵肥马,使卿辅佐太子。收田既讫,便可分伏要害,以待虏至,引使深入,然后击之,擒之必矣。'"[14]此所谓令士兵于漠南"收田既讫"而分伏要害,说明该时北方边镇地区已置有大量屯田。孝文帝时,太和十二年(488 年)五月"诏六镇、云中、河西及关内六郡,各修水田,通渠溉灌"。太和十三年八月"诏诸州镇有水田之处,各通溉灌,遣匠者所在指授"[15]。诏令中所言诸镇水田,并非皆为民田,其中必有不少各镇的屯田。北魏边镇长年驻以重兵,军队的粮食供应全部仰仗国家所征调的民租是不可能的,只可能供给部分。即使如此,已颇扰百姓。自世祖至世宗,屡屡发生因转输军粮而破损百姓的状况。"比年以来,连有军旅,役务既多,百姓彫弊"[16]。边镇的军粮供应不得不依靠就地解决大部分。解决的方法,或以士兵并戍并耕,或徙民实边耕垦。无论是以士兵抑或徙民耕植,其经营方式便是设置屯田。边镇屯田在北魏是普遍的状况,除北方、西北之外,南方诸边镇皆置屯田。

北魏统治者立足中原以后,一直有南讨之意。故"自中原稍定,八军之兵,渐割南戍"[17]。大量军队由北方移镇南方,南戍之军的粮食供应便成为一大困难。为解决这一困难,北魏政府同样采取了屯田的政策。《魏书·食货志》载:"自徐、扬内附之后,仍世经略江淮,于是转运中州,以实边镇,百姓疲于道路。乃令番戍之兵,营起屯田。"因此,随着大军的南下,军事性质的屯田也就逐渐在南方沿边地带大量推行。

孝文帝太和四年,徐州刺史薛虎子表奏朝廷,建议在徐州屯田。他说:"徐州左右,水陆壤沃,清、汴通流,足盈激灌。其中良田十万余顷。若以兵绢市牛,分减戍卒,计其牛数,足得万头。兴力公田,必当大获粟稻,一岁之中,且给官食,半兵耘植,余兵尚众,且耕且守,不妨捍边。一年之收,过于十倍之绢;暂时之耕,足充数载之食。"薛虎子之议为孝文帝纳之。[18]徐州必定实施屯田,且数量当不下十万余顷。此后,宋弁随车驾南讨,"于豫州都督所部及东荆颍邺,皆减戍士营农,水陆兼作"。杜纂"既平南阳,又诣赭阳、武阴二郡,课种公田,随供军费"[19]。至孝文帝太和十六年以后,淮水一带广事屯田。十六年冬,"值朝廷有南讨之计,发河北数州田兵二万五千人,通缘淮戍兵合五万余人,广开屯田",并任命范绍为"西道六州营田大使,加步兵杖校尉",专掌淮水一带的屯田。由于范绍"勤于劝课",所以屯田收效甚大,"频岁大获"[20]。淮水一带的屯田,直至世宗宣武帝时仍在继续施行。宣武帝正始元年(504年)九月诏令:"缘淮南北所在镇戍,皆令及秋播麦,春种粟稻,随其土宜,水陆兼用,必使地无遗利,兵无余力。"[21]可见,南方边地的军屯延续的时间长,屯田的区域十分广宽,各镇皆营屯田。

北魏的军事性屯田，除广置于沿边州镇外，河北地区亦有不少。孝文帝太和十六年发河北数州田兵二万五千人，至淮水一带广开屯田[22]，说明在太和十六年以前，河北地区已广置屯田。并且，这些屯田多以士兵进行屯垦，系属军事性屯田。及至世宗宣武帝时，杨椿为定州刺史，时"州有宗子稻田，屯兵八百户"，杨椿谓"屯兵惟输此田课，更无徭役"，因此，他提出屯兵"及至闲月，即应修治（畦堰），不容复劳百姓"[23]。由此可见，定州的八百户屯兵实际上就是屯田兵，所谓宗子稻田即为屯田。此事虽系于世宗宣武帝时，但定州的屯田由来必已尚矣。

由上述情况来看，南方沿边州镇和河北地区军屯的经营，皆是以屯田兵为之。这与北方、西北边镇的屯田多是兵农相兼的方式有所不同。之所以如此，这是因为北方、西北边镇实行屯田的时间比较早，大多是在实行均田制以前，且这些地区土旷人稀，有大量的土地可供耕垦。而南方淮水南北和河北地区大规模实行屯田的时间比较晚。世祖太武帝时曾以数十万步骑南讨，然未能尽得淮北之地。逮于献文帝时（466—470 年）方尽陷淮北，孝文帝时据有淮南。所以，这些地区的屯田主要兴起于孝文帝时，并大多是在实行均田制以后。由于实行均田制，农民已通过国家授田的方式与土地相结合，承担国家的租调徭役。并且，太和十二年后，内地州县已大量设置民屯（详见下述），皆征民屯种。所以，南方边地和河北地区的军屯便以屯田兵耕植，不再徙民屯种。

北魏除了大量实行军屯外，还在内地州县广泛设置民屯。最为集中和突出的是在孝文帝太和十二年以后。太和十二年，秘书丞李彪上封事七条，其中第三条主要是讲国家粮食储积之重要性。因为，当时北魏"顷年山东饥，去岁京师俭，内外人庶出入就丰,既废营产,疲而乃达,又与国体实有虚损",所以,李彪建议:一、实行和籴,"各立官司,年丰籴积于仓";二、实行屯田,"又别立农官,取州郡户十分之一以为屯人,相水陆之宜,料顷亩之数,以赃赎杂物余财市牛科给,令其肆力。一夫之田,岁责六十斛,蠲其正课并征戍杂役。"李彪所上封事,"高祖览而善之,寻皆施行"[24]。这说明太和十二年以后,内地州郡的屯田是确实推行了。这次屯田是抽取各州郡户的十分之一作为屯民,屯田的规模和数量必定是极大的。并且屯田取得了较大的成效,史载"自此公私丰赡,虽时有水旱,不为灾也。"[25]内地州郡的屯田,其目的是安辑流散,增加国家之粮储,这与以军事需要为目的的军屯不同,属于民屯的性质。

北魏屯田的行政管理系统,史书记载不详。但从零散的记载可知,中央尚书省祠部尚书总领全国屯田,设有屯田郎中主屯田事[26]。祠部以下,屯田的实际管理分军屯、民屯两个系统。军屯,由军事系统的官员掌管。或由边镇将帅兼领,如薄骨律镇将刁雍,既"揔勒戎马",又"督课诸屯"[27];或临时设立营田使管辖,如孝文帝时于淮水一带屯田,便临时任命范绍为"西道六州营田大使"[28],专掌屯田事宜。临时任命营田使掌屯田,主要是在实行大规模屯田的情况下,而在一般情况下,皆是由镇将兼领。民屯,则是"别立农官"来管理,即在地方行政管理系统之外,设立专门的"农官"执掌屯田。由于史书对"农官"的称谓及行政系统阙载,所以我们尚不能周知民屯的具体管理体系,暂付之阙如。

北魏屯田的分配方式,采取分成制。魏初拓跋珪时元仪在河套地区的屯田便是"分农稼"[29]。以后军屯、民屯都一直采用分成制的分配方式。但是,分成的具体比率,史书未有明确记载。军屯的情况，仅知屯田兵在一般情况下"惟输此田课，更无徭役"[30]，即屯田兵只须完纳一定数量的地租，别无劳役。但是，有些地区除输纳地租外，也还有杂徭。如河北定州的屯田兵，在收获后的农闲月中，需"修补畦堰"[31]。民屯的情况，由李彪之议可知，屯田民户是由国家统一配给耕牛，分配方式是"一夫之田，岁责六十斛，蠲其正课并征戍杂役"[32]。所谓一夫之田，亦即百亩之田，年纳租六十斛。以亩产量亩收一斛计算，一夫之田，岁收百斛，"岁责六十斛"，实际上是采取的六四分成制，即国家得六分，屯田户得四分。这与曹魏屯田所采取的"持官牛田者，官得六分，百姓得四分"[33]的分配方式是一样的。所以，北魏屯田的官私分配方法很可能是沿用魏晋之旧法。并且很可能这种六四分成制的分配方式是通行于所有的军屯和民屯。

二、东魏北齐、西魏北周的屯田

北魏分裂为东西魏后，由于征战御敌之需，屯田仍受到统治者的重视。因此，在东魏北齐、西魏北周时继续大力推行屯田。

东魏时，先是在毗邻西魏的怀州、洛州等地进行屯田，以资对西魏的战争。这些地区的屯田颇有成效，"薄屯丰稔，粮储已赡"[34]。孝静帝武定中，又采纳了崔昂的建议，相继在邻接奚与柔然的北方的幽州、安州一带，连接梁朝的南方的徐、兖、扬、豫等地广置屯田，以省转输之资，和籴之费，"供军济国"，并专门"遣使营之，每考其勤惰"[35]。可见，东魏于西、北、南部边境地区都实行了屯田。这些屯田，自然都是军事性的屯田。

北齐时，屯田又有了进一步的发展。首先是屯田的规模有了扩大，"缘边城守之地，堪垦食者，皆营屯田"[36]。其次是设立了比较齐全的专门管理屯田的机构和官员。在中央尚书省祠部尚书下,设有屯田曹,专"掌籍田、诸州屯田等事"[37];在司农寺下设有典农署,"别领山阳、平头、督亢等三部丞"的屯田[38]。屯田曹总领全国屯田,设有屯田郎中具体掌管[39]。各地的屯田,则"置都使,子使以统之"。每一子使掌管屯田五十顷,即所谓"一子使当田五十顷"[40]。国家还规定,每年要对屯田官进行考核,"岁终考其所入,以论褒贬"[41]。

　　由以上两点可以确信,北齐屯田的区域是广袤的。见于记载的屯田区域,如淮南地区,在废帝乾明中,"尚书左丞苏珍芝议修石鳖等屯",结果,"岁收数万石,自是淮南军防,粮廪充足"。北境及中原地区,孝昭帝皇建中,"平州刺史嵇晔建议,开幽州督亢旧陂,长城左右营屯,岁收稻粟数十万石,北境得以周赡。"此后,"又于河内置怀义等屯,以给河南之费,自是稍止转输之劳。"[42]此外,斛律羡为幽州道行台仆射,"导高梁水北合易京,东会于潞,因以灌田,边储岁积,转漕用省,公私获利焉。"[43]李悊在南荆州,"于州内开立陂渠,溉稻千余顷,公私赖之"[44]。在这些公田中,必有大量的屯田。

　　西魏北周也广事屯田。宇文泰时,苏绰推行富国强兵之策,其中之一就是建议"并置屯田,以资军国"[45]。西魏北周的屯田,在中央也有专门的机构和官员管理。宇文泰时,"时欲广置屯田,以供军费,乃除(薛善)司农少卿,领同州夏阳县二十屯监"[46]。从司农少卿掌屯田事宜,及司农卿之职"掌三农九谷稼穑之政令,属大司徒"[47]可知,在中央系由大司徒属下的司农卿掌管屯田。

　　屯田的地区,西魏时有薛善所掌管的同州夏阳县二十屯监。每一屯监的亩数,史无明载。据晋武帝咸宁元年(275年)十二月诏"今以邺奚官奴婢著新城,代田兵种稻,奴婢各五十人为一屯,屯置司马,使皆如屯田法"[48],北齐"一子使当田五十顷",唐代"隶州镇诸军者,每五十顷为一屯"[49],可以推定西魏北周或亦以五十顷为一屯。薛善掌屯田颇有成绩,故被"追论屯田功,赐爵龙门县子,迁黄门侍郎,加车骑大将军、仪同三司。"[50]为御东魏,王思政在弘农"修城郭,起楼橹,营田农,积刍秣",屯田的成效显著,史言"弘农之有备,自思政始也。"[51]西魏末年,魏废帝二年(553年)宇文贵"于梁州置屯田,数州丰足"[52]。北周时,武帝谋划伐齐,韦孝宽上疏陈三策,其中第二策建议在"三鸦以北,万春以南,广事屯田,预为贮积"。武帝纳而行之,在壤接北齐的东北边地大兴屯田,积储军粮,为灭北齐提供了重要保证。武帝"后遂大举,再驾而定山东,卒如孝宽之策。"[53]由于"王师东讨,西道空虚",为防御吐谷浑与党项的侵扰,周武帝保定四年(564年)创置河州总管,以李贤任之。李贤在河州地区"大营屯田,以省运漕,多设斥候,以备寇戎。于是羌、浑敛迹,不敢向东。"[54]这说明李贤在西部地区的屯田戍守是卓有成效的。此外,北周在云阳附近亦有不少屯田,周武帝曾于云阳宫"敕诸屯简老牛,欲以享士"[55]。由上述可见,北周的屯田成绩显著,在富国强兵,西抗党项、吐谷浑,东北灭北齐,从而统一北方的过程中,起了重要的作用。

北朝的屯田,持续时间长,规模大,地域广泛。虽然屯田系以军事性屯田为主,但是屯田地区水利的兴修,荒闲土地的垦辟,粮作物的扩种,粮食产量的增长等,皆"公私俱济"。屯田在恢复和发展北方社会经济中起着重要的作用。因此,北朝的屯田亦是北魏农业经济中不可忽略的重要方面。

(原载《思想战线》1986 年第 5 期)

注　释

1　《魏书》卷 83 上《贺讷传》。

2　《魏书》卷 110《食货志》。

3　《魏书》卷 2《太祖纪》。

4　见《历代食货志注释》第一册《魏书·食货志》注,农业出版社 1984 年,第 168—
　　169 页。

5　《魏书》卷 2《太祖纪》。

6　《资治通鉴》卷 108,孝武帝太元二十年七月条。

7　《资治通鉴》卷 109,安帝隆安元年夏四月条。

8　《魏书》卷 2《太祖纪》。

9　《魏书》卷 38《刁雍传》。

10　《元和郡县图志》卷 4《关内道》。

11　《魏书》卷 38《刁雍传》。

12　《魏书》卷 38《刁雍传》。

13　《元和郡县图志》卷 4《关内道》。

14　《魏书》卷 27《穆崇附子寿传》。

15　《魏书》卷 7 下《高祖纪》。

16　《魏书》卷 8《世宗纪》。

17　《魏书》卷 58《杨播附弟椿传》。

18　《魏书》卷 44《薛虎子传》。

19　《册府元龟》卷 503《邦计部·屯田》。

20　《魏书》卷 79《范绍传》。

21　《魏书》卷 8《世宗纪》。

22　《魏书》卷 79《范绍传》。

23　《魏书》卷 58《杨播附弟椿传》。

24　《魏书》卷 62《李彪传》。

25　《魏书》卷 110《食货志》。

26　《唐六典》卷 7《尚书工部·屯田郎中》,"后魏、北齐,并置屯田郎中","后魏、
　　北齐,祠部尚书领屯田"。

27 《魏书》卷38《刁雍传》。

28 《魏书》卷79《范绍传》。

29 《魏书》卷15《昭成子孙传》;《北史》卷15《秦王翰附子仪传》。

30 《魏书》卷58《杨播附弟椿传》。

31 《魏书》卷58《杨播附弟椿传》。

32 《魏书》卷62《李彪传》。

33 《晋书》卷109《慕容皝载记》。

34 《北史》卷32《崔挺附崔昂传》。

35 《北史》卷32《崔挺附崔昂传》。

36 《隋书》卷24《食货志》。

37 《隋书》卷27《百官志》。

38 《隋书》卷27《百官志》。

39 《唐六典》卷7《尚书工部·屯田郎中》,"后魏、北齐,并置屯田郎中","后魏、
北齐,祠部尚书领屯田"。

40 《隋书》卷24《食货志》。

41 《隋书》卷24《食货志》。

42 《隋书》卷24《食货志》。

43 《册府元龟》卷503《邦计部·屯田》。

44 《北齐书》卷22《李元忠传附李愍传》。

45 《周书》卷23《苏绰传》。

46 《周书》卷35《薛善传》。

47 《通典》卷26《职官·司农卿》。

48 《晋书》卷26《食货志》。

49 《通典》卷2《食货·屯田》。

50 《周书》卷35《薛善传》。

51 《周书》卷18《王思政传》。

52 《周书》卷19《宇文贵传》。

53 《周书》卷31《韦孝宽传》。

54 《周书》卷25《李贤传》。

55 《隋书》卷56《卢恺传》。

十五、论唐朝土地政策的
变化及其影响

　　纵观中国封建社会的土地制度,在唐中叶以前,曾出现过数次由国家颁布并推行于全国范围的田制,如西周的井田制,战国的授田制,曹魏的屯田制,西晋的占田制,北朝隋唐五朝的均田制等。然自唐中叶以后,历宋元明清八九百年,却再未出现过任何种类的全国性田制。由此可见,唐中叶是中国封建社会土地所有制关系发生重大变化的历史时期,其影响深远。以往的研究,注重经济关系多,研究国家政策则甚鲜。实际上,只有将两者有机地结合起来进行整体探索和研究,方能揭示出唐代土地所有制关系演变的历史过程之全貌。

一、唐前期的土地政策

　　唐初,承隋末之乱,"区宇分离,百姓凋残,弊于兵革,田亩荒废,饥馑荐臻"[1],社会经济一片凋敝。为恢复社会生产,首先必须解决劳动力与生产资料的结合。"无论生产的社会形态如何,劳动者和生产资料都总是生产的因素。但在彼此互相分离的状态中,它们之中任何一个也不过在可能性上是生产的因素。不管要生产什么,它们都总是必须结合起来。"[2]所以,高祖武德七年(624年)在基本完成统一以后,即颁行均田制,使小农与土地相结合,劝农务本,肆力田亩,恢复和发展社会经济。

唐初,继续因袭北魏以来的均田制,这除了当时存在继续推行均田制的客观社会条件外,更主要的在于统治者的主观意愿,是要尽快恢复和培植起众多的以一家一户为一个生产单位的独立的个体小农经济,因为"这种分散的个体生产,就是封建统治的经济基础"。[3]国家直接控制的独立的个体小农越多,才能充分保证和扩大国家的税源与兵源,"民多则田垦而税增,役众而兵强"[4]。均田制正具有抑制大土地私有制的发展,维系独立的个体小农经济的特征和作用。均田制的实质,要言之,就是"均平"占田。它是一种全国土地的最高所有权属于国家,官僚、地主、百姓等臣民依照一定的标准和条件"均平"占田(通过国家授受的方式而占有)的土地制度。

所以,抑制兼并,均平占田,成为唐前期国家对土地问题的基本国策。这一基本土地政策,不仅贯穿于唐前期的田令、律令和诏敕之中,而且还具体地体现于实际处理土地问题的措施和方式之中。

田令中对各级官僚至一般庶民的受田数额作了明确的规定,其实质是限定了各等级占田的最高数额。无论官人抑或庶民,都只能在田令规定的数额内占有土地,不允许任何人逾限占田,凡擅自限外占田者,将被绳之于法。逾限占田而"律不与罪"者,唯于宽闲之处的占田。这是唐政府为了鼓励百姓开发人稀地广的宽乡,垦辟国有荒闲土地,以"庶尽地利",因此,政府予以优惠的条件。但是,土地依然由国家直接掌握和控制,民户不能任意侵占。

土地买卖的范围和条件,田令规定:"诸庶人有身死家贫无以供葬者,听卖永业田。即流移者,亦如之。乐迁就宽乡者,并听卖口分。卖充住宅、邸店、碾硙者,虽非乐迁,亦听私卖。诸买地者,不得过本制,虽居狭乡,亦听依宽制。其卖者,不得更请。""其官人永业田及赐田,欲卖及贴赁者,皆不在禁限。"[5]《唐律疏议》卷十二《户婚上》中也立有相应的条例。

　　土地买卖的方式:凡符合田令规定的土地买卖,买卖双方还须经官司申牒立案,"凡买卖皆须经所部官司申牒立案,年终彼此除附。若无文牒辄卖买,财没不追,地还本主"[6]。土地买卖,须立文牒,这并非肇始于唐代,在唐以前就已经出现过。《隋书·食货志》载:"晋自过江,凡货卖奴婢、马牛、田宅有文券,率钱一万,输估四百入官,卖者三百,买者一百。……历宋齐梁陈,如此以为常。"东晋、宋齐梁陈是为了保证国家向买卖双方征收交易税,唐朝则是为了保证国家对土地买卖的控制,防止土地非法买卖。

　　土地买卖的限额:买地者的最高限额是,"诸买地者,不得过本制"。[7]所谓"本制",即指官僚依品阶受田的数额以及一般均田农户应受田的数额。就是说,买地者土地占有的总量不能超出本身应受田的数额。所以,凡经过合法手续买卖的土地,皆被列入买者的已受田数额之内。这在敦煌、吐鲁番户籍残卷中多有记载,兹不胪列。国家之所以要把买田记入人户已受田数额之内,其目的,便是为了限制买地者在"本制"之外逾限占田,以抑制土地兼并,防止均田制下的口分、永业田游离于国家控制之手,成为民户荫占之田,转变为私有土地。

　　对违法买卖的处罚:凡未经过官司申牒立案,私自买卖土地者,则被视为"私窃贸易"和"盗贸易者",不仅要受到笞、杖之刑,而且还要受到"田无文牒,辄买卖者,财没不追,苗子及买

地之财并入地主"[8]的处罚。对违法出卖口分田者,唐律规定:
"诸卖口分田者,一亩笞十,二十亩加一等,罪止杖一百。地还
本主,财没不追。即应合卖者,不用此律。"[9]

　　此外,对于妄认公私田而盗贸易者,居官挟势侵夺百姓田
地者,唐律中也都立有专门的处罚条例。[10]

　　唐朝土地买卖的范围和条件,与北朝隋代相较,虽然已经
放宽,但是从其对土地买卖的总体规定来看,却依然受到国家
的严格控制。为了抑制土地兼并,国家不仅在田令、律文中制
定了各项明确的条例,而且在均田制的实施过程中,对违法买
卖、兼并土地、逾限占田者,采取了一系列收夺、检括等措施。
如高宗"永徽中,禁买卖世业、口分田。其后豪富兼并,贫者失
业,于是诏买者还地而罚之"[11]。中宗唐隆元年(710 年)敕:
"寺观广占田地,及水碾硙,侵损百姓,宜令本州长官检括。依
令式以外,及官人百姓将庄田宅舍布施者,在京并令司农即收,
外州给贫下课户。"[12]泽州刺史长孙顺德因"前刺史张长贵、赵
士达并占境内膏腴之田数十顷,顺德并劾而追夺,分给贫户"[13]。
洛州刺史贾敦颐因"豪富之室,皆籍外占田,敦颐都括获三千余
顷,以给贫乏"[14]。玄宗开元九年(721 年),宇文融进行了大规
模的检括籍外占田,"以宇文融充使,括逃移户口及籍外田"[15],
"置劝农判官十人,并摄御史,分往天下","分按州县,括正丘
亩,招徕户口而分业之","于是诸道括得客户凡八十余万,田亦
称是"[16]。括田括户的结果,"使融检括剩田以授客户,责成守
令不收限外之赋,……其振业小民,审修旧法,所得多矣"[17]。开
元二十三年九月,玄宗又诏令:"天下百姓口分、永业田,颇有处
分,不许买卖典帖。如闻尚未能断,贫人失业,豪富兼并,宜更
申明处分,切令禁止。若有违犯,科违敕罪。"[18]天宝十一载

（752 年），唐玄宗又诏令检括、官收"两京去城五百里内"的限
外占田，"今所括地授田，务欲优矜百姓"，"并特给复业，并无
籍贯浮逃人，仍据丁口，量地好恶，均平给授"。并再度申令，禁
止限外占田，违法买卖、兼并土地，凡官人、豪富兼并之家"如有
妄请受者，先决一顿，然后准法科罪"，"有能纠告者，地入纠人。
各令采访使按覆具状闻奏。使司不纠察，与郡县官同罪。自今
已后，更不得违法买卖口分、永业田，及诸射兼借公私荒废地，
无马妄请牧田，并潜停客户，有官者私营农。如辄有违犯，无官
者决杖四十，有官者录奏取处分。"[19]

　　以上是见诸于史籍的记载，出土的吐鲁番文书则提供了国
家检括隐漏土地的实证。如大谷 2996 号文书记载着开元二十
七年（739 年）西州高昌县检括出"漏籍剩地"的申请处理文牒，
现移录于下：

（前空）

1. 漏籍剩地一段一亩^{常田}城北一里满水渠　东□□□

2. 右件人地、漏剩令退。请处□□□

3. 状如前、谨牒。[20]

　　所谓"漏籍剩地"，即人户未登记于户籍而占有的隐漏土
地，并且是逾限占田，所以，被官府检括清理出后，令其退还。
此外，在高昌县的退田文书中，有不少关于剩退、死无籍剩退、
逃走除退、出嫁退等的记载，此不一一枚举。吐鲁番文书所记
载的情况表明，唐前期在施行均田制的过程中，确实按照田令、
律文、诏令的规定检括过隐漏的田地，收括籍外田和逾限占田。

二、唐中叶土地政策的转变

　　唐中叶,主要在玄宗、肃宗、代宗时期,国家土地政策逐步发生变化。一方面,国家继续推行抑制兼并、按等级均平占田的政策,竭力维持均田制度,维护国家控制全国土地的权力和局面;另一方面,面对不可逆转的土地私有制的发展和冲击,又不得不调整政策,松弛国家对土地私有权的干预,放松对土地的控制,"不抑兼并"的倾向初露端倪,并逐渐酝酿和发展为新的土地政策。此时,国家的土地政策显现出矛盾交织的状况,这种状况诚如列宁曾经指出的,"在具体的历史环境中,过去和将来的成分交织在一起,前后两条道路互相交错"[21],这预示着新的重大变化正在酝酿孕育之中。两条道路互相交错矛盾运动的结果,将来的道路必定取代过去的道路,新的土地政策终将替代过去的土地政策。

　　唐初,由于隋末农民战争对地主制经济的沉重打击,地主制经济比较微弱,"大姓豪猾之伍,无敢侵欺细民"[22];另一方面,高祖、太宗时期,广招流民,采取"养民生息"、"轻徭薄赋"的统治政策,培植起大量的个体小农经济。随着封建经济的发展,地主制经济的日益发展壮大,社会经济关系的不断变化,使封建国家的这一优势和权力日渐式微。

　　唐代前期,农业经济迅速发展,"农业是整个古代世界的决定性的生产部门"[23],农业部门的发展,使手工业和商业等部门随之而繁荣起来。商品生产和商品交换日益发展,大量的农副产品、手工业品涌入市场,进入流通领域。市场扩大,商业繁盛。不惟各地的大小城市、草市、墟市呈现出繁盛景象,而且全国范围内的商品贸易也日益扩大。唐人崔融言:"天下诸津,舟航所聚,旁通巴、汉,前指闽、越。七泽十数,三江五湖,控引河洛,兼包淮海。弘舸巨舰,千轴万艘,交贸往还,昧旦永日。"[24]杜佑说:"东至宋汴,西至岐州,夹路列店肆待客,酒馔丰溢。每店皆有驴赁客乘,倏忽数十里,谓之驿驴。南至荆襄,北至太原范阳,西至蜀川凉府,皆有店肆,以供商旅。"[25]随着商品生产和交换的发展,货币也相应地发展起来。并且铜钱从中原流布边裔,从城市渗入农村。[26]唐代商业的繁盛和货币经济的发达,说明唐代商品经济发展的程度,已大大超越了南北朝和隋代。

商品经济的发展,必然引起旧的经济体制的变化。土地,在封建社会是财富、等级、权力的象征,是获取经济和政治利益既稳定而又可靠的重要基础。商品经济的发展必然浸及土地,将土地卷入流通领域,使土地所有权发生流转。唐初,放宽了均田制下土地买卖的范围,这就为商品经济对土地稳定性的冲击,把土地卷入流通领域提供了缝隙,开辟了道路。所以,唐高宗时,禁令违法买卖口分、世业田,"诏买者还地而罚之"[27]。但虽有禁令,却抑制不住豪富的兼并。高宗以后,土地违法买卖,官僚豪富之家恣行兼并,不仅斯风未改,而是愈演愈烈。至唐玄宗时,已是"王公百官及富豪之家,比置庄田,恣行吞并,莫惧章程。"[28]均田农户破产日众,流移之浮客日广,而官僚、地主、富商大贾们则"广占良田,多滞积贮"[29]。对此,唐玄宗于开元、天宝年间,又是重颁田令,又是屡下诏敕,三令五申禁止违法买卖土地和逾限占田,又发使四出检括限外占田。唐玄宗在短期内接连颁发内容相似的道道令文表明,封建国家此时仍想竭力推行抑制兼并的土地政策,维持均田制度,力图扭转土地集中,土地占有严重不均,与国家土地政策和田制的精神相悖的局面;同时亦反映出,社会经济关系已经发生变化,国家继续推行这一土地政策及均田制的社会基础和经济条件正在日益丧失,法令的社会制约力日益低落。

在中国封建社会,对于土地存在着这样一条通例,即"富者有资,可以买田;贵者有力,可以占田"[30]。庶族地主本非"贵"者,乃为"富"者,他们没有政治、经济上的特权,不可能依靠政治地位和权势获得土地,并有效地控制土地上的劳动者。他们获得土地的主要途径,是依靠经济手段——以资购买。对于那些向庶族地主演化的商贾、手工业者、富裕农民等,则可以说,购买土地是他们上升为地主的唯一途径。庶族地主正是利用了商品经济对土地稳定性冲击的社会经济条件,在土地运动的过程中发展、壮大,并通过土地买卖,实现着土地所有权的转移,使土地私有制日益发展和深化,因为,土地进入交换,"变成商品的土地财产,从那一瞬间起,大土地所有制的产生,便仅仅是一个时间问题了"[31]。唐玄宗时,李元纮在上疏中已言:富民土地"本于交易,焉得夺富以补贫"[32],国家不得不承认买主对土地具有的所有权。

唐朝,庶族地主的发展,土地买卖的频繁,在全国并非仅限于一地一处,而是遍于广大的地区。这从唐中叶流民之众之广,客户数量之多可以窥见。开元九年宇文融括户,得客户八十余万户[33]。时全国户口,据《唐会要》卷八四《户口数》记载:"开元十四年,户部进计帐,言今年管户七百六万九千五百六十五",由此可推知,开元九年时,户不到七百万,客户占总户数的十分之一强。天宝年间,柳芳指出,其时"豪猾兼并,强者以财力相君,弱者以侵渔失业,人多逃役者,多浮寄于闾里,县收其名,谓之'客户'。杂于居人者十一二矣"[34]。客户占全国人户的十分之一二,农民破产流亡的情况可谓已经很普遍。均田制下的土地既然可以有限度的买卖,违法买卖又禁止不了,大量的土地通过流通领域发生着所有权的转移,土地"从一个人手里流到另一个人手里,并且任何规律都不能把它再保持在少数预定的人们手里"[35],形成了"丁口转死,非旧名矣;田亩移换,非旧额矣;贫富升降,非旧弟矣。户部徒以空文总其故书,盖得无当时之实"[36]的局面,带有国有土地性质的均田制的崩溃,地主土地私有制的发展已是必然趋势。封建国家采取检括、处罚、科罪,甚至出钱买地等各种措施,都已难以继续维持抑制兼并、均平占田的土地政策和均田制度的实行,犹如杜佑所言:"虽有此制,开元之季、天宝以来,法令弛坏,兼并之弊有逾于汉成、哀之间。"[37]

唐朝中叶,均田制的破坏,大多认为:"唐初定均田,有给田之制,盖由有在官之田也。其后给田之制不复见,盖官田益少矣","官无闲田,不复给授,故田制为空文"[38]。此识仅见于事物的表面,而未能透视事物的本质,更未能揭示事物演变的内在原因。唐中叶并非无田可授。开元十年九月,"张说擒康愿子于木盘山。诏移河曲六州残胡五万余口于许、汝、唐、邓、仙、豫等州,始空河南朔方千里之地"[39]。许、汝、唐、邓、仙、豫等州,位于今河南、河北之地,皆不属荒缘地区,却一次便能迁入安置五万余口,说明这些地区是有较多剩田的。又开元十八年,宣州刺史裴耀卿论时政上疏曰:"窃见天下所检客户,除两州计会归本贯已外,便令所在编附,年限向满,须准居人,更有优矜,即此辈侥幸,若全征课税,目击未堪。窃料天下诸州,不可一例处置,且望从宽乡有剩田州作法。窃计有剩田者,(不)减三四十州。取其剩田,通融支给。"[40]可见,唐中叶仍有部分剩田可供官府授受,继续施行均田制。只是因为土地买卖的频繁,庶族地主的发展壮大,土地的私有化已成不可遏制之势。原有的口分、永业田已大量向着私有演化。开元十四年,宰相李元纮就指出:"今百官所废职田不一县,弗可聚也。百姓私田,皆力自耕,不可取也。若置屯田,即须公私相换。"[41]所以,再以剩田继续施行均田制,也只能像明人丘浚所言:"均田之制,口分世业之法,……行之而不能久,何也? 其为法虽各有可取,然不免拂人情而不宜于土俗,可以暂而不可以常也,终莫若听民自便之为得也。"[42]所谓"不免拂人情而不宜于土俗",就是有违于土地私有化之社会趋势。所以,均田制最后废弛的真谛,乃是庶族地主的发展壮大,土地私有制的日益发展和深化。庶族地主收买土地又收容逃户,变国田为私田,变国佃为私佃,改变了均田制下土地的占有形态,使均田制的继续推行失去了社会基础和经济条件。

在地主大土地私有制日益发展和深化,现实社会经济关系发生变化的情况下,封建国家要想继续推行抑制兼并、均平占田的土地政策和均田制度,已是"欲行古道,势莫能遵",因为"土地既富列在豪强,卒而规之,并起怨心,则生纷乱,制度难行"[43]。国家要想使赋入有常,保证国家财政收入,维持国家机器的运转,只有顺应土地私有化的发展趋势,调整土地政策。

因此,唐玄宗时,一方面采取各种措施力图继续推行抑制兼并、均平占田的土地政策和均田制度,另一方面则开始局部调整政策。裴耀卿在奏疏中论及宽乡剩地的处理方式时提出"取其剩田,通融支给。其剩地者,三分请取一分已下,其浮户任其亲戚乡里相就,每十户已上,共作一坊,每户给五亩充宅,并为造一两口屋宇,开巷陌,立闾伍,种桑枣,筑园蔬,使缓急相助,亲邻不失。丁别量给五十亩已上为私田,任其自营种,率其户于近坊,更共给一顷,以为公田,共令营种”。[44]裴耀卿提出的土地处理方式,显然与当时现行的土地政策和均田制度是不相同的。他明确提出给民“私田”,即将国有土地分授于民,为民户所私有。裴耀卿的奏议,在当时虽然没有为朝廷全盘接受,但是,其中关于将国有土地变为民户私田的意见,不久以后,却为朝廷所吸收,并具体地体现在土地授受之中。如玄宗开元二十六年(738年)正月丁丑制:“京兆府界内应杂开稻田,并散给贫丁及逃还百姓,以为永业。”[45]这里,“散给”的田地,原系国有土地,现一经散给于民,则不再实行还授之法,而成为民户之“永业”,土地所有权转致于民。这实质上是国家把对土地的控制权与所有权下放于民,放弃对这些土地的干预。

肃宗、代宗朝续玄宗朝之余波。一方面,企图继续推行抑制兼并的土地政策,维持均田制。肃宗乾元三年(760年)四月敕,禁止买卖逃人田宅,“自今已后,应有逃户田宅,并须官为租赁,取其价值,以充课税。逃人归复,宜并却还”[46]。宝应元年(762年)四月敕:“百姓田地,比者多被殷富之家、官吏吞并,所在逃散,莫不由兹。宜委县令,切加禁止,若界内自有违犯,当倍科责。”[47]代宗“广德二年(764年)四月敕:如有浮客情愿编附,请射逃人物业者,便准式据丁口给授。如二年以上,种植家业成者,虽本主到,不在却还限,任别给授”[48]。大历元年又敕:“其逃户复业者,宜给复三年。如百姓先货卖田宅尽者,宜委州县取逃死户田宅,量丁口充给。仍仰县令亲至乡村,安存措置,务从乐业,以赡资粮。”[49]肃、代之际,已是“法制隳弛,田亩之在人者,不能禁其卖易”,“天下纷纷遂相兼并”[50],加之安史之乱后,皇权衰落,所以,虽有以上这类诏敕,也只能是勉强为之,犹如强弩之末。至于对流移之浮客按丁口给授田地,也已是推行均田制的尾声了。

　　另一方面,国家又逐步放弃对民户土地的控制和干涉,只逐土收税。"自代宗时,始以亩定税,而敛以夏秋"[51],"据见在实户,量贫富作等第差科"[52]。大历年间,还调整提高了税率。原地税为亩税二升,大历五年(770年)定令"夏税,上田亩税六升,下田亩税四升。秋税,上田亩税五升,下田亩税三升。荒田开佃者,亩率二升"[53]。玄宗天宝年间,租庸调仍为国家财政收入的主要来源,其收入占财政总收入的百分之六十七强,即占三分之二多。[54]大历年间,国家财政收入的重点开始转向田亩税。赋税征收重点的转移,说明这时土地已大量集中于地主之手,大量均田农户已破产沦为地主的佃户。国家已无力控制全国人口与土地,不得不较大幅度地调整以往的政策,放弃对土地的控制和干涉,改按籍而征为履亩而税。

　　德宗建中元年(780年),颁行两税法,"两税之法既立,三代之制皆不复见","古制然后扫地"[55]。唐朝赋税制度从以"人丁为本"的租庸调制到以"资产为宗"、"贫富为差"的两税法的转变,不仅仅反映出赋税制度发生了重大变化,同时亦是唐朝国家土地政策发生重大转变的标志,因为,"分配的结构完全决定于生产的结构,分配本身就是生产的产物"[56]。自玄宗以来,国家土地政策由"抑制兼并"向"不抑兼并"逐步调整和转变的过程,至此终结。两税法实行后,国家对土地采取"兼并者不复追正,贫弱者不复田业,姑定额取税而已"[57]的政策。这十分明确地表明,唐前期国家所实行的抑制兼并、均平占田的土地政策和均田制度已经终结。国家从此不再直接控制和干涉民户的土地,不再履行对臣民进行田业授受、均衡土地占有的传统职责,占田的限额亦随之取消,听任民间自由买卖土地,任意占

田。无论兼并者田连阡陌,破产者无立锥之地,国家惟据地征
税。这显然表明,两税法后,"不抑兼并"已正式确立为国家的
基本土地政策,国家保证财政收入的主要注意力,已由过去集
中于土地而转向赋税。

三、土地政策转变的影响

　　唐朝土地政策由抑制兼并、均平占田向不抑兼并、田制不
立的转变,对土地关系产生的重大影响,就是土地的迅速私有
化。不惟地主、农民占有的土地获得了合法的比较稳定的土地
私有权,而且,官田不断私田化。在土地所有制结构中,地主大
土地所有制占居主导地位渐成不易之势。

　　土地政策的转变过程,同时亦是国家对全国土地的最高所
有权逐渐丧失的过程。不抑兼并政策的最终确立,表明国家作
为全国最高地主的身份最终失落。地主、农民昔日通过国家授
受等各种途径所拥有的土地,其继承、买卖、经营权不再受国家
的控制和干涉,土地所有权完全转入田主手中。这从唐后期土
地买卖方式中可以比较透彻地看到这种转化。

　　唐前期,土地买卖受到国家的诸多限制,并须经官府申牒
立案。唐后期则是"人从私契",私契在土地买卖中具有合法性
和决定作用。这在敦煌出土的唐末土地买卖契约文书中得到
客观而生动的反映。如"安环清卖地契(斯1475)"末尾写明:
"官有政法,人从私契,两共平章,书指为记。""安力子卖地契
(斯3877)"则写明:"或有恩勅流行,亦不在理论之限,两共对
面平章,准法不许休悔;如先悔者,罚上耕牛一头,充入不悔人。
恐人无信,故立私契,用为后验。"又如"阴国政卖地契(斯
2385)"末尾写道:"天倾地陷,一定已后,更不许翻悔。如有再

生翻悔,罚麦九硕,充入不悔人。恐人无信,两共对面平章,故立私契。"[58]从这些契约所反映的情况可见,土地买卖已排除了交易双方之外的各种干预,不再受国家的制约,勿需官府审核和裁决。买卖双方可以据个人意志自由买卖土地,确认私契的决定作用,"人从私契"已为社会所公认。私契的公开化、社会化和合法化,正反映了土地所有权的私有化。不惟如此,唐后期的卖地契已与卖宅舍契、卖牛契的形式一致。如"唐乾宁四年(公元八九七)张义全卖宅舍契(斯3877)"末尾写道:"或有恩勒赦书行下,亦不在论理之限。一定已后,两不休悔;如有先悔者,罚麦叁拾驮,充入不悔人。恐人无信,两共对面平章,故勒此契,各愿自押署,用为凭验。"如"令狐宠宠卖牛契(斯1475)"末尾注明:"依契为定,不许休悔;如先悔者,罚麦五硕,入不悔人。恐人无信,故立私契,两共平章,书指为记。"[59]这进一步说明,唐后期土地和宅舍、牛一样,已成为人户的私有财产,土地所有者已经可以根据自己的意志支配土地。

既然国家对全国土地的最高所有权已经丧失,地主、农民所拥有的土地已经完全私有化,所以以往体现土地国有制的全国性田制便不复再现,一切限制土地买卖,限制占田数额的法令亦随之消声匿迹。因此,唐后期土地买卖、土地兼并日益频繁和剧烈,"恣人相吞,无复畔限"[60],"疆畛相接,半为豪家;流庸无依,率是编户"[61]。贫富悬绝,土地占有的两极分化日益严重。

在土地私有制汹涌洪流的冲击下,不仅民户所占有的土地普遍私有化,而且国家直接控制的荒闲土地、陂泽地、屯田、营田等国有土地,亦不断地私有化。两税法后,民户所耕垦的荒闲土地和耕种的逃户、绝户田,皆转化为私有土地。德宗时,贞元元年(785年)制:"建中四年以来,殁身王事,义烈著明,未经褒赠者,本道即具名衔事迹闻奏。诸道有解退官健,州府长吏切务安存,仍量以空闲田地给付,免其差役,任自营生。"[62]穆宗长庆元年(821年)正月敕:"应诸道管内百姓,或因水旱兵荒,流离死绝,现在桑产,如无近亲承佃,委本道观察使于官健中取无庄田有人丁者,据多少给付,便与公验,任充永业。不得令有掌职人妄为请射。"[63]所谓"任自营生","任充永业",显然表明这些土地一经给付于民,便成为人户的私有土地,土地所有权由国家转至于民。这种土地所有权转化的状况,贯穿于整个唐后期。武宗会昌元年(841年)制,逃户田地"租佃与人,勿令荒废,……自今已后,二年不归复者,即仰县司召人给付承佃,仍给公验,任为永业"[64]。宣宗大中二年(848年)正月制,所在逃户田地"任邻人及无田产人且为佃事,与纳税粮。如五年内不来复业者,便任佃人为主"[65]。懿宗咸通十一年(870年)敕:"诸道州府百姓,承佃逃亡田地,如已经五年,须准承前敕文,便为佃主,不在论理之限,仍令所司,准此处分。"[66]由上引资料和懿宗敕文中"须准承前敕文"之语可见,民户承佃逃户田地可任为永业,成为田主而私有其土地,并非一时权宜之计,而是相因承袭长久施行之制。这种状况亦反映出,唐中叶以后国有土地不断私有化已成为社会发展趋势。民户承佃逃户、绝户田地是如此,耕垦荒闲土地亦如之。如宣宗大中三年,泾源节度使康季荣于三州七关募民耕垦,宣宗敕令:"其秦、威、原三州及七关侧近,访闻土田肥沃,水草丰美。如百姓能耕垦种莳,五年内不加税赋。五年已后,重定户籍,便任为永业。"[67]同是垦辟荒闲土地,对土地的处理方式,唐前后期却是大相径庭。前期需申请立案方可占田,后期则任为永业,这同样反映了国有土地的私有化。

山林川泽,在唐前期为国家所有,不允许民户擅自占为私有。唐玄宗时,弛陂泽之禁,准许将陂泽地租佃于民,诏令:"所在陂泽,元合官收。至于编氓,不合自占。然以为政之道,贵在利人,庶宏益下,俾无失业。前令简括入官者,除昆明池外,余并任百姓佃食。"[68]逮于武宗,陂泽地则由玄宗时的租佃于民演进为凡民户开垦耕种者皆为私有。武宗会昌元年敕:"荒闲、陂泽、山原,百姓有人力能垦辟耕种,州县不得辄问。所收苗子五年不在税限,五年之外,依例纳税。"[69]这已与一般民田一样,属民户私有土地。

屯田、营田的土地纯属国有,然自唐中叶以后,屯田、营田的部分土地开始转化为民田,成为民户私有土地。唐玄宗时,"开元二十二年,河南道陈、许、豫、寿,又置百余屯。二十五年敕:以为不便,并长春宫田三百四十余顷,并令分给贫人"[70]。唐代屯田,每屯"大者五十顷,小者二十顷"[71],此概以每屯三十顷计,河南四州百余屯共计三千余顷,加长春宫田三百四十余顷,这次分给贫人的屯田土地数额达三千三百四十余顷,其数量不少。代宗时,又废华州屯田给贫民,大历八年(773年)八月敕:"今宿麦颇登,秋苗益茂。私田加辟,公用渐充。华州人户,土地非广,其屯田并宜给与贫下百姓。"[72]穆宗即位,则将天下营田大量分与农民,变为农民之世业。《新唐书》卷五三《食货志》载:"宪宗末,天下营田,皆雇民或借庸以耕,又以瘠地易上地,民间苦之。穆宗即位,诏还所易地而耕以官兵。耕官地者,给三之一以终身。"这即是营田官兵可获得所耕土地的三分之一归自己终身所有,这部分土地便由国有转化为私有。由此可见,穆宗时国家营田转化为民户私田的数量之大。

　　武宗会昌五年(845年)废浮图法,籍没寺观田地数千万顷,其中"腴田鬻钱送户部"[73]。国家将国有土地当作商品出卖,以有偿转化的方式,变国有土地为私有土地,这在唐武宗以前还未曾见及。这反映出,唐朝国有土地的私有化,已开始由无偿转化向有偿转化发展,土地私有化正在进一步的深化。

　　唐朝土地政策的转变,不抑兼并政策的确立,不仅对唐朝土地关系产生了重大影响,而且对后世亦有着重大影响。宋朝的基本土地政策是,"不抑兼并"[74],"田制不立"[75],而这一土地政策并非肇始于宋朝,实质上是承袭唐后期以来的土地政策。南宋初年林勋所言:"国朝兵农之政,大抵因唐末之故"[76],可谓一语破的之论。在此政策下,土地自由买卖,"民自以私相贸易,而官反为之司契券而取其直"[77]。土地"听民自占,多为豪右所侵"[78],"田畴邸第,莫为限量"[79],土地高度集中于大官僚、大地主手中。

　　国有土地的私有化,亦承唐末之势而发展,五代后晋时,凡"所在无主空闲土地,一任百姓开耕"[80]。后周太祖时,"悉罢户部营田务","以天下系官庄田仅万计,悉以分赐见佃户充永业"[81]。这一措施正顺应了土地私有制发展的要求,所以"百姓既得为己业,比户欣然,于是葺屋植树,敢致功力"[82]。北宋初年,太祖诏令:"有能广植桑枣,开垦荒田者,并只纳旧租,永不通检。"[83]宋太宗即位后便宣敕:"所垦田即为永业。"[84]有宋一代,官田不断私田化,无偿转化、有偿转化并行,有偿转化日渐成为主要方式,"其出以与民者,谓之官自卖田,其价与私买等,或反贵之"[85]。由于宋朝对于土地既"田制不立"、"不抑兼并",又官田大量私田化[86],致使土地私有制迅猛发展。爰及北宋元丰年间,全国土地总额中,民田即私有土地已占总数的

98.63%,官田即国有土地仅占 1.37%[87]。南宋时,吕祖谦谓:
"今世学者坐而言田制,然今天下无在官之田,而卖易之柄归之
于民。"[88]宋朝全国土地的高度私有化,溯其源,乃是唐中叶以降
地主大土地所有制剧烈发展和日益深化的结果。不惟宋朝如
此,历元、明、清,"不抑兼并"、"田制不立"几乎成为历朝处理
土地问题的基本政策或基本原则。

（原载《社会科学战线》1992 年第 1 期）

注　释

1　《唐大诏令集》卷 111,武德六年六月《劝农诏》。

2　《资本论》第 2 卷,人民出版社 1964 年,第 18 页。

3　《毛泽东选集》合订本,人民出版社 1969 年,第 885 页。

4　《文献通考》卷 11《户口考二》引南宋叶适言。

5　《通典》卷 2《食货·田制下》。

6　《通典》卷 2《食货·田制下》。

7　《通典》卷 2《食货·田制下》。

8　《唐律疏议》卷 13《户婚中》。

9　《唐律疏议》卷 12《户婚上》。

10　《唐律疏议》卷 13《户婚下》。

11　《新唐书》卷 51《食货志》。

12　《唐大诏令集》卷 110《诫励风俗敕·又》。

13　《旧唐书》卷 58《长孙顺德传》。

14　《旧唐书》卷 185 上《贾敦颐传》。

15　《资治通鉴》卷 212,开元九年二月丁亥条。

16　《旧唐书》卷 105《宇文融传》,《新唐书》卷 134《宇文融传》。

17　《文献通考》卷 3《田赋考三》。

18　《册府元龟》卷 495《邦计部·田制》。

19　《全唐文》卷 33,玄宗《禁官夺百姓口分永业田诏》。

20　〔日〕池田温:《中国古代籍帐研究·录文》,第415页。

21　《列宁选集》第1卷,人民出版社1960年,第576页。

22　《贞观政要》卷1《论政体》。

23　《马克思恩格斯选集》第4卷,第145页。

24　《旧唐书》卷94《崔融传》。

25　《通典》卷7《食货·历代盛衰户口》。

26　关于唐代商品生产、交换和货币的发展,详见李埏:《从钱帛兼行到钱楮并用》,载《宋史研究论文集》,上海古籍出版社1982年。

27　《新唐书》卷51《食货志》。

28　《全唐文》卷33,玄宗《禁官夺百姓口分永业田诏》。

29　《唐大诏令集》卷117《遣使宣慰诸道诏》。

30　《文献通考》卷1《田赋考一》。

31　恩格斯:《德国古代的历史和语言》,人民出版社1957年,第72页。

32　《全唐文》卷300,李元纮《废职田议》。

33　《唐会要》卷85《逃户》。

34　《全唐文》卷372,柳芳《食货论》。

35　马克思:《经济学—哲学手稿》,第49页。

36　《旧唐书》卷118《杨炎传》。

37　《通典》卷2《食货·田制下》。

38　《困学纪闻》卷16。

39　《旧唐书》卷8《玄宗本纪》。

40　《唐会要》卷85《逃户》。

41　《新唐书》卷126《李元纮传》。

42　《大学衍义补》卷14《制民之产》。

43　朱熹:《晦庵集》卷68《井田类说》。

44　《唐会要》卷85《逃户》。

45　《册府元龟》卷85《帝王部·赦宥四》。

46　《唐会要》卷85《逃户》。

47　《唐会要》卷85《逃户》。

48　《唐会要》卷85《逃户》。

49　《唐大诏令集》卷4,代宗《改元大历赦》。

50　《文献通考》卷3《田赋考三》,卷2《田赋考二》。

51　《新唐书》卷52《食货志》。

52　《唐大诏令集》卷69,代宗《广德二年南郊赦》。

53　《旧唐书》卷48《食货志》。

54　关于唐天宝时国家财政收入的计算,详见拙作《论均田制土地授受方式》,《历史研究》1987年第5期。

55　《文献通考》卷3《田赋考三》。

56　《马克思恩格斯选集》第2卷,第98页。

57　《文献通考》卷3《田赋考三》。

58　上引见《敦煌资料》第1辑,中华书局1961年,第294、310、304页。

59　上引见《敦煌资料》第1辑,中华书局1961年,第289、290页。

60　《陆宣公文集》卷22《均节赋税恤百姓第六条》。

61　《唐大诏令集》卷106,宪宗《元和三年试制举人策问》。

62　《唐大诏令集》卷69,德宗《贞元元年南郊大赦天下制》。

63　《唐大诏令集》卷70,穆宗《长庆元年正月南郊改元赦》。

64　《唐会要》卷85《逃户》。

65　《唐会要》卷85《逃户》。

66　《唐会要》卷85《逃户》。

67　《旧唐书》卷18下《宣宗本纪》。

68　《全唐文》卷30,玄宗《弛陂泽入官诏》。

69　《文献通考》卷3《田赋考三》

70　《唐六典》卷7《尚书工部·屯田郎中》。

71　《唐六典》卷7《尚书工部·屯田郎中》。

72　《唐大诏令集》卷111《废华州屯田制》。

73　《新唐书》卷52《食货志》。

74　《挥麈录·余话》卷1。

75　《宋史》卷173上《食货上一》。

76　《宋史》卷173上《食货上一》。

77　《水心别集》卷2《民事上》。

78　《宋史》卷 298《蒋堂传》。

79　《淮海集》卷 15《财用上》。

80　《册府元龟》卷 495《邦计部·田制》。

81　《资治通鉴》卷 291，太祖广顺三年正月条；《旧五代史》卷 112《后周太祖纪》。

82　《旧五代史》卷 112《后周太祖纪》。

83　《宋会要辑稿》食货 63 之 161。

84　《宋史》卷 173《食货上一》。

85　《水心别集》卷 2《民事上》。

86　关于北宋官田私田化问题,详见葛金芳:《关于北宋官田私田化政策的若干问题》,《历史研究》1982 年第 3 期。

87　梁方仲:《中国历代户口、田地、田赋统计》,上海人民出版社 1980 年,第 290 页。

88　吕祖谦:《历代制度详说》卷 9《田制》。

十六、唐代前后期土地
买卖的变化

　　土地买卖,在有唐一代始终存在。但是,唐代土地买卖的广度、深度和方式却并非前后如一,而是随着社会经济的发展而发生着变化。本文拟就有关文献和敦煌、吐鲁番文书资料,略述唐代前后期土地买卖的变化,以及这种变化所反映出的唐代土地私有化的发展。

一

　　唐代前期,实行均田制。均田制自北魏颁行以来,就允许土地在一定的限度内买卖。不过,其时买卖仅限于桑田(永业田),而且必须是有盈和不足者方可买卖。国家试图通过这种买卖来调节和实现占田的"均衡"。唐代,均田令中对于土地买卖的规定比起前代已大为放宽,不仅是永业田可以买卖,口分田亦可买卖。然而,尽管国家对土地买卖的限制已大为放宽,但是终究没有完全放任自流,土地买卖仍没有突破国家的控制而达到"自由买卖"的程度。《唐律疏议》、《通典》、《新唐书》卷五一《食货志》等书皆记载了唐代均田令中关于土地买卖的规定,现引录于下:

《唐律疏议》卷一二《户婚上》载：

> "即应合卖者"，谓永业田家贫卖供葬，及口分田卖充
> 宅及碾硙、邸店之类，狭乡乐迁就宽者，准令，并许卖之。
> 其赐田欲卖者，亦不在禁限。其五品以上若勋官，永业地
> 亦并听卖。

《通典》卷二《田制下》载：

> 诸庶人有身死家贫无以供葬者，听卖永业田。即流移
> 者，亦如之。乐迁就宽乡者，并听卖口分。卖充住宅、邸
> 店、碾硙者，虽非乐迁，亦听私卖。诸买地者不得过本制，
> 虽居狭乡，亦听依宽制。其卖者，不得更请。……诸田不
> 得贴赁及质，违者财没不追，地还本主。若从远役外任无
> 人守业者，听贴赁及质。其官人永业田及赐田，欲卖及贴
> 赁者，皆不在禁限。

《新唐书》卷五一《食货志》载：

> 凡庶人徙乡及贫无以葬者，得卖世业田；自狭乡而徙宽
> 乡者，得并卖口分田。

从诸书记载可知，唐代前期均田制下土地买卖被限制在几
种情况之内，即：一、家贫无以供葬；二、徙乡；三、卖充住宅、邸
店、辗硙；四、由狭乡徙宽乡；五、官人永业田及赐田。

不仅土地买卖的范畴有限定，而且对于土地买卖的数额亦

有限制。田令规定:"诸买地者,不得过本制。虽居狭乡,亦听依宽制。"[1]所谓"本制",当指官僚依品阶应受田的数额以及丁男寡妻妾等应受田的数额。就是说,买地者的土地占有的总量不能超过本身应受田的数额。

并且,土地买卖的方式需经官司申牒立案,"凡买卖皆须经所部官司申牒,年终彼此除附。若无文牒辄卖买,财没不追,地还本主。"[2]土地买卖,须立有文牒,这并非始于唐代,在唐以前就已经存在,如《隋书·食货志》载:"晋自过江,凡货卖奴婢、马牛、田宅有文券,率钱一万输估四百入官,卖者三百,买者一百。……历宋齐梁陈,如此以为常。"但是,东晋、宋齐梁陈和唐代所规定的买卖土地需立文牒的作用和目的是不相同的。东晋、宋齐梁陈是为了保证国家向买卖双方征收交易税;唐代则是为了保证国家对土地买卖的控制,防止土地的非法买卖。凡具有通过官司申牒允许的土地买卖文牒,才算是合法的买卖。否则,就被视为非法而受到"财没不追,地还本主"的处罚。唐代与东晋、宋齐梁陈土地买卖文牒的作用的差异,反映了唐代的土地买卖受到国家的严格控制,民间尚不能自由买卖。

正因为唐代前期均田制下的土地买卖受到国家律令的限定,所以,土地买卖便有合法与非法之分。凡合乎律令所规定的买卖,是合法的。反之,则是非法的。对于非法买卖和逾限占田者,《唐律疏议》中列有专门的处罚条例,国家力图以法律来保证其对土地的控制权。

《唐律疏议》卷一二《户婚上》载:

> 诸卖口分田者,一亩笞十,二十亩加一等,罪止杖一百。地还本主,财没不追。即应合卖者,不用此律。

疏议曰："口分田"，谓计口受之，非永业及居住园宅。辄卖者，《礼》云："田里不鬻"，谓受之于公，不得私自鬻卖。违者，一亩笞十，二十亩加一等，罪止杖一百。卖一顷八十一亩，即为罪止。地还本主，财没不追。

《唐律疏议》卷一三《户婚中》载：

　　诸占田过限者，一亩笞十，十亩加一等，过杖六十，二十亩加一等，罪止徒一年。若于宽闲之处者，不坐。

　　疏议曰：王者制法，农田百亩，其官人永业准品，及老、小、寡妻受田各有等级，非宽闲之乡不得限外更占。若占田过限者，一亩笞十，十亩加一等，过杖六十，二十亩加一等，一顷五十一亩，罪止徒一年。又，依令："受田悉足者为宽乡，不足者为狭乡。"若占于宽闲之处不坐，谓计口受足以外，仍有剩田，务从垦辟，庶尽地利，故所占虽多，律不与罪。仍须申牒立案，不申请而占者，从"应言上不言上"之罪。

　　虽说为了"务从垦辟"，于宽闲之处多占田"律不与罪"，但是，占田者仍必须向官府申请立牒才算合法占有，否则同样以"应言上不言上"罪之。这说明，即使是荒闲之地，其所有权仍在官而不在民，由国家直接掌握和控制。

　　唐代前期均田制下的土地买卖既然有合法与非法之分，因此，在推行均田制的实际过程中，国家不仅屡次重申不许违法买卖口分、永业田，如唐玄宗"（开元）二十三年（735 年）九月诏曰：天下百姓口分、永业田，颇有处分，不许买卖典贴。如闻尚未能断,贫人失业,豪富兼并,宜更申明处分,切令禁止。若有违犯,科违敕罪。"天宝十一载(752 年)又诏令:"爰及口分、永业,违法买卖,或改籍书,或云典贴……自今以后,更不得违法买卖口分、永业田及诸射兼借公私荒废地。"[3]而且,对违法买卖兼并、占田逾限者采取了一些收夺、检括等措施。如,唐高宗"永徽中,禁买卖世业、口分田。其后豪富兼并,贫者失业,于是诏买者还地而罚之"[4]。中宗唐隆元年(710 年)敕:"寺观广占田地,及水碾硙,侵损百姓,宜令本州长官检括。依令式以外,及官人百姓将庄田宅舍布施者,在京并令司农即收,外州给贫下课户。"[5]泽州刺史长孙顺德因"前刺史张长贵、赵士达并占境内膏腴之田数十顷,顺德并劾而追夺,分给贫户。"[6]洛州刺史贾敦颐因"豪富之室,皆籍外占田,敦颐都括获三千余顷,以给贫乏"[7]。玄宗开元九年(721 年),宇文融进行了大规模的检括籍外占田,"括籍外羡田、逃户,……诸道所括得客户八十余万田亦称是"[8],"融检括剩田以授客户,责成守令不收限外之赋,……其振业小民,审修旧法,所得多矣"[9]。唐代前期官府之所以能够追夺、检括官僚、豪富之家的土地,并不引起官僚、豪富的反抗和社会的动乱,自然是因为官僚、豪富之家买卖兼并的土地违犯了国家律令的规定,属于非法买卖和占有,国家便有权依令收夺,官僚、豪富只好"还地而罚之"。但是,对于合法买卖的土地,国家为了招慰逃户,安辑流散,敕令买者还地时,则并不实行收夺,而是赎买。如玄宗天宝十一载诏:"其口分、永业地,先合买卖,若有主来理者,其地虽经除附,不限载月近远,宜并却还。至于价值准格并不合酬备。既缘先已用钱,审勘责其有契验可凭持,宜官为出钱,还其买人。"[10]由国家采取的不同方式可见,律令中对于土地买卖的规定,在均田制实施中是起实际作用的,并非一纸具文。

唐代前期,不仅土地买卖受到国家的限制,而且经过合法手续买卖的土地,仍然受到国家的控制,被列入买者的应受田数额之内,这在敦煌、吐鲁番户籍残卷中多有记载,兹拟各引一例为证[11]:

敦煌籍帐:

唐天宝六载(747)敦煌郡敦煌县龙勒乡都乡里籍
户主郑恩养 载四十三岁 白丁 下中户空 课户见输
(下略)
合应受田贰顷叁拾肆亩
壹顷壹亩已受 四十亩永业 四十七亩口分 一十二亩买田
二亩居住园宅
一顷三十三亩未受
(已受田分为十七段,此引买田二段于下,余略)
一段六亩买田 城西七里平渠 东郑怀则 西张保养 南郑君
福 北怀则
一段六亩买田 城西七里平渠 东郑君福 西王祐兴 南王祐
兴 北君福

吐鲁番籍帐:

唐开元四年(716)西州柳中县高宁乡籍
(户主缺)

　　　　　　　　　　　　　贰拾玖亩半叁拾步永业

<table>
</table>

	贰拾玖亩半柒拾步已受
应受田贰顷肆拾壹亩	肆拾步居住园宅
	贰顷壹拾壹亩伍拾步未受

（已受田共分为二十六段，此引买田七段于下，余略）

壹段贰亩永业^{陶田买附}	城西壹里	东至渠	西至沙	南王仁	北至道
壹段叁亩永业^{常田买附}	城西贰里	东王明相	西康保	南李安绪	北吴祥
壹段贰亩半永业^{常田买附}	城南壹里	东道	西孙昕	南还公	北阴龙
壹段肆亩永业^{常田买附}	城西壹里	东左德	西郭伯	南至道	北张海
壹段捌拾步永业^{常田买附}	城南半里	东张弟弟	西至渠	南巩刚	北至道
壹段贰拾伍步永业^{常田买附}	城南半里	东张太伯	西至渠	南至渠	北还公
壹段叁拾步永业^{常田买附}	城西壹里	东张武通	西高达	南巩刚	北至道

上引二例虽系反映了敦煌、吐鲁番地区的情况，但由此可以推知，将买田记入均田户应受田数额中的方式，当时一定是通行于全国。那么，国家为何要将买田记入应受田数额内呢？这除了国家为控制买地者“不得过本制”外，更重要的是，为了防止均田制下的口分、永业田游离于国家控制之外，成为私家土地。这也反映了，在均田制下，国家是土地的“最高的地主”，而占田者、买田者还是“名义上的地主”。

由上述可见，唐前期均田制下的土地买卖，无论在律令上抑或是在实践中，都还受到国家的限定和控制，土地买卖是有条件的，是不自由的。土地的占有者还不具有“土地所有者可以象每个商品所有者处理自己的商品一样去处理土地”的权力[12]，还不能完全“排斥其他一切人的、只服从自己个人意志”地买卖土地。这说明唐代前期均田制下的土地还没有私有化，土地占有者还没有完整的土地所有权。国家对于土地还具有很大的支配权力，反映了均田制中土地国有制和私有制并存的两重性。

二

　　唐代中叶以后,随着均田制的弛坏,土地买卖也发生了变化。其变化最显著的是,摆脱国家控制和干涉的民间"人从私契"的私人买卖的逐渐公开化和合法化。这种变化,在唐后期敦煌地区土地买卖契约文书中得到反映,此引证几例于下[13]:

　　　　未年安环清卖地契(斯一四七五)
　　　　宜秋十里西支地壹段共柒畦拾亩^{东道,西渠　南索晟,}^{北武再再}
　　　　未年十月三日上部落百姓安环清为突田债负,不办输纳,今将前件地出买(卖)与同部落人武国子。其地亩别断作斛斗汉斗壹硕陆斗,都计麦壹拾伍硕、粟壹硕,并汉斗。一卖以后,一任武国子修营佃种。如后有人干扰识认,一仰安环清割上地佃种与国子。其地及麦,当日交相分付,一无悬欠,一卖□如若先翻悔,罚麦五硕,入不悔人。已后若恩赦,安清罚金伍两纳入官,官有政法,人从私契,两共平章,书指为记。

　　　　　　　　　　　　　　　　地主安环清年廿一
　　　　母安年五十二　　　　师叔正灯(押)
　　　　见人张良友　　　　　　姊夫安恒子

　　　　后唐天复九年(公元九〇九)安力子卖地契(斯三八七七)
　　　　(按:唐昭宗天复仅三年,天复九年即梁开平三年)
　　　　(前缺)

　　□和渠地壹段两畦共五亩，东至唐荣德，西至道氾温子，南至唐荣德及道，北至子渠兼及道。又地壹段两畦共贰亩，东至吴通通，西至安力子，南至子渠及道，北至吴通通。已上计地肆畦共柒亩。天复九年己巳岁十月七日，洪润乡百姓安力子及男楛櫏等，为缘阙少用度，遂将本户□（口）分地出卖与同乡百姓令狐进通，断作价直生绢一疋，长肆丈。其地及价，当日交相分付讫，一无玄（悬）欠。自卖以后，其地永任进通男子孙息□侄世世为主记。中间或有回换户状之次，任进通抽入户内。地内所著差税河作，随地祗当，中间若亲姻兄弟及别人争论上件地者，一仰口承人男楛櫏兄弟祗当，不干买人之事，或有恩勅流行，亦不在理论之限，两共对面平章，准法不许休悔，如先悔者罚上耕牛一头，充入不悔人。恐人无信，故立私契，用为后验。

地主安力子

（后缺）

　　此外，还有唐末阴国政卖地契残卷（斯二三五），契约末尾亦写道"天倾地陷，一定已后，更不许翻悔。如有再生翻悔，罚麦玖硕，充入不悔之人。恐人无信，两共对面平章，故立私契。"[14]

　　从以上所引土地买卖契约可见，唐后期的土地买卖已经不再受国家的控制，已是"或有恩勅流行，亦不在理论之限"，"官有政法，人从私契"。而且，这种私契在唐代后期已经具有社会合法性。因为，唐中叶以后，随着均田制的弛坏，租庸调制坏而改行两税法后，对于土地买卖、土地兼并，国家已不再采取"诏买者还地而罚之"的措施，而是采取"兼并者不复追正，贫弱者不复田业,姑定额取税而已"的政策[15]。这一政策的变化,明显地反映了唐政府对于土地买卖已由前期的限制和控制转变为放任民间自由买卖,无论兼并者田连阡陌,破产者地无立锥,国家惟"据地出税,天下皆同"[16]。因此,土地买卖也就由前期须经官府申牒立案的文牒才具有合法性而转变为后期的"人从私契",私契取得了社会合法性。

并且,唐后期的卖地契与买宅舍契、卖牛契的形式一致。如"唐乾宁四年(公元八九七)张义全卖宅舍契(斯三八七七)"末尾写道:"或有恩勅赦书行下,亦不在论理之限。一定已后,两不休悔;如有先悔者,罚麦叁拾驮,充入不悔人。恐人无信,两共对面平章,故勒此契,各愿自押署,用后凭验。"[17]"寅年令狐宠宠卖牛契(斯一四七五)"末尾写道:"如立契后在(三)日内牛有宿疹不食水草,一任却还本主,三日已外,依契为定,不许休悔;如先悔者,罚麦伍硕,入不悔人。恐人无信,故立私契,两共平章,书指为记。"[18]卖地契与卖宅舍契、卖牛契的一致,说明唐后期,土地和宅舍、牛一样,已成为人户之私有财产,土地所有者已经可以凭据自己的意志支配土地,自由买卖土地。这与土地买卖的私契具有社会合法性是相一致的。

为什么唐代前后期土地买卖会发生如此显著的变化呢? 其原因,乃是唐代土地运动日益频繁、土地私有化日益发展的结果。

唐代前期,社会经济迅速发展,特别是商业繁荣和商品经济发展的程度远远超越南北朝和隋代,而商品经济的发展,必然引起土地运动的日益频繁。从唐高宗到玄宗,屡次诏令重申口分、永业田不许违法买卖。但是,违背经济发展现实的强行规定,只能是徒劳,土地买卖不仅斯风未改,而是愈演愈烈。唐玄宗天宝时,已是"王公百官及富豪之家,比置庄团,恣行吞并,莫惧章程。借荒者皆有熟田,因之侵夺;置牧者唯指山谷,不限多少"[19]。限制买卖和占田的律令已失去效益而弛坏,"开元之季,天宝以来,法令弛坏,兼并之弊有逾于汉成、哀之间"[20],"今制度弛紊,疆理隳坏,恣人相吞,无复畦限"[21]。从已发现的敦煌籍帐中,拿唐代授田文牒与西魏大统十三年的授田文牒相比,西魏时授田地段比较集中,每段的数量多在十亩左右,而唐代地段分散,土地畸零,每段的数量多在五亩以下,乃至一亩、半亩一段。唐代的不少文牒上记有"买田"、"买附"、"自田"(买田、买附的每块数量也多是几亩),而在西魏的文牒中则未曾见有。唐代与西魏授田文牒记载的这些差异,亦反映了唐代土地运动已大大超越前代。随着土地买卖的加剧和频繁,及至唐末,据方回《续古今考》卷二○记载,土地买卖已有"刻板印契"。土地买卖发展到使用"刻板印契",其广泛和频繁的程度是不难想象的了。

均田制下的土地既然可以有限度地买卖,违法买卖又禁止不了,土地买卖盛行,致使大量的土地被卷入流通领域,"从一个人手里流到另一个人手里,并且任何规律都不能把它再保持在少数预定的人们手里"[22]。土地买卖的频繁,必然导致土地私有权的日益加重,土地私有制的发展。土地进入交换,"变成商品的土地财产,从那一瞬间起,大土地所有制的产生,便仅仅是一个时间问题了"[23]。在这样的社会条件下,国家想以"最高的地主"的身份继续控制均田制下的土地已经日益不可能,带有国有土地性质的均制田的崩溃,土地私有制的发展已是必然趋势。唐代中叶均田制的破坏,大多认为:"唐初定均田,有给田之制,盖由有在官之田也。其后给田之制不复见,盖官田益少矣","官无闲田,不复给授,故田制为空文"[24]。然而唐中叶,并非无田可授。开元十年九月，"张说擒康愿子于木盘山。诏移河曲六州残胡五万余口于许、汝、唐、邓、仙、豫等州，始空河南朔方千里之地"[25]。许、汝、唐、邓、仙、豫等州，位于今河南、河北之地，皆不属荒缘地区，却一次便能迁入安置五万余口，说明这些地区是有较多剩田的。又开元十八年，宣州刺史裴耀卿论时政上疏曰："窃见天下所检客户，除两州计会归本贯已外，便令所在编附，年限向满，须准居人，更有优矜，即此辈侥倖，若全征课税，目击未堪。窃料天下诸州，不可一例处置，且望从宽乡有剩田州作法。窃计有剩田者，（不）减三四十州。取其剩田，通融支给。"[26]可见，唐中叶时仍有剩田可供施行均田制。只是因为土地买卖的频繁，土地的私有化已成不可遏制之势。原有的口分、永业田已大量向着私有演化。开元十四年，宰相李元纮就已指出："今百官所废职田不一县，弗可聚也。百姓私田，皆力自耕，不可取也。"[27]所以，再以剩田继续施行均田制，也只能像明人丘浚所说："均田之制，口分世业之法，……行之而不能久，何也？其为法虽各有可取，然不免拂人情而不宜于土俗，可以暂而不可以常也，终莫若听民自便之为得也。"[28]所谓"不免拂人情而不宜于土俗"，就是有违于土地私有化之社会趋势。在当时的社会条件下，唐政府想继续推行均田制，已是"欲行古道，势莫能遵"。国家要想使赋入有常，只有顺应土地私有化的发展趋势，放弃给田、还田之格的均田制度。所以，裴耀卿的上疏在"取其剩田，通融支给"后说："其剩地者，三分请取一分已下，其浮户请任其亲戚乡里相就，每十户已上，共作一坊，每户给五亩充宅，……丁别量给五十亩已上为私田，任其自营种。"[29]裴耀卿提出的给田法，已不再循均田旧制，而是直言给民"私田"。唐玄宗时，虽仍有按均田制"据丁口给授"土地，但对于一些土地的处理,已开始不再依均田给授法分为永业、口分,而是直以"永业"给之,并且诏令:"所在闲田,劝其开辟,逐土任宜收税,勿令州县差科。征役租庸,一皆蠲放。"[30]蠲放租庸,据地收税,说明农民耕垦占有的土地,已完全是作为私有土地。所以,均田制的最后崩溃,并非完全是无田可授,而是土地私有制的日益发展和深化的结果。正是由于土地私有制的发展已经成为不可遏制的趋势,所以,对于土地买卖、土地兼并,国家也只能放弃前期"诏买者还地而罚之"的措施,转而采取"兼并者不复追正,贫弱者不复田业,姑定额取税而已"[31]的政策。新的赋税制度——两税法,也就是在这样的历史条件下产生出来,而两税法的产生,本身也反映了土地私有制的发展。

唐代的土地买卖由前期受国家限制和控制,须经官府申牒立案到后期"人从私契",私契具有社会合法性的演变过程,是和唐代土地所有制的演变,即由土地国有制占主导地位向着土地私有制占主导地位的演变过程并轨行进的。土地买卖的变化,是土地所有制发生演变的结果。同时,它也是土地所有制发生变化的重要标志之一,它标志着唐代土地国有制的日臻衰落,土地私有制已由不完整的私有权演进为比较完整的、自由的私有权。

(原载《史学论丛》(第一辑),云南人民出版社1986年版)

注　释

1　《通典》卷2《食货·田制下》。

2　《通典》卷2《食货·田制下》。

3　上引均见《册府元龟》卷495《邦计部·田制》。

4　《新唐书》卷51《食货志》。

5　《唐大诏令集》卷 110《诫励风俗敕·又》。

6　《旧唐书》卷 58《长孙顺德传》。

7　《旧唐书》卷 185 上《贾敦颐传》。

8　《新唐书》卷 51《食货志》。

9　《文献通考》卷 3《田赋考三》。

10　《册府元龟》卷 495《邦计部·田制》。

11　以下所引见〔日〕池田温:《中国古代籍帐研究·录文》,第 192—194 页;第
　　245—247 页。

12　《马克思恩格斯全集》第 25 卷,人民出版社 1974 年,第 696 页。

13　下引二例见《敦煌资料》第 1 辑,第 293—294 页;第 309—310 页。

14　《敦煌资料》第 1 辑,中华书局 1961 年,第 304 页。

15　《文献通考》卷 3《田赋考三》。

16　《唐会要》卷 84《租税下》。

17　《敦煌资料》第 1 辑,第 288—289 页。

18　《敦煌资料》第 1 辑,第 290 页。

19　《册府元龟》卷 495《邦计部·田制》。

20　《通典》卷 2《食货·田制下》。

21　《陆宣公文集》卷 22《均节赋税恤百姓第六条》。

22　《经济学—哲学手稿》,第 49 页。

23　恩格斯:《德国古代的历史和语言》,第 72 页。

24　《困学纪闻》卷 16。

25　《旧唐书》卷 8《玄宗本纪》。

26　《唐会要》卷 85《逃户》。

27　《新唐书》卷 126《李元纮传》。

28　《大学衍义补》卷 14《制民之产》。

29　《唐会要》卷 85《逃户》。

30　《全唐文》卷 29《置劝农使诏》。

31　《文献通考》卷 3《田赋考三》。

十七、论唐代土地制度的演变

中国封建社会,在唐中叶以前曾出现过数次由国家颁布并实行于全国范围内的全国性田制,如西周的井田制,战国的授田制,曹魏的屯田制,西晋的占田制,北魏至隋唐的五朝均田制。然自唐中叶以后,历宋元明清八九百年,却再未出现过任何种类的全国性田制。由此可见,唐代是我国封建社会土地制度发生重大转变的历史时期。并且,土地制度的转变,使我国封建社会的土地所有制结构、赋役结构、阶级结构等都相应的发生着重大变化,开始呈现出一系列有别于前代的新特点。因此,研究和掌握唐代土地制度演变的原因、演变的脉胳、演变的历史趋势,不仅是深入研究中唐以后中国封建社会土地问题的起点,而且也是研究和正确揭示经济关系、阶级构成等发展变化及诸特点由来的基础。

一、均田制废弛的真谛

李渊建唐后,田制、赋役制等皆因前代之制。武德七年(624 年)颁布均田令,继续推行北朝以来的均田制。此后,玄宗于开元七年(719 年)、开元二十五年(737 年)又先后颁布均田令,以维护均田制的施行。均田制是推行于全国的土地制度,对此,我在《论均田制土地授受方式——兼论均田制实施范围》[1]一文中已作了论述,此不赘言。均田制的实质,是一种全国土地的最高所有权属于国家,官僚、地主、百姓等臣民依照一定的标准和条件"均平"占有土地(通过国家授受的方式而占有)的土地制度。换言之,在均田制下,无论是国有荒闲无主土地抑或臣民的世业之田,都受国家的支配和控制。不惟在律令上是如此,在实际的社会经济生活中亦如之。臣民是以"占田"的身份占有土地,其土地占有的数额,土地的继承、转让、买卖、经营等皆受国家的控制和干预。所以,唐中叶以前,土地所有制结构中,国有制仍占居主导地位,起着主导作用。国家以最高地主的身份制定、颁布均田令,在全国实施均田制度。

但是,均田制行之于唐代已近三百年,社会的嬗递变化,使均田制的精神和原则日益显现出其不合时宜性和落后性。经济关系的变动猛烈地冲击着均田制度,并日渐将其湮没。

均田制至唐中叶废弛并不复再现的原因何在? 我们认为,均田制废弛的根本原因是,大土地私有制的日益发展和稳固。并且它是在唐代商品经济不断发展,引起土地运动日益频繁;庶族地主发展壮大,使土地私有制日益发展和深化的社会条件下形成的。由于不同的社会条件,大土地私有制的发展,便产生着不同的社会影响和结果。

唐代前期,社会生产力有了比较迅速的发展。农业生产工具和生产技术的改进,耕地面积的扩大,粮食亩产量的增长,经济作物的大量栽培等,使农业经济迅速发展。"农业是整个古代世界的决定性的生产部门"[2],农业部门的发展,使手工业和商业等部门随之而繁荣起来。商品生产和商品交换日益发展,大量的农副产品、手工业品涌入市场,进入流通领域。市场扩大,商业繁盛。不惟各地的大小城市、草市、墟市呈现出繁盛景象,而且全国范围内的商品贸易也日益扩大。唐人崔融言:"天下诸津,舟航所聚,旁通巴、汉,前指闽、越。七泽十薮,三江五湖,控引河洛,兼包淮海。弘舸巨舰,千轴万艘,交贸往还,昧旦永日。"[3]杜佑说:"东至宋汴,西至岐州,夹路列店肆待客,酒馔丰溢。每店皆有驴赁客乘,倏忽数十里,谓之驿驴。南至荆襄,北至太原范阳,西至蜀川凉府,皆有店肆,以供商旅。"[4]随着商品生产和交换的发展,货币也相应地发展起来。并且铜钱从中原流布边裔,从城市渗入农村。[5]唐代商业的繁盛和货币经济的发达,说明唐代商品经济发展的程度,已大大超越了南北朝和隋代。

商品经济的发展,必然引起旧的经济体制的变化。因为,商品经济的特性是"流动",它分秒不甘寂寞,所以它所流浸之处,往往引起流通领域的扩大和兴盛,改变着以往相对稳定的封建经济关系。土地,在封建社会是财富、等级、权力的象征,是获取经济和政治利益既稳定而又可靠的重要基础。商品经济的发展,必然浸及土地,将土地卷入流通领域。唐代商品经济的发展,引起了土地运动的日益频繁。

中国封建社会自战国以来,土地就可以买卖。既然土地可以买卖,那么,土地也就会像商品一样进入流通领域,发生流转(当然不是土地的流转,而是土地所有权的流转);既然会像商品一样流转,那么,土地流转的速度和频率的快慢,就有赖于商品经济发展的程度,有赖于货币的增长和流通。魏晋南北朝时期,许多地区或"钱货无所周流"[6],或"钱皆不行"、"俱不用钱"[7],或"悉以绢为货"[8],或"多以盐米布交易"、"杂以谷帛交易"[9]。在这种自然经济强大,商品经济不发达的情况下,我们

自然看不到土地买卖盛行的记载。而唐代,至唐中叶时已是,
"肃、代以来,……虽私家用度,亦非钱不行。天下之物隐没不
见,而通行于世者,惟钱耳!"[10] 当时的理财家刘晏,曾言"如见
钱流地上"[11]。商品经济如此发达,土地运动的加剧、流转的频
繁也就成了必然的趋势。唐初,国家推行均田制,放宽了土地
买卖的范围,这就为商品经济对土地稳定性的冲击,把土地卷
入流通领域开辟了道路。道路一经开辟,随着商品经济的发
展,土地买卖的范围就会越来越宽,往往超出法令的规范。至
唐玄宗时,已是"王公百官及富豪之家,比置庄田,恣行吞并,莫
惧章程。借荒者皆有熟田,因之侵夺;置牧者唯指山谷,不限多
少,爰及口分永业,违法买卖,或改籍书,或云典贴,致令百姓,
无处安置"[12]。逃人田宅,依制应由官处分,但是往往"妄被人
破除",或"亲邻买卖"[13],或"因被贼卖"[14]。甚至国家所有的职
分田、官田亦已可能出现违法买卖。《唐律疏议》卷一三《户婚
中》谓:"或将职分、官田,贸易私家之地,科断之法,一准上条贸
易为罪。"律令中对于职分、官田的买卖列有科罪之条,说明社
会现实中存有买卖之例。从已发现的敦煌籍帐中,拿唐代授田
文牒与西魏大统十三年的授田文牒相比,西魏时授田地段比较
集中,每段的数量多在十亩左右,而唐代地段分散,土地畸零,
每段的数量多在五亩以下,乃至一亩、半亩一段。唐代的不少
文牒上记有"买田"、"买附"、"自田"(买田、买附的每块数量也
多是几亩),而在西魏的文牒中则未曾见有。唐代与西魏授田
文牒记载的这些差异,反映了唐代土地运动已大大超越前代。
及至唐末,据方回《续古今考》卷二〇载,买卖土地已有"刻板印
契"。土地买卖发展到使用"刻板印契",其广泛和频繁的程度
是不难想象的了。

　　唐代商品经济的发展，引起土地运动的日益频繁，而适应和利用这样的社会经济条件，加速土地买卖，实现土地所有权转移的社会力量，便是伴随着社会经济的发展，尤其是商品经济的发展而发展壮大起来的庶族地主。

　　庶族地主自南北朝以来，已不断兴起。但是，其时庶族地主的发展由于受到经济、政治等一系列客观社会条件的限制，并未能发展成一支强大的社会力量。到了唐代，庶族地主的发展具有了各种有利的社会条件，庶族地主便迅速地发展起来。不惟旧有的庶族地主不断发展，而且还产生出一大批新兴的地主。一是从小农中分化出一批新兴的地主，二是商品经济的发展孕育出一大批商人，商人资本流向土地，购买土地，成为新兴的地主。

　　在中国封建社会，对于土地存在着这样一条通例，即"富者有资，可以买田；贵者有力，可以占田"[15]。庶族地主本非"贵"者，乃为"富"者，他们没有政治、经济上的特权，不可能依靠政治地位和权势获得土地，并有效地控制土地的劳动者。他们获得土地的主要途径，是依靠经济手段——以资购买。对于那些向庶族地主演化的商贾、手工业者、富裕农民，则可以说，购买土地是他们上升为庶族地主的唯一途径。所以，伴随着庶族地主的发展壮大，就是土地私有制的日益发展和深化。

　　土地，一旦进入流通领域，土地私有权也由此得以实现和深化。列宁指出："遗产制度以私有制为前提，而私有制则是随着交换的出现而产生的。"[16]恩格斯说："随着商品生产，出现了个人单独经营的土地耕作，以后不久又出现了个人的土地所有制"[17]，土地进入交换，"变成商品的土地财产，从那一瞬间起，大土地所有制的产生，便仅仅是一个时间问题了。"[18]唐代商品经济的发展,引起了土地运动的加剧,庶族地主的发展壮大,土地买卖的频繁,则加速了土地的私有化。对于商品交换的经济原则,任何人包括最有权威的封建帝王也是不可抗拒和改变的。唐前期,虽然对于均田制下的土地买卖,唐政府仍然想以地主的身份予以控制,把买田纳入均田制授田数额之内,但是,亦不得不承认买主对土地具有的所有权。唐玄宗时,李元纮上疏中言:富民土地"本于交易,焉得夺富以补贫"[19]。为了安辑流散,维持均田制,国家只得出钱向买主购还农民出卖的口分、永业田。如玄宗天宝十一载十一月乙丑诏:"其口分、永业地,先合买卖,若有主来理者,其地虽经除附,不限载月近远,宜并却还。至于价值准格并不合酬备。既缘先已用钱,审勘责其有契验可凭持,宜官为出钱,还其买人。"[20]国家出钱购归土地,实际上是国家承认买主对土地具有所有权。

　　唐代,庶族地主的发展,土地的买卖,在全国并非限于一地一处,而是遍于广大的地区。这从唐代流民之众之广,可以窥见。因为引起农民流亡的主要原因,是土地被兼并,或被地主恃势侵夺,或因赋役苛重、天灾人祸等,农民被迫"拆屋卖田"[21]、"卖舍贴田"[22]。从武则天以后农民流亡、土地流转、贫富升降的广度来看,在全国范围内,购买、兼并土地的主要社会力量,自然是散布于全国广大区域内的庶族地主和向庶族地主转化的富裕农民、工商业者。开元九年,宇文融检括户口、田地,曾遭到户部侍郎杨玚的反对,杨玚"以括客不利居人,征籍外田税,使百姓困弊"[23]。扬玚所谓"居人"、"百姓",无疑亦是指多占田地,收容客户的庶族地主。代宗宝应元年(762年)四月敕令中亦指出:"百姓田地,比者多被殷富之家、官吏吞并,所在逃散,莫不由兹。"[24]敕令中所指的"殷富之家",显然是指庶族地主。所以,在唐代,庶族地主是蚕食、侵吞均田制下的国有土地,变国有土地为私有土地的主要力量。

在庶族地主迅速发展壮大,土地买卖盛行的情况下,封建国家依靠出钱购还土地,岂能维持均田制。均田制下的土地既然可以有限度地买卖,违法买卖又禁止不了,大量的土地通过流通领域发生着所有权的转移,土地"从一个人手里流到另一个人手里,并且任何规律都不能把它再保持在少数预定的人们手里"[25],带有国有土地性质的均田制的崩溃,庶族地主土地私有制的发展已是必然趋势。

唐代中叶均田制的破坏,大多认为:"唐初定均田,有给田之制,盖由有在官之田也。其后给田之制不复见,盖官田益少矣","官无闲田,不复给授,故田制为空文"[26]。然而唐中叶,并非无田可授。开元十年九月,"张说擒康愿子于木盘山。诏移河曲六州残胡五万余口于许、汝、唐、邓、仙、豫等州,始空河南朔方千里之地"[27]。许、汝、唐、邓、仙、豫等州,位于今河南、河北之地,皆不属荒缘地区,却一次便能迁入安置五万余口,说明这些地区是有较多剩田的。又开元十八年,宣州刺史裴耀卿论时政上疏曰:"窃见天下所检客户,除两州计会归本贯已外,便令所在编附,年限向满,须准居人,更有优矜,即此辈侥倖,若全征课税,目击未堪。窃料天下诸州,不可一例处置,且望从宽乡有剩田州作法。窃计有剩田者,(不)减三四十州。取其剩田,通融支给。"[28]可见,唐中叶时仍有剩田可供施行均田制。只是因为土地买卖的频繁,庶族地主的发展壮大,土地的私有化已成不可遏制之势。原有的口分、永业田已大量向着私有演化。开元十四年,宰相李元纮就已指出:"今百官所废职田不一县,弗可聚也。百姓私田,皆力自耕,不可取也。"[29]所以,再以剩田继续施行均田制,也只能像明人丘浚所说:"均田之制,口分世业之法,……行之而不能久,何也? 其为法虽各有可取,然不免拂人情而不宜于土俗,可以暂而不可以常也,终莫若听民自便之为得也。"[30] 所谓"不免拂人情而不宜于土俗",就是有违于土地私有化之社会趋势。在当时的社会条件下,唐政府想继续推行均田制,已是"欲行古道,势莫能遵"。国家要想使赋入有常,只有顺应土地私有化的发展趋势,放弃给田、还田之格的均田制度。所以,裴耀卿的上疏在"取其剩田,通融支给"后说:"其剩地者,三分请取一分已下,其浮户请任其亲戚乡里相就,每十户已上,共作一坊,每户给五亩充宅,……丁别量给五十亩已上为私田,任其自营种。"[31] 裴耀卿提出的给田法,已不再循均田旧制,而是直言给民"私田"。

由上述可知,均田制的最后崩溃,不复再现,并非完全是由于国家无田可授,其真谛,乃是庶族地主的发展壮大,大土地私有制的日益发展和稳固,土地私有化的广度和深度都已大大超越前代。庶族地主收买土地又收容逃户,变国田为私田,变国佃为私佃,改变了均田制下土地的占有形态,使均田制的继续推行失去了现实基础,均田制终于被废除。

二、从"抑制兼并"到"不抑兼并"的转折

唐中叶以前,对于土地兼并,唐政府依然沿袭前代之制,采取"抑制兼并"的土地政策,限制私人地主限外占田;以维护均田制"均平"占田的原则。

均田令中,对全国各级各类人员的占田数额,有着明确的限定,不允许任何人逾限占田。凡擅自限外占田者,将绳之于法。唐律规定:"王者制法,农田百亩,其官人永业准品,及老、

小、寡妻受田各有等级，非宽闲之乡不得限外更占。若占田过限者，一亩笞十，十亩加一等，过杖六十。二十亩加一等，罪止徒一年。"[32]在人稀地广的宽闲之乡，为了鼓励百姓开垦荒地，国家允许限外占田，但必须向当地官府提出申请，并申牒立案。唐律规定："若占于宽闲之处不坐，谓计口受足以外，仍有剩田，务从垦辟，庶尽地利，故所占虽多，律不与罪。仍须申牒立案，不申请而占者，从'应言上不言上'之罪。"[33]这种方式表明，在特殊情况下的限外占田，必须得到国家的允准才算合法。土地依然由国家直接掌握和控制。若擅自占田，则仍将依法罪之。

　　对于土地买卖，田令、唐律中有明确的条件限定。[34]凡符合国家规定的买卖，土地买卖双方还须经官司申牒立案，"凡买卖皆须经所部官司申牒立案，年终彼此除附。若无文牒辄卖买，财没不追，地还本主"[35]。土地买卖，须立文牒，这并非肇始于唐代，在唐以前就已经出现过。《隋书·食货志》载："晋自过江，凡货卖奴婢、马牛、田宅有文券，率钱一万，输估四百入官，卖者三百，买者一百。……历宋齐梁陈，如此以为常。"东晋、宋齐梁陈是为了保证国家向买卖双方征收交易税，唐朝则是为了保证国家对土地买卖的控制，防止土地的非法买卖。田令、唐律中不仅对土地买卖的范围和方式有限定，而且对于土地买卖的数额亦有限制。田令规定："诸买地者，不得过本制。"[36]所谓"本制"，即指官僚依品阶受田的数额以及丁男寡妻妾等应受田的数额。就是说，买地者土地占有的总量不能超出本身应受田的限额。所以，凡经过合法手续买卖的土地，皆被列入买者的已受田数额之内。这在敦煌、吐鲁番户籍残卷中多有记载，兹不胪列。国家之所以要把买田记入人户已受田数额之内，其目的，便是为了限制买地者在"本制"之外逾限占田，以抑制土地兼并,防止均田制下的口分、永业田游离于国家控制之手,成为民户荫占之田,转变为私有土地。对违法买卖者,《唐律疏议》中列有专门的处罚条例,"诸卖口分田者,一亩笞十,二十亩加一等,罪止杖一百。地还本主,财没不追"[37]。律文与田令的精神是相一致的。这是国家力图以法律的形式来抑制土地兼并,维护均田制的实施,保证国家对土地的控制权。

为了抑制土地兼并,国家不仅在田令、律文中作出各项明确的规定,而且在均田制的实施过程中,对违法买卖、兼并土地、逾限占田者,国家采取了一系列收夺、检括等措施。如高宗"永徽中,禁买卖世业、口分田。其后豪富兼并,贫者失业,于是诏买者还地而罚之"[38]。中宗唐隆元年(710年)敕:"寺观广占田地,及水碾硙,侵损百姓,宜令本州长官检括。依令式以外,及官人百姓将庄田宅舍布施者,在京并令司农即收,外州给贫下课户。"[39]泽州刺史长孙顺德因"前刺史张长贵、赵士达并占境内膏腴之田数十顷,顺德并劾而追夺,分给贫户"[40]。洛州刺史贾敦颐因"豪富之室,皆籍外占田,敦颐都括获三千余顷,以给贫乏"[41]。玄宗开元九年(721年),宇文融进行了大规模的检括籍外占田,"以宇文融充使,括逃移户口及籍外田"[42],"置劝农判官十人,并摄御史,分往天下。所在检括田畴,招携户口。……于是诸道括得客户凡八十余万,田亦称是。"[43]开元二十三(735年)年九月,唐玄宗又再次申令:"天下百姓口分、永业田,颇有处分,不许买卖典帖。如闻尚未能断,贫人失业,豪富兼并,宜更申明处分,切令禁止。若有违犯,科违敕罪。"[44]

由上可见,唐中叶以前,唐政府始终推行着"抑制兼并"的土地政策。然至唐中叶,国家的土地政策出现了重大的转折,由以往的"抑制兼并"转为"不抑兼并"。

土地政策转折的时间,大体上可以两税法的颁行为界标。实行两税法后,国家对土地兼并的态度是,"兼并者不复追正,贫弱者不复田业,姑定额取税而已"。[45]这十分明确地宣告,均田制已经终结,国家从此不再直接控制和干预土地的流转,不再履行对臣民进行田业授受、均衡土地占有的传统职责,占田限额亦随之取消。国家"不抑兼并",听任民间自由买卖土地,任意占田,无论兼并者田连阡陌,破产者无立锥之地,国家惟据地征税。这表明,"不抑兼并"已开始成为国家的基本土地政策。国家的注意力,已由过去集中于土地问题转向赋税的征收。

土地政策发生重大转折的根本原因,自然与均田制废弛的根本原因是相一致的。大土地私有制的不断发展,使土地所有制结构日益发生变化,昔日以国有制占居主导地位的结构渐次演变为以大土地所有制占居主导地位。并且,摆脱国家对土地的控制和干预,使土地完全私有化的状况已成为不可遏制的发展趋势。在这样的社会潮流冲击下,国家已不可能通过运用国家的权威和行政手段来改变既成的社会现实,只有顺应土地私有制发展的社会趋势,承认民户所占土地的私有权,放弃对土地的控制和干涉。"不抑兼并"政策的出现,实质上就是国家对大土地所有制的合法地位的确认。

由于建中两税法后,"不抑兼并"已成为国家对土地问题的基本国策。所以,均田制被废除后,国家便不再制定和推行全国性的田制,一切限制土地买卖、土地兼并,限制占田数额的法令亦随之统统废止。土地可以自由买卖,无须经官司申牒立案,不受官府的干预,唯凭民间的私契为证。"人从私契"的私人间的土地买卖公开化、合法化。唐后期敦煌地区土地买卖的契约文书便明显地反映出这一社会现实。唐后期,土地买卖日益频繁,土地兼并日益剧烈,贫富悬殊日益扩大,土地大量集中于少数地主之手,无地客户、佃农的人数日益增长等情况,以往已有学者作了论述,这里,我们不再展开论述。

三、国有土地的私有化

在土地私有制日臻发展的汹涌洪流的冲击下,不仅民户已占有的土地普遍私有化,而且国家直接控制的荒闲土地、陂泽地、屯田、营田等国有土地,自唐中叶以后也不断地私有化。

荒闲土地、绝户田,依令为国家所有,非民户可专之。换言之,其所有权在官而不在民,唐前期便是如此。为了鼓励农户由狭乡徙就宽乡,垦辟荒地,律令规定:"若占于宽闲之处不坐,谓计口受足以外,仍有剩田,务从垦辟,庶尽地利,故所占虽多,律不与罪。"但是,占田者"仍须申牒立案,不申请而占者,从'应言上不言上'之罪"[46],亦即占田者仍必须向官府申请立牒才算合法占有。这说明,荒闲土地由国家直接掌握和控制,所有权在国家。逃户、绝户田宅,一律收归国有,再由国家依均田制"据丁口给授"。然而,自唐玄宗以后,这些国有土地便开始向着私有转化。

唐玄宗开元十二年诏令:"先是逋逃,并宜自首,仍能服勤垄亩,肆力耕耘,所在闲田,劝其开辟。逐土任宜收税,勿令州县差科。征役租庸,一皆蠲放。"[47]蠲放租庸,据地收税,说明农民耕垦占有的土地,已不再具有均田制下的土地属性,而开始成为人户的私有土地。

实施两税法后,民户所耕垦的荒闲土地和耕种的逃户、绝户田,皆转化为私有土地。德宗时,贞元元年(785年)制:"建中四年以来,殁身王事,义烈著明,未经褒赠者,本道即具名衔事迹闻奏。诸道有解退官健,州府长吏切务安存,仍量以空闲田地给付,免其差役,任自营生。"[48]穆宗长庆元年(821年)正月敕:"应诸道管内百姓,或因水旱兵荒,流离死绝,现在桑产,如无近亲承佃,委本道观察使于官健中取无庄田有人丁者,据多少给付,便与公验,任充永业。不得令有掌职人妄为请射。"[49]所谓"任自营生","任充永业",显然表明这些土地一经给付于民,便成为人户的私有土地,土地所有权由国家转至于民。这种土地所有权转化的状况,一直贯穿于整个唐后期。武宗会昌元年(841年)制,逃户田地"租佃与人,勿令荒废,……自今已后,二年不归复者,即仰县司召人给付承佃,仍给公验,任为永业"[50]。宣宗大中二年(848年)正月制,所在逃户田地"任邻人及无田产人且为佃事,与纳税粮。如五年内不来复业者,便任佃人为主"[51]。懿宗咸通十一年(870年)敕:"诸道州府百姓,承佃逃亡田地,如已经五年,须准承前敕文,便为佃主,不在论理之限,仍令所司,准此处分。"[52]由上引资料和懿宗敕文中"须准承前敕文"之语可见,民户承佃逃户田地可任为永业,成为田主而私有其土地,并非一时权宜之计,而是相因承袭长久施行之制。这种状况亦反映出,唐中叶以后国有土地不断私有化已成为社会发展趋势。民户承佃逃户、绝户田地是如此,耕垦荒闲土地亦如之。如宣宗大中三年,泾源节度使康季荣于三州七关募民耕垦,宣宗敕令:"其秦、威、原三州及七关侧近,访闻土田肥沃,水草丰美。如百姓能耕垦种莳,五年内不加税赋。五年已后,重定户籍,便任为永业。"[53]同是垦辟荒闲土地,对土地的处理方式,唐前后期却是大相径庭。前期需申请立案方可占田,后期则任为永业,这同样反映了国有土地的私有化。

山林川泽为国家所有,在唐前期是不准民户擅自占为私有的。《唐律疏议》卷二六《杂律》中规定："诸占固山野陂湖之利者,杖六十。疏议曰:山泽陂湖,物产所植,所有利润,与众共之。其有占固者,杖六十。已施功取者,不追。"唐玄宗时,开始弛陂泽之禁,将陂泽地租佃于民,诏令:"所在陂泽,元合官收。至于编氓,不合自占。然以为政之道,贵在利人,庶宏益下,俾无失业。前令简括入官者,除昆明池外,余并任百姓佃食。"[54]逮于武宗,陂泽地则由玄宗时的租佃于民演进为凡民户开垦耕种者皆为私有。武宗会昌元年敕:"荒闲、陂泽、山原,百姓有人力能垦辟耕种,州县不得辄问。所收苗子五年不在税限,五年之外,依例纳税。"[55]民户垦辟陂泽,据地纳税,其与国家已非租佃关系,所占之地已与一般民田一样,属于私人所有。

屯田、营田的土地纯属国有,然自唐中叶以后,屯田、营田的部分土地开始转化为民田,成为民户私有土地。唐玄宗时,"开元二十二年,河南道陈、许、豫、寿,又置百余屯。二十五年敕:以为不便,并长春宫田三百四十余顷,并令分给贫人。"[56]代宗时,又废华州屯田给贫民,大历八年(773年)八月敕:"今宿麦颇登,秋苗益茂。私田加辟,公用渐充。华州人户,土地非广,其屯田并宜给与贫下百姓。"[57]穆宗即位,则将天下营田大量分与农户,变为农民之世业。《新唐书》卷五三《食货志》载:"宪宗末,天下营田,皆雇民或借庸以耕,又以瘠地易上地,民间苦之。穆宗即位,诏还所易地而耕以官兵。耕官地者,给三之一以终身。"这即是营田官兵可获得所耕土地的三分之一归自己终身所有,这部分土地便由国有转化为私有。由此可见,穆宗时国家营田转化为民户私田的数量之大。

武宗会昌五年(845年)废浮图法,籍没寺观田地数千万顷。国家将其中的膏腴上田"鬻钱送户部"[58]。国家将土地当作商品出卖,变国有土地为私有土地,这在唐以前是未曾见有的,反映了唐代土地私有的洪流对社会的冲击之广之深。

由上述可见,唐代自中叶以后,国有土地不断地向着私有转化,并且国有土地的私有化已成为社会经济关系发展演变中的一种趋势。爰及五代至宋,承唐末之势而发展。如后晋时,凡"所在无主空闲土地,一任百姓开耕"[59]。后周太祖时,"以天下系官庄田仅万计,悉以分赐见佃户充永业"[60]。这一措施正顺应了土地私有制发展的趋势,所以"百姓既得为己业,比户欣然,于是葺屋植树,敢致功力"[61]。宋初,民"所垦田即为永业"[62]。国家对于土地既"田制不立",又"不抑兼并",土地私有制迅猛发展,官田不断私田化[63]。及至北宋元丰年间,全国土地总额中,民田已占总数的98.63%,官田仅占1.37%[64]。北宋全国土地的高度私有化,溯其源,乃是唐中叶以后地主大土地所有制剧烈发展和日益深化的结果。

(原载《社会科学探索》,云南人民出版社1989年版)

注　释

1　原载《历史研究》1987年第5期。

2　《马克思恩格斯选集》第4卷,第145页。

3　《旧唐书》卷94《崔融传》。

4　《通典》卷7《食货·历代盛衰户口》。

5　关于唐代商品生产、交换和货币的发展,详见李埏:《从钱帛兼行到钱楮并用》,载《宋史研究论文集》,上海古籍出版社1982年。

6　《魏书》卷110《食货志》。

7　《通典》卷9《食货·钱币下》。

8　《宋书》卷81《刘秀之传》。

9　《通典》卷9《食货·钱币下》。

10　《文献通考》卷9《钱币考二》。

11　《新唐书》卷134《刘晏传》。

12　《册府元龟》卷495《邦计部·田制》。

13　《唐会要》卷85《逃户》。

14　《唐大诏令集》卷110《诫励风俗敕》。

15　《文献通考》卷1《田赋考一》。

16　《列宁全集》第1卷,第133页。

17　《马克思恩格斯选集》第4卷,第109页。

18　恩格斯:《德国古代的历史和语言》,第72页。

19　《全唐文》卷300,李元纮《废职田议》。

20　《册府元龟》卷495《邦计部·田制》。

21　《全唐文》卷169,狄仁杰《请曲赦河北诸州疏》。

22　《新唐书》卷123《李峤传》。

23　《旧唐书》卷105《宇文融传》。

24　《唐会要》卷85《逃户》。

25　马克思:《经济学—哲学手稿》,第49页。

26　《困学纪闻》卷16。

27　《旧唐书》卷8《玄宗本纪》。

28　《唐会要》卷85《逃户》。

29　《新唐书》卷126《李元纮传》。

30　《大学衍义补》卷14《制民之产》。

31　《唐会要》卷85《逃户》。

32　《唐律疏议》卷13《户婚中》。

33　《唐律疏议》卷13《户婚中》。

34　详见《唐律疏议》卷12《户婚上》。

35　《通典》卷2《食货·田制下》。

36　《通典》卷2《食货·田制下》。

37　《唐律疏议》卷12《户婚上》。

38　《新唐书》卷51《食货志》。

39　《唐大诏令集》卷 110《诫励风俗敕·又》。

40　《旧唐书》卷 58《长孙顺德传》。

41　《旧唐书》卷 185 上《贾敦颐传》。

42　《资治通鉴》卷 212，开元九年二月丁亥条。

43　《旧唐书》卷 105《宇文融传》。

44　《册府元龟》卷 495《邦计部·田制》。

45　《文献通考》卷 3《田赋考三》。

46　《唐律疏议》卷 13《户婚》。

47　《全唐文》卷 29《置劝农使诏》。

48　《唐大诏令集》卷 69，德宗《贞元元年南郊大赦天下制》。

49　《唐大诏令集》卷 70，穆宗《长庆元年正月南郊改元赦》。

50　《唐会要》卷 85《逃户》。

51　《唐会要》卷 85《逃户》。

52　《唐会要》卷 85《逃户》。

53　《旧唐书》卷 18 下《宣宗本纪》。

54　《全唐文》卷 30，玄宗《弛陂泽入官诏》。

55　《文献通考》卷 3《田赋考三》。

56　《唐六典》卷 7《尚书工部·屯田郎中》。

57　《唐大诏令集》卷 111《废华州屯田制》。

58　《新唐书》卷 52《食货志》。

59　《册府元龟》卷 495《邦计部·田制》。

60　《旧五代史》卷 112《后周太祖纪三》。

61　《旧五代史》卷 112《后周太祖纪三》。

62　《宋史》卷 173《食货上一》。

63　参见葛金芳：《关于北宋官田私化政策的若干问题》，《历史研究》1982 年第 3 期。

64　梁方仲：《中国历代户口、田地、田赋统计》，上海人民出版社 1980 年，第 290 页。

十八、论五代十国的封建
土地国有制

五代十国时期,战争频仍,政局动荡,政权嬗递,分裂割据数十年。在这样的社会政局下,传统的封建土地国有制是何状况,具有什么特点? 唐后期以来封建土地所有制关系发展的历史趋势是否有曲折变化? 迄今,在这些方面还缺乏必要的专门研究。而这对于弄清唐宋时期土地所有制关系发展演变的脉络和整体面貌,无疑是十分重要的。因此,本文拟就五代十国时期的封建土地国有制问题作些探讨。

一、唐末土地所有制结构的变化

唐中叶均田制废弛后,封建土地国有制日趋萎缩,自耕农小土地所有制不断被吞噬,封建地主大土地所有制则日益膨胀,在土地所有制结构中居于主导地位,起着主导作用。但是,这样的土地所有制结构的格局,随着黄巢农民大起义的爆发,便不断地被打破和改变。

黄巢农民大起义,自875年至884年,前后十年,南征北战,横扫了大半个中国,沉重地打击了封建地主阶级,唐王朝陷于土崩瓦解。黄巢败后,各方藩镇又争雄称霸,相互厮杀。数十年间,兵镝烽火不绝。许多地区兵燹之余,人烟断绝,千里丘墟,荆榛弥望。如,秦宗权据蔡州,自称皇帝,"遣其将秦彦乱江淮,秦贤乱江南,秦诰陷襄阳,孙儒陷孟、洛、陕、虢至于长安,张晊陷汝、郑,卢塘攻汴州。贼首皆慓锐惨毒,所至屠残人物,燔烧郡邑。西至关内,东极青、齐,南出江淮,北至卫滑,鱼烂鸟散,人烟断绝,荆榛蔽野"[1]。朱全忠与时溥争斗,连年进攻徐、泗地区,"自光启至大顺六七年间,汴军四集,徐、泗三郡(徐、泗、濠三州),民无耕稼,频岁水灾,人丧十六七"[2]。李罕之领河阳节度使后,"日以兵寇钞怀、孟、晋、绛,数百里内,郡邑无长吏,闾里无居民。河内百姓,相结屯寨,或出樵汲,即为俘馘。……自是数州之民,屠啖殆尽,荆棘蔽野,烟火断绝,凡十余年"[3]。东都洛阳地区,由于多年为兵家争战之地,干戈不息,以至于"四野俱无耕者","白骨蔽地,荆棘弥望,居民不满百户",河南府所属十八县,一片丘墟[4]。江淮地区,原是唐代经济最为繁庶的区域之一,然唐末屡罹兵火之劫,亦变得残破不堪,"四五年间,连兵不息,庐舍焚荡,民户丧亡"[5],"及经秦(彦)、毕(师铎)、孙(儒)、杨(行密)兵火之余,江淮之间,东西千里,扫地尽矣"[6]。两浙地区,同样是十余年间战火连绵,浙东甫平,浙西乱起,虽然战争的频繁和激烈程度及所遭破坏的程度要比北方、江淮地区轻,但亦有大量人口亡佚,不少土地抛荒。

昔日田连阡陌、跨州越县的贵族、官僚大地主,在黄巢农民大起义中遭到惨重打击,或毙于锋镝,或亡逃他乡,"黄巢败后,谁家园池完复"[7]?许多规模庞大的地主田庄,"园亭扫地矣"[8]!衣冠士族丧亡殆尽,"唐朝崔、卢、李、郑及城南韦、杜二家,蝉联珪组,世为显著,至本朝(宋朝)绝无闻人"[9],故而"自五季以来,取士不问家世,婚姻不问阀阅"[10]。一些地方豪强、中小地主亦遭至同样的境遇。韦庄在《秦妇吟》中记述洛阳附近新安以东一个"岁种良田二百廛（每廛合二亩半），年输户税三十万"的老翁（显然是属于中小地主一类），在黄巢农民起义军的打击和唐军的劫掠下，所有家产荡然无存，变成"家财既尽骨肉离，今日残年一身苦"。中小地主如此沦落者，非独老翁一户，而是"山中更有千万家"。接踵而至的各藩镇间为争夺霸权而进行的吞并战，烽火连绵，幸免于黄巢起义军打击的一些衣冠士族、大地主终遭劫难，地主大土地所有制再度遭到摧残。所以唐末封建地主大土地所有制被严重削弱。

与此同时，封建土地国有制则由萎缩转向扩张。由于长期战争，荒闲无主土地的数量急剧增长，按传统惯例，这些荒闲无主土地皆属封建国家所有。不过，黄巢起义失败以后，天下尽裂于藩镇，"郡将自擅，常赋殆绝；藩侯废置，不自朝迁，王业于是荡然"[11]，唐王朝名存实亡。皇权、中央集权制的衰败，必然导致国家对全国经济的失控。此时，封建国家对国有土地基本上已失去控制，至多也只是仅存虚名而已。所以，自黄巢起义失败以后至唐朝灭亡这一历史时期，国有土地的土地所有制性质虽然没有改变，但是国有土地的土地所有权，实际上已为各地藩镇所掌握，节度使就是其所辖区域内官田、国有荒闲无主土地的支配者。

数十年的战争，从北至南，留下满目疮痍，土地荒芜。战争，既严重地破坏着社会经济，同时又调整和改变着封建土地所有制的结构。

二、五代十国的土地国有制及土地配置方式

五代十国是在唐末藩镇割据的基础上形成的，因此，五代

十国初期,各国封建政府都掌握有大量的国有土地,其中又以荒闲无主土地居多,构成封建土地国有制的主体。但是,土地仅仅只是作为一种生产资料而存在,只有与劳动者相结合,才能产生经济效益。封建国家掌握土地的终极目的,就是通过对土地的利用,攫取赋税,实现经济效益。所以,封建国家总是要以一定的方式进行国有土地的配置,实现土地与劳动者的结合。五代十国时期,国有土地的配置,主要有以下几种方式:

（一）招集流散,鼓励垦荒,使无地的流民与
　　　国有荒闲无主土地相结合

后梁王朝建立前后,朱全忠便不断地招抚流民,奖励耕桑,"梁祖之开国也,属黄巢大乱之后,以夷门一镇,外严烽堠,内辟汙莱,厉以耕桑,薄以租赋,士虽苦战,民则乐输,二纪之间,俄成霸业。及末帝与庄宗对垒于河上,河南之民,虽困于輦运,亦未至流亡,其义无他,盖赋敛轻而丘园可恋故也"[12]。这说明,后梁王朝一直比较重视解决农民的土地问题,轻徭薄赋,维系农民的再生产。至后梁末帝时,农民的赋徭虽因战争而加重,但亦未出现农民流亡的情况,其根本原因,就是因为农民已长期稳定地占有小块土地。

后唐明宗,改革弊政,安辑流散,关心民瘼,劝课农桑,因而,在位七、八年间,"比岁丰登,中原无事,言于五代,粗于小康"[13]。

后晋时,晋高祖天福三年(938年)六月,允准金部郎中张铸所奏,"明示州府,特降条流,应所在无主空闲荒地,一任百姓开耕,候及五顷已上,三年外,即许县司量户科徭。如未及五顷

已上者,不在搔扰之限"[14],在此诏示下,各地流民必定踊跃垦辟荒土,以致荒榛渐少。天福七年,晋高祖又下诏:"邓、唐、随、郢诸州,多有旷土,宜令人户取便开耕,与免五年差税"[15],这道诏令必然迅速地推进邓、唐、随、郢诸州旷土的垦辟。

后周立国之初,从内地到边地曾大规模地解决流民的土地问题,使大量无地之流民与国有荒闲无主土地相结合。周太祖广顺元年(951 年)八月,"幽州饥,流人散入沧州界。诏流人至者,口给斗粟,仍给无主土田,令取便种莳,放免差税"[16]。此次解决流民的土地问题,不再是采取前几朝那样的方法,由流民自己去开垦荒地,而是由政府授给土地。过去由流民"一任耕垦",可以根据各自的人力、物力、财力垦辟荒土,没有数量限制。改由政府授予土地,必定是按一定的数额标准,或按丁或按口授予土地,有了数量限制。这表明,后周时荒地旷土的数量较前几朝已大为减少。后周初年,在河北地区曾先后安置流民数十万人,广顺二年冬十月,"沧州奏:自十月以前,蕃归汉户万九千八百户。是时,北境饥馑,人民转徙,襁负而归中土者,散居河北州县,凡数十万口。"[17]要安置这数十万流民,政府需要划出相当大数量的国有荒闲无主土地,来解决这些流民的土地问题。此后,周太祖又下诏解决边地流民的土地问题,"其边界流移人户,差使臣与所在官吏抚恤安泊。……候安泊定,取便耕种,放差税"[18]。

招集流散,垦辟荒土,劝课农桑的政策,在南方诸国亦普遍推行。

吴,杨行密平定江淮以后,"招合遗散,与民休息,政事宽减,百姓便之"[19],江淮地区农业生产逐渐恢复,昔日残破的扬州重现繁华,时人谓"吴王称号淮海时,广陵殷盛,士庶骈阗"[20]。

　　南唐李昪称帝后,于昇元三年(939年)春正月诏令:"民有向风来归者,授之土田,仍给复三岁"[21]。授予归附流民的土地,显然亦是荒闲土地,所以才免税三年。为了鼓励农民耕垦荒地,昇元三年四月,李昪又诏令,凡境内农民"每丁垦田及八十亩者,赐钱二万,皆五年勿收租税"[22]。这势必激发农民的积极性,加速南唐境内荒田的垦辟。

　　吴越初期,境内荒田不少。949年,钱弘俶诏令:"以境内田亩荒废者纵民耕之,公不加赋",由于"募民垦荒田,勿取其租税,由是境内无弃田"[23]。

　　闽,王审知仲兄审邽治泉州,"在政十二年,为人喜儒术,通春秋,善吏治。流民还者,假以牛犁,兴完庐舍"[24]。景宗命邹勇夫掌归化镇,"至则民户凋残,道路榛塞,勇夫招集流亡,完葺宅舍,民稍稍越境来归"[25]。颜仁郁任归德场长,"时土荒民散,仁郁抚之。一年襁负至,二年田莱辟,阅三岁而民用足"[26]。

　　荆南,"荆州自唐乾符之后,兵火互集,井邑不完",高季兴治荆州后,"招辑离散,流民归复"[27]。

　　前蜀,王建在立国元年便下赦文:"兼有军人百姓,先因公事关连逃避诸州县镇,不敢归还者,亦任却归本贯,所在不得勘问扰搅。"[28]武成三年(910年)六月,王建又下诏劝农桑。在蜀主的诏示下,一些地方官员招徕流散,广事耕垦。如武泰军节度使晋晖,"招徕逋窜,划除蠹弊,州民爱之"[29]。王宗寿,"安辑离散,得郡牧之本"[30]。邛南招安使张琳,在邛州"抚安彝僚,经营蜀、雅,琳之功居多"[31]。后蜀孟氏亦重视安辑流散,劝课农桑。高祖孟知祥占据四川后,"择廉吏使治州县,蠲除横赋,安集流散,下宽大之令,与民更始"[32]。后主孟昶继位后,于明德元年(934年)下劝农诏,诏令"刺守县令,其务出入阡陌,劳来三农,望杏敦耕,瞻蒲劝穑"[33]。州县长吏也广事耕垦,如奖州刺史石处温,"初据石市,招纳亡命,远近多归之。由是广事耕垦,常积谷数万千石,前后献军粮二十余万石"[34]。

由上述可见,北方五朝,南方者国,在立国之初,各国都存在着大量的荒闲无主土地,在开发和利用这些土地的过程中,各国基本上都是采取了招集流散,鼓励垦荒,劝课农桑的政策,或任民开耕,或授予土地,使无地与少地的农民与国有荒闲无主土地相结合。推行这样的政策,在当时的社会条件下,显然是恢复农业经济,使土地尽快产生经济效益最有效的方法,比起由政府组织屯田和营田,无论是财力、物力抑或管理、时效等,都要省便得多。因而,推行这一政策,对于各国恢复和发展农业经济,增加国家赋税收入,增强国力起着重要的作用。五代由于战争频仍,这样的效果不甚明显,但是在南方诸国,则效果显著。五代十国时期,南方社会经济能够在唐朝的基础上又有一定程度的发展,这是一个重要的因素。

(二)逃户土地,一方面招引逃户复业, 一方面许民请射承佃

逃户土地,是国有土地的类别之一。在五代十国时期,尤其是在北方,由于五代更迭,契丹南扰,致使大量农户弃地逃亡,因而出现大量的逃亡土地。各封建政权对于逃亡土地的处理,主要是采取两种方式:一是招引逃户复业,在一定的时限内归还土地;一是由民户请射承佃。

招引逃户复业,归还土地的具体方式,后唐明宗长兴三年(932年)时已有较为详细的规定。凡逃户土地及其余财产,由

乡村各级和邻保人共同清理、登记造册，并代为保管。待逃户归业后，如数交付。若土地已被邻保人承佃，亦能在当年秋收后得到归还的土地。逃户复业，归还土地后，政府还发给"公凭"，再次确认其土地所有权，"每逃户归业后，委州司各与公凭，二年内放免两税差科"[35]。后唐政府十分重视招引逃户复业，奖励招引逃户成绩显著的地方官员，凡"州县官招得五百户已上"，即按"等第奖酬"[36]。

关于逃户土地的请射承佃，后唐时只准许邻保人承佃，并且只要原业主归业，佃种人就必须归还土地。后周时，对于逃户土地的处理，在周太祖显德二年（955 年）正月作出了更为周详完备的规定。首先，对逃户土地的归还，在时限上和数量上作出了具体规定。其次，将逃户土地根据不同情况分作三类：一般逃户的土地；被契丹掳掠人户的土地；坐家破逃人户的土地，区别对待和处理。一般逃户的土地的范围比较广，或因战争，或因自然灾害等各种原因造成民户逃亡，对这类土地的处理，在时限和归还数量上较被契丹掳掠人户的土地的规定要短和少，最长时限为五年，最高数额为逃户原有土地的一半。被契丹人掳掠人户的土地处理，时限上最长放宽到十五年，土地归还的数额最高达原数额的三分之二，这体现了后周政府对此类人户逃返家乡后的优恤政策。坐家破逃人户的土地，则一律不予归还。所谓"坐家破逃人户"，皆是触犯国家有关法律或违反国家有关法令而亡逃的人户，在封建政府看来，这些逃户是负罪逃亡，其土地自然不予归还，以示惩戒。

在逃户土地承佃方面，已不再像前代那样，优先照顾逃户的近亲和邻保人承佃，而是当地的民户皆可请射承佃。并且，根据承佃人土地经营状况，作出了不同的规定。凡已在佃种的土地上投资建造房舍、种植树木、栽植园圃者,所承佃之地就可不再交还本主,而成为承佃人的"永业";若逃户在规定的时限内返回本乡村,承佃人尚未在土地上建造房舍,栽种树木、园圃,则只能保留部分土地,作为承佃人的"永业"。只有在逃户逾限不归的情况下,承佃人才能拥有全部承佃的土地。坐家破逃人户的土地,则一经承佃,便成为承佃人户的"永业"[37]。

对于逃户土地的处理,后周与后唐相较,在归还逃户土地的数量上,在承佃人对承佃土地的权益方面,已有所不同。后唐时,逃户归业后,原有土地皆如数归还,承佃人只能另行请射承佃,不享有任何权益。而后周,则是依年限部分归还逃户土地,不再是据原额交还,同时,对承佃人,根据耕种年限和投资经营状况,或保留其一定数量土地,或可拥有全部佃种的土地。后周与后唐的差异表明,后周在制定逃户土地处理的政策时,已注重原业主与承佃人双方的权益,而不像前代那样,只侧重于以保证逃户土地的产权为条件,招引逃户归业。后周的政策与前代相比,显然更为完善和进步,它既有利于招引逃户早日归业,又有利于刺激农户踊跃承佃,全力投入土地的耕作与经营,从而促进和保证逃户土地的耕垦利用,尽快产生经济效益。

(三)籍没土地,部分充作官田外,主要用于赐田

籍没土地的所有权,自然属于封建国家所有,成为封建土地国有制中的一部分。不过,这部分土地所占的比例相当小。因为籍没的土地,其数量毕竟十分有限。对于这类土地的处置,后梁时不详。后唐以后,凡籍没的土地,皆归户部掌握,除部分充作官田外,主要是用于对将帅功臣等的赏赐。后唐闵帝

应顺元年（934年）敕：“诸州府籍没田宅，并属户部，除赐功臣外，禁请射。”[38]其中，亦有部分土地仍归还给被籍没者的家属。后周太祖广顺元年敕：“其京兆、凤翔府，先因攻讨之时，及收复之后，应有诸色犯罪人第宅、庄园、水硙，曾经籍没，及本主未归者，已宣下本道，却给付罪人骨肉为主。”[39]

南方诸国对籍没土地的处置，大体如北方。略有不同的是，其中部分土地由政府出卖与民。如，前蜀王建武成元年（908年）敕：“今年正月九日以前，应在府及州县镇军人百姓，先因侵欠官中钱物，或保累填赔，官中收没屋舍庄田，除已有指挥及有人经营收买外，余无人射买者，有本主及妻儿见在无处营生者，并宜给还却，据元额输纳本户税赋。”[40]

（四）组织营田和屯田

组织营田和屯田，是五代十国时期垦种国有荒闲无主土地的又一种方式。后唐明宗长兴二年（931年）九月敕：“应诸州府营田务，只许耕无主荒田，及召浮客。此后若敢违越，官吏并投名税户，重加惩断。”[41]由此敕文可见，营田皆是耕垦荒闲无主土地。营田上的劳动者，除边地军事性营田是以士卒为主外，内地的营田主要是召募浮客即无地的流民。

五代时营田和屯田的范围和规模都不大，从史籍记载的情况来看，其中以后唐较为突出。

后梁是否设置营田和屯田，史书阙载，不详其实。后唐时，已置有营田务，设营田使、营田副使等专掌营田。营田使通常由节度使、刺史或其他军职官员兼任。

后唐庄宗同光三年（925年）三月，“西京奏：制置三白渠起置营田务一十一"[42]。三白渠,即太白渠、中白渠和南白渠,位于泾水之北。在该地区设置营田务一十一,说明营田的规模是比较大的。后唐明宗天成二年(927年)八月,"户部员外郎知诏诰于峤上言:请边上兵士起置营田,学赵充国、诸葛亮之术,庶令且战且耕,望致轻徭。"[43]同年十二月,"左司郎中卢损上言:以今岁南征,运粮糜费,唐、邓、复、郢,地利膏腴,请以下军官健与置营田,庶减民役,以备军行。"[44]这些建议,在当时需要加强边防和保证南征的情况下,不至于被束之高阁,必定是实行了的。边地和唐、邓、复、郢地区的营田,皆以士兵耕垦,"且战且耕",都是军事性质的营田。天成中,张延播"累授检校司空、两河发运营田使、柳州刺史"[45],表明在两河地区也设置有营田。长兴元年(930年)七月,"前洋州节度副使程义徽,陈利见请于瀛、莫两州界起置营田,以备边。因授义徽莫州刺史充两州营田使"[46]。瀛、莫两州境内由此开置营田,由刺史兼领营田使主持营田事务。长兴三年二月,"枢密使奏:城南稻田务,每年破钱二千七百贯,所得不如所亡,请改种杂田。三司使亦请罢稻田,欲其水利并于诸碾,以资变造。从之"[47]。所谓"稻田务",即营田务。

后唐在组织营田的同时,在边境地区还设置屯田。明宗时,张希崇迁灵州两使留后,"先是,灵州戍兵岁运粮经五百里,有剽攘之患。希崇乃告谕边士,广务屯田,岁余,边食大济。玺书褒之,因正授旄节"[48]。可见,灵州置有屯田,而且屯田的效益十分显著。

后晋高祖时,设屯田员外郎掌屯田事宜,如吴承范曾任尚书屯田员外郎[49]。但屯田的具体区域不详。

后周,在太祖广顺二年以前,在全国置有不少营田,设营田务管理。至广顺三年春正月,悉罢营田务[50]。悉罢营田务,似乎后周的营田从此结束。而实际上,后周的营田并未由此而终结。世宗时,又在一些地区复置营田。显德五年(958年)八月,"命殿中侍御史张蔼于京城四面按行稻田之地"。同年十月,又"命殿中侍御史张蔼于郑州界制置稻田"[51]。所谓"按行稻田"、"制置稻田",即是按行营田和制置营田。所以,在显德五年时,至少在京城附近和郑州境内已恢复设置营田。

南方诸国的营田和屯田,范围和规模亦不大。

吴设营田使、营田副使主持营田。如严可求曾任营田副使[52]。吴营田的具体状况,不详其实。南唐,屯田与营田主要集中于淮南地区。屯田,置屯田郎、屯田使专掌。如冯延巳在元宗李璟时兼任屯田郎中[53],徐锴在后主李煜时迁为屯田郎[54]。营田,置营田使、营田判官管理,如高越在烈祖李昪时任浙西营田判官[55]。元宗保大十一年(953年),"先是,楚州刺史田敬洙请修白水塘溉田以实边。冯延巳以为便。李德明因请大辟旷土为屯田,修复所在渠塘湮废者"[56],"冬十月,筑楚州白水塘以溉屯田,遂诏州县陂塘湮废者,皆修复之。于是力役暴兴,楚州、常州为甚,帝使近侍车延规董其役,发洪、饶、吉、筠州民牛以往。吏缘为奸,强夺民田为屯田,江淮骚然"[57]。楚州壤接后周,是南唐北疆重镇,因此南唐政府于此设置屯田,常州同时也设有屯田。此外,江州地区亦置有屯田,保大十四年三月,"江州柴克宏卒,诸郡屯民相率起义,以农器为兵,襞纸为铠,处处保聚,号'白甲军'"[58]。南唐在淮南地区还置有营田,"初,(南)唐人以茶盐强民而征其粟帛,谓之博征,又兴营田于淮南,民甚苦之。及周师至,争奉牛酒迎劳"[59]。但是,南唐的屯田和营田,由于吏缘为奸,或强夺民田,或赋役繁重,扰民尤甚,致使百姓

"仰天诉冤,道路以目"[60],社会矛盾日趋激化,因此,营田和屯田先后被废止。元宗于保大十四年"诏淮南营田害民尤甚者罢之"[61]。后主李煜在建隆二年(961年),"罢诸路屯田使,委所属令佐,与常赋俱征,随所租入十分锡一,谓之率分,以为禄廪,诸朱胶牙税视是",注文指出:"初屯田,置使专掌,至此罢其官,而屯田佃民,绝公吏之扰。"[62]诸路屯田使皆罢,屯田亦随之而废除。

吴越营田,主要在浙西苏州和松江一带。营田使皆由吴越王兼任,所以,吴越的营田实际上是由营田副使主持。钱镠时,沈夏、马绰任浙西营田副使,杜建徽任浙东营田副使[63]。钱元瓘时,沈崧任浙西营田副使[64]。浙西苏州地区,营田规模较大,北宋范仲淹在《答手诏条陈十事》中曰:"臣询访高年,则云曩时两浙未归朝迁,苏州有营田军四部,共七千人,专为田事,导河筑堤以减水患,于时民间钱五十文籴白米一石。"[65]宋人郑侨亦言:"浙西昔有营田司,自唐至钱氏时其来源去委,悉有堤防堰闸之制,旁分其支脉之流,不使溢聚以为腹内畎畞之患,是以钱氏百年间,岁多丰稔,唯长兴中一遭水耳。"[66]可见,浙西苏州地区的营田不仅规模庞大,劳动者众多,而且导河筑堤,兴修水利,营田的成效非常显著,岁岁丰稔。此外,这一地区的营田持续时间也比较长。钱弘俶时,在淞江一带又开置营田。乾祐二年(949年)"又置营田卒数千人,以淞江辟土而耕"[67],淞江一带营田的规模亦不小。吴越营田,或置营田军或置营田卒,是以军屯形式出现。

楚亦设置营田使主管营田事务。后晋天福八年(943年),楚王马希范"命营田使邓懿文籍逃田,募民耕艺出租。民舍故从新,仅能自存,自西徂东,各失其业"[68]。这次营田,是强行募民耕种,不仅营田成效差,而且还造成自耕农失业。

蜀置屯田务专掌屯田。后蜀,后主孟昶广政九年(946年),"析导江县立灌州,置石氏屯田务于梁山县。自六年至于今年,岁大有"[69],屯田的效益显著。除屯田外,还置有营田。山南节度使武璋,"以褒中用武之地,营田为急务,乃凿大洈以导泉源,溉田数千顷,人受其利"[70]。

(五)置皇庄与官庄

五代各朝在京城附近都置有皇庄。如后晋时置有"南庄"、"大年主"、"西庄"[71]。后周时置有"南庄"、"西庄"[72]。后周的皇庄,由宫苑司、内园司管理,亦称"行从庄"[73]。皇庄的土地,自然是从国有土地中划拨。

五代各朝皆置官庄,设庄宅司、庄宅务、庄宅使管理,归户部统领。

后唐明宗长兴二年六月,"诏止绝诸射系省店宅庄园"[74],说明后唐官庄在长兴二年以前早已存在。长兴四年三月,"诏除放京兆、秦、岐、邠、泾、延、庆、同、华、兴元十州长兴元年、二年系欠夏秋税物,及营田庄宅务课利,以其曾辇运供军粮料也"。[75]显然,后唐在京兆等十州内置有官庄。后唐官庄的设置,可能还不仅仅限于这些地区,在其他州内也许还有官庄。此诏中称管理官庄的机构为"营田庄宅务",说明当时官庄土地的经营方式已与营田相同,且营田务、庄宅务同系户部,故有是称。实际上"营田庄宅务",即庄宅务。

后晋时,亦置有皇庄,由庄宅司、庄宅营田务(即庄宅务)管理[76]。

后周初,在京兆府及州县置有不少官庄。但后周官庄存在的时间很短,不久便被全部废除。

南方诸国亦置有官庄。吴、南唐、蜀、南汉,皆置有宫苑使,管理官庄。在南方诸国中,以闽国官庄的数量最多。《文献通考》卷七《田赋考七》载:宋真宗天禧四年(1020 年),"福建转运使方仲荀言:'福州王氏时,有官庄千二百一十五顷,自来给与人户主佃,每年只纳税米,乞差官估价,令见佃人收买,与限二年送纳价值。'"闽国的官庄不仅数量多,而且持续时间很长,入宋以后仍然存在,直到宋真宗天禧年间才被废除,官庄土地皆出卖与佃人。

五代十国时期,封建土地国有制下的土地基本上配置于上述各个方面。初看起来,五代十国时期封建国家所掌握的国有土地的数量十分庞大,封建土地国有制十分强盛,而实际上,在土地配置的过程中,大部分国有土地的土地所有权亦随之而发生着转移。

三、国有土地的私有化

如前所述,五代十国初期,各国封建政府都招集流民,鼓励垦荒,使无地的流民与国有荒闲无主土地相结合。在这结合过程中,不仅只是农民获得了生产和生活的必要条件,国家由此可以获得赋税收入,而更为深刻的经济关系,则是土地的使用权、占有权和所有权的归属。因为,土地的所有权直接关系到经济实现形式,一定的经济实现形式是与一定的所有权形式相适应、相统一的,一定的土地所有权又是建立在一定的土地所有制形式的基础上。那么,在流民与国有荒闲无主土地相结合的过程中,土地所有制关系发生了什么变化,产生着什么样的结果呢？

　　在历史上，由国家招集流民耕垦荒地，与国有荒闲无主土地相结合，主要有三种方式：一种方式是，由国家直接组织屯田和营田。在这种结合方式下，农民对于所垦种的土地只有使用权，既无占有权更无所有权，国家仍然是土地所有制的主体。因而，这种结合方式，土地所有制关系不发生变化。另一种方式是，在国家制定和推行的一定的田制规范下，由各地方政府授予流民一定数量的国有荒闲无主土地。如北朝隋唐推行均田制时期，解决流民的土地问题，就是按照均田制的有关规定，授予流民一定数量的国有土地，登记造册。在这种结合方式下，农民对其所耕种的土地，具有占有权和使用权，即使是对于名曰"永业田"这一类土地，也只是具有部分土地所有权，尚不具有"垄断一定量的土地，把它作为排斥其他一切人的、只服从自己个人意志的领域"的完整的、稳定的和独立的土地所有权[77]。因为在土地买卖、土地经营方式等方面还受着国家的支配、限制和控制，土地占有者还不能排他地支配和使用其土地。元代江西等处行中书省检校官王元亮在释《唐律疏议》卷一三《户婚》中有关均田制土地还授条时云："谓此二十以上者，受一夫之田，归名下耕佃。"[78]王元亮自然是根据元代的土地所有制状况，来分辨和认识均田制的，认为均田农户实质上是佃耕国家的土地，而不是私有小块土地的独立的自耕农。王元亮的看法，并非无稽之谈，亦非毫无道理，虽然不够全面正确，但也有一定的正确性。当然，在均田制下，土地国有制中已经掺杂着土地私有制的成份。所以，笔者一直认为，均田制下的土地所有制主体已不再纯粹是封建国家，完整的土地所有权已被局部地分割，因此，是一种具有国有和私有两重性质的土地所有制形态。正因为如此,均田制成为具有过渡性质的——即封建土地所有制结构由土地国有制为主体向着以土地私有制为主体的形态过渡过程中的——土地制度[79]。也正因为均田制具有过渡性,所以,在这种结合方式下,土地所有制的发展趋势是,土地国有制过渡为土地私有制,农户对其所耕种的土地将由占有者进而成为独立的所有者。不过,这需要有一个渐进的过程。还有一种方式,也就是在均田制废弛以后,比较普遍地采用的方式,即国家招集流民耕垦,由流民根据自己的人力、物力和财力垦辟国有荒闲无主土地,在一定的期限后,依据所耕种的田亩数额向国家缴纳赋税。农户在向国家缴纳赋税的同时,便获得了土地所有权。所以,在这种结合方式下,农户对其所垦辟耕种的土地,不仅具有占有权和使用权,而且具有独立的土地所有权。土地所有制形式,在流民与国有荒闲无主土地相结合的过程中,发生着变化和转移,由土地国有制转化为土地私有制。

五代十国时期,各封建国家使流民与国有荒闲无主土地相结合,基本上都是采取上述第三种方式。因此,当流民垦辟耕种土地以后,封建国家所关切的不是土地的占有状况,田连阡陌也罢,地无立锥也罢,其所关切的是具顷亩、以肥瘠定赋税。后唐天成四年(929 年)五月敕:"百姓今年夏苗,委人户自通供手状,具顷亩多少,五家为保,委无隐漏攒连状,本州具状送省,州县不得送差人检括。如人户隐欺,许令陈告,其田倍令并征。"[80]后晋天福四年(939 年)敕:"应诸道节度、刺史,不得擅加赋役,及于县邑别立监征。所纳田租,委人户自量自概。"[81]由后唐、后晋的敕文可见,当时农户(包括一般地主)究竟占有多少数量的土地,州县都不甚明了,说明封建国家根本不关心农户占有土地数额的变化情况,因此,缴纳租税时或"委人户自通供手状",或"委人户自量自概"。后周时,周世宗于显德五年(958年)七月,"赐诸道节度使、刺史《均田图》各一面"[82],同年十月又"差使臣,往彼检括"[83]。所谓"均田",只是"均定天下赋税"[84],而不是均定土地;差遣使臣到诸道检括的亦是赋税,而不是土地。在全国范围内开展大规模的检括行动,在唐朝时亦有过。如唐玄宗开元九年,"置劝农判官十人,并摄御史,分往天下。所在检括田畴,招携户口。其新附客户,则免其六年赋调,但轻税入官"[85]。唐代与后周检括的终极目的是相同的,都是了为保证和增加国家的赋税收入。但检括的对象则相异,唐代检括的对象是土地和逃移户口,而后周检括的对象则是赋税。这种检括终极目的相同,而检括对象相异的情况,十分深刻地反映出,在唐代均田制下,土地的所有权主要是掌握在封建国家手中,实行的是封建土地国有制;而后周时,土地的所有权是掌握在地主和自耕农的手中,实行的是封建土地私有制。北方如此,南方亦然。如吴国,"吴顺义中,差官兴版簿,定租税,厥田上上者,每一顷税钱二贯一百文,中田一顷税钱一贯八百,下田一顷一贯五百,皆足陌见钱"[86]。南唐,李昇在昇元年间,"分遣使者按行民田,以肥瘠定其税,民间称其平允"[87]。无论是差官制定版簿抑或分遣使者按行民田,都是根据农户已经占有土地的数额及肥瘠程度均定赋税,而不是均定土地。因为,土地皆属私人所有,国家只是"据地征税"而已。

所以,在五代十国初期,虽然各封建政府都掌握有相当数量的国有荒闲无主土地,但是,这些土地在国家招集流民垦辟,使流民与荒闲无主土地相结合的过程中,土地的所有制形式亦随之而发生变化,由土地国有制转化为土地私有制。也正是在这一结合的过程中,培植起了大量拥有小块土地的自耕农,使封建小土地所有制在土地所有制结构中的比重迅速增长。

逃户土地,其中一部分,在逃户复业后,即归还本主,并由国家发给"公凭",确认复业逃户的土地所有权。其余土地,由民户请射承佃。虽曰"承佃",实质上,国家并非是将土地出佃给请射者,而是"请射承佃,供纳租税,充为永业"[88]。既然承佃的土地是充为请射者的永业,当然也就转化为私有土地。逃户土地通过以上两个途径,转入土地私有制的范围。

籍没土地中的大部分土地,通过赐田转化为功臣宿将官僚的私有土地。五代十时期各国赏赐土地的情况比较普遍,因囿于篇幅,此不胪列。

营田,本是土地国有制中比较稳定的土地,但逮于后周,营田土地几乎全部私有化。《旧五代史》卷一一二《后周太祖纪三》载:

> （周太祖广顺三年春正月）乙丑诏:"诸道州府系属户部营田及租税课利等,除京兆府庄宅务、赡国军榷盐务、两京行从庄外,其余并割属州县。所征租税课利,官中只管旧额,其职员节级一切停废。应有客户元佃系省庄田、桑土、舍宇,便赐逐户,充为永业,仍仰县司给与凭由。应诸处元属营田户部院及系县人户所纳租中课利,起今年后并与除放。所有见牛犊并赐本户官中永不收系"云。帝在民间,素知营田之弊,至是以天下系官庄田仅万计,悉以分赐见佃户充永业。是岁出户三万余,百姓既得为己业,比户欣然,于是茸屋植树,敢致功力。

上引记载或称营田或谓系官庄田,这表明,至后周,营田与官庄已趋向混一。因为,营田与官庄的土地皆为国有土地,又皆属户部统领,且土地的经营方式都是采取租佃制。就其本质而言,营田与官庄已几无差异。所以,官庄土地亦被称之为营田。同时又表明,广顺三年正月"分赐见佃户充永业"的土地,除营田土地外,还有部分是官庄土地。诏令中言及"除京兆府庄宅务、赡国军榷盐务、两京行从庄外,其余并割属州县",其含意十分明确,即除京兆府庄宅务所管辖的官庄和两京行从庄土地外,其余官庄土地与营田土地一样,并割属州县,分赐见佃户为永业。既为"永业",显然是转化为私有土地。不惟北方如此,南方亦出现了营田和屯田私有化的情况。南唐,营田和屯田先后被废止,其土地虽曰"佃民",而实质上是"与常赋俱征",与民田无异,亦是完全转化为私有土地。

官庄,应是土地国有制中最具稳定性的土地,然而早在后唐时,官庄土地已通过请射的渠道不断流失,转化为私有土地。后唐明宗长兴二年六月,"诏止绝诸射系省店宅庄园"[89]。这说明,在长兴二年六月以前,官庄的土地,官僚、地主、农民是可以请射的。或许封建政府正是为了保证官庄土地的稳定性,不致渐趋缩减,才有是诏。因为,凡被请射的官庄土地,一旦经户部批准之后,就可充为请射者的永业。如后晋节度使安审琦,一次请射官庄中万年县陈知温庄、泾阳临泾教坊庄、孙藏用庄、王思让庄共四所,结果获户部批准,"赐安审琦充为永业"[90]。这四所庄便由官庄转而成为安审琦的私庄,国有土地也由此转化为私有土地,流入土地私有制的范围。并且,官庄经请射而转化为私庄的土地数额也是相当大的。在这四所庄中,仅万年县陈知温庄一所即有土地十七顷零三十四亩,泾阳临泾教坊庄有土地四顷三十六亩[91]。封建官僚通过一次请射，便成为拥有数千亩土地的官僚大地主。至后周时，官庄土地则全部私有化。广顺三年正月，除京兆府庄宅务所管辖的官庄外，其余所有分布于州县的官庄与营田土地一并分赐见佃户为永业。同年九月，又将"京兆府庄宅务及榷盐务亦归州县，依例处分"[92]。所谓"依例处分"，即依广顺三年正月罢废营田与处置官庄土地的方式处理。后周京兆府庄宅务管辖的官庄土地归属州县，分赐现佃户为永业后，五代时期的官庄制度从此终结。

国有土地的私有化还有一个途径，就是转化为君王私人所拥有的皇庄。这一时期，各封建割据政权的君王往往都拥有大量的田庄，他们是当时拥有最多地产的大地主。如南唐后主李煜，"有土田在常州"[93]。后周太祖广顺二年三月，一次就将皇庄上"系税户二千五百并还府县"[94]，可见皇庄占地面积之广。周太祖悉罢天下营田务和官庄，但由"行从庄"管理的皇庄，即始终未罢除。这反映出，皇庄作为皇帝的私有土地与营田、官庄作为国有土地在所有制主体上的区别与不同。

五代十国初期，封建土地国有制在土地所有制结构中的比重远远超过唐后期，但这种强盛也仅只是昙花一现，随着国有土地的大量私有化，土地国有制的比重又骤然下降，国有土地在全国耕地中的比例十分微弱。如闽国时期，全福州共有耕地14 143顷，其中官田1 110顷82亩[95]，仅占耕地总面积的8%。后周太祖罢天下营田与官庄，皆赐现佃人为永业后，国有土地在全国耕地总面积中所占的比例更是微乎甚微，封建土地国有制几乎荡然无存。

四、结语

五代十国时期,在政治上,处于分裂割据状态,集中统一的封建国家已经不存在,但是,唐后期以来封建土地所有制关系发展的基本方向和趋势,却并未因此而被改变。

在封建土地国有制的土地配置方面,大体上与唐后期相同,只是投入的数量有所差异。有所不同的是,唐代实行的官吏职田制,在五代十国时期被取消,实行俸料钱制或俸户制,以俸料钱制为主要方式[96]。

在封建土地国有制的发展方向与趋势方面,国有土地的私有化,五代十国时期不仅承唐后期之势而发展,而且势头更为迅猛,无论是私有化的速度抑或私有化的程度,都超越唐后期。国有荒闲无主土地、逃户土地、籍没土地的私有化是如此,营田、官庄土地亦如是。将营田土地分赐现佃户为永业,早在唐代穆宗时就已经出现过,"宪宗末,天下营田皆雇民或借庸以耕,又以瘠地易上地,民间苦之。穆宗即位,诏还所遗地而耕以官兵。耕官地者给三分之一以终身"[97]。后周太祖将营田土地分赐现佃户,实际上乃是远唐代穆宗时的做法。但是,唐穆宗时营田土地的私有化仅为三分之一,而后周太祖时则是所有的营田土地一次性全部私有化。在国有土地私有化的方式上,唐后期虽是以无偿转化为主,但由无偿转化向有偿转化发展的趋势已露端倪。如唐武宗会昌灭佛时,"籍僧尼为民二十六万五千人,奴婢十五万人,田数千万顷",籍没土地的处理方式,"腴田鬻钱送户部,中下田给寺家奴婢丁壮者为两税户,人十亩"[98]。其中腴田便是以出卖的方式即有偿转化方式,将国有土地转化为私有土地。但是,这一趋势在五代十国时期并未得到发展,国有土地的私有化基本上都是采取无偿转化的方式。后周太祖广顺三年罢天下营田务,将营田与官庄土地分赐现佃户时,"或有上言:以天下系官庄田,甚有可惜者,若遣货之,当得三十万缗,亦可资国用。帝曰:'苟利于民,与资国何异。'"[99]在统治集团中,虽有通过出卖的方式转让国有土地的提议,但终未被统治者所采纳。在当时的社会条件下,一则绝大多数流民和佃农不具备购买土地的能力;另则,各封建政府的当务之急,是尽快使流民与国有荒闲无主土地相结合,恢复农业生产,同时,激发和调动农民的生产劳动积极性,发展经济。恢复生产和发展经济,培养税源,比出卖土地,增加政府一时的收入,显得更为重要和迫切。所以,各国统治者从增强国力、稳固政权的长远利益着眼,在国有土地私有化的方式上,必然选择无偿转化的方式。这是五代十国时期为什么国有土地私有化不采取有偿转化的方式,而采取无偿转化方式的基本原因。

在封建土地所有制结构方面,唐后期,封建土地国有制、自耕农小土地所有制日益萎缩,封建地主大土地所有制日趋膨胀,居于主导地位,起着主导作用,并已形成封建土地所有制关系发展的历史趋势。唐末至五代十国初期,由于数十年的战争,调整和改变了封建土地所有制内部结构,就总体而言,封建土地国有制的比重急剧上升,自耕农小土地所有制日趋增长,封建地主大土地所有制的比重则骤然下降。然而,当五代十国各封建割据政权先后建立,社会政治局面相对稳定后,这样的封建土地所有制结构便迅速地被打破。国有土地迅猛而大量地私有化,使封建土地国有制迅速走向衰落,复退居次要地位。所以,唐末至五代十国初期,封建土地国有制的强盛,仅是战争条件下形成的暂时的状态,是唐宋时期封建土地所有制关系发展的历史潮流中回旋一时的现象,旋即又顺着历史的潮流而发展。

（原载《中国经济史研究》1996 年第 1 期）

注　释

1　《旧唐书》卷 200 下《秦宗权传》。

2　《旧唐书》卷 182《时溥传》。

3　《旧五代史》卷 15《李罕之传》。

4　《资治通鉴》卷 257,唐僖宗光启三年六月条。

5　《旧唐书》卷 182《秦彦传》。

6　《资治通鉴》卷 259,唐昭宗景福元年条。

7　《旧五代史》卷 60《李敬义传》。

8　《旧五代史》卷 60《李敬义传》。

9　《挥麈录》前录卷 2。

10　《通志》卷 25《氏族略》。

11　《旧唐书》卷 19 下《僖宗纪》。

12　《旧五代史》卷 146《食货志》;《容斋三笔》卷 10《朱梁轻赋》。

13　《五代史阙文》。

14　《册府元龟》卷 495《邦计部·田制》。

15　《旧五代史》卷 80《后晋高祖纪六》。

16　《旧五代史》卷 111《后周太祖纪二》。

17　《旧五代史》卷 112《后周太祖纪三》。

18　《全唐文》卷 123,后周太祖《抚恤沿边流民敕》。

19　《旧五代史》卷 134《杨行密传》。

20　《钓矶立谈》。

21　《十国春秋》卷 15《南唐烈祖本纪》。

22　《十国春秋》卷 15《南唐烈祖本纪》。

23　《吴越备史》卷 4《大元帅吴越国王》。

24 《十国春秋》卷 94《王审邽传》。

25 《十国春秋》卷 95《邹勇夫传》。

26 《十国春秋》卷 96《颜仁郁传》。

27 《旧五代史》卷 133《高季兴传》。

28 《十国春秋》卷 36《前蜀高祖纪下》。

29 《九国志》卷 6《晋晖传》。

30 《九国志》卷 6《王宗寿传》。

31 《十国春秋》卷 40《张琳传》。

32 《资治通鉴》卷 274，后唐明宗天成元年条。

33 《十国春秋》卷 49《后蜀后主本纪》。

34 《九国志》卷 7《石处温传》。

35 以上详见《五代会要》卷 25《逃户》。

36 《五代会要》卷 25《逃户》。

37 《五代会要》卷 25《逃户》。

38 《五代会要》卷 15《户部》。

39 《全唐文》卷 123，后周太祖《给还籍没田产敕》。

40 《十国春秋》卷 36《前蜀高祖本纪下》。

41 《全唐文》卷 111，后唐明宗《禁营田听税户越境耕占敕》；《册府元龟》卷 495
　《邦计部·田制》。

42 《册府元龟》卷 503《邦计部·屯田》。

43 《册府元龟》卷 503《邦计部·屯田》。

44 《册府元龟》卷 503《邦计部·屯田》。

45 《旧五代史》卷 97《张延播传》。

46 《册府元龟》卷 503《邦计部·屯田》。

47 《册府元龟》卷 495《邦计部·田制》。

48 《旧五代史》卷 88《张希崇传》。

49 《旧五代史》卷 76《后晋高祖纪二》。

50 《旧五代史》卷 112《后周太祖纪三》。

51 《册府元龟》卷 495《邦计部·田制》。

52 《十国春秋》卷 2《吴烈祖世家》。

53　《全唐文》卷 879，徐铉《驾部郎中冯延巳兼起居郎屯田郎中，阎居常兼起居舍
　　人制》。

54　《十国春秋》卷 28《徐锴传》。

55　《十国春秋》卷 28《高越传》。

56　《资治通鉴》卷 291，后周太祖广顺三年条。

57　《十国春秋》卷 16《南唐元宗本纪》。

58　《南唐书》卷 4《嗣主书第四》。

59　《资治通鉴》卷 293，后周世宗显德三年条。

60　《十国春秋》卷 16《南唐元宗本纪》。

61　《资治通鉴》卷 293，后周世宗显德三年条。

62　《十国春秋》卷 17《南唐后主本纪》。

63　《十国春秋》卷 77《吴越武肃王世家上》；卷 84《杜建徽传》。

64　《十国春秋》卷 79《文穆王世家》。

65　《范文正公奏议集》卷上《答手诏条陈十事》。

66　《天下郡国利病书》原编第 4 册《苏上》，引宋人郑侨语。

67　《十国春秋》卷 81《忠懿王世家上》。

68　《资治通鉴》卷 283，后晋齐王天福八年条。

69　《十国春秋》卷 49《后蜀后主本纪》。

70　《九国志》卷 7《武璋传》。

71　《旧五代史》卷 82《后晋少帝纪二》。

72　《旧五代史》卷 112《后周太祖纪三》。

73　《旧五代史》卷 112《后周太祖纪三》。

74　《旧五代史》卷 42《后唐明宗纪八》。

75　《旧五代史》卷 44《后唐明宗纪十》。

76　详见《金石萃编·续编》卷 13《广慈禅院庄地碑》。

77　《马克思恩格斯全集》第 25 卷，第 695 页。

78　《唐律疏议》附录《释文》。

79　详见拙文：《试论均田制中永业田的性质》，《历史研究》1981 年第 3 期；拙著：
　　《均田制研究》第六章，云南人民出版社 1992 年。

80　《五代会要》卷 25《租税》。

81　《五代会要》卷25《租税》。

82　《旧五代史》卷118《后周世宗纪五》。

83　《五代会要》卷25《租税》。

84　《旧五代史》卷118《后周世宗纪五》。

85　《旧唐书》卷105《宇文融传》。

86　《吴越拾遗录·劝农桑》。

87　《资治通鉴》卷282，后晋高祖天福六年条。

88　《五代会要》卷25《逃户》。

89　《旧五代史》卷42《后唐明宗纪八》。

90　详见《金石萃编·续编》卷13《广慈禅院庄地碑》。

91　详见《金石萃编·续编》卷13《广慈禅院庄地碑》。

92　《旧五代史》卷112《后周太祖纪三》。

93　《宋史》卷478《南唐世家》。

94　《旧五代史》卷112《后周太祖纪三》。

95　《三山志》卷10《版籍类一·垦田》。

96　详见《全唐文》卷101，梁太祖《给百官俸料诏》；《五代会要》卷28《诸色料钱下》。

97　《新唐书》卷53《食货志》。

98　《新唐书》卷52《食货志》。

99　《旧五代史》卷112《后周太祖纪三》。

十九、五代十国营田
与官庄述论

　　五代十国时期,战争频仍,政局动荡,政权嬗递,分裂割据数十年。在这样的社会政局下,土地所有制形态和结构却并未因统一局面的瓦解而发生变异。无论是在北方五代抑或南方诸国,依然土地国有制、大土地所有制和小土地所有制并存。从宏观上看是如此,但具体到土地所有制结构的各个方面,却由于史料的匮乏,迄今研究成果仍寥若晨星,有许多问题尚有待于深入探索和研究。本文拟就五代十国时期土地国有制的主要形式,即营田、屯田和官庄,作一梳理和探讨。

一

　　唐末,由于数十年间兵革不息,战火绵延,致使人口大量亡佚,土地大量荒芜。因此,五代十国时期,国有荒闲无主土地的数量比之唐代大大增长。各割据政权,为了巩固其封建统治的基础,纷纷采取各种措施开辟荒土,奖励农桑,致力于恢复农业经济。其主要措施之一,就是召集流民,开置营田,同时辅之以屯田。

　　五代十国时期,无论北方或南方,都曾设置营田。营田的方式,乃循唐后期制度,设置营田务(或称稻田务)、营田使、营田副使等组织管理。营田土地,主要是耕垦国有荒闲无主土地;营田上的劳动者,除边地军事性质的营田是以士卒为主外,内地的营田则主要是召募浮客即无地的流民耕垦种植。这从后唐明宗《禁营田听税户越境耕占敕》可知其时概况。后唐明宗长兴三年九月(931年)敕:"凡置营田,比召浮客,若取编户,实紊常规。如有系税之人,宜令却还本县。应诸州府营田务,只许耕无主荒田,及召浮客。此后若敢违越,官吏并投名税户,重加惩断。"[1] 此敕言简意明,开置营田,只许耕垦荒闲无主土地,必须是招徕浮客耕种,凡已经占有土地的纳税人户,不得更种营田。

北方,五代营田的区域分布,后梁时由于史书阙载,不详其实。后唐的营田,从史籍记载的情况来看,无论是范围还是规模,都是五代十国时期最为突出的。

后唐的营田,置有营田务,设营田使、营田副使等专掌。营田务虽然分布于各州县,但各自独立,不隶州县,皆归户部统领,是户部设置于各地直接管理营田事务的机构。营田务对营田的组织管理工作,由营田使主持。营田使通常是由节度使、刺史或其他军职兼任。如后唐明宗时,张篯"自衙内指挥使授检校司空、右千牛卫将军同正、领饶州刺史、西京管内三白渠营田制置使"。[2]

后唐营田的范围,几及全国各州府,从上引后唐明宗长兴二年九月敕中"应诸州府营田务"一语,便可知悉。若是各州府都设置有营田务,那么各州府势必都开置有营田。其中规模最大的,是三白渠一带的营田。后唐庄宗同光三年(925年)三月,"西京奏:制置三白渠起置营田务一十一"。[3] 三白渠,即太白渠、中白渠和南白渠,位于泾水之北。该地区自同光三年三月后便起置营田。这次组织营田,设置营田务一十一,可见营田的规模是相当大的。

见诸史籍记载的后唐开置营田地区相当宽广。

后唐明宗天成二年(927 年)八月,"户部员外郎知诏诰于峤上言:请边上兵士起置营田,学赵充国、诸葛亮之术,庶令且战且耕,望致轻徭。"[4]同年十二月,"左司郎中卢损上言:以今岁南征,运粮縻费,唐、邓、复、郢,地利膏腴,请以下军官健与置营田,庶减民役,以备军行。"[5]以上于峤、卢损两人的上言,在当时需要加强和巩固边防、保证军队顺利南征的杇况下,显然不会被弃之不顾,势必为明宗纳而行之。广袤的后唐边境地区及唐、邓、复、郢地区必定皆开置营田,其规模当亦不小。边地及唐、邓、复、郢地区的营田,皆以士兵耕垦,"且战且耕",都是军事性质的营田,其目的,是供军需。这与为解决无地流民与国有荒闲无主土地相结合而组织的营田,在性质上有所差异。

两河地区亦设置有营田。天成中,张延播"累授检校司空、两河发运营田使、柳州刺史"[6],既设两河营田使,毋庸置疑,两河地区在天成年间已有营田存在。

明宗长兴元年(930 年)七月,"前洋州节度副使程义徽,陈利见请于瀛、莫两州界起置营田,以备边。因授义徽莫州刺史充两州营田使"[7]。瀛、莫两州境内由此开置营田,此二州的营田亦是由刺史兼领营田使主持营田事务。

长兴三年二月,"枢密使奏:城南稻田务,每年破钱二千七百贯,所得不如所亡,请改种杂田。三司使亦请罢稻田,欲其水利并于诸碾,以资变造。从之"[8]。所谓"稻田务",即营田务。城南地区在长兴三年二月以前已设置有营田,但由于稻田经营管理不善,所入不敷所出,因此被罢之,改种杂田。

后唐在边境地区除大规模组织营田外,还设置有一些屯田。如明宗时,张希崇迁灵州两使留后,"先是,灵州戍兵岁运粮经五百里,有剽攘之患。希崇乃告谕边士,广务屯田,岁余,边食大济。玺书褒之,因正授旄节"[9]。可见,灵州置有屯田,且屯田的效益十分显著。

后晋,营田的情况不详。高祖时,设屯田员外郎掌屯田事宜,如吴承范曾任尚书屯田员外郎。[10]这表明,后晋时曾开置屯田。屯田的具体区域,因史籍阙载,无以周知。

后周,在太祖广顺二年以前,全国范围内置有相当数量的营田,设营田务管理。但后周营田存在的时间甚短,至广顺三年春正月,太祖便下诏悉罢营田务,将所有营田土地割归州县,分赐现佃户,充为永业。《旧五代史》卷一一二《后周太祖纪三》载:

> (周太祖广顺三年春正月)乙丑诏:"诸道州府系属户部营田及租税课利等,除京兆府庄宅务、赡国军榷盐务、两京行从庄外,其余并割属州县。所征租税课利,官中只管旧额,其职员节级一切停废。应有客户元佃系省庄田、桑土、舍宇,便赐逐户,充为永业,仍仰县司给与凭由。应诸处元属营田户部院及系县人户所纳租中课利,起今年后并与除放。所有见牛犊并赐本户官中永不收系"云。帝在民间,素知营田之弊,至是以天下系官庄田仅万计,悉以分赐见佃户充永业。是岁出户三万余,百姓既得为己业,比户欣然,于是葺屋植树,敢致功力。

此事《资治通鉴》卷二九一后周太祖广顺三年春正月条亦有较详细记载：

> 前世屯田皆在边地，使戍兵佃之。唐末，中原宿兵，所在皆置营田以耕旷土。其后又募高赀户使输课佃之，户部别置官司总领，不隶州县，或丁多无役，或容庇奸盗，州县不能诘。梁太祖击淮南，掠得牛以千万计，给东南诸州农民，使岁输租。自是历数十年，牛死而租不除，民甚苦之。帝素知其弊，会阁门使、知青州张凝上便宜，请罢营田务，李谷亦以为言。乙丑，敕："悉罢户部营田务，以其民隶州县；其田、庐、牛、农器，并赐见佃者为永业，悉除租牛课。"是岁，户部增三万余户。民既得为永业，始敢葺屋植木，获地利数倍。

以上两书的记载基本相同。所不同的是，《资治通鉴》所载皆谓营田，而《旧五代史》所载或称营田或谓系官庄田。笔者以为，这并非是《旧五代史》编写者的疏忽而造成的混乱，相反，这一记载反映出两点：其一，逮于后周，营田与官庄已趋向混一，至少，在当时人看来，两者已没有多少实质性的区别。因为，营田与官庄的土地皆为国有土地，又皆属户部所统领，且土地的经营方式都是采取租佃制。就其本质而言，营田与官庄已几无差异。所以，营田土地亦可被称之为系官庄田。在继之的宋代，就存在以庄的形式组织营田。如绍兴六年（1136 年），"都督张浚奏改江、淮屯田为营田，凡官田、逃田并拘籍，以五顷为一庄，募民承佃。其法：五家为保，共佃一庄，以一人为长，每庄给牛五具，耒耜及种副之，别给十亩为蔬圃，贷钱七十千，分五年偿。"又,同年九月,"以川陕宣抚吴玠治废堰营田六十庄,计田八百五十四顷,岁收二十五万石以助军储,赐诏奖谕焉。"[11]宋代营田的经营方式,极可能就是承续五代之方法。其二,广顺三年春正月,太祖在悉罢营田务、分赐营田土地的同时,还罢废了部分官庄。诏令中言及"除京兆府庄宅务、赡国军榷盐务、两京行从庄外,其余并割属州县",其含意十分明确,即除京兆府庄宅务所管辖的官庄和两京行从庄土地外,其余官庄土地与营田土地一样,并割属州县,分赐现佃户为永业。

由以上记载可知,后周自太祖广顺三年正月始,户部所领营田务悉被罢除,原各营田务所管理的营田土地皆归属佃户所有。同时,部分官庄土地亦转归佃户所有。

不过,罢营田务,分赐营田土地的实施,在一些地区还是拖延了较长一段时间。如卫州共城县的营田,直至广顺三年十一月后才废除,"(广顺三年)十一月敕:废卫州共城县稻田务,并归州县,任人佃莳。宜令户部郎中赵延休往彼相度利害,及所定租赋闻奏。先时三司奏,年课无几,官牛疫死,因废营田,故有是命。"[12]区区一县境内之营田的处置,需朝廷派户部郎中前往主持,由此看来当时罢营田务、分赐营田土地的实施并非都是十分顺利。另,此段记载亦说明,所谓"稻田务"即营田务,因稻田务所管理的亦是营田土地,两者虽称谓不同,但性质是相同的。

有的学者以为,后周自太祖广顺三年以后,由于悉罢全国营田务,因此后周的营田从此结束。而实际上,后周的营田并未由此而终结。世宗时,又在一些地区复置营田。显德五年(958年)八月,"命殿中侍御史张蔼于京城四面按行稻田之地"。同年十月,又"命殿中侍御史张蔼于郑州界制置稻田"[13]。

所谓"按行稻田"、"制置稻田",即是按行营田和制置营田。所以,在显德五年时,至少在京城附近和郑州境内已恢复设置营田。

南方,各国都曾开置营田和屯田,但营田和屯田的范围、规模都不大,其中南唐和吴越比较突出。

吴,营田的区域和具体状况,因未见及记载,不知其实。但吴国曾设营田使、营田副使,如严可求曾任营田副使,至吴王杨隆演时改任门下侍郎。[14]说明吴国曾设置过营田。

南唐,营田与屯田主要集中于淮南地区。营田,置营田使、营田副使、营田判官等管理,如高越在烈祖李昪时任浙西营田判官[15],李萼曾任宣州营田副使。[16]南唐在淮南地区的营田,成果不佳,"初,(南)唐人以茶盐强民而征其粟帛,谓之博征,又兴营田于淮南,民甚苦之。及周师至,争奉牛酒迎劳"[17]。屯田,置屯田郎、屯田使专掌,如冯延巳在元宗李璟时兼任屯田郎中[18],徐锴在后主李煜时迁为屯田郎[19]。元宗保大十一年(953年),"先是,楚州刺史田敬洙请修白水塘溉田以实边。冯延巳以为便。李德明因请大辟旷土为屯田,修复所在渠塘湮废者"[20],"冬十月,筑楚州白水塘以溉屯田,遂诏州县陂塘湮废者,皆修复之。于是力役暴兴,楚州、常州为甚,帝使近侍车延规董其役,发洪、饶、吉、筠州民牛以往。吏缘为奸,强夺民田为屯田,江淮骚然"[21]。楚州壤接后周,是南唐北疆重镇,因此南唐政府于此设置屯田,常州同时也设有屯田。此外,江州地区亦置有屯田,保大十四年三月,"江州柴克宏卒,诸郡屯民相率起义,以农器为兵,襞纸为铠,处处保聚,号'白甲军'"[22]。但是,南唐的屯田和营田,由于吏缘为奸,或强夺民田,或赋役繁重,扰民尤甚,致使百姓"仰天诉冤,道路以目"[23],社会矛盾日趋激化,因此,营田和屯田先后被废止。元宗于保大十四年"诏淮南营田害民尤甚者罢之"[24]。后主李煜在建隆二年(961年),"罢诸路屯田使,委所属令佐,与常赋俱征,随所租入十分锡一,谓之率分,以为禄廪,诸朱胶牙税视是",注文指出:"初屯田,置使专掌,至此罢其官,而屯田佃民,绝公吏之扰。"[25]诸路屯田使皆罢,屯田亦随之而废除。营田和屯田被废止后,其土地虽曰"佃民",但实质上是"与常赋俱征",与民田无异,转化为民户私有土地。

吴越,营田主要设置于浙西苏州和淞江一带。设营田使、营田副使专掌营田事宜。不过,营田使皆由吴越王兼任。吴越奉中原正朔,接受中原王朝的册封,钱镠封吴越王时,便兼充营田使[26]。钱元瓘即位后,天福三年冬十月受后晋册封为吴越王,"兼两浙盐铁制置发运营田等使"[27]。以后,钱弘佐、钱弘俶继位后,都兼任营田使[28]。所以,吴越的营田实际上是由营田副使主持。钱镠时,沈夏、马绰任浙西营田副使[29],杜建徽任浙东营田副使[30]。钱元瓘时,沈崧任浙西营田副使[31]。吴越的营田,以浙西苏州地区的规模较大,北宋范仲淹在《答手诏条陈十事》中曰:

> 且如五代群雄争霸之时,本国岁饥,则乞籴于邻国,故各兴农利,自至丰足。……臣询访高年,则云曩时两浙未归朝迁,苏州有营田军四部,共七千人,专为田事,导河筑堤以减水患,于时民间钱五十文籴白米一石。自皇朝一统,江南不稔则取之浙右,浙右不稔,则取之淮南,故慢于农政,不复修举,江南圩田,浙西河塘,大半隳废,失东南之大利。今江浙之米,石不下六七百文,足至一贯文者,比于

当时,其贵十倍。[32]

宋人郏侨亦言:

> 浙西昔有营田司,自唐至钱氏时其来源去委,悉有堤防堰闸之制,旁分其支脉之流,不使溢聚以为腹内畎亩之患,是以钱氏百年间,岁多丰稔,唯长兴中一遭水耳。[33]

可见,浙西苏州地区的营田不仅规模庞大,劳动者众多,而且导河筑堤,兴修水利,营田的成效非常显著,岁岁丰稔。此外,这一地区的营田持续时间也比较长。钱弘俶时,在淞江一带又开置营田。乾祐二年(949年)"又置营田卒数千人,以淞江辟土而耕"[34],淞江一带营田的规模亦不小。吴越营田,或置营田军或置营田卒,看来是以军屯的形式组织营田。其组织经营方式,与北方、南唐相异。

楚国,亦设置营田使主管营田事务。后晋天福八年(943年),楚王马希范"命营田使邓懿文籍逃田,募民耕艺出租。民舍故从新,仅能自存,自西徂东,各失其业"[35]。这次营田,是强行募民耕种,不仅营田成效差,而且还造成自耕农失业。

蜀国也开置有营田,如山南节度使武璋,"以襄中用武之地,营田为急务,乃凿大泹以导泉源,溉田数千顷,人受其利"[36]。其营田颇有成效。在营田的同时,还组织屯田,置屯田务专掌屯田。后主孟昶广政九年(946年),"析导江县立灌州,置石氏屯田务于梁山县。自六年至于今年,岁大有"[37],屯田的效益显著。

二

官庄,是五代十国时期国有土地的又一经营方式。五代各朝皆置官庄,设庄宅司、庄宅务、庄宅使管理,归户部统领。后梁官庄的情况,史书缺乏记载。后唐,明宗长兴二年六月,"诏止绝诸射系省店宅庄园"[38],这表明,后唐在长兴二年以前,早已有官庄存在。长兴四年三月,"诏除放京兆、秦、岐、邠、泾、延、庆、同、华、兴元十州长兴元年、二年系欠夏秋税物,及营田庄宅务课利,以其曾辇运供军粮料也"。[39]显然,在京兆等十州境内,在此之前已置有官庄。后唐官庄的设置,很可能还不仅仅限于这些地区,在其他州内也许还设有官庄。此诏中称管理官庄的机构为"营田庄宅务",说明当时官庄土地的经营方式已与营田相同,故有是称。实际上,"营田庄宅务"即庄宅务。

后晋时,亦置有官庄,由庄宅司、庄宅营田务(即庄宅务)管理。

后唐、后晋的官庄,其土地很不稳定,往往由于被官僚地主请射而不断流失,转变成官僚地主的私有土地。五代十国时期,官僚地主尤其是以将帅军校为主体的军事地主集团,自恃功高,骄横跋扈,为广占土地,他们一方面强夺民田,一方面竞相请射国有土地,后唐明宗《禁侵射入官店宅庄园敕》云:

> 应诸道系省店宅庄园,或抵犯刑章,纳来家业;或主持败阙,收致抵当。姓名才系簿书,诸利未经收管,诸色人等不度勋庸高下,不量事分浅深,相尚贪饕,竞谋请射,惟利是视,以得为期。诸色人朝廷稍立微功,必加懋赏。通都大邑,尚以委人,废宅荒田,岂留润国,自可特恩颁赐,奚容

越分希求,遂使畏惧者但处棲遟,僭逾者更滋积聚。失惩恶劝善之道,启幸灾乐祸之门,颇污风教,须行止绝。[40]

封建政府为了保证官庄土地的稳定性,不致渐趋缩减,因此才"诏止绝诸射系省店宅庄园"。因为,凡被请射的官庄土地,一旦经户部批准之后,便可充为请射者的永业。封建政府虽然力图禁绝请射官庄的行为,但是在当时的政治局势下,亦是"势莫能遵",不可能完全禁绝。爰及后晋依然如故。后晋天福六年(941 年),节度使安审琦请射官庄土地的事例,具有一定的典型性,现引录于下:

《金石萃编·续编》卷十三"广慈禅院庄地碑"记:

晋昌军节度使安审琦奏:"臣近于庄宅营田务请射到万年县春明门陈知温庄壹所,泾阳临泾教坊庄、孙藏用庄、王思让庄三所营田,依例输纳夏秋省租。逐元庄不管园林、桑枣、树木、牛具,只有沿庄旧管田土,一切见系庄宅司管属,欲割归县,久远承佃,供输两税,伏候指挥。"

安审琦的请射,结果被户部批准:

前件庄可赐安审琦为永业,宜令安审琦收管,依例供输差税,仍下三司指挥交割,付三司准此者。牒具如前,已牒晋昌军庄宅务,仰切详宣命指挥使交割与本道节度使讫,具逐庄所管荒熟顷亩数目、交割日月分拆申上。

碑文中涉及营田、庄田、庄宅营田务、庄宅司、庄宅务等名称,然从总体内容来看,是讲官庄的请射与交割,其中庄宅营田务即庄宅务,庄宅司、庄宅务所管辖的自然是官庄,而不会是营田。安审琦一次请射官庄中万年县陈知温庄、泾阳临泾教坊庄、孙藏用庄、王思让庄共四所,其土地数额,仅万年县陈知温庄壹所即有土地十七顷零三十四亩,泾阳临泾教坊庄有土地四顷零三十六亩,总计数千亩土地,结果被户部批准充为安审琦的永业,这四所庄便由官庄转而成为安审琦的私庄。由此可见,官庄土地缩减的数额之大,封建官僚通过一次请射,数千亩官庄土地便被蚕食。当然,能够请射到较大数量土地的,主要是那些功臣宿将等上层官僚,一般官僚一次不可能请射到如此大数额的土地。但是,五代时期请射官庄土地的情况是比较频繁的。

逮于后周,官庄土地急遽私有化。后周初,在京兆府及州县尚置有相当数量的官庄。但是,至广顺三年春正月,除京兆府庄宅务所管辖的官庄外,其余所有分布于州县的官庄与营田一样一并割属州县,官庄土地皆分赐现佃户为永业。然而,"未几,京兆府庄宅务及榷盐务亦归州县,依例处分"[41]。所谓"依例处分",即依广顺三年春正月罢废营田及州县官庄的方式处理。同年九月,罢耀州庄宅、三白渠使所管庄宅的诏令便十分明确。太祖广顺三年九月敕:

> 京兆府耀州庄宅、三白渠使所管庄宅,并属州县,其本务职员节级一切停废。除见管水硙,及州县镇郭下店宅外,应有系官桑土、屋宇、园林、车牛动用,并赐见佃人充永业。如已有庄田,自来被本务或形势影占,令出课利者,并勒见佃人为主,依例纳租。条理未尽处,委三司区分,仍遣

刑部员外郎曹匪躬专往点检,割属州县。[42]

耀州庄宅系官庄,因其属京兆府庄宅务所辖,故广顺三年春正月时未割属州县,至此时亦被划归州县,分赐现佃人充为永业。三白渠使所管官庄,系原后唐由三白渠营田制置使管辖的营田,后周时改为官庄,此时亦被罢除。后周京兆府庄宅务官庄土地割属州县并"赐见佃人充永业"后,五代时期的官庄制度从此结束。

南方诸国中,以闽国官庄的数量最多。《文献通考》卷七《田赋考七》载:宋真宗天禧四年(1020年),"福建转运使方仲荀言:'福州王氏时,有官庄千二百一十五顷,自来给与人户主佃,每年只纳税米,乞差官估价,令见佃人收买,与限二年送纳价值。'"闽国的官庄不仅数量多,且持续时间长,入宋后仍然存在,直到宋真宗天禧年间才被废除,官庄土地皆出卖与佃人。

营田与官庄的经营方式,都是采取租佃制。佃户所需交纳的租税主要有:夏秋斛斗、钱、鞋布、秆草等。后周太祖广顺二年正月敕:

> 诸处营田,户部院及系赐人户所纳租牛课利,其牛每头具上率纳苗课,逐年都纳夏秋斛斗二万一千余石,更纳钱、鞋布、秆草等。其租牛缘官中系帐,不管死损,岁月既深,转益贫困,所征牛租,起今年后,并与除放。[43]

这一敕文反映出,在营田与官庄中,有不少的租牛课户,他们除了需交纳通常的租税外,还需交纳牛租,经济负担十分沉重。北方租税的情况是如此,南方却缺乏记载。五代十国时期,无论北方或南方,田亩税普遍实行按亩征收斛斗,以顷亩数定税额,营田与官庄很可能亦是按亩征收,上引敕文中的"苗课",就是指按亩交纳的田亩税。佃户应输纳租税的具体数额,没有记载,而一般百姓交纳的租税额,亦缺乏较为详实的记载,故无以测算营田与官庄佃户的实际税额。

综上所述,五代十国时期,各封建政府都曾以开置营田、屯田与官庄的方式经营国有土地,虽然其规模和范围的大小不一。营田、屯田与官庄,在促使无地流民与国有荒闲无主土地相结合,恢复残破的战后农业经济,增加国家财政收入等方面,都取得过一定的成效。但是,营田、屯田与官庄都很不稳定,渐趋萎缩,转向私有化,这与五代十国时期封建土地私有制日益发展的历史趋势是相一致的。

（原载《思想战线》1996 年第 3 期）

注　　释

1　《全唐文》卷 111,后唐明宗《禁营田听税户越境耕占敕》。

2　《旧五代史》卷 90《张筠附张篯传》。

3　《册府元龟》卷 503《邦计部·屯田》。

4　《册府元龟》卷 503《邦计部·屯田》。

5　《册府元龟》卷 503《邦计部·屯田》。

6　《旧五代史》卷 97《张延播传》。

7　《册府元龟》卷 503《邦计部·屯田》。

8　《册府元龟》卷 495《邦计部·田制》。

9　《旧五代史》卷 88《张希崇传》。《册府元龟》卷 503《邦计部·屯田》系此事于后晋。《白孔六帖》卷 57 亦载有此事,"五代张希崇迁灵武节度使,灵州地接戎

狄,戍兵饷道常苦抄掠,希崇乃开屯田,劝士耕种,军以足食,而省转馈,明宗下
诏褒美。"比照三书,显然《册府元龟》所载年代舛误。

10　《旧五代史》卷76《后晋高祖纪二》。

11　《宋史》卷176《食货四上》。

12　《册府元龟》卷495《邦计部·田制》。

13　《册府元龟》卷495《邦计部·田制》。

14　《十国春秋》卷2《吴烈祖世家》。

15　《十国春秋》卷28《高越传》。

16　《全唐文》卷879,徐铉《宣州营田副使兼马步都指挥使李粤可节度副使罢军职
　　制》。

17　《资治通鉴》卷293,后周世宗显德三年条。

18　《全唐文》卷879,徐铉《驾部郎中冯延巳兼起居郎屯田郎中,阎居常兼起居舍
　　人制》。

19　《十国春秋》卷28《徐锴传》。

20　《资治通鉴》卷291,后周太祖广顺三年条。

21　《十国春秋》卷16《南唐元宗本纪》。

22　《南唐书》卷4《嗣主书第四》。

23　《十国春秋》卷16《南唐元宗本纪》。

24　《资治通鉴》卷293,后周世宗显德三年条。

25　《十国春秋》卷17《南唐后主本纪》。

26　《十国春秋》卷78《吴越武肃王世家下》。

27　《十国春秋》卷79《文穆王世家》。

28　《十国春秋》卷80《忠献王世家》;卷81《忠懿王世家》。

29　《十国春秋》卷77《吴越武肃王世家上》。

30　《十国春秋》卷84《杜建徽传》。

31　《十国春秋》卷79《文穆王世家》。

32　《范文正公奏议集》卷上《答手诏条陈十事》。

33　《天下郡国利病书》原编第4册《苏上》,引宋人郑侨语。

34　《十国春秋》卷81《忠懿王世家上》。

35　《资治通鉴》卷283,后晋齐王天福八年条。

36　《九国志》卷 7《武璋传》。

37　《十国春秋》卷 49《后蜀后主本纪》。

38　《旧五代史》卷 42《后唐明宗纪八》。

39　《旧五代史》卷 44《后唐明宗纪十》。

40　《全唐文》卷 110，后唐明宗《禁侵射入官店宅庄园敕》。

41　《旧五代史》卷 112《后周太祖纪三》。

42　《册府元龟》卷 495《邦计部·田制》。

43　《五代会要》卷 15《户部》。

二十、五代十国大土地所有制
发展的途径和特点

唐代与宋代土地所有制关系的研究,已取得了颇为丰厚的成果。但是,衔接唐宋两代的五代十国时期的土地所有制关系的研究,则迄今论著甚为鲜见。这是唐宋时期土地所有制关系研究中的一大缺陷,亟待弥补和充实。本文拟就五代十国时期封建大土地所有制发展的途径和特点作些探索。

一、大土地所有制发展的途径

唐末,田连阡陌的贵族、官僚大地主,在黄巢农民大起义和接踵而至的各藩镇间的吞并战中,遭到惨重打击,或毙于锋镝,或亡逃他乡,许多规模庞大的地主田庄,"园亭扫地矣"[1]!衣冠士族丧亡殆尽,故而"自五季以来,取士不问家世,婚姻不问阀阅"[2]。一些地方豪强、中小地主亦遭至同样的境遇。封建地主大土地所有制被严重削弱。

但是,封建大土地所有制的衰落,只是暂时的现象,因为,土地私有化,大土地所有制的日益膨胀,在土地所有制结构中居于主导地位,在唐后期已形成不可逆转的历史潮流。所以,当五代十国各割据政权相继建立,社会政局渐趋稳定后,封建大土地所有制便随之由萧条迅速走向复苏、扩张，土地兼并又复炽热，其激烈程度与唐后期相比，毫无逊色，只是发展的途径和表现的形式有所不同而已。

五代十国时期，封建大土地所有制的发展，主要通过以下几种方式和途径：

（一）占取国有荒闲无主土地

唐末，历经数十余年的战争，许多地区兵燹之余，人烟断绝，千里丘墟，荆榛弥望。"白骨蔽地，荆棘弥望，居民不满百户"，河南府所属十八县，一片丘墟[3]。北方是如此，南方亦然。江淮地区，"及经秦（彦）、毕（师铎）、孙（儒）、杨（行密）兵火之余，江淮之间，东西千里，扫地尽矣"[4]。两浙地区，同样是十余年间战火连绵，浙东甫平，浙西乱起。由于长期战争，人口大量亡佚，土地大量抛荒，荒闲无主土地的数量急剧增长。按封建社会的传统惯例，这些荒闲无主土地皆属封建国家所有。因此，五代十国初期，各国封建政府都掌握有大量的国有荒闲无主土地。在开发和利用这些土地的过程中，北方五朝和南方诸国，基本上都是采取招集流散，鼓励垦荒，劝课农桑的政策，使无地与少地的农民与国有荒闲无主土地相结合，恢复和发展农业经济，增加国家赋税收入。

在各封建政府招集流民、鼓励耕垦之际，不仅只是无地与少地的农民耕垦占有荒闲无主土地，其中亦不乏有中小地主，乃至武将文僚参与占取，而且地主、官僚富有人力、物力、财力，占取荒闲无主土地的数量往往远高于一般农民。况且，当时各封建政府对开垦、占取荒闲无主土地，皆未有限额的规定，这便为地主大土地所有制的发展提供了极为有利的条件和机会。那些占田成千上万,甚至几十万亩的官僚大地主,其土地的主要来源之一,就是通过恃势占取荒闲无主土地而获得。

(二)请射逃户土地和官庄土地

在五代十国时期,尤其是在北方,由于五代更迭,契丹南扰,致使大量农户弃地逃亡,因而出现大量的逃亡土地。对于逃户土地的处理,各封建政府采取的政策是,一方面招引逃户复业,一方面许民请射承佃。请射的土地,虽曰"承佃",实质上,国家并非是将土地出佃给请射者,而是"请射承佃,供纳租税,充为永业"[5]。所以,请射逃户土地,成为大土地所有制发展的一条途径。

请射官庄土地,这是大土地所有制发展的又一重要途径。后唐明宗长兴二年六月,"诏止绝诸射系省店宅庄园"[6]。这说明,在长兴二年六月以前,请射官庄土地的情况业已存在,而且比较频繁。封建政府正是为了保证官庄土地的稳定性,不致渐趋缩减,才有是诏。因为,凡被请射的官庄土地,一旦经户部批准之后,就可充为请射者的永业。虽有明宗此诏,但请射官庄土地的行为,在当时的政治局势下,是不可能由此而绝迹的。《金石萃编·续编》卷十三"广慈禅院庄地碑"所载后晋天福六年(941年)节度使安审琦请射官庄土地的事例,具有一定的典型性,现引录于下:

晋昌军节度使安审琦奏:"臣近于庄宅营田务请射到万年县春明门陈知温庄壹所,泾阳临泾教坊庄、孙藏用庄、王思让庄三所营田,依例输纳夏秋省租。逐元庄不管园林、桑枣、树木、牛具,只有沿庄旧管田土,一切见系庄宅司管属,欲割归县,久远承佃,供输两税,伏候指挥。"

结果,户部批准安审琦的请射:

前件庄可赐安审琦为永业,宜令安审琦收管,依例供输差税,仍下三司指挥交割,付三司准此者。牒具如前,已牒晋昌军庄宅务,仰切详宣命指挥使交割与本道节度使讫,具逐庄所管荒熟顷亩数目、交割日月分拆申上。

碑文中涉及庄宅营田务、庄宅司、庄宅务,其中庄宅营田务即庄宅务。庄宅司、庄宅务所管辖的庄,自然是官庄。安审琦一次请射官庄中万年县陈知温庄等四所,被批准"充为永业",这四所庄便由官庄转而成为安审琦的私庄。在这四所庄中,仅万年县陈知温庄壹所即有土地十七顷零三十四亩,泾阳临泾教坊庄有土地四顷零三十六亩。由此可见,请射土地的数额之大。封建官僚通过一次请射,便成为拥有数千亩土地的官僚大地主。当然,能够请射到较大数量土地的,主要是那些功臣宿将等上层官僚,一般官僚及中小地主一次不可能请射到如此大数额的土地。不过,由于荒地、逃户土地的数量庞大,他们请射到土地的机会是相当多的。

(三)通过赐田获得土地

赏赐田宅是五代十国时期各国统治者笼络部将和臣僚的重

要手段,因此赐田现象比较普遍。如后梁末帝贞明末年,同州节度使刘知俊叛梁,其族子刘嗣彬"率数骑奔于晋,具言朝廷军机得失,又以家世仇怨,将以报之。晋王深信之,即厚给田宅,仍赐锦衣玉带,军中目为'刘二哥'。"[7]后唐庄宗同光元年(923年)八月,后梁将领康延孝投奔后唐,"庄宗得之喜,解玉衣金带以赐之。翌日,赐田宅于邺,以为捧日军使兼南面招讨指挥使、检校司空、守博州刺史。"[8]后唐明宗时,郑珏"以老病耳疾,不任中书事,四上章请,明宗惜之。久而方允,乃授开府仪同三司,行尚书左仆射致仕,仍赐郑州庄一区。"[9]后周太祖广顺元年(951年),诛杀刘铢、苏逢吉后,敕其家属,"诏赐(刘铢)妻陕州庄宅各一区"[10],"诏就西京赐其子(苏逢吉之子)庄宅各一区"[11]。吴越宰相鲍君福,"有赐田在钱塘,今所谓'鲍家田'是也"[12]。南唐,曾对大臣徐铉"特降宣旨,为置庄田"[13]。楚将萧处钧弃楚降南唐后,南唐主"赐田百顷袁州之新喻"[14],一次赐田的数额竟高达万亩,可见赐田的数量之大。在五代十国政权更迭、战争频仍的情况下,邀功请赏,获取赐田,是官僚尤其是将帅扩大其土地占有量的一种特殊方式。

(四)恃势强夺土地

倚仗军事、政治权力,强夺土地的现象在五代十国时期相当突出。后唐明宗时,谏议大夫、匦函使肖希甫奏言:"自兵乱相乘,王纲大坏,侵欺凌夺,有力者胜。凡略人之妻女,占人之田宅,奸脏之吏,刑狱之冤者,何可胜纪。而巨函一出,投诉必多,至于功臣贵戚,有不得绳之以法者。"[15]肖希甫之言不仅反映出夺人之田宅的事件繁多,不可胜纪,而且说明上至功臣贵戚下至有力者皆侵夺田宅,强夺土地的情况十分普遍。不仅一般百姓及中小地主的土地遭到强夺,就连将帅、官僚的土地亦有遭致强夺的。如唐末任河南尹的张全义,在后唐时被封为齐王,仍镇守河南,"中官各领内司使务,或豪夺其田园居第",后来张全义只好将其田园"悉录进纳",奉献给皇帝,以免招致杀戮之祸[16]。后汉节度判官苏逢吉强夺前宰相李崧西京田宅和西洛别业,因李崧子弟"数出怨言",结果苏逢吉诱人诬告李崧及其子弟谋反,"遂族崧家",招致满门抄斩[17]。

南方诸国中,强夺土地的情况亦十分严重。南唐,"庐州营田吏施汭,尝恃势夺民田数十顷,其主退为其耕夫"[18]。营田吏,仅仅是一名低级官吏,却能强夺民田数十顷,那些地位显赫的高级官僚、手握重兵的将帅强夺土地的严重程度自是不言而喻。后蜀,高祖孟知祥诸将,"事后主(孟昶),益骄蹇不法,务广第宅,夺人良田,发其坟墓"[19],将帅强夺土地的情况异常突出。

(五)低价强买土地

强买土地的情况,南北皆时有发生。后唐庄宗时,"条制:权豪强买人田宅,或陷罪害籍没,显有屈塞者,许人自理"[20]。这表明,权势豪强强买土地的情况必定为数不少,所以封建国家才会制定这样的"条制"。后蜀,检校太尉张业,"性豪侈,强市人田宅,藏匿亡命,又于私第置狱系负债者,或历年至于瘐死,蜀人大怨之。"[21]南唐,定远军节度使刘彦贞在寿州时,"州有安丰塘,溉田万顷",为夺取民田,刘彦贞"托以浚城壕,决水入壕中,民田皆涸,而督赋益急,皆卖田去。彦贞择尤膏腴者,以下价售之,乃复潴塘水如初,岁入不可胜计。"[22]刘彦贞采取断绝水源涸民田和督赋的手段,逼迫民户卖田,从中以低价收买上等田地,实质乃是一种强买行为。

(六)正常纳买土地

正常的土地买卖现象在五代十国时期始终存在。后唐同光二年(924年)八月敕:"……其所买卖田地,仍令御史台委本处巡按御史旋给与公凭,仍免税契"[23],政府制有土地买卖的公凭并征收土地买卖交易税,说明土地买卖的情况是比较多的。购买土地者,自然主要是将帅、官僚及富豪之家。后晋刘景岩,"晋高祖即位,即拜景岩节度使。景岩从事熊皦,为人多智,阴察景岩跋扈难制,惧其有异心,欲以利愚之,因语景岩,以谓边地不可以久安,为陈保名享利之策,言邠、泾多善田,其利百倍,宜多市田射利以自厚。景岩信之,岁余,其获甚多。"[24]刘景岩"良田甲第"甚盛,其中有相当一部分土地是来自于购买。当时,连封建政府也参与土地买卖。后唐同光二年敕:"城内诸坊曲,除见定园林池亭外,其余种莳及充菜园,并空闲田地,除本主量力自要修造外,并许人收买见定。已有居人诸坊曲内,有空闲田地及种莳并菜园等,如是临街堪盖店处,田地每一间破明间七椽,其每间地价,宜委河南府估价收买。"[25]前蜀时,政府曾出卖籍没土地,王建武成元年(908年)敕:"今年正月九日已前,应在府及州县镇军人百姓,先因侵欠官中钱物,或保累填赔,官中收没屋舍庄田,除已有指挥及有人经营收买外,余无人射买者……"[26]由上可见,当时土地买卖的普遍,及封建国家对土地私有权的充分肯定和重视。

南方,在南唐后主李煜时,曾发生以大臣潘佑、李平主持的复井田、退还买田的事件。马令《南唐书》卷十九《诛死传》载:

> (潘)佑既获用,请复井田法,深抑豪民。有买贫户田者,使即还之。……命行于下,急如星火,州县吏胥因以为奸,百姓大扰,聚而为乱。后主知立法之病,即罢之。佑复荐(李)平知尚书省,由是群议纷纷,以为坏法殃民皆由平始。乃先收平下大理,使收佑。佑自到,平缢于狱。

以复井田之法,强使买田者归还土地,制止土地买卖,在土地私有制业已深化和稳固,土地买卖在社会经济活动中早已成为一种正常现象的情况下,这无疑是逆历史发展潮流而动,其结果必然是以彻底失败而告终。然而,无论引发这一事件的动机及结果如何,这一事件本身却反映出,南唐时期土地买卖十分频繁,以致土地兼并日趋激烈,到后主时,已形成严重的社会问题,因而才会发生这样的事件。而导致潘佑最后自杀身亡的主要原因,是因为遭到以"大臣与握兵者"为代表的官僚地主集团的激烈抵制与反对,"为众所排"[27]。这说明,潘佑、李平抑制兼并,令买地者归还土地,首先是触犯了官僚地主的利益。换言之,在土地买卖、土地兼并中获得最大利益和起着主导作用的,亦正是这些官僚地主。

以上所述,基本上概括了五代十国时期封建地主大土地所有制发展的主要途径。从这些途径可以看出,当时以将帅、官僚为首的地主集团兼并吞噬土地的对象,主要是以荒闲无主土地为主体的国有土地,而不是土地私有者之间的相互兼并。之所以如此,其根本原因,是因为唐末数十年的战争,由北而南,留下满目疮痍,人口锐减,土地大量荒芜,故而,国有荒闲无主土地便成为地主集团争夺的主要对象。

二、大土地所有制发展的特点

五代十国时期,封建大土地所有制的发展,与唐代相较,显现出两个具有鲜明时代烙印的显著特点:

(一)以将帅军校为主体的军事地主集团
成为大土地所有制的主体

唐代,土地兼并的主要力量,封建大土地所有制的主体,主要是贵族、官僚士大夫阶层,而五代十国时期则主要是崛起于藩镇割据和社会大动荡中的以将帅军校为主体的军事地主集团。这是五代十国时期封建地主大土地所有制发展的一个鲜明时代特点。这一特点与该历史时期社会政治舞台上由武人控制政治局面、掌握封建政权的状况是相统一的。

唐末五代,落镇割据,军阀争霸,贵族、官僚士大夫们的政治地位和政治势力急遽下跌,经济势力不断遭到涤荡。政治上的跌落,经济上的失势,使贵族、官僚士大夫昔日作为封建大土地所有制主体的地位亦一泻千里,终五代十国而不复返。与此同时,一大批出身于寒微地主和地方豪强地主而发迹于战争的将帅军校的政治地位与政治势力扶摇直上,日益显赫。当政局相对稳定后,这些将帅军校或凭藉军功,或依仗权势,纷纷染指土地,通过各种渠道,广置田产,扩展自己的经济势力,从而成为大土地所有者。如后梁时,占据凤翔的岐王李茂贞,在"汧、陇之间,有田千顷,竹千亩"。[28]后梁忠武军节度使赵犨之子赵岩,起自军界,"连典禁军",末帝朱友贞时迁为租庸使、守户部尚书,"岩自以有功于梁,又尚公主,闻唐驸马杜悰位至将相,自奉甚丰,耻其不及。乃占天下良田大宅,裒刻商旅,其门如市,租庸之物半入其私,岩一饮食必费万钱"[29],其"天下良田美宅,可有千计"。[30]后晋延州节度使刘景岩,"良田甲第僮仆甚盛"[31]。历任梁、唐、晋、汉、周的武将宋彦筠,数任节度使,"累官至检校太尉","又性好货殖,能图什一之利,良田甲第,相望于郡国",后周世宗显德四年,"将终,以伊、洛之间田庄十数区上进,并籍于官焉。"[32]由此可见,其占有土地的数量之巨大。后周历任刺史、团练使的王祚,"频领牧守,能殖货,所至有田宅,家累万金。"[33]楚国,衡山指挥使廖偃,与其季父节度巡官匡凝及彭师暠反叛马希崇,拥立马希萼为衡山王时,"帅庄户及乡人悉为兵(胡三省注曰:佃豪家之田而纳其租,谓之庄户)。"[34]这说明,当时廖偃所拥有的庄户数量是比较多的,他在衡山一带所拥有的土地数量应是相当大的。后蜀诸将"务广第宅,夺人良田",其中"(李)仁罕及张业尤甚"[35],通过掠夺土地而成为拥有大量土地的大地主。这些起自戎伍,官阶累迁,至为将帅军校的武人,在五代十国时期广置田庄的情况十分普遍,他们之间存在的差异仅仅是占田区域的远近,土地的优劣,数额的高下,而依仗军功和权势暴发为大土地所有者的本质则是完全一致的。这些武人在任将帅军校以前,大多还不是田连阡陌的大地主,是因为官阶升迁,权势扩大,及其在当时政治舞台上的重要地位,才使他们发财致富,成为封建官僚大地主。政治上的显贵,必然带来经济上的富豪,这是封建社会具有规律性的普遍现象。

（二）以非经济手段占取土地成为
　大土地所有制发展的主渠道

唐后期，封建大土地所有制发展的主渠道，是通过土地买卖来增置田产，所谓"庄田置后频移主，书画残来亦卖钱"[36]，土地兼并的基本方式是以经济手段为主。而五代十国时期，虽然以经济手段即通过购买土地扩大土地占有量的方式，依然是封建地主大土地所有制发展的主要途径之一，但是已不居主要地位，大土地所有制发展的主渠道，是凭藉和依仗军事或政治势力，通过或占或请或夺的方式来广置田庄，土地兼并的基本方式是以非经济手段为主。这种状况不仅与唐代后期不同，而且与其后的宋代"贫富无定势，田宅无定主，有钱则买，无钱则卖"[37]，主要通过经济手段实现土地占有亦相异，这是五代十国时期封建地主大土地所有制发展的又一个鲜明时代特点。

之所以会形成和出现这一时代特点，是因为五代十国时期有着不同于前代和后代的特殊的历史条件和社会环境。

从所有制的客体——土地来看，五代十国时期存在着大量的国有荒闲无主土地，封建政府又鼓励垦荒，所有荒田旷土"一任耕垦"、"取便开耕"，并允许请射官庄土地、逃户土地等；在国有土地私有化的过程中，各封建政府又基本上都是推行无偿转化的政策，采取无偿转化的方式，这便为通过非经济手段发展大土地所有制提供了极为有利的条件和机遇。占取国有荒闲无主土地，不仅在时间上来得快捷，在空间上可以既集中又广袤，而且无须支付地价，可以无偿占有。这与以经济手段积累和扩大地产的方式相较，在任何方面都更具有优越性和诱惑

力。因此,这就必然驱使地主阶级在扩大土地占有规模的过程
中,首先选择占取、请射国有土地的方式。在这样的客观社会
条件下,必然形成封建地主大土地所有制的发展以非经济手段
为主渠道的时代特点。

　　从所有制的主体——土地所有者来看,五代十国时期大土
地所有者的主体主要是军事地主集团。这些发迹于战争,成长
于戎马生涯的将帅军校,自恃功高,骄横跋扈,久居沙场而养就
的强悍、剽掠抢劫之作风,必然浸润影响到经济生活中,因而在
占取土地的方式上,他们通常是依仗权势通过强占、强夺乃至
杀人夺田的非经济手段实现土地的占有。这又必然影响和带
动地主阶级的其他阶层更多地采用非经挤手段来拓展土地的
占有规模,从而使封建地主大土地所有制的发展走向以非经济
方式为主的道路,形成时代特点。这是从所有制主体进行剖析
的一方面。另一方面,五代十国封建政权的建立和稳固,皆仰
仗和依赖于军事地主集团,强兵悍将左右着当时的政治局势,
在社会政治舞台上起着主导作用。对此,南宋叶适曾有一段精
辟的论述,其言:

　　　　自唐至德以后,节度专地而抗上令,喜怒叛服在于晷刻,
　　而藩镇之祸,当时以为大讳矣。然国擅于将,犹可言也。未
　　久而将擅于兵,将之所为,唯兵之听,遂以劫制朝廷。故国擅
　　于将,人皆知之,而将擅于兵,则不知也。大历、贞元之间,节
　　度使固已为士卒所立,唐末尤甚。而五代接于本朝之初,人
　　主之兴废,皆群卒为之,推戴一出,天下俯首听命而不敢较。
　　而论者特以为其忧在于藩镇,岂不疏哉![38]

正因为"人主之兴废，皆群卒为之"，所以五代十国的统治者对将帅军校恩宠有加，以大量赏赐土地作为笼络将帅军校的主要手段，所以赏赐、请射土地之风盛行。同时，又对军事地主集团大肆侵占、强夺土地的行为熟视无睹，不予限制和约束，助长了以非经济手段为主要方式占有土地和扩展土地占有规模的社会风气的形成和剧烈发展，呈现出该时期封建地主大土地所有制发展的鲜明时代特点。

当然，在这里，我们还必须看到南北之间的差异，不能一概而论。北方，由于五代更迭，战争频繁，人口亡佚、土地荒芜的严重程度超过南方，因而，将帅文僚及地方豪富通过非经济手段扩大土地占有量的机遇和条件要比南方多。也正因为北方特殊的社会政治局势，土地易主的频繁、土地占有的不稳定性亦超越南方。而南方，各割据政权建立后，国内的政治局势相对北方而言，要稳定得多，因此，以非经济手段为主兼并侵吞土地在各国前期表现得比较突出，而至各国后期，通过经济手段即购买土地日趋成为主要方式，这从前引南唐后主李煜时潘佑复井田的事例，可见其一斑。要言之，从总体来看，通过非经济手段发展封建大土地所有制，北方比南方更为突出，更为显著。

以上所述两个特点，既有区别，又有联系，是五代十国时期封建地主大土地所有制发展过程中不可分割的统一体。而形成这样鲜明的时代特点，是特殊的历史条件和社会氛围所造就。

（原载《学术月刊》1996 年第 2 期）

注　释

1　《旧五代史》卷60《李敬义传》。

2　《通志》卷25《氏族略》。

3　《资治通鉴》卷257,唐僖宗光启三年六月条。

4　《资治通鉴》卷259,唐昭宗景福元年条。

5　《五代会要》卷25《逃户》。

6　《旧五代史》卷42《后唐明宗纪八》。

7　《旧五代史》卷13《刘知俊附嗣彬传》。

8　《旧五代史》卷74《康延孝传》。

9　《旧五代史》卷58《郑珏传》。

10　《旧五代史》卷107《刘铢传》。

11　《旧五代史》卷108《苏逢吉传》。

12　《十国春秋》卷84《鲍君福传》。

13　《全唐文》卷881,徐铉《谢赐庄田表》。

14　《临川文集》卷94《尚书祠部郎中集贤殿修撰萧君墓志铭》。

15　《新五代史》卷28《肖希甫传》。

16　《旧五代史》卷63《张全义传》。

17　《旧五代史》卷108《苏逢吉传》;《新五代史》卷30《苏逢吉传》。

18　《稽神录》卷4《施汴》。

19　《十国春秋》卷51《李仁罕传》。

20　《旧五代史》卷58《赵光胤传》。

21　《十国春秋》卷51《张业传》。

22　《十国春秋》卷22《刘彦贞传》;《玉壶清话》卷10《江南遗事》。

23　《五代会要》卷26《街巷》。

24　《新五代史》卷47《刘景岩传》。

25　《五代会要》卷26《街巷》。

26　《十国春秋》卷36《前蜀高祖本纪下》。

27　《宋史》卷478《南唐世家》。

28　《旧五代史》卷132《李茂贞传》。

29　《旧五代史》卷14《赵犨附子赵岩传》;《新五代史》卷42《赵犨附子赵岩传》。

30　《册府元龟》卷511《邦计部·贪污》。

31　《新五代史》卷47《刘景岩传》。

32　《旧五代史》卷123《宋彦筠传》。

33　《宋史》卷249《王溥附父王祚传》。

34　《资治通鉴》卷290,后周太祖广顺元年九月条。

35　《十国春秋》卷51《李仁罕传》。

36　刘克庄:《后村集》卷1《故宅》。

37　《袁氏世范》卷3《治家》。

38　《水心别集》卷11《兵总论二》。

二十一、唐代市场管理制度研究

　　市,在中国起源很早。传说在神农氏时已经有市,所谓的
"日中为市,致天下之民,聚天下之货,交易而退,各得其所"[1]。
神农氏时是否存在市,我们姑且不论。但是,由此我们可以窥
测到中国古代最初出现的市的形式,它犹如后世之集市。逮于
西周,出现了固定的市——都市中固定的商业区域。随着社会
生产力的提高,分工的出现,经济、政治的发展,人口的增加,市
的数量、规模、类型亦随之增长。爰及唐代,已有几种类型的
市:一为都城、府州县治所中固定的商业区域;二为都城、州县
城附近的定期市;三为边地的互市监;四为乡村中的草市、墟
市。在这几种类型的市中,固定商业区域的市在社会经济中居
有重要地位,因而为历代皇朝所重视。封建国家设官立制,严
加管理。西周时就设有一系列管理市场的官吏,制定有市场管
理制度。以后,汉至魏晋南朝设有市长、丞,北魏至隋设有市
令、丞[2],唐代在承继前代之制的基础上,建立起了一套比较完
整的市场行政管理体系和管理制度。本文所探讨的市场管理
制度,就侧重于国家设官立制进行管理的固定商业区域的市。

一、市的设置

唐代对于市的设置,有明确规定:"景龙元年(707 年)十一月敕:诸非州县之所,不得置市。"[3]换言之,必须是县以上的治所地方可设置市。

依据唐市令的这一规定,唐代的市可分为四个等级,即都市、府市、州市和县市。

都市,通常指西京长安、东京洛阳的市。长安有东西两市,洛阳有南北两市。

府市,为都督府治所地设立的市。这些市多在边区。因为,都督府一般都设置于"缘边镇守及襟带之地"[4]。唐代设有大、上、中、下四级都督府。开元年间,全国有五大都督府,其下管十州以上为上都督府,户满二万以上为中都督府。不满二万户为下都督府。全国共有五个上都督府,十三个中都督府,十六个下都督府。总计有各级都督府三十九个[5]。与此相应,全国至少有三十九个府市。

州市:唐代的州分为上、中、下三级。又按其地位轻重分成京、辅、雄、望、紧若干等。据天宝中统计数,"通计天下上州一百九,中州二十九,下州一百八十九,总三百二十七州也"[6]。那么,天宝中全国至少有三百二十七个州市。

县市:唐代的县,按其地位轻重和户口多寡分为京、畿、上、中、中下、下六级。设于京城之内的谓之京县,设于京郊的谓之畿县。其余则依户口分等。开元二十八年(740 年)户部计帐,全国有"县千五百七十三"[7]。据此,唐代开元年间全国至少有一千五百七十三个县市。

通计以上都市、府市、州市、县市,在唐开元、天宝之际,全国县级以上的市共有二千六百四十三个。然实际的市数超过此数。因为唐代的有些州县设有两市。如益州（至德二年升为成都府），《太平广记》载："击竹子，不言姓名，亦不知何许人，年可三十余，在成都酒肆中，以手持二竹节相击，……一旦自诣东市卖生药黄氏子家。"[8] 又《茅亭客话》载："庚子岁，天兵讨益部，贼突围宵遁，……及平定后，尽令归家。南市渠中，有一盲女，年七、八岁。"[9] 由此两条记载可知，益州至少设有东、南两市。又如扬州，《酉阳杂俎》载："谘议朱景玄见鲍容说，陈司徒在扬州时，东市塔影忽倒。老人言：海影翻，则如此。"[10] 既有东市，相应的还应有西市或南市。可见，扬州亦设有两个以上的市。州市是此，县市亦如之。唐玄宗《禁赁店于利诏》中言及："如闻昭应县两市及近场处，广造店铺，出赁与人，于利商贾，莫甚于此。"[11] 昭应县就设有两市。所以，唐代市的实际数量超出我们上面依据都、府、州、县数所统计的市数。

以上是唐代市的设置的概貌。这一概貌，从一个方面反映出中国古代城市形成的特点。城市是伴随着政治中心地的确立而形成的，在城市的形成过程中，政治、军事意义大于经济意义。这与西方的情况迥然相异。在西方，是工商业的发展为城市的产生和形成提供了条件；在中国，却是城市的产生为城市工商业的发展提供了条件。所以，形成凡是州县治所以上的地区有市，非治所则无市的状况。

二、市的行政管理体系

唐代在各级市均设有专门管理市场的官吏。市官的称谓、人数等，《唐六典》、《旧唐书·职官志》、《新唐书·百官志》皆有记载。此据《唐六典》所载引录于下，错误之处据新旧唐书校正。

　　两京都市:令各一人,从六品上;丞二人,正八品上(《唐六典》无市丞官品,此据新旧唐书官志补);录事一人、府三人、史七人、典事二人(新旧唐书官志皆记"典事三人")、掌固一人。

　　大都督府:市令一人,从九品上;丞一人、佐一人、史二人、帅三人、仓督二人、史四人。

　　中都督府:市令一人,从九品上;丞一人、佐一人、史二人、帅三人、仓督二人、史四人。

　　下都督府:市令一人,从九品上;丞一人、佐一人、史二人、帅二人、仓督二人、史三人。[12]

　　上州:市令一人,从九品上;丞一人、佐一人、史二人、帅三人(《唐六典》漏载,此据新旧唐书官志补)、仓督二人、史四人。

　　中州:市令一人、丞一人、佐一人(《唐六典》载"二人",误。此据新旧唐书官志改正)、史二人、帅二人、仓督二人、史三人。

　　下州:市令一人、佐一人、史一人、帅二人、仓督一人、史二人。

　　上县:市令一人、佐一人、史一人、帅二人、仓督二人。

　　中县:市令一人、佐一人、史一人、帅二人、仓督一人。

　　中下县:市令一人、佐一人、史一人、帅二人(《唐六典》载"一人",误。此据新旧唐书官志改正)。

　　下县:市令一人、佐一人(《唐六典》漏载,此据旧唐书官志补)、史一人、帅二人[13]。

　　以上为各级市的市官吏,他们又分别隶属于各级政府部门。

　　两京都市设有专门的"两京诸市署",总管两京四市。"两京诸市署"则隶属于中央的太府寺。《唐六典·太府寺》载:

"太府卿之职,掌邦国财货之政令,总京都四市、平准、左右藏、常平八署之官属,举其纲目,修其职务。"[14]两京四市不受地方政府管辖,而直属中央太府寺,由此亦可见两京四市的规格和其重要地位。

都督府市与州市,分别隶属于府、州的仓曹、司仓曹参军事直接管辖。唐代,都督府设有功、仓、户、兵、法、士六曹参军事。州设有司功、司仓、司户、司兵、司法、司士六曹参军事(下州惟设司仓、司户、司法三曹参军事)[15]。六曹参军事通谓之判司。府州六曹判司分掌府州兵刑钱谷等政,实际上是对应于中央六部而设。其中户曹、仓曹约略相当于户部、太府寺之职。仓曹、司仓曹参军事之职为"仓曹、司仓掌公廨、度量、庖厨、仓库、租赋、征收、田园、市肆之事"[16]。仓曹、司仓曹既掌"市肆之事",自然府州市归仓曹、司仓曹直接管辖。

县市:唐代惟京县承接州之六曹分设司功佐、司仓佐、司兵佐、司户佐、司法佐、司士佐。畿县无司兵佐。上县以下仅设司户佐、司法佐而已。所以,县一级一般不设分掌市肆之事的机构,市场管理的官吏直接受制于县令。

唐代,市场官吏的选举任用定有专门的制度,但史书记载不全。《唐六典》载有中、下州及县市令的选举规定:"中、下州市令及县市令,岳、渎祝史,并州选,各四周而代。州镇仓督、州县市令,取勋官五品已上及职资九品者;若无,通取勋官六品已下。仓督,取家世重大者为之。州市令,不得用本市内人。县市令,不得用当县人。"[17]由此条规定,我们可以窥见唐代市场官吏选举之一斑。特别是州县市令不用当地人,可以防止和减少出现市场官吏与商贾勾结舞弊,破坏市场正常交易和秩序的现象。

市场官吏的职责有明确规定。府州县市令、丞之职,史书记载简略,为"掌市廛交易,禁斥非违之事"[18],"掌交易,禁奸非,通判市事"[19]。两京诸市令、丞之职责,则有详细记载,"京都诸市令,掌百族交易之事。丞为之贰。凡建标立候,陈肆辨物。以二物平市(谓秤以格,斗以概)。以三贾均市(精为上贾、次为中贾、粗为下贾)。凡与官交易及悬平赃物,并用中贾。其造弓矢长刀,官为立样,仍题工人姓名,然后听鬻之。诸器物亦如之。以伪滥之物交易者,没官。短狭不中量者,还主。凡买卖奴婢、牛马,用本司本部公验以立券。凡买卖不和而榷固,及更出开闭,共限一价,若参市而规自入者,并禁之。凡市,以日午击鼓三百声而众以会,日入前七刻,击钲三百声而众以散。"[20]两京诸市令、丞的职责,大体上可以看作唐代各级市令、丞的职责,它亦基本上反映出唐代市场交易管理的主要内容。市令、丞下属官员之职:丞兼掌监印勾稽,录事掌受事发辰[21],仓督掌颛苴出纳,佐、史、帅分行检察[22]。

唐代各级市皆铸有市印,直至宣宗大中七年(853年)七月二十日才废止州县市印[23]。

三、市场交易的管理

唐代疆域辽阔,天宝初年"其地东至安东都护府,西至安西都护府,南至日南郡,北至单于都护府。南北如前汉之盛,东则不及,西则过之。"[24]境内经济发达,物产丰盛,商品经济比之前代有了很大的发展,"天下诸津,舟航所聚,旁通巴、汉,前指闽、越。七泽十薮,三江五湖,控引河洛,兼包淮海。弘舸巨舰,千轴万艘,交贸往还,昧旦永日。"[25]市场繁荣,长安东市"市内货财二百二十行,四面立邸,四方珍奇,皆所积集",西市"市内店肆如东市之制"[26]。不惟都市如此,地方府州的市亦如之。如扬州"商贾如织"[27]。每至开市交易之时,人们从各地纷至沓来,车辚辚,马萧萧,百货辐辏,万人拥道,熙来攘往,川流不息。繁荣的市场,鼎沸的市人,需有严格的市场管理制度,方能维持市场的正常交易和秩序。唐代制定了一系列有关市场交易、市场秩序和市容的管理制度,并载入《唐律疏议》,以法律的形式予以维护和执行。在市场交易方面,立有如下几方面的制度:

(一)交易的各类货物相对集中立为专门的行,各行皆需标题行名。长安东市有二百二十行,州县市内亦有各类行。这里的行,并非如同有的论者所言,为手工业行会或商业行会,而是同业商店或同类货物售卖的区域,如绢行、米行、金行、铁行、衣行、肉行、秤行、药行等。上引长安东市"市内货财二百二十行"的"货财"二字,便可说明行的含义[28]。行,有时亦称之为市或肆,如药市、宝市、布肆之类,其意同"行"。唐代规定:"市肆皆建标,筑土为堠。"[29]其具体做法,史书阙载。然主要仿唐代律令而制定的日本《养老令》,在《关市令》第七条却有较为明确的记载,"凡市,每肆立标,题行名。《义解》:题行名者,'假令题标'条云:绢肆、布肆之类也。"[30]所谓诸行肆建标题行名,即于行首立牌标明该区域出售商品的类别。这样的规定和做法,既有利于市人的交易,又便于市场的管理。

(二)度量器物的管理。度量器物即斛斗秤度,是市场交易管理的重要内容之一。唐王朝十分重视斛斗秤度的管理,政府定有全国统一的斛斗秤度度量衡的标准及检校制度。唐《关市令》规定:"凡官私(斛)斗秤尺,每年八月诣(太府)寺校,印署,无或差缪,然后听用之",[31]"不在京者,诣所在州县平校,并印署,然后听用"[32]。凡私作斛斗秤度不符合标准,或未经检校、印署而在市场上使用者,一经查出便以刑律处罚。《唐律疏议》例有专门的处罚条例,"诸私作斛斗秤度不平,而在市执用者,笞五十。因有增减者,计所增减,准盗论","其在市用斛斗秤度虽平,而不经官司印者,笞四十"。检校官吏检校不平或检校不实,也要受到刑律处罚,"诸校斛斗秤度不平,杖七十。监校者不觉,减一等。知情,与同罪。"[33]政府对斛斗秤度实行统一标准和检校,可以防止商贾巧取非利,保护消费者的利益,同时亦可以避免和减少交易纠纷,保持正常的市场秩序。

(三)商品物价的管理。唐代,市场商品的价格,实行国家统一管理,由各地市司具体评定。依唐《关市令》,"每月,旬别三等估"[34],"平货物为三等之直,十日为簿"[35],亦即市司每十天评定一次市场商品价格。各类商品分为上、次、下三等,并制作簿册,记入于案。吐鲁番出土的"唐天宝二年(743)交河郡市估案",便具体地反映了市场商品价格评定的情况。该市估案以"行"分类,各行的商品皆分为上、次、下等,并标以各等的价格。市估案原文甚长,现转录数条于下:

　　　米面行
　　　白面壹斗　上直钱叁拾捌文　次叁拾柒文　下叁拾陆文
　　(下略)
　　　帛练行
　　　大练壹疋　上直钱肆佰柒拾文　次肆佰陆拾文　下肆百伍拾文
　　(下略)
　　　铛釜行
　　　釜壹口三斗盛　上直钱捌佰文　次柒佰文　下陆佰文

（下略）

菜子行

蔓菁子壹勝　　上直钱贰拾文　　次拾陆文　　下拾伍文

（下略）[36]

　　此市估案中"行"的运用和含意,亦可证明我们上面所说的,市场的"行"是指同业商店或同类商品销售的区域,并非指商业行会或手工业行会。至于市司评定物价的依据,史无详载,唯知按质量定价格之高下,"以三贾均市(精为上贾、次为中贾、粗为下贾)"[37]。规定每十天评估一次,或许还考虑到商品的淡旺季节和货源的多寡及供需状况,以适时调整商品价格。市司评定物价,若有营私舞弊,价格不平者,将受刑律处罚。《唐律疏议》卷二六《杂律》规定:"诸市司评物价不平者,计所贵贱,坐赃论。入己者,以盗论。……疏议曰:谓公私市易,若官司遣评物价,或贵或贱,令价不平,计所加减之价,坐赃论。入己者,谓因评物价令有贵贱,而得财物入己者,以盗论。"由国家统一物价管理,虽然有便于市场管理,但不利于市场竞争,发挥市场对于商品生产的刺激和调节作用,不利于商品经济的发展和商业的繁盛。

　　（四）特种商品交易的管理。所谓特种商品,指奴婢、马牛驼骡驴等。这些商品不同于一般的商品,且在交易中容易引起纠纷。为了避免和有效地解决交易纠纷,唐令规定:"凡买卖奴婢、牛马,用本司本部公验以立券",即由当地市司为买卖双方订立券契。这类券契的内容和格式,我们引敦煌出土的"唐天宝时代(744—758)敦煌郡行客王修智卖胡奴市券公验"[38]以示之:

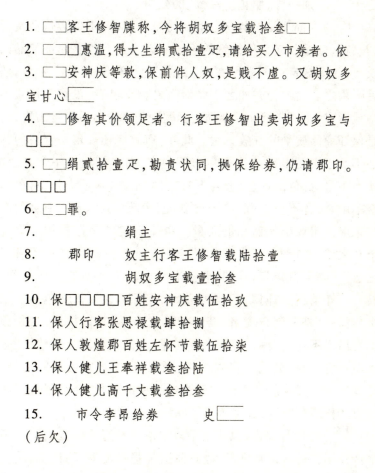

1. □□客王修智牒称,今将胡奴多宝载拾叁□□

2. □□□惠温,得大生绢贰拾壹疋,请给买人市券者。依

3. □□安神庆等款,保前件人奴,是贱不虚。又胡奴多

　宝甘心□□□

4. □□修智其价领足者。行客王修智出卖胡奴多宝与

　□□

5. □□绢贰拾壹疋,勘责状同,拠保给券,仍请郡印。

　□□□

6. □□罪。

7. 　　　　　　绢主

8. 　　郡印　　奴主行客王修智载陆拾壹

9. 　　　　　　胡奴多宝载壹拾叁

10. 保□□□□百姓安神庆载伍拾玖

11. 保人行客张思禄载肆拾捌

12. 保人敦煌郡百姓左怀节载伍拾柒

13. 保人健儿王奉祥载叁拾陆

14. 保人健儿高千丈载叁拾叁

15. 　　市令李昂给券　　　　史□□□

(后欠)

此市券虽为残件,但仍可见当时立券极为严格。不仅涉及
买卖双方,还需有保人,有市令、史的签署,并盖有郡印。倘若
买卖特种商品不立市券,则要受刑律制裁。唐律规定:"诸买奴
婢、马牛驼骡驴,已过价,不立市券,过三日笞三十,卖者,减一
等。"市司官吏在买卖已讫而"不时过券者",亦将受到"一日笞

三十,一日加一等,罪止杖一百"的处罚[39]。

（五）商品质量的管理。商品质量的好坏,不仅影响消费者的利益,也是引起交易纠纷的重要原因之一。为了保证商品的质量,唐令规定:"其造弓矢长刀,官为立样,仍题工人姓名,然后听鬻之。诸器物亦如之。以伪滥之物交易者,没官。短狭不中量者,还主。"[40]于各种器物上标题制作者姓名后方可出售,这是保证商品质量的有效方法。此外,唐政府还规定不合格的物品不准于市场出售,"用器兵车不中度,布帛精粗不中数,幅广狭不中量,奸色乱正色,五谷不时,果实未熟,木不中伐,禽兽龟鳖不中杀,皆不鬻于市。"[41]不惟如此,唐政府还以刑律制裁的方式来保证市场交易商品的质量。唐律规定:"诸造器用之物及绢布之属,有行滥、短狭而卖者,各杖六十（不牢谓之行,不真谓之滥）。得利赃重者,计利,准盗论。贩卖者,亦如之。市及州、县官司知情,各与同罪;不觉者,减二等。"[42]这条律文包括了三个方面:一是自制自卖者,若出卖伪滥商品,处以杖刑;二是贩卖者出卖不合格商品,与制作者同罪;三是市场官吏知情不禁,查而不觉,同受处罚。将制作者、贩卖者、市司官吏连同治罪,既有利于保证物品在生产和流通过程中的质量,又可督责市司官吏严格履行职责,加强市场商品质量的管理。

（六）讨欺行霸市、以非法手段牟取财利行为的处罚。为了维持市场交易的正常进行,唐政府除加强对度量、物价、商品质量的管理外,还对欺行霸市、以非法手段巧取豪夺、牟取财利的行为制定了各种法律制裁条例。《唐律疏议》载:"强市者,笞五十;有剩利者,计利,准枉法论。"[43]所谓强市者,即凭借权势强买人物。又载:"诸买卖不和,而较固取者,及更出开闭,共限一价。疏议曰:卖物及买物人,两不和同,'而较固取者',谓强执其市,不许外人买,故注云'较,谓专略其利。固,谓障固其市';'及更出开闭',谓贩鬻之徒,共为奸计,自卖物者以贱为贵,买人物者以贵为残,更出开闭之言,其物更限一价,望使前人迷谬,以将入己。""若参市(谓人有所卖买,在傍高下其价,以相惑乱),而规自入者,杖八十。已得赃重者,计利,准盗论。疏议曰:'参市',谓负贩之徒,共相表裹,参合贵贱,惑乱外人。"[44]上列各条,是市场交易中最容易而又经常会产生的状况,对其严加禁止,绳之于法是完全必要的。否则,无以保护买卖者的正当权益,促进市场贸易的发展。

(七)边地与外蕃互市的管理。唐《关市令》对边地与外蕃互市亦有明确规定,"令云:诸外蕃,与缘边互市,皆令立官司检校。其市,四面穿壍及立篱垣,遣人守门。市易之日,卯后,各将货物畜产俱赴市所。官司先与蕃人对定物价,然后交易。"[45]由此令文可见,唐对边地互市的管理极为严格。交易的地点限定在专门的区域内,交易的物品、物价皆需经官司检校、评定。唐政府还禁止某些商品进入边地互市,"诸锦、绫、罗、縠、绣、织成绅、绢、丝,牦牛尾,真珠,金,铁,并不得与诸蕃互市。"[46]若私自与外蕃人交易,则将受到刑事处罚。

四、市场秩序和市容的管理

市场秩序和市容的管理,也是唐代市场管理制度的重要内容。唐政府为了维持市场秩序,美化市容,制定了一系列有关规定。

市场秩序方面:

(一)市必须在规定的时间内开闭。唐令规定:"凡市,以日午击鼓三百声而众以会,日入前七刻,击钲三百声而众以散。"[47]

与此相应市门的开闭,必须严格按照市易的时间,"若擅开闭者,各加越罪二等;即城主无故开闭者,与越罪同;未得开闭者,各减已开闭一等。疏议曰:……其坊正、市令非时开闭坊、市门者,亦同城主之法。"[48]

(二)严禁越坊市垣篱或从沟渎出入市。唐代,都、府、州、县市皆设有市门,赴市者必须由市门出入。凡不由市门,或越坊市垣篱,或从沟渎出入市者,皆属违禁而依法处置。唐律规定:"越官府廨垣及坊市垣篱者,杖七十;侵坏者,亦如之(从沟渎内出入者,与越罪同。越而未过,减一等)。疏议曰:……坊市者,谓京城及诸州、县等坊市。"[49]

(三)严禁在市及人众中扰乱。唐律规定,"诸在市及人众中,故相惊动,令扰乱者,杖八十;以故杀伤人者,减故杀伤一等;因失财物者,坐赃论。其误惊杀伤人者,从过失法。"[50]据此条例及疏议,对引起市场动乱者,视其情节和造成的后果予以各种处罚。"故相惊动",即狂言有猛兽之类,引起市场骚动,杖八十。由于市场骚动而丢失财物,由肇事者承担责任,按财物的多少,依坐赃论处罚。故意扰乱市场,或误惊引起市场骚乱而导致市人死亡者,分别以减故杀伤一等和过失法论处。

(四)严禁在市内进行非法的政治活动。市场内人众而繁杂,聚集着社会各阶层的人。于市场内进行非法的政治活动,将会给封建国家维持封建统治秩序带来重大的影响和危害。所以,大中二年九月敕:"比有无良之人,于街市投匿名文书,及于箭上或旗旛,纵为奸言,以乱国法,此后所由潜加捉搦。如获此色,使即焚瘗,不得上闻。"[51]禁止在市内进行以乱国法的非法活动,倘若发现,及时捉拿,罪证即时销毁,不准扩散。

(五)严禁在市中无故走车马。唐律规定:"诸于城内街巷及人众中,无故走车马者,笞五十;以故杀伤人者,减斗杀伤一等(杀伤畜产者,偿所减价)。疏议曰:有人于城内街衢巷衕之所,若人众之中,众谓三人以上,无要速事故,走车马者,笞五十。以走车马,唐突杀伤人者,减斗杀伤一等。""若有公私要速而走者,不坐;以故杀伤人者,以过失论。因其惊骇,不可禁止,而杀伤人者,减过失二等。"[52]此项规定,目的在于维护市场的正常秩序,保证市人安全。

在市容管理方面:

一是市门的修缮。唐政府规定:"京城内诸坊市门,至秋成后,宜令所由勾当修补。"[53]二是禁止在市内私自乱造店铺,以保持市内的宽敞、规整。"景龙元年十一月敕:……两京市诸行,自有正铺者,不得于铺前更造偏铺。各听用寻常一样偏厢。"[54]三是禁止筑墙造舍侵及市场。大历二年五月敕:"诸坊市街曲,有侵街打墙,接簷造舍等,先处分,一切不许,并令毁拆。宜委李勉常加勾当,如有犯者,科违敕罪,兼须重罚。"[55]其处罚,唐律规定:"诸侵巷街、阡陌者,杖七十。"疏议曰:"'侵街巷、阡陌',谓公行之所,若许私侵,便有所废,故杖七十。"[56]

五、余论

以上我们从市的设置、市的行政管理体系、市场交易的管理、市场秩序和市容的管理等四个方面概要论述了唐代市场管理制度。从总体上来看,唐代对市场管理已经基本形成一套比较系统和完整的制度。为了有效地实行市场管理制度,加强市场管理,唐王朝以《关市令》与《唐律疏议》相结合,以行政管理与法律制裁相结合。因此,唐代市场管理制度对唐代市场的稳定与繁荣起了重要的作用。

　　但是,随着唐代社会经济的发展,尤其是商品经济和商业的发展,唐代市场管理制度逮于唐后期便不能完全适应新的经济形势和市场的发展,其中某些条例渐趋废弛。市场发展最突出的,便是夜市的出现和坊市制的突破。

　　大抵自唐中叶以后,市的时间限制逐渐被突破。一些大城市,如长安、扬州、成都等地相继出现了"夜市"。唐王朝曾下令禁止夜市,但不仅禁而不止,相反,夜市日趋发展和繁荣。夜市不仅有商品的买卖,而且还有歌舞和器乐演奏。唐代诗人王建《夜看扬州市》诗云:"夜市千灯照碧云,高楼红袖客纷纷,如今不似时平日,犹自笙歌彻晓闻。"唐后期的夜市不仅繁荣,而且延续的时间颇长,常常延至第二天拂晓。历五代至宋,城市中又出现了早市。所以,宋代的大城市中,往往是夜市方休,早市遂起。夜市"直至三更尽",五更早市复开张。唐后期至宋代,城市中市场交易活动的时间,已远远超出唐中叶以前所限定的时间。

　　唐末以前,城市中实行严格的坊市制度。坊,是居民住宅区;市,是商品贸易区。坊、市俨然有别。坊内禁止开店,不准进行商业活动。唐代末年,城市的结构发生变化,即坊市制的突破。商品交易由"市"延伸到"坊"。如长安西市东邻的延寿坊,"延寿坊鬻金银珠玉者,女岁十余……"[57]。又东市西邻的"宣阳(坊)绵缬铺张言,为街使郎官置宴"[58]。坊内已经开设有店铺,进行交易活动,打破了以往泾渭分明的坊市界限。历五代至北宋,坊巷内皆设有市。据《东京梦华录》记载,北宋开封城内外,大街小巷,店铺林立。不惟城中区常常是车马阗拥,不可驻足,热闹非常,就连那些"寻常四梢远静去处"的僻静巷落,亦有"夜市"[59]。可见,从唐末至北宋,城市中以往的坊市区分已不复存在。

唐宋时期夜市的出现和坊市制的突破,标志着中国古代的城市已发展到一个新的历史阶段,展现出中国封建社会后期城市的特征。封建国家为维护其封建统治,加强市场管理,必须重新修定出新的市场管理制度。其制度的内容何如,已不属本文研究的范围,将留待后论。

(原载《思想战线》1988 年第 3 期)

注　释

1　《唐六典》卷 20《太府寺·两京诸市署》。

2　《通典》卷 26《职官·太府卿·诸市署》。

3　《唐会要》卷 86《市》。

4　《旧唐书》卷 38《地理一》。

5　详见《通典》卷 32《职官·州郡上·都督》;《唐会要》卷 68《都督府》。

6　《文献通考》卷 63《职官考十七·郡太守》。

7　《新唐书》卷 37《地理一》。

8　《太平广记》卷 85,"击竹子"条引《野人闲话》。

9　《茅亭客话》卷 7《盲女》。

10　《酉阳杂俎》卷 4《物革》。

11　《全唐文》卷 32,玄宗《禁赁店于利诏》。

12　据《通典》、《唐会要》载,唐代分为大、上、中、下四级都督府。但《唐六典》、新旧唐书官志皆未载上都督府官吏,故此上都督府市官吏付阙。

13　据《唐会要》卷 86《市》载,唐后期,中下县、下县除在州治所附近和交易兴盛之处外,一般不再设市官。

14　《唐六典》卷 20《太府寺·太府卿》;《旧唐书》卷 44《职官三》。

15　上引自《旧唐书》卷 44《职官三》。《新唐书》卷 49 下《百官四下》记为:功、仓、户、田、兵、法、士七曹,多一田曹(州为司田曹)。田曹、司田曹时置时废,其置废或分户曹为户、田二曹,或田曹并入户曹。田曹、司田不恒设,故常言六曹。

详见严耕望:《唐代府州僚佐考》,载《唐史研究丛稿》,香港新亚研究所 1969 年,第 147—148 页。

16　《旧唐书》卷 44《职官三》。

17　《唐六典》卷 30《三府·都督·都护·州·县官吏》。

18　《唐六典》卷 30《三府·都督·都护·州·县官吏》。

19　《新唐书》卷 49 下《百官四下》。

20　《唐六典》卷 20《太府寺·两京诸市署》。

21　《唐六典》卷 20《太府寺·两京诸市署》。

22　《新唐书》卷 49 下《百官四下》。

23　《册府元龟》卷 504《邦计部·关市》。

24　《通典》卷 172《州郡二》。

25　《旧唐书》卷 94《崔融传》。

26　宋敏求:《长安志》卷 8《东市》,卷 10《西市》。

27　洪迈:《容斋随笔》卷 9《唐扬州之盛》。

28　日本学者加藤繁对"行"作有专门的考证,详见其论著《论唐宋时代的商业组织"行"并及清代的会馆》,载《中国经济史考证》第 1 卷,商务印书馆 1959 年。

29　《新唐书》卷 48《百官三》。

30　详见〔日〕仁井田陞:《唐令拾遗·关市令第二十六》第 7 条,日本东方文化学院东京研究所 1933 年,第 716—717 页。

31　《唐六典》卷 20《太府寺》。

32　《唐律疏议》卷 26《杂律上》。

33　以上均见《唐律疏议》卷 26《杂律上》。

34　《唐律疏议》卷 4《名例四》。

35　《新唐书》卷 48《百官三》。

36　〔日〕池田温:《中国古代籍帐研究·录文》,第 447—462 页。

37　《唐六典》卷 20《太府寺·两京诸市署》。

38　〔日〕池田温:《中国古代籍帐研究·录文》,第 490 页。

39　《唐律疏议》卷 26《杂律上》。

40　《唐六典》卷 20《太府寺·两京诸市署》。

41　《唐六典》卷 20《太府寺·两京诸市署》。

42　《唐律疏议》卷26《杂律上》。

43　《唐律疏议》卷11《职制下》。

44　《唐律疏议》卷26《杂律上》。

45　《白孔六帖》卷83《市》，引唐关市令。

46　《唐会要》卷86《市》。

47　《唐六典》卷20《太府寺·两京诸市署》。

48　《唐律疏议》卷8《卫禁下》。

49　《唐律疏议》卷8《卫禁下》。

50　《唐律疏议》卷27《杂律下》。

51　《唐会要》卷86《市》。

52　《唐律疏议》卷26《杂律上》。

53　《唐会要》卷86《市》。

54　《唐会要》卷86《市》。

55　《唐会要》卷86《街巷》。

56　《唐律疏议》卷26《杂律上》。

57　高彦休：《唐阙史》卷下《王居士神丹》。

58　孙棨：《北里志》王团儿条。

59　孟元老：《东京梦华录》卷3《马行街铺席》。

二十二、唐代的贱民

　　唐代的贱民是唐代社会经济、阶级结构研究中不可缺少的一部分。本文就唐代贱民的等级、来源、数量、隶属、服役,以及其社会经济政治地位的差异特点等作一较为系统的论述。

　　通过等级的形式表现阶级的差异,这是封建社会的一个特征。列宁指出:"大家知道,在奴隶社会和封建社会中,阶级的差别也是用居民的等级划分而固定下来的,同时还为每个阶级确定了在国家中的特殊法律地位,所以奴隶社会和封建社会(以及农奴制社会)的阶级同时也是一些特别的等级。……社会划分为阶级,这是奴隶社会、封建社会和资产阶级社会共同的现象,但是在前两种社会中存在的是等级的阶级,在后一种社会中则是非等级的阶级。"[1]唐代社会的阶级关系,就是由各种社会地位的多级的阶梯构成的,并且从法律上确定了每个阶梯在社会中的特殊地位,使阶级差别固定化。唐代贱民是唐帝国整个阶梯中最低的一层。贱民又分为官贱民和私贱民两大类:官贱民有官奴婢、官户、工乐户、杂户和太常音声人;私贱民有奴婢、部曲、客女、随身。而在这贱民层中又有着严格的等级划分,依据奴婢"一免为番户(即官户——引者),再免为杂户,三免为良人"[2]的规定,可以概括为三个不同的等级,即官私奴婢——官户、工乐户、部曲、客女、随身——杂户、太常音声人。
下面就其等级秩序分别述之。

一、官私奴婢

　　奴婢是唐代贱民阶层中身份最低的一个等级，不与人同，
则"律比畜产"[3]，"同于资财"[4]。

　　唐代奴婢的来源，主要通过以下几个途径：一、继承前期世
代相承的奴婢；二、以战俘为奴。这主要是在前期；三，掠买良
人为奴。如"荆益奴婢，多国家户口，奸豪掠买"[5]，"关畿之内，
掠夺颇多，遂令黔首之徒或被丹书之辱"[6]；四、自卖为奴。这特
别是在征敛苛重和灾荒年间，"饥岁，室家相弃，乞为奴仆，犹莫
之售，或缢死道途"[7]；五、债务奴婢。如"柳人以男女质钱，过期
不赎，子本均则没为奴婢"[8]；六、罪没为奴。唐代律令规定："凡
反逆相坐，没其家配官曹，长役为官奴婢。"[9]

　　唐代奴婢的来源与前代相差无几，只是逐渐受到限制。世
代相承的奴婢，南北朝以来已不断放免，尤以北周武帝时为最
盛。隋末农民战争中，许多奴婢摆脱了奴婢地位而成为良人。
唐初统治者，亲眼目睹了隋王朝怎样在农民、奴婢反抗斗争的
打击下分崩离析直至灭亡，因此比较注意缓和阶级矛盾。尤其
是在唐太宗时，对战俘不再承袭前代"沦为贱种，类为皂隶"的
旧制，而经常放免为良。如贞观十九年（645 年）八月攻高丽，
"诸军所虏高丽民万四千口，先集幽州，将以赏军士，上悯其父
子夫妇离散，命有司平其直，悉以钱布赎为民，欢呼之声，三日
不息。"[10]直至唐末仍有放战俘为良的情况，昭宗大顺二年（891
年）四月，"赐两军金帛，赎所略男女还其家。"[11]而对于私掠战
俘为奴者，则以死刑处罚，"广州都督党仁弘，……交通豪酋，纳

金宝,没降獠为奴婢,又擅赋夷。既还,有舟七十。或告其赃,法当死。帝哀其老且有功,因贷为庶人。"[12]对于掠卖良人为奴者,唐律以处绞刑而严格禁止,"诸略人略卖人为奴婢者绞,为部曲者流三千里"[13]虽然在禁令下,仍有不少地主官吏等违法掠卖良人,但毕竟是不合法的,只有那些趋利而不惜命者才敢为之。而自卖为奴者,只是在万不得已的情况下才出现,农民是不愿弃良从贱的。再则,由于奴婢生产愈益不利于生产力的发展,以及奴婢不断的反抗斗争,迫使封建国家、官吏、地主不断放免奴婢。在正常情况下,奴婢年逾"六十以上及废疾者为官户,七十为良人"[14]。所有这些,使唐代奴婢的数量比起前代日益减少。

官奴婢隶属刑部,由刑部四司之一的都官总监,"都官郎中员外郎,掌配没隶,簿录俘囚,以给衣粮药疗,以理诉竞雪免,凡公私良贱,必周知之。"[15]然刑部都官仅掌奴婢簿籍,直接管理和役使的却是诸司,奴婢"凡初配没,有伎艺者,从其能而配诸司,妇人工巧者入于掖庭,其余无能咸隶司农"[16],"惟诸司用奴时,可由司农寺拨给"[17]。也有一些奴婢附贯州县,"附贯州县者按比如平民"[18]。官奴婢成丁的年龄皆早于一般良人,"四岁以上为小,十一以上为中,二十以上为丁"[19],而唐代中男丁男之制,天宝三年(744年)以前十六岁起算中男,二十一岁起算丁男,此后,十八岁起算中男,二十三岁起算丁男,广德元年(763年)又改为二十五岁起算丁男。奴婢的簿籍每年一编造,"每岁孟春,本司以类相,从而疏其籍以申,每岁仲冬之月条其生息,阅其老幼,而正簿焉。每岁十月,所司自黄口已上并印臂送都官阅貌。"[20]造籍一式二份,"一通送尚书,一通留本司"[21]。官奴婢的生活资料皆由官曹供给(其数量详见《唐六典》卷六刑部都官

条)。私奴婢则完全隶属私人所有,如同私有财产一样。律云:
"奴婢既同资财,即合由主处分"[22],"随主属贯,又别无户籍"[23]。
此外,寺观亦拥有奴婢。至武宗灭佛时还籍没寺观大量奴婢为
两税户,"武宗即位,废浮屠法,……中下田给寺家奴婢丁壮者
为两税户,人十亩。"[24]

　　唐代奴婢的役使状况是比较复杂的。但可以肯定,奴婢已
主要不用在农业生产上。从官府来说,国家的屯田,唐中叶以
前,边地主要是以兵士,谪发罪吏为戍兵进行屯种。内地的屯
田则由兵士和调发丁夫耕种,开元时李元紘说:"若置屯即当公
私相易,调发丁夫,调役则业废于家,免庸则赋阙于国。"[25]安史
之乱后,屯田逐渐出租于民耕种,建中八年京兆尹严郢上奏中
言:"况二千余里发人出屯田,一岁方替,其粮谷从太原转饷漕
运,价值至多。又每岁人须给钱六百三十,米七斛二斗,……与
天宝以前屯田事殊。"[26]国家的营田"皆雇民或借庸以耕"[27]。公
廨田亦"借民佃植,至秋冬受数"[28]。所以国家直接控制的土
地,一般是不用奴婢耕种的。官奴婢主要用于手工业生产和服
杂役。有工能者,"从其能而配诸司,妇人工巧者入于掖庭",从
事手工业生产。而"其无能者咸配司农"服杂役。

　　私家奴婢的役使比官府繁杂,但主要是用于家内役使。虽
然奴婢用于耕作的亦有不少记载,但是私家奴婢用在生产劳动
上的是少数。其原因:一是奴隶制生产是落后的生产形式。以
"附贯州县者按比如平民"的奴婢为例,其不上番所纳资课比一
般农民少一千文。一般丁男纳资代役为二千五百文[29],而丁奴
仅纳一千五百文[30]。这反映了奴婢恶劣的生产条件,使其没有
劳动积极性,他们所能创造的产品比一般农民低。而剥削者,
总是企图榨取更多的财富。斯大林指出:"新的生产力要求生

产者在生产中能表现出某种主动性,愿意劳动,对劳动感兴趣。于是,封建主就抛弃奴隶,抛弃这种对劳动不感兴趣,完全没有主动性的工作者,宁愿利用农奴,因为农奴有自己的经济,自己的生产工具,具有为耕种土地并从自己收成中拿出一部分实物缴给封建主所必需的某种劳动兴趣。"[31]无疑,唐代地主阶级也必然遵循这一规律,选择能提供更多剥削量的剥削形式。实际上,唐代从前期开始,大地主们主要采取的剥削形式就是庇荫流亡的破产农民和出租土地。唐代客户之多,政府括户之众以及租佃制的不断发展正反映了这一状况。二是政府规定官吏私人占有奴婢的数量比前代大大减少。玄宗时规定:"虽王公之家,不得过二十人,……八品九品不得过一人。"[32]这与北齐私家拥有奴婢"亲王止三百人,……庶人限止六十人"[33]相比已大大减少。当然,许多官僚地主拥有奴婢的数量往往超过这些限数。但由此也反映出,政府规定官吏所可拥有的奴婢,主要是供家内役使,并不是用于生产。所以唐律云:"部曲奴婢,事为家仆,事主须存谨敬。"[34]奴隶生产制逐渐退出生产领域的状况已反映在国家的律令上,说明在唐代社会现实生活中,使用奴婢从事耕作的事实已不多。恩格斯在谈到罗马奴隶制崩溃之后的情况时曾说:"只有替富人做家务和供他过奢侈生活用的奴隶,还存留在社会上。"[35]唐代存在的奴婢,基本上也属于这类情况。奴婢除了主要服杂役外,其骁勇者,也常被充入军队征战,如"则天万岁通天元年(696年)九月敕,士庶家僮仆有骁勇者,官酬主直,并令讨击契丹"。[36]

　　不过,唐代奴婢存在的数量与使用状况,内地与边地是有差异的。内地因社会生产力的发展,封建经济的不断强化,奴婢存在的数量日益减少,很少直接用于生产上。而边地则与各少数民族接壤,因受少数民族落后的经济关系的影响,奴婢的数量和用于生产上的情况有逾于内地。如"岭外诸州,居人与夷獠同俗,火耕水耨,昼乏暮饥,迫于征税,则货卖男女,奸人乘之,倍讨其利。以齿之幼壮,定估之高下。宭急求售,号哭踰时,为吏者,谓南方之风俗,风习为常,适然不怪,因亦自利。遂使居人男女与犀象杂物,俱为货财"。[37]武则天"大足元年五月三日敕:西北沿边州县,不得畜突厥奴婢"[38]。边地的农民也以拥有千奴万婢作为富裕的象征。敦煌石室所出唐人《下女词》中曰:"况(祝)愿新郎……千奴万婢。"[39]《下女词》又云:"汉奴专知仓库,胡奴检校牛羊,斫脚奴装鞍接镫。强壮奴使力耕荒,孝顺奴盘鸡炙旌,谗韶奴点醋行姜。端正奴柏筶筷送酒,丑掘奴添酥酪浆,细腰婢唱歌作舞。"[40]可见奴婢不仅名目繁多,而且从各种家内劳动到工农业生产,都使用奴婢。这种经济发展的不平衡性,边地与内地的差异,是应该注意的,不能一概而论。

　　唐代奴婢的性质,具有奴隶与农奴的两重特征。他们与奴隶社会的奴婢有相一致的一面。人身被他人所占有。婚姻由主人决定,并且只能当色相婚。未经放免,子孙世为奴婢。刑法上亦重于社会其他各等级,这在《唐律疏议》中比比皆是。奴婢被国家和私人作为资财赏赐、赠送,如李靖受诏讨平辅公祐"赐物千段,奴婢百口"[41],私赠如:"裴宽尚书罢郡,西归汴中,日晚维舟,见一人坐树下,衣服故敝,召与语,大奇之,……举船钱帛、奴婢与之。"[42]奴婢亦可被当作财物买卖,与牛马同市,"诸买奴婢马牛驼骡驴,已过价不立市券,过三日,笞三十,卖者减一等。"[43]官府奴婢还铭有印记,以别卑贱。这些都说明了唐代奴婢的身份与奴隶制下的奴隶是一致的,"奴隶在这里也同役畜一样,并不形成特殊的经济范畴,或者,最多也只是存在物质上的差别：不会说话的工具；有感觉的，会说话的工具。"[44]

但是，唐代奴婢与奴隶制下的奴隶又有着一些差异。斯大林指出："在奴隶占有制度下，生产关系的基础是奴隶主占有生产资料和占有生产工作者，这些生产工作者就是奴隶主可以把他们当作牲畜来买卖屠杀的奴隶。"[45]然在唐代，主人已不能随意杀奴婢，即使罪杀奴婢，也要报申官司，"诸奴婢有罪，其主不请官司而杀者，杖一百，无罪而杀者，徒一年。"[46]其次，奴婢不再终身为奴，而"六十以上及废疾者为官户，七十为良人"。再次，奴婢已有私有财产，唐律云："其部曲奴婢应征赃赎者，皆征部曲及奴婢，不合征主。"[47]奴婢可以以钱赎罪，反映了奴婢具有私有财产。尤其值得注意的是附贯州县的奴婢，"附贯州县者按比如平民，不番上，岁督丁资为钱一千五百文。丁婢中男五输其一，侍丁残疾半输，……丁奴三当二役，中奴丁婢二当一役，中婢三当一役"[48]。奴婢所交代役钱，虽然少于一般良人，但说明他们已是拥有私有财产之人，而且拥有自己的生产工具，他们的生产活动也已具有了相对的独立性，还享有如同平民不上番而纳资代役的待遇。他们与人身为主人占有，"要用别人的生产条件来劳动，并且不是独立的"[49]奴隶，有着明显的差别，与直接隶属于官府和私家的奴婢也不同，说明他们已不是原来意义上的奴婢了。唐代奴婢与奴隶制下的奴隶既有相一致的一面，又有差异的一面，这一特征反映了封建制度下奴婢的特点。

二、官户、工乐、部曲、客女

官户、工乐、部曲、客女，为唐代社会同一等级，"官户与部曲同"[50]，"若工乐官户，不附州县贯者，与部曲例同"[51]，"称部曲者客女同"[52]。所不同是，官户、工乐隶属国家，部曲、客女隶属私家。

官户，依唐律所云："官户者，亦谓前代以来配隶相生，或有今朝配没"[53]，即官户是承袭前代和唐代配没而来的。官户不始于唐，为沿袭北周"官口"而来。北周武帝建德元年（572 年）十月庚申诏："江陵所获俘虏充官口者，悉免为民。"[54]官口与官户都属贱民，只是到了唐代改称"官口"为"官户"。此外，唐代官户还有一个来源，即放奴为官户。依律令规定，奴婢"一免为番户，再免为杂户，三免为良人，皆因赦宥所及则免之（注云：诸律令格式有言，官户者，是番户之总号，非谓别有一色）"[55]。奴婢若依次放免，则一免便入官户之伍。

官户，"州县无贯，唯属本司"，[56]直接隶属于其服役的各部门。总其籍者为刑部都官。官户被役使的状况与官奴婢基本上是一致的。"官户、奴婢，有技能者配诸司"[57]，而无能者咸归司农。官户服役，一般为一岁三番役，若不上番，可纳资代役，"番户一年三番，杂户二年五番，番皆一月，十六以上当番，请纳资者亦听之。"[58]但也有被留作长上无番者。官户还是工乐户的经常补充，"官户皆在本司分番，每年十月都官按比，男年十三以上，在外州者十五已上，容貌端正送大乐，十六已上送鼓吹及少府教习"[59]。可见，唐代工乐与官户的关系比较紧密，工乐中大量的都是由官户转化而来。官户依令受有田地，"凡官户受田，减百姓口分之半"[60]。唐代丁男口分田为八十亩，官户应受四十亩。这四十亩田地，当是给官户自营为生的，因为他们除上番以外，不再交纳其他的赋税，而这四十亩田地也仅够维持最低限度的生活。长役无番的官户，衣食均有官司发给，"给户奴婢、番户、杂户资粮衣服"[61]。

工乐也直系官府，"工乐者，工属少府，乐属太常，并不贯州县"[62]。工乐名目，北魏已有，唐代亦继承旧制。配隶的工户是唐代官府作坊中工匠的一个来源，他们的身份与政府征发服役的丁匠是有异的。凡配没之人，入少府监者，便身为工户。入太常寺为乐工者，便系为乐户。故工乐户属贱民之列。

部曲，主要隶属私家。"奴婢部曲，身系于主"[63]，"部曲谓私家所有"[64]。此外，寺观也拥有部曲，故唐律中规定："观寺部曲殴当观寺徐道士女冠僧尼等各合徒一年。"[65]唐代的部曲主要有二种：其一，是承袭南北朝以来的部曲；其二，是奴婢放免为部曲。奴婢放免为部曲，盖始于北周，武帝建德六年（577年）十一月诏："自永熙三年（534年）七月已来，去年十月已前，东土之民被抄略在化内为奴婢者，及平江陵之后，良人没为奴婢者，并宜放免，所在附籍，一同民伍。若旧主人犹须共居，听留为部曲及客女。"[66]唐代依然如故，私家奴婢放免则为部曲、客女。依唐律规定，部曲也只能是释放的奴婢或部曲子孙。如果略卖、和诱、典质良人为部曲，其罪仅次于略良人为奴者一等[67]。部曲，在汉代本来只是军队编制的名称。魏晋以来，部曲乃是家兵，亦即私人武装组织，同时也是农业生产劳动者。但从北魏以降，部曲逐渐演变为主要供家内役使。自北魏泊唐的均田令中，均无部曲受田的令式。唐代令文也规定私家贱口不给田地，"凡官户受田减百姓口分之半，……贱口……口分永业不与焉"[68]。这说明，在唐代部曲已主要供家内役使，而不是用于生产劳动，故《唐律疏议》云："奴婢部曲，是为家仆。"不过，私家役使的情况是多种多样的。除了主要服家内杂役外，有的主人还用部曲为已营商，"诸王、公主及宫人，不得遣亲事帐内邑司如客、部曲等在市兴贩"[69]。有的也仍然以部曲作为私人武装征战，尤其是在战乱之时，如"（仆固）怀恩将士，皆（郭）子仪部曲"[70]。所以，唐代部曲仍保有魏晋时期作为私兵役使的遗迹。

客女，"谓部曲之女"，他们"或有于他处转得，或放婢为之"[71]。《唐律疏议》王元亮释文云："婢，经放为良，并出妻者，名为客女。"[72]客女之名始于北周，唐代则是承袭相循。客女的身份与部曲是例同的，也主要用于家内役使。此外，还有"随身"，"部曲奴婢客女随身，此等律有明文，加减并不同良人之例"[73]。随身不属良人，但随身乃由雇赁而来，"二面断约年月，赁人指使为随身"[74]。所以随身是暂时的，有一定的期限，限期一满，可摆脱贱民地位而复为良人。

官户、工乐、部曲、客女，他们是依附性极强的一个等级，其地位只是略高于奴婢。官户、工乐都只能当色相婚，"其工乐杂户官户，依令，当色为婚"[75]。在刑法上，殴良人加凡人一等处罪，良人殴官户则减一等处罪。官户与官奴婢所不同的是可以授田四十亩，一般一年服役三番，并可以纳资代役，在经济和生产活动方面普遍地较奴婢有略多的自由。然而这是极其有限的，他们中不少人也常是长役无番部曲、客女在律令中常和奴婢并称。虽然法律上规定，奴婢同资财而"部曲不同资财"[76]，亦不准买卖，"奴婢有价，部曲转事无估"[77]。但实际上他们仍然是被视作私人财产。若主人犯法处斩，则其"部曲、资财田宅并没官"[78]，部曲和资财田宅并称，并一同被没官，这就是视部曲如同私人财产。虽然部曲不准买卖，但"转易部曲事人，听量酬衣食之直"[79]，这同买卖奴婢也没有多少差异。所不同的仅仅是奴婢有市价，而部曲的价格由买卖者双方自己商定而已。从实质上来讲，他们都像商品一样，可以从一个卖主手中转易到另一个买主手中。部曲在刑讼上，许多地方也是同奴婢一致的，如"诸部曲奴婢詈旧主者徒二年，殴者流二千里，伤者绞，杀者皆斩"[80]，"诸部曲奴婢，过失杀主者绞，伤及詈者流"[81]。部曲不同于奴婢者，在法律上最明显的只有二条：其一，部曲可娶良人为妻，"其妻通娶良人客女奴婢为之"[82]。其二，"部曲合有资财"[83]。由以上观之，唐代部曲的实际社会地位与奴婢是很近似的。

三、杂户、太常音声人

杂户和太常音声人，都隶属于国家。杂户之名，不独见于唐代。北魏时已有"杂户"之称，《左传》襄公二十年孔颖达疏引《魏律》云："缘坐配没为工乐杂户者，皆用赤纸为籍，其卷以铅为轴。"[84]北朝杂户的身份低于一般良人，还可以从北周时期释杂户为民得证。北周武帝建德六年诏："凡诸杂户，悉放为民，配杂之科，因之永削"[85]，"齐平后，帝欲施轻典于新国，乃诏：凡诸杂户，悉放为百姓。自是无复杂户"[86]。从诏令来看，似乎周武帝悉放杂户为民，取消配杂之科后，杂户不再存在，然实际上杂户并未自此而绝。唐代杂户中有一部分就是前代犯罪没官而承袭下来的，唐律云："杂户者，前代犯罪没官，散配诸司驱使。"[87]此外，唐代杂户的另一来源，就是由官户放免为杂户者。

杂户，"附州县户贯"[88]，服役于各司。役次为"一年五番"，即一年二个半月，比官户少半个月。不上番，可以纳资代役。杂户"受田进丁老免与百姓同"[89]，按唐代受田数可以应受百亩田地。在经济条件上，杂户优越于其他贱民。当然，他们并不能完全依律令所规定的数量受足田地。因为唐代均田户尚不能受足，杂户自然也不可能受足。从受田和服役的时间来看，杂户的主要劳动形式，已由服杂役转向以农业生产为主，在土地上的经营活动已占据了他们的大部分时间,或者说土地已成了他们维持贫困生活所需生活资料的主要源泉。在法律上除杂户当色相婚,良人不准养杂户子孙的条例体现了其贱民身份外,其他则一同良人之例,"其有反逆及应缘坐,亦与百姓无别",而"工乐官户不附州县贯者,与部曲例同"[90]。所以,杂户无论从经济条件还是社会地位,与他其贱民(除太常音声人)已不可同日而语,而是已接近一般良人。杂户与官户虽然只差一个等级,但这一等级的实际差别是比较大的。

太常音声人,是封建国家中专门从事音乐工作的人。他们的身份属于贱民之列,主要是罪没入官者。这也是沿袭前代旧制。但唐代的太常音声人不是前代承袭而来,而是本朝配隶之人。唐武德四年(621年)曾下诏:"太常乐人,本因罪谴没入官者,艺比伶官,前代以来,转相承袭。或有衣冠继绪,公卿子孙,一沾此色,累世不改。婚姻绝于士庶,名籍异于编甿。……其大乐鼓吹诸旧乐人,年月已久,时代迁移,宜并蠲除,一同民例。……自武德元年配充乐户者,不在此例。"[91]太常音声人,旧不属州县,由太常寺直接管辖。自隋义宁以后才附贯州县,"太常音声人,谓在太常作乐者,元与工乐不殊,俱是配隶之色,不属州县,唯属太常,义宁以来,得于州县附贯,依旧太常上下,别名太常音声人"[92]。唐因隋制,太常音声人仍附贯州县,唯属太常寺驱使。太常音声人一般都要经过教习而正式成为乐人,"凡习乐,立师以教,而岁考其师之课,业为三等,以上礼部。十年大校,未成则五年而校,以番上下"[93]。太常音声人服役分番上下,依离京城远近而有异,"关外诸州者分为六番,关内五番,京兆府四番,并一月上。一千五百里外,两番并上,六番者上日教至申时,四番者上日教至五时"[94]。若不上番,可纳资代役,

"岁钱二千"[95]。唐初太常音声人尚只有二百余人,"贞观二十三年(649年)十二月诏诸州散乐、太常上者,留二百人,余并放还"[96],以后又逐渐增多,"短番散乐一千人,诸州有定额,长上散乐一百人,太常自访召"[97]。太常音声人"各附县贯,受田进丁老免与百姓同"[98],而赋役不同州县。他们除了分番服役外,不再负担其他杂役,并且是一人服役,举家皆免差役,"神龙三年(707年)八月,敕太常乐鼓吹,散乐音声人,并是诸色供奉,乃祭祀陈设,严警卤薄等用,须有矜恤,宜免征徭杂科"[99]。正是由于太常音声人的负担较其他贱民要轻,所以他们中的一些人,到唐中叶以后,逐渐发展成富饶之户,会昌二年(842年)敕:"京畿诸县太常乐人及金吾角子,皆是富饶之户,其数至多,今一身属太常金吾,一门尽免杂差役。今日已后,只放正身一人差使,其家下并不在影庇限。"[100]可是,他们好景不长,封建统治者是不会让他们真正富饶起来的,而他们中原来生活条件没有多大改善之家,则又随之而加重了负担。太常音声人,在唐代贱民层中是最上的一个等级,除以上所述在经济地位上接近于良人外,在法律上,他们也"依令婚同百姓"[101]。

　　以上所述官私奴婢、官户、工乐户、部曲、客女及杂户、太常音声人等构成为唐代的"贱民",他们中虽然有着严格的等级划分,各自在社会中的地位有所差异,但未经放免皆不能从良,换句话说,在社会上还没有真正的人的地位,是人下之奴仆。他们生活在社会的底层,是当时社会受奴役和压迫最深、受剥削最惨重的劳动者。他们只能在法律严格限定的一定地位中生活,不能越雷池一步,稍有逾越,则要遭受残酷的处罚。唐代贱民阶层的存在,是唐帝国生产关系中最阴暗、最落后的一面,阻碍着社会经济和文化的发展。经济总是要为自己的发展开辟道路的。在整个唐代,被统治者称为"贱民"的劳动大众,为摆脱非人的处境,以各种形式同剥夺者进行了长期的坚持不懈的反抗斗争,迫使统治者不得不经常放免为良,以适应当时社会经济、文化发展的需要。这当是唐代经济文化发达的原因之一。

(原载《贵州文史丛刊》1984 年第 3 期)

注　释

1　《列宁全集》第 6 卷,人民出版社 1959 年,第 93 页注。

2　《唐六典》卷 6《尚书刑部·刑部尚书》。

3　《唐律疏议》卷 6《名例六》。

4　《唐律疏议》卷 4《名例四》。

5　《新唐书》卷 118《张廷珪传》。

6　《唐大诏令集》卷 5《改元天复赦》。

7　《新唐书》卷 52《食货志》。

8　《旧唐书》卷 168《柳宗元传》。

9　《新唐书》卷 46《百官志》。

10　《资治通鉴》卷 198,唐太宗贞观十九年冬十月丙辰条。

11　《新唐书》卷 10《昭宗本纪》。

12　《新唐书》卷 56《刑法志》。

13　《唐律疏议》卷 20《贼盗四》。

14　《新唐书》卷 48《百官志》。

15　《唐六典》卷 6,《尚书刑部·刑部都官》。

16　《唐六典》卷 6《尚书刑部·刑部都官》。

17　《新唐书》卷 48《百官志》。

18　《新唐书》卷 46《百官志》。

19　《新唐书》卷 46《百官志》。

20　《唐六典》卷 6《尚书刑部·刑部都官》。

21 《唐会要》卷 86《奴婢》。

22 《唐律疏议》卷 14《户婚下》。

23 《唐律疏议·释文》卷 22《斗讼二》。

24 《新唐书》卷 52《食货志》。

25 《新唐书》卷 126《李元纮传》。

26 《唐会要》卷 89《疏凿利人》。

27 《新唐书》卷 53《食货志》。

28 《通典》卷 35《职官·职田公廨田》。

29 《通典》卷 35《职官·职田公廨田》。

30 《新唐书》卷 46《百官志》。

31 斯大林:《列宁主义问题》,第 651 页。

32 《唐会要》卷 86《奴婢》。

33 《隋书》卷 24《食货志》。

34 《唐律疏议》卷 22《斗讼二》。

35 《马克思恩格斯选集》第 2 卷,第 146 页。

36 《唐会要》卷 86《奴婢》。

37 《唐大诏令集》卷 109《禁岭南货卖男女敕》。

38 《唐会要》卷 86《奴婢》。

39 刘半农:《敦煌缀琐》,转引自张勋燎《敦煌石室奴婢马匹价目残纸的初步研究》,载《四川大学学报》1978 年第 3 期。

40 刘半农:《敦煌缀琐》,转引自张勋燎《敦煌石室奴婢马匹价目残纸的初步研究》,载《四川大学学报》1978 年第 3 期。

41 《新唐书》卷 93《李靖传》。

42 《唐语林》卷 3《识鉴》。

43 《唐律疏议》卷 26《杂律上》。

44 《马克思恩格斯全集》第 26 卷第 3 册,人民出版社 1974 年,第 541 页。

45 《列宁主义问题》,人民出版社 1964 年,第 650 页。

46 《唐律疏议》卷 22《斗讼二》。

47 《唐律疏议》卷 6《名例六》。

48 《新唐书》卷 46《百官志》。

49 《马克思恩格斯全集》第 25 卷, 第 891 页。

50 《唐律疏议》卷 22《斗讼二》。

51 《唐律疏议》卷 17《贼盗一》。

52 《唐律疏议》卷 12《户婚上》。

53 《唐律疏议》卷 3《名例三》。

54 《周书》卷 5《武帝纪上》。

55 《唐六典》卷 6,《尚书刑部·刑部都官》。

56 《唐律疏议》卷 3《名例三》。

57 《新唐书》卷 48《百官志》。

58 《唐六典》卷 6《尚书刑部·刑部都官》。

59 《唐六典》卷 6《尚书刑部·刑部都官》。

60 《唐六典》卷 6,《尚书刑部·刑部尚书》。

61 《新唐书》卷 49《百官志》。

62 《唐律疏议》卷 3《名例三》。

63 《唐律疏议》卷 17《贼盗一》。

64 《唐律疏议》卷 6《名例六》。

65 《唐律疏议》卷 6《名例六》。

66 《周书》卷 6《武帝纪下》。

67 《唐律疏议》卷 20《贼盗四》。

68 《唐六典》卷 3《尚书户部·户部郎中员外郎》。

69 〔日〕仁井田陞:《唐令拾遗·杂令第三十三》第 22 条, 日本东京文化学院东京
   研究所 1933 年, 第 857 页。

70 《旧唐书》卷 121《仆固怀恩传》。

71 《唐律疏议》卷 13《户婚》。

72 《唐律疏议·释文》卷 22《斗讼二》。

73 《唐律疏议·释文》卷 22《斗讼二》。

74 《唐律疏议·释文》卷 22《斗讼二》。

75 《唐律疏议》卷 14《户婚下》。

76 《唐律疏议》卷 17《贼盗一》。

77 《唐律疏议》卷 25《诈伪》。

78　《唐律疏议》卷 17《贼盗一》。

79　《唐律疏议》卷 2《名例二》。

80　《唐律疏议》卷 23《斗讼三》。

81　《唐律疏议》卷 22《斗讼二》。

82　《唐律疏议》卷 6《名例六》。

83　《唐律疏议》卷 20《贼盗四》。

84　转引自唐长孺：《魏晋南北朝史论丛》，三联书店 1955 年，第 229 页。

85　《周书》卷 6《武帝纪下》。

86　《隋书》卷 25《刑法志》。

87　《唐律疏议》卷 12《户婚上》。

88　《唐律疏议》卷 12《户婚上》。

89　《唐律疏议》卷 17《贼盗一》。

90　《唐律疏议》卷 17《贼盗一》。

91　《唐会要》卷 34《论乐》。

92　《唐律疏议》卷 3《名例三》。

93　《新唐书》卷 48《百官志》。

94　《唐六典》卷 14《太常寺》。

95　《新唐书》卷 48《百官志》。

96　《唐会要》卷 33《散乐》。

97　《唐六典》卷 14《太常寺》。

98　《唐律疏议》卷 17《贼盗一》。

99　《唐会要》卷 33《散乐》。

100　《文苑英华》卷 423《会昌二年四月二十三日上尊号赦文》。

101　《唐律疏议》卷 14《户婚下》。

二十三、论前后蜀的经济
发展及其原因

　　五代十国,先后持续了五十多年,这是一个兵连祸结的分裂、割据、动乱的时期。僻处西南隅,但夙有"天府之国"之称的四川,因其险要的地势和"自古一天壤"的富庶条件而为藩将所割据,成为群雄中的一国。王建、王衍父子,孟知祥、孟昶父子先后在四川称帝,统治四川达五十九年,是为前蜀(907年—925年)、后蜀(934年—965年),我们统称其为五代蜀国。这是历史上继三国时刘备、诸葛亮在四川建立的蜀国(221年—263年,共四十三年)后的又一个蜀国政权。对于蜀汉政权,史学界已有一些专文从不同的方面给予了总结和评述。但对于王蜀、孟蜀政权,遍稽有关历史学方面的论文索引,则似乎迄今未曾见有史家作专文予以评述。而在前后蜀的统治时期内,四川地区的政治、经济、文化等各方面都有着不同程度的发展。在五代十国中居有重要的地位。深入了解和总结前后蜀时期社会各个方面的状况,对于我们深入研究五代十国和宋初的历史,无疑是有着十分重要的作用。本文拟就前后蜀经济的发展情况及其原因作一浅析和概述。但由于五代十国时期的史籍和资料亡佚颇多,今已难以蒐集,难于求备。若有错漏之处,祈望得到补正。

一、经济发展的情况

四川,在唐代已是一个富庶的地区。在王孟政权统治下的前后蜀时期,这一地区的经济,无论是农业、手工业,抑或商业、都市的繁荣等,都又有不同程度的发展,呈现出繁盛的景象。以下分别述之。

(一)农业的发展

关于农业的发展,其土地垦辟和亩产量的具体情况,由于史书乏载,我们尚不能确知。但是,从史籍所反映的当时农业生产情况及社会繁荣殷阜的记载上,我们仍可见到农业发展之一斑。前蜀武德军节度使赵国公徐延琼的碑文上言及当时梓、潼二州"耒耜接肘,蓑笠摩肩,间阎风靡,稼穑云连。"[1]反映了其时农业生产的一派繁荣景象。正是由于劳动人民的辛勤劳动和创造,推动了农业生产的发展,出现了前蜀财政收入上的"仓廪充溢"[2]和社会的繁衍。蜀臣蒲禹卿曾说当地是"郡府颇多,关河甚广,人物秀丽,土产繁华。"[3]甚至还出现有"蜀多生五谷,弃之如粪土"[4]的现象。后唐庄宗李存勖出兵伐蜀,就是因为四川富庶的吸引。他曾指着府库对孟知祥说:"今日奄有天下,九州四海,珍奇异产充牣吾府。""因指以示知祥,曰:'吾闻蜀土之富,无异于此'。"[5]孟蜀时,"蜀中久安,赋役俱省,米斗三钱,……财币充实。"[6]此时米的价值比之唐代繁盛时期的贞观年间"米斗四、五钱",开宝之际的"米斗至十三文"还要低廉,足见四川地区在前后蜀时农业生产的日益发达。由于农业的丰稔,使社会生活展现出繁华的景象。乡村中"村落间巷之间,弦管歌声,合筵社会,昼夜相接。"都市成都"城上尽种芙蓉,九月间盛开,望之皆如锦绣。(孟)昶谓左右曰:'自古以蜀为锦城,今日观之,真锦城也。'"[7]北宋灭后蜀,宋将帅王全斌等私取后蜀府库财货,"共为钱六十四万四千八百余贯。而蜀宫珍宝及外府他藏不著籍者,又不与焉。"[8]继而,宋朝廷"取蜀宫殿材,造船二百艘,装载物帛铜钱器皿及银腰带十万,应付江南军前,其珠珍软细以陆路发付京师。"[9]此后,宋朝廷又连续组织运送了十几年,方将蜀府库所积财货全部运走。[10]宋灭蜀获取财货之多,充分反映了蜀国的富庶和农业的发达。因为"农业是整个古代世界的决定性的生产部门"[11],只有农业生产发展了,才能造成整个社会的繁荣,才会出现物质资料的丰富和府库的盈溢。

前后蜀农业的发展,还表现在经济作物的大量栽培上,尤其是茶叶生产的扩大。经济作物的扩大,是以粮食作物的产量提高为前提的。因为,经济作物与粮食作物有着争土地、争肥料、争人手、争时令的矛盾,所以只有在粮食生产有所提高的情况下,经济作物才能相应地得到发展。我国茶叶的种植和饮用,据李剑农先生考证和推论,最初是在蜀,约当西汉时期。[12]但是,由于那时农业生产尚不发达,茶叶生产极其微弱。到了唐代,随着农业生产的不断发展,茶叶的种植才兴盛起来,饮茶之风也随之而盛。唐代四川,茶叶的生产已有相当的规模,有的茶园主常雇工百余人采茶。如"九陇人张守珪,仙君山有茶园,每岁召采茶人力百余人,男女佣工者杂处园中。"[13]茶叶的精好,也已闻名全国。雅安的"蒙顶茶"例居众茶之首,"剑南有蒙顶石花,或小方,或散芽,号为第一。"[14]到了前后蜀时期,茶园经营的规模更大。后蜀宰相毋昭裔子毋守素"蜀亡入朝(宋),授工部侍郎,籍其蜀中庄产茶园以献,诏赐钱三百万以充其值。"[15]价值三百万的庄产茶园,在当时其规模不可谓不大。记录茶叶生产种类的专书《茶谱》,也首次在后蜀出现。[16]反映了当时四川茶叶生产的发展,茶叶品种的增多。茶叶,在当时已成为蜀国对外交易的主要商品。前蜀王建时,秦王李茂贞派人前来蜀国货易,"其来也,载青盐、紫草,蜀得其厚利焉;其去也,载白布、黄茶,秦得粗货矣。"[17]又"岐王屡求货于蜀,……乃复以丝茶布帛七万遣之。"[18]类似之记载尚有,此不赘引。茶叶生产,自其始就具有商品的性质,但是,茶叶成为大宗商品,甚至成为对外交易的主要商品,却是需要有雄厚的生产基础为前提条件。正是由于前后蜀时期茶业的发展,茶叶的大量生产,才使茶叶在诸商品中具有了成为主要交易品的条件。由于农业的发达和茶业生产的发展,一些富饶地区的农民,开始完全脱离粮食生产而单纯以经营茶业为生。《宋史·食货志》在记载北宋熙宁七年(1074年)对蜀实行榷茶政策时说:"初,蜀之茶园皆民两税地,不殖五谷,惟宜种茶,赋税一例折输。……民卖茶资衣食,与农夫业田无异。"宋知彭州吕陶在熙宁年间给宋朝廷要求废除对四川榷茶政策的奏文中也说:"邛、蜀、彭、汉、绵、雅、洋等州,兴元府三泉县,人户多以种茶为生,有如五谷。""今川蜀茶园,……本非官地所产,乃是百姓己物。"[19]这些记载虽然主要是反映北宋初年的情况,但实际上,民以种茶为生的现象不是从宋初始有,而其中许多是从后蜀延续下来的。只是由于前后蜀史事记载今多亡佚,不易足证而已。蜀地大量的百姓弃农营茶,这在唐末是很少有记载的。蜀末宋初的大量出现,正反映了茶叶生产在前后蜀时的不断发展。

　其次是桑业的发展。前后蜀时,蜀中每年三月蚕市,有大量的桑树苗出卖。王建"尝登楼望之,见其货桑栽者不一,仍顾左右曰:'桑栽甚多,傥税之,必获厚利。'"[20]从桑树苗的大量商品化和统治者欲税桑而获厚利观之,足见当时四川地区栽桑业的发达。

(二)手工业的发展

养蚕业与织锦业:四川的蚕业历史久远,夙有蚕丛古国之称。古人还常以"蚕丛"喻川蜀。如唐代诗人李白咏蜀道诗中云:"见说蚕丛路",便是称蜀为"蚕丛"。在养蚕上,四川有其独特的方法,这也是蜀锦质地优良的原因之一。宋人吴曾《能改斋漫录》卷15《方物·川帛宜色》载:"少卿章岵尝官于蜀,持吴罗、潮绫至官,与川帛同染红。后还京师,经梅润,吴、湖之帛,色皆渝变,惟蜀者如旧。后询蜀人之由,乃云:'蜀之蓄蚕,与他邦异,当其眠将起时,以桑灰餵之,故宜色。'然世之重川红,多以染之良,盖不知由蚕所致也。"前后蜀时,蜀中养蚕业继续发展。时人孙光宪撰有养蚕专著《蚕书》,对蜀中蚕桑丝织事绩记载颇详。[21]说明当时四川的蚕业,不仅普及,而且已很发达,故有专书记载。

盛享誉称的"蜀锦",早在秦汉时起就驰名遐迩,川蜀山水也因之染上了"锦"的光彩。"蜀以锦擅名天下,故城名以锦官,江名以濯锦。"[22]前后蜀时,随着蚕桑业的发展,织绵业又有了发展。其时锦的产量相当大。王衍曾于宫廷中用缯彩修饰了一座"彩楼山",一次用锦量达数万段,而且不断更换新的,"衍即伪位,……尝以缯彩数万段结为彩楼山,上立宫殿亭阁,一如居常栋宇之制。衍宴乐其中,或踰旬不下。又别立一彩亭于山前,列以金银锜釜之属。……彩楼山遇风雨霜雪所损,乃重易之,无所爱惜。"王衍又好击球,为了击球,"常引二锦障以翼之,往往至于街市。衍为步障所蔽,而亦不知。"[23] 由于蜀锦质量好、产量高,以致后唐庄宗还派人专程前来蜀"市珍玩锦绣"[24] 后唐灭前蜀,还获蜀府库存积的"文锦绫罗五十万匹"[25]。锦的生产,不唯产量大,品种花式也多达十几种,其中著名的长安竹、天下乐、雕团、宜男、宝界地、方胜、狮团、象眼、八答晕、铁梗襄荷,被称为"十色锦"。其色类繁多,犹如鲜蕾吐放,姹紫嫣红,争奇斗艳。无怪乎文墨之士常以蜀锦为咏诗之题材。在织锦技艺上,比之唐代也有了新的发展和提高。后唐庄宗,"灭梁平蜀,志颇自逸,命蜀匠旋织十幅无缝锦为被材。被成,赐名'六合被'。"[26] 嘉庆《四川通志》又载:"蜀孟昶一锦被甚阔,犹今(清代)之三幅帛,而一梭织成。被头作二穴,若云板样,盖以叩于项下,如盘领状,两侧余锦则拥覆于肩,名曰:'鸳衾'。"[27] 此二被的制作,可谓当时之佳作,充分反映了蜀国织锦工艺的发达和精湛。能织成十幅无缝锦被和以一梭织成犹清代三幅宽的帛,其织锦技术在当时全国各地区中是首屈一指的,在川蜀的织锦史上,这也是第一次见于记载,说明当时的织锦工艺和织造工具比之前代都有了新的改进和发展,织锦工艺达到了一个新的水平。前后蜀时养蚕业和织锦业的发展,为宋代四川织锦业的发展打下了基础。北宋元丰六年(1083 年),宋政府便在成都建立了织锦院,"设机百五十四,日用挽丝之工百六十四,用杼之工五十四,练染之工十一,纺绎之工百一十,而后足役。岁费丝权以两者,一十二万五千,红蓝紫苑之类以斤者,二十一万一千,而后足用。织室吏舍出纳之府为屋百一十七间,而后足居。"[28] 其锦院,织机之多,日用技工之众,占地之广,岁耗原料量之大,在当时是具有相当规模的。据《宋史·食货志》记载,北宋初官府所办的织锦场、院共六处,"其纤丽之物,则在京有绫锦院,西京、真定、青、益、梓州场院主织锦绮、鹿胎、透背。"
而在这六处中,四川便占了二处。由此可见蜀地织锦业的发达,
技术力量的雄厚。这当与前后蜀时织锦业的发展是分不开的。

冶铸业:前蜀王建墓中宝盝、玉册匣盖面上所镶嵌的银饰
品,制作非常精致,有鸳鸯、凤、鹤、孔雀、金甲神等,重要的地方
皆鎏金,花纹特别鲜明。墓中还有鎏金铜炉一个,铜质极薄,
厚0.1厘米,盖厚不及0.1厘米,炉的外面全部鎏金,铸造颇
精[29]。冶铸的发展,尤其反映在后蜀时铁钱的铸造,其"铁工精
好,殆与铜相乱",以致"大盈库钱往往有铁钱相混莫辨"[30]。

制盐业:前后蜀的盐井,"邛、嘉、眉有井十三,剑南西川院
领之。梓、遂、绵、合、昌、渝、泸、资、荣、陵、简井四百六十,剑南
东川院领之。东川盐利多于西川矣。"[31]盐井数与唐时相同,未
有增加,但就其产量而言,却有所增加。928年,孟知祥占西川
(时四川尚未统一),董璋占东川,双方屡争盐利,"璋诱商旅贩
东川盐入西川,知祥患之,乃于汉州置三场重征之,岁得钱七万
缗"[32]。此虽为重征,但仅在一州三场征盐商税,就岁获钱七万
缗,可见贩盐量之大。孟蜀末,全国普遍地削减盐价,"成都民
食盐斤为钱百六十,减六十,诸州盐减三分之一"。[33]其盐价削减
比例之大,没有盐产量的增加作为基础,当是不可能的。前后
蜀的盐业生产和经营,皆承唐制,实行榷盐政策,由政府直接控
制。前蜀武成元年(908年)敕文禁私家贩盐。后蜀设有"榷盐
使",还没有"榷盐院"。[34]

陶瓷业与造船业:五代十国时期,瓷器的制造有逾于唐代,
是青瓷的成熟阶段,标志着我国造瓷技术达到了新的高度。蜀
国当时已出产上好的青瓷。前蜀王建在报朱梁的信物中有金
稜盌,云:"金稜含宝杭之光,艳色报青瓷之响。"蜀国时设有

"续窑"、"琉璃厂窑"。五代十国时,瓷器以吴越为精,蜀次之[35]。蜀国瓷器制作的进步,当与川地盛产茶叶,饮茶之风盛行有关。四川在唐代时已能造"长百尺,其广半之"的大船。诗人杜甫曾作诗云:"蜀麻吴盐自古通,万斛之舟行若风。"孟蜀时,蜀中大造战船,夔州水军已拥有战舰数百艘。宋初王全斌率部灭蜀,攻夔州时"夺战舰二百余艘,又斩获水军六千余众。"[36]

造纸业与印刷业:四川的造纸业在唐后期已很发达,制有精致的蜀笺。何宇度《益部谈资》云:"蜀笺古已有名,至唐而后盛,至薛涛而后精。"唐末薛涛笺(系深红彩笺),十色笺(因其笺有深红、粉红、杏红、明黄、深青、浅青、深绿、浅绿、铜绿、浅云十色而得名)均已闻名全国。唐韩浦有诗云:"十样蛮笺出益州,寄来新自浣花头。"前蜀时,又有霞光笺问世。元人费著《笺纸谱》曰:"伪蜀王衍赐金堂县令张玭霞光笺五百幅。霞光笺疑即今之彤霞笺,亦深红色。盖以胭脂染色,最为靡丽。"纸的制作日益精致、美观,这就适应了当时书法、绘画的需要,从而又推动了书画的发展。蜀国时,是四川有史以来画工所聚最盛的时期,作有不少名画流传。

造纸业的发展,也推动了印刷业的发展。晚唐虽然蜀中已盛行印刷,然其所印之书"多阴阳、杂说、占梦、相宅、九宫、五纬之流,又有字书小学。"[37]尚无大部经籍的印行。所以五代时后唐宰相冯道说:"尝见吴、蜀之人鬻印板文字,色类绝多,终不及经典。"[38]到了后蜀时,蜀中开始有"九经"的大量印行。宋人委心子《新编分门古今类事》卷19《毋公印书》谓:"毋公(昭裔)者,蒲津人也,仕蜀为相。先是公在布衣日,尝从人借《文选》及《初学记》,人多难色。公浩叹曰:'余恨家贫,不能力致。他日稍达,愿刻板印之,庶及天下习学之者。'后公果于蜀显达,乃曰:'今日可以酬宿愿矣。'因命工匠日夜雕板,印成二部之书。公览之,欣然曰:'适我愿兮。'复雕九经诸书。两蜀文字,由是大兴。"(时在后蜀广政十六年,即953年。见《资治通鉴》卷二九一)。"九经"的印行,不独发行于都市,而且还"以颁郡县"[39],可见其印行量之大。陆琛"雕本肇自隋时,行于唐世,扩于五代,精于宋人"[40]之说,是颇合历史事实的。(北方在后周广顺三年,即953年,也始有九经印行。详见《资治通鉴》卷二九一)。前后蜀时期印刷业的发展,书籍的大量印行,对于文化的传播和发展,对于在战时书籍的留存是有极大贡献的。由于蜀中印刷业的发展,推动了学馆的创办,促进了教育事业的发展和文化的普及与提高,所以四川享有"蜀儒文章冠天下"之誉。

雕凿技术此时也有了新的提高。解放后在四川发掘的后蜀宋琳墓葬,随葬品种出土的俑,不仅从类别上看是多样化,有文俑、武俑、伏地女俑、猪头人身俑、双头人首蛇身俑等,有头裹巾和戴帽的,穿圆领披衫和衣服的等,而且在制作上,是身体各部同时由一模做出,不是各部造成后相拼,或两半相会,身体大都细长,腰部挺直。其衣帽之皱襞纹痕,多用刀刻成。考古学者们认为,这在技术上是一个大的进步。[41]前蜀王建墓中室内置棺椁的石座东南西三面雕刻有伎乐二十四人,姿态各异。考古学家冯汉骥先生认为,此一群雕刻,在艺术上表现出极高的技术水平和现实主义的作风[42]。其次是"蜀石经"的雕凿。后蜀广政七年(944年),宰相毋昭裔令镌工石刻经籍。唐代石经无注,而蜀石经有注。先后凿成十经,刻石凡千数,历八年乃成[43]。其工程之浩大,是史无前例的。蜀石经镌刻的技艺十分精湛,宋初补刻石经皆不如之。宋人洪迈《容斋续笔》卷一四"周蜀石经"条在记述了蜀石经后写道:"唯《三传》至皇祐元年方毕工,

殊不逮前。"而且,蜀石经成了宋以后颁行经籍的蓝本,《蜀典》
卷十下《著作类》谓:"宋人所称引,皆以蜀石经为证,并不及唐
陕本石经。其故有二:一则唐石经无注,蜀石经有注,故纵其详
者;一则南渡后,唐石经阻于陕,不至江左,故当时学官颁行之
本,皆蜀石经。"

(三)商业的发展和都市的繁荣

由于农业和手工业的发展,为商业的发展和都市的繁荣提
供了良好的条件。前后蜀时的商业,比之前期更为活跃。最能
反映其商品经济发达程度和面貌的,是具有川蜀之特色和传统
的一年一度的"蚕市"。蚕市是以蚕业为名的一种大规模的集
市。每当蚕市之时,人们纷至沓来,恐人我先,百货辐辏,眩人
眼目。宋人黄休复《茅亭客话》卷九《鬻龙骨》条云:"蜀有蚕
市,每年正月至三月,州城及属县,循环一十五处。耆旧相传,
古蚕丛氏为蜀主,民无定居,随蚕丛所在致市居,此之遗风也。
又蚕将兴,以为名也。因是货蚕农之具,及花木果草药什物。"
蜀中远古已有蚕市,当为传说,不足为信,或古人将蚕丛氏时的
游居生活误认为是循环集市。所以,当真正的蚕市兴起时,便
带着传说中循环集市的色彩,似为继承蚕丛氏时之遗风。在唐
代,蜀中蚕市已有明确记载,并反映出了蚕市已很兴盛,"其日,
商旅辇货而至者数万,珍纤之玩悉有,受用之具毕陈。"[44]前后蜀
时,有逾于唐代之盛。每至蚕市,"至时货易毕集,阛阓填委,蜀
人称其繁盛。"[45]市场上不仅人声喧嚷,而且还作乐以助市,"泊
暮而散"。云集于蚕市者,不仅有广大农民、小手工业者、大小
商贾,还有地主官僚、纨绔子弟,就连帝王妃嫔也届时赴市。后

蜀花蕊夫人有诗云：“春早寻花入内园，竞传宣旨欲黄昏。明朝随驾游蚕市，暗使毡车就苑门。”[46]蚕市的时间之久，循行地区之大，投入市场交易的货物，高至珍纤之玩，下至农桑具、日用品及花木果草药什物，其种类之广，数量之多，赴蚕市的人数之众，市场之壮观，是当时其他地区无可比拟的。有关蚕市的这些记载，就犹如一幅栩栩如生的画卷，是解说当时蜀地市场繁荣、商业兴隆、商品经济发达的最好插图。除了蚕市外，当时还有一些专市，如药市、酒市、七宝市、炭市、花市、渔市等。蜀梓州人李珣曾作渔市诗曰：“渔市散，渡船稀，越南云树望中微，行客待潮天欲暮，迷春浦，愁听猩猩啼瘴雨。”[47]随着商品交换的扩大，一些草市的规模日益发展，临时的集市已为定期交易所取代，草市之区也逐渐拓展为新的县。梓州盐亭县的雍江草市，先是在后蜀明德元年（934 年）“析盐亭县雍江草市置招葺院”[48]，后至乾德四年（966 年，北宋灭孟蜀的次年）便被单独置为东关县了[49]。

不仅在蜀国内部商品交换很活跃，而且对外的交易中也很频繁。当时蜀与其他各割据政权大都保持通商关系，如南汉刘陟时，“广聚南海珠玑，西通黔、蜀，得其珍玩”[50]。荆南高从诲“东通于吴，西通于蜀，皆利其供军财货而已”[51]。后晋“天福初，蜀犹与中国通”。后周“听蜀境通商”[52]。“周听边吏通商于我（指蜀）。”[53]后唐庄宗派人来蜀市珍玩锦绣，虽遭王衍拒绝，但仅是禁止珍奇出境，其他货物依然泄于境外。蜀国与朱梁、后唐、吴越、南唐等政权之间，商品贸易也往来不绝。此外，蜀还与外国保持着商品贸易。外国的香药源源不断流入四川。宋陶穀《清异录》载，前蜀王衍曾用香药筑了一座灵芳城[54]。而香药本非蜀地所产，是由外国输入的。《全唐文》卷九三〇谓，前蜀杜光庭《谢允上尊号表》中,有"宝香来于绝域"[55]之句。王衍能以香药修建宫城,足见外国香药流入川蜀之多,反映了其时对外贸易量之大。当时香药入蜀路线,有人考证:一是从成都经甘肃而出(即古人所称的"故道"、"阴平道");二是经青海甘肃而西;另一条是经云南而出至剽国(缅甸)[56]。而成都至云南的道路有十条。据宋王象之《舆地纪胜》卷一四六引张无尽《沐川寨记》说:"(南诏)常挟吐蕃以为中国患,盖其路:一出大渡河;一出沐川源;一出马湖江。其狭邪之径:曰荣泾、曰八面菁、曰黑水、曰中镇、曰赖因、曰龙水、曰阴川。而沐川之路,常为啸集之地。"在对外交易中,当不唯香药而已,其它商品必也不少。只是流入的量不及香药之多。

由于商品经济的发展和刺激,越来越多的人被卷入市场,不仅广大小农、大小商贩奔走于市场,就连太后、太妃也抵不住铜钱的诱惑,毅然抛却其至尊庄严的外貌,跻身于商人的行列。王衍时,徐太后、徐太妃于"通都大邑起邸店,以夺民利。"[57]不唯如此,皇宫内也以立市肆交易为嬉戏游乐,乾德六年(924年)"夏四月,于大内造村坊、立市肆。令宫嫔着青布衫裙,开酒肆食店,杂男女之饰,货柴、面,一如民间叫噪争打。男女混杂,交易而退。帝与诸妃后以为笑乐。"[58]这一状况,在中国整个古代史中,在帝王和宫廷生活的历史记载上,是很突出的。由此可见货币经济的力量之大。正如恩格斯所指出的,货币经济"就像腐蚀性的酸类一样"[59],它已经侵蚀到了皇宫后院,它使道貌岸然的王公贵族剥去了正人君子的外貌,使显示帝王俨然至尊而壁垒森严的宫墙洞开,使之统统染上了铜钱的气味,甚至为它而角逐争斗。由此,我们亦可见到前后蜀时期商品经济的发达程度。

蜀国商品经济的发展,还反映在铸钱之多和乏钱上。前后蜀时期曾数次铸造铜钱。前蜀王建时铸有"通正"、"天汉"、"光天"等元宝钱，王衍时铸有"乾德"、"咸康"通宝钱。后蜀孟昶时铸有"广政通宝"钱[60]。前后蜀铸钱的次数，在五代十国时的各国中是最多的。所铸虽多，仍出现乏钱的现象。后蜀末又不得不铸行铁钱。孟昶广政十八年（955 年），周世宗取蜀秦、凤二州，孟昶惊恐，"致书于帝（周世宗）请和，自称大蜀皇帝。帝怒其抗礼。不答。蜀主愈恐，聚兵粮于剑门、白帝，为守御之备。募兵既多，用度不足，始铸铁钱。"[61]。铁钱初行使于边地，不久便涌入都市。前后蜀时铸钱之多和乏钱，固然有诸方面的原因，从现在能见到的史籍中尚难尽察其嬗递变化的脉络，但商品经济的发展，交换的频繁，市场的扩大，使得原有的铜线数量已不能满足社会用以交换流通的需要，乃是其主要原因之一。楮币在北宋初首先在四川问世，四川之所以成为我国楮币的故乡，这是与前后蜀时商品经济的活跃，为宋代四川商品经济的发展打下的基础是分不开的。

由于商品经济的发展和商业的兴隆，使都市呈现出一派繁荣的景象。唐代成都的繁荣已为世所闻。史有"扬一益二谓天下之盛"之称，然"人物繁盛，悉皆土著。江山之秀，罗锦之丽，管弦歌舞之多，伎巧百工之富，……扬不足以侔其半。"[62]前后蜀时，成都城内不仅设有七宝市、药市、酒市等，有蚕市等季节性的专市循行，而且城内已划分为东、西二市。[63]成都城址在前蜀时又有了拓展。王建"霸盛之后，展拓子城西南，收玉局化，起五凤楼，开五门。雉堞巍峨，饰以金碧，穷极瑰丽，辉焕通衢，署曰：'得贤楼'，为当代之盛。"[64]整个成都城内繁荣富庶的景象，更是盛况空前。城内亭榭相望，珠翠绮罗，名花异香，馥郁森列。夜晚，烛影随星流，管弦歌舞之声彻夜不绝。蜀太尉顾

夐诗云："月照玉楼春漏促,飒飒风摇庭砌竹,梦惊鸳被觉来时,
何处管弦声断续。"[65]后唐使者李严入蜀,言:"蜀都士庶,簾帷
珠翠,夹道不绝","人物富盛"。[66]孟蜀时,城上尽种芙蓉,九月
间盛开,"四十里尽铺锦绣,高下相照"[67],整个都城犹如镶嵌在
锦绣之中,交相辉映,熠熠闪烁,极其瑰丽。广政十二年(949
年)八月,孟昶游浣花溪,"是时,蜀中百姓富庶,夹江皆创亭榭,
游赏之处,都人士女,倾城游玩,珠翠绮罗,名花异香,馥郁森
列。昶御龙舟观水嬉,上下十里人望之如神仙之境。昶曰:'曲
江金殿锁千门,殆未及此。兵部尚书王廷珪赋曰:'十字水中分
岛屿,数重花外见楼台。'"[68]宋初,张咏知益州,作"悼蜀诗"云:
"蜀国富且庶,风俗矜浮薄。奢僭极珠贝,狂佚务娱乐。虹桥吐
飞泉,烟柳闭朱阁。烛影逐星沉,歌声和月落。斗鸡破百万,呼
庐纵大噱。游女白玉珰,骄马黄金络。酒肆夜不扃,花市春慙
怍。禾稼暮云连,纨绣淑气错。熙熙三十年,光景倏如昨。"这
些记载固然反映了统治阶级的奢侈生活,但由此也反映了前后
蜀时期成都繁荣富盛的景象。

二、经济发展的原因

前后蜀时期,四川地区的经济之所以能够发展,自然是因
为在蜀国度内存在着使之发展的相应条件。这也就是本节所
要论述的蜀国经济发展的原因。总括起来,主要有以下几个方
面的原因:

其一,四川有着优越的自然条件,又有着良好的经济发展
的基础。

四川自古以来,就被人们称为"天府之国",境内土壤肥沃,
水利资源丰富。秦代李冰又筑有著名的都江堰。所以史称"夫

蜀之为国,富羡饶沃,固自一天壤也。"[69] 整个成都平原,"绵亘千里,物衍土腴,地称陆海之珍,民有沃野之利。"[70] 明人何宇度的《益部谈资》亦云:"成都城外皆平壤,竹树蓊蔚,田地膏腴,江河诸流,交错贯络。昔称天府沃野,信非虚语。"而且唐代四川已是一个经济比较发达的区域。农业生产发达,粮储充实。王建与陈敬瑄争成都时,部将周庠劝王建先居邛州,以为立足之本时说:"邛州城堑完固,食支数年,足据以为根本。"[71] 唐僖宗入蜀,"蜀中府库充实,与京师无异,赏赐不乏"[72]。不仅农业发达,工商业亦很发达,富盛为天下第一的扬州,其伎巧百工亦不足侔成都之半。由于蜀地拥有优越的自然条件,又有唐代奠定的良好基础,所以一旦具有安定的社会局面,社会进步就能较快的得到发展。

其二,唐末五代四川地区未遭大规模战争的破坏,而又有着几十年安定的社会局面。

四川地势险要,有着易守难攻的独厚条件。李白《蜀道难》诗云:"蜀道之难,难于上青天",又形容蜀道途云:"山从人面起,云傍马头生"。当时,四川与中原的通道,一是沿长江水路,经夔州而东;二是走"剑阁重关蜀北门",出剑阁栈道。而夔州之路,正处于长江三峡。剑门之险,"古称一夫荷戈,万夫莫当"。这样的地理环境,使四川天然自成一壤。所以,尽管境外干戈不息,刀剑迸鸣,嘶杀角逐之声甚嚣尘上,然战争的祸水终不易引入蜀中。正如《旧五代史》的作者引张孟阳《剑阁铭》所言:"惟蜀之门,作固、作镇,世浊则逆,道清斯顺,是知自古坤维之地,遇乱代则闭之而不通,逢兴运则取之如俯拾。"[73]

自唐安史之乱以后,整个北方始终处于战火之中。唐末,"(秦)宗权,……西至金、商、陕、虢,南极荆、襄,东过淮甸,北侵徐、兖、汴、郑,幅员数十州,五、六年间,民无耕织,千室之邑不存一二。"[74]及至五代,仍兵革不息。后梁与唐,"十年对垒,万阵交锋"[75]。后唐时稍有复苏,至后晋又遭契丹入侵。契丹贵族于大河南北"打草谷",在北边诸州掠夺人口,抢劫一空。如在定州"隳城壁,焚室庐,尽驱人民入蕃,惟余空城瓦砾而已。"[76]南方,江淮地区,唐末"及经秦(彦)、毕(师铎)、孙(儒)、杨(行密)兵火之余,江淮之间,东西千里,扫地尽矣。"[77]宋郑文宝《江南余载》卷下谓:"让皇在泰州赋诗曰:'江南江北旧家乡,二十年前梦一场。吴苑宫闱今冷落,广陵台榭亦荒凉。'"五代时,南唐与吴越争闽,一次战死者达二万余人,"委弃军资器械数十万,府库为之耗竭。"[78]闽在内战和对外战争中,弄得"福、建之间,暴骨如莽。"[79]泉州地区"比年军旅屡兴,农桑废业。"[80]楚自马殷死后,内战不已。马希萼进攻长沙,纵兵大掠,"杀吏民,焚庐舍,自武穆王(马殷)以来所营宫室,皆为灰烬。"[81]纵观史籍记载,唐末五代北方与南方都遭战火洗劫,而唯有四川独僻处宁静之地。唐中期以后,是为最好的"避风港"。唐玄宗、僖宗先后避乱于蜀。后为前蜀宰相的韦庄,初由战火弥漫的北方、江南地区入蜀,行至成都附近的汉州,见到一派太平安乐的景象,不禁感叹道:"北依初到汉州城,井邑楼台触目惊。松桧影中旌旆色,芰荷风里管弦声。人心不似经离乱,天意何知却太平。"[82]原为四川边患的吐蕃、南诏,因其本身的分裂和衰落,无力攻蜀。唐末吐蕃内乱,发生分裂割据,内部战事不已,历五代未出兵侵蜀。南诏内部也发生内讧,政局动荡。而唐末王建入主四川,率蜀军数败南诏军队,不仅"绝其旧赐"而且"邛崃之南不置障候,不戍一卒,蛮亦不敢侵盗。"[83]此后,整个前后蜀时期终无边患。整个川蜀地区几乎无大的战事。只有几次短暂的战事。而军队所入，皆禁杀掠。王建入成都，令军士"勿焚掠坊市"，"士卒有犯令者，勋执百余人皆捶其胸而杀之。积尸于市，众莫敢犯。"[84]后唐出兵灭蜀，下檄文禁杀掠，"自入敌境，即禁兵士烧庐舍、剽财物，蜀人德之。"[85]王蜀立国十九年，境内几无战事。孟蜀时，更是偃旗息鼓，闾巷间久不闻斧钺之声，以致北宋伐蜀，蜀兵一触即溃，蜀主孟昶哀叹道："吾与先君（孟知祥）以温衣美食养士四十年，一旦临敌，不能为吾东向放一箭，虽欲坚壁，谁与吾守者耶！"[86]只好束手就擒。前后蜀相继立国五十余年，境内一直保持着安定的局面。

在战火弥漫的唐末五代其间，整个中国，唯有四川未遭战火的洗劫，保持着几十年长期的安定的社会局面，这对于蜀国发展社会经济来讲，与北方、江南相比足可谓得天独厚的优越条件。正是因为没有遭到战火的洗劫，使蜀国经济的发展，一开始就建筑在唐代四川经济发展的基础之上，不像其他地区要经历经济复苏、发展的阶段。所以，蜀国经济发展的起步点，就高于其他各国；正是因为有着长期安定的社会局面，使蜀国能充分利用和发挥其发展经济的优厚条件和良好基础，推动社会经济向前发展。所以，蜀国经济发展的速度和程度自然可以有逾于他国。

其三，北方人口的南迁，为四川地区的生产力增添了新生力量。

自安史之乱后，北中国始终处于战火之中，南部地区也常干戈扰攘。因此，逃亡的农民往往避乱投蜀。唐代四川剑南道的渝州所属璧山县，就是因逃户日益增多，而扩展置为县的。《元和郡县志》卷三四载："天宝中，诸州逃户，多投此营种，……至德二年（757年）置县。"王建入蜀称霸，"人士多欲依（王）建以避乱"，"故其僭号，所用皆唐名臣世族"[87]。及至五代，北方人民仍不断有人蜀者。梁太祖开平四年（910 年）诏：
"今海内未同，而缓法弛禁，非所以息奸诈，止奔亡也。应在京
诸司，不得擅给公验，……宜委宰臣赵光逢专判出给，俾繇显
重，冀绝奸源。……公私行李，复不得带挟家口向西。"[88]诏令中
所指"海内未同"，可知后梁时农民的逃亡，不是国境以内的流
徙，而是逃亡国境以外。诏中又令"不得向西"，前蜀正是位于
后梁之西，可见朱梁的流民往往投奔四川。孟蜀时，又有大量
的北人入居四川。后唐灭王蜀，派孟知祥镇四川，孟知祥所率
部众数万人，皆留住四川。《资治通鉴》卷二七八长兴三年八月
条谓："及知祥克遂、阆、利、夔、黔、梓六镇，得东兵无虑三万人，
恐朝廷征还，表请其妻子。"卷二九二周显德二年十一月条又
云："蜀将士多中原人，盖后唐遣之戍蜀，为孟知祥所留者也。"
孟蜀时，北人入川者，虽多为士卒，但他们几乎成为孟蜀的主要
军事力量。这样就可免除当地农民征戍镇守之劳，得以有更多
的时间从事正常的农业生产。总之，唐末五代时，北方人民源
源不断入迁四川，无论是生产技术，或是劳动人手，都为四川地
区的生产力增添了新生力量。

前后蜀时期户口的增减情况，由于史书阙载（唯有一个户
口数，即北宋灭蜀后，得"蜀户五十三万四千三十有九。"《十国
春秋》卷四九《后蜀二·后主本纪》，《续资治通鉴长编》等均有
记载），因此我们不能详悉。但根据《元和郡县志》和宋《太平
寰宇记》有关四川州县、户数的记载对照来看，仍可以看出这一
时期人口总的趋势是上升。为了便于说服和查证，现将《元和
郡县志》、《太平寰宇记》中剑南西道、剑南东道和《四川郡县
志》中五代前后蜀郡县部分中均有记载的州县、户口数辑出，列
表如下：[89]

州名	辖县数			户数			升降情况（宋与唐开元相比）
	唐	蜀	宋	唐开元	元和	宋太平兴国(主客户总计)	
益　州（唐成都府）	10	10	10	137 046	46 010	131 878	降
彭州	4	3（导江置为灌州）	3（导江划入永康军）	50 120	9 887	33 980	降（永康军辖二县，户数总20383，析一半入彭州仍降）
汉州	5	5	4（一县划入怀安军）	42 500	2 112	58 744	升
蜀州	4	5（青城县析为二县，置永康县）	4（永康县划入永康军）	50 026	14 508	46 576	升（加永康军一半户数则升）
邛州	7	7	7	13 052	25 176	38 497	升

州名	辖县数			户数			升降情况（宋与唐开元相比）
	唐	蜀	宋	唐开元	元和	宋太平兴国（主客户总计）	
简州	3	3	2（金水县置为怀安军）	20 223	缺	16 469	升（怀安军二县户总数13559，析一半入简州则升）
资州	8	8	4（四县废）	18 522	1 499	20 829	升
嘉州	8	8	7	22 912	1 975	28 898	升
戎州	5	5	3（二县废）	6 787	1 293	5 263	降
雅州	5	5	5	6 587	1 453	84 561	升
眉州	5	5	5	42 863	5 804	62 923	升
茂州	4	3（一县废）	3	2 540	690	1 155	降

州名	辖县数			户数			升降情况（宋与唐开元相比）
	唐	蜀	宋	唐开元	元和	宋太平兴国（主客户总计）	
维州	3	2	2（一县划入保州）	765	缺	6 648	升
黎州	2	2	2	缺	338	518	
梓州	9	9	10（增关东县）	15 478	6 985	63 915	升
剑州	8	8	7	13 976	2 903	15 840	升
绵州	8	8	8	51 480	7 148	37 654	降
遂州	5	5	5	37 377	3 846	38 681	升
普州	6	6	4（二县废）	32 608	1 652	14 510	降
荣州	6	6	5（一县废）	4 707	880	66 715	升
陵州	6	6	6	17 955	1 985	25 507	升

续表

州名	辖县数			户数			升降情况（宋与唐开元相比）
	唐	蜀	宋	唐开元	元和	宋太平兴国（主客户总计）	
泸州	5	5	3（一县废，富义县为富顺监）	16 807	1 969	4 462	降（富顺监户总5401，加入仍降）
龙州	2	2	2	919	329	1 532	升

　　上表所列二十三个州，其户数以宋太平兴国时与唐开元时相比，则有十五个州户数上升，七个州户数下降（一州开元之数缺），上升的为总数的三分之二。若以宋太平兴国时与唐元和时相比，则二十一个州（除二州元和时户数缺载外），都有较大的上升。唐元和时户数比开元时大量下降，也许是因为当时一则大土地兼并激烈，农户大量逃亡，地主隐蔽人户较多；二则户口统计脱漏较多；三则由于遭吐蕃的入侵，一些地区被占或人户被掳掠。如松州在元和时尚为吐蕃所占。[90]封建时代的人口统计，因各种原因，多不确切。但从其统计数字仍可以参证当时户口升降的一般情况。由此表我们可见，前后蜀时期人口总的情况是有了不少增长。其增长的原因：一是本地区人口的增殖；二是北方人口的流入。人口的增长，一方面反映了社会生

产的发展和社会的安定。另一方面,劳动力的增长,也为生产
的发展提供了条件。因为在封建社会生产力低下的情况下,劳
动力的增减对生产的发展有着极为重要的关系。

其四,农民起义的历史教训使前后蜀的统治者采取了一些
缓和阶级矛盾的措施,在客观上为社会经济的发展提供了条
件。

唐末黄巢农民大起义的烽火虽然没有直接波及四川,但在
同时期,四川发生了历时九个月的阡能起义,给予了封建统治
者以沉重打击。前蜀的立国者王建,曾为忠武军节度使杜审权
部下的列校,随军"从讨王仙芝"[91],直接参加了镇压唐末农民
大起义,亲眼目睹了农民起义的伟大力量。后蜀孟知祥入蜀,
首遇农民反抗封建压迫的斗争,时"蜀中群盗犹未息"[92]。(由
于前蜀后期统治集团奢侈腐化,社会动乱,赋敛加重,引起了人
民的反抗斗争,发生了几处小规模的农民起义,后唐灭前蜀,农
民起义尚未平息。)反对封建压迫和剥削的农民起义的风暴,给
予了封建统治者深刻的教训,使他们每忆起农民战争的场景,
便不寒而慄,毛骨悚然。因此,在他们立国统治的初期,往往都
采取一些缓和阶级矛盾的措施,以稳固其政权。王建立国元
年,便下赦文,令"所司除本分耗剩外,不得加一升一合,致百姓
积累逋悬,如有固违,必行朝典,其有外州远县官吏等辄征估
价,并许百姓诣阙论诉,不计官职高卑并正刑名处分。"[93]王建为
政,"模似(唐)太宗之临御"[94],并铨选有才之士为官吏。孟知
祥入蜀,"搜访遗材"[95],"择廉吏使治州县,蠲除横赋,安集流
散,下宽大之令,与民更始。"[96]孟知祥死后,孟昶继位,官吏有逾
法度者多被其诛之。原孟知祥旧臣,"及其事昶,益骄蹇,多踰
法度,务广第宅,夺人良田,发其坟墓而李仁罕、张业尤甚。昶

即位数月,执仁罕杀之,并族其家。是时李肇自镇来朝,杖而入见,称疾不拜,及闻仁罕死,遽释杖而拜。"[97]又如眉州刺史申贵,"贪鄙残虐,所聚敛财货民不胜其弊。典眉州受财鬻狱,尤恣暴横。尝指狱门谓左右曰:'此我家钱炉。'"甚至"令其子元宝与州吏许延祺,诬构民连贼,枷禁以求贿。"[98]孟昶责其于维州,途中赐死,"民家相贺"[99]。孟昶为了随时了解民间情况,从开始亲政便"于朝堂置匦以通下情",以后又改为"献纳匦"。[100]孟昶还能纳谏用事,昶即位初,"好打球走马,又为方士房中之术,多采良家子以充后宫。枢密副使韩保贞切谏,昶大悟,即日出之,赐保贞金数斤。"[101]所以,元勋旧臣能"遇事必谏"。[102]孟昶执政时政治比较清明,社会也比较安定,故时人有"再睹有唐贞观之风"[103]的感受。由于前后蜀统治者采取了一些缓和阶级矛盾的措施,使社会具有了相对稳定的局面,这就在客观上为社会经济的发展提供了可能性。

其五,王、孟统治集团比较注意发展社会经济。

王、孟统治集团在统治四川时期也比较注意发展社会经济,采取了一些安辑流散,与民休息,劝耕农桑的政策。前蜀开国元年,王建便下赦文,"兼有军人百姓,先因公事关连,逃避诸州县镇不敢归还者,亦任却归本贯,所在不得勘问扰攘。"又令:"畿内诸州及诸州府应征今年夏税,每贯量放二百文。今年正月九日已前,应在府及州县镇军人百姓,先因侵欠官中钱物,或保累填陪,官中收没屋舍庄田,除已有指挥及有人经管收买外,余无人射买者,有本主及妻儿见在无处营生者,并宜给还,却据元额输纳本户税赋。"[104]武成三年(910年),王建又下诏劝农桑,曰:"爰念蒸民,久罹干戈之苦,而不暇力于农桑之业。今国家渐宁,民用休息,其郡守县令,务在惠绥,无侵无扰,使我赤子乐于南亩。"[105]除王建外，一些宰臣也能注意与民休息，发展经济。吏部侍郎平章事韦庄，"为王建管记时，一县宰乘时扰民，庄为建草牒云：'正当凋瘵之秋，好安凋瘵。勿使疮痍之后，复作疮痍'。"[106]地方官吏王宗寿"安辑离散，得郡牧之体"。晋晖"招来逋窜，划除蠹弊，州民爱之"。[107]孟知祥叛后唐占据四川后，其部将昭武军节度使留后赵庭隐曾"乞假一旅之师，以拓汉中及秦、凤之地，知祥答书慰勉，且令休息。"[108]而且还"徭役稍减"[109]。孟昶时，在明德元年、广政十五年先后下劝农诏，诏令"刺守县令，其务出入阡陌"[110]。又赈济灾民，广政十四年（951年），"蜀大水入成都，漂没千余家，溺死五千余人，坏太庙四室。戊戌，蜀大赦，赈水灾之家。"[111]官府还置屯田，于广政九年"置石民屯田务于梁山县。"[112]此外，孟昶也注意保护商业的发展，曾籍没虐征商税的宰臣，"广政十七年秋七月，杀宰臣张业，以其判度支虐征商税，于是籍没其家。"[113]州县长吏也广事耕垦，修凿水利以发展经济。如奖州刺史石处温，"初据石市，招纳亡命，远近多归之。由是广事耕垦，常积谷数万千石，前后累献军粮二十余万石，加以宝货。"[114]山南节度使武璋，"以褒中用武之地，营田为急务，乃凿大洫，以导泉源，溉田数千顷，人受其利"[115]。嘉州刺史李奉虔，因"夏秋多雨，嘉陵江溢出城"，于是"置堰开湍濑二十余处，泄其蓄水，筑堤以护之，城池克完，人被其利。"[116]马克思曾经指出："但是我们在亚洲各国经常可以看到，农业在某一个政府统治下衰落下去，而在另一个政府统治下又复兴起来，收成的好坏在那里决定于政府的好坏，正象在欧洲决定于天气的好坏一样。"[117]所以封建政府的统治状况与经济的发展，有着密切的关系。由于前后蜀的统治集团采取了一些缓和阶级矛盾的措施，又尚能比较注意发展社会经济，采取了一些有利的措施。这就为社会生产活动的顺利进行,为社会经济的发展提供了条件。在后蜀统治时期,正是因为统治者对社会尚作了一些有益的事情,在人民中留下了较好的印象。《蜀梼杌》卷下载:"(孟)知祥好学问,性宽厚,抚民以仁惠,驭卒以恩威,接士大夫以礼。薨之日,蜀人甚哀之。""(孟)昶之行(北宋灭蜀后,孟昶为宋俘驱赴汴京),万民拥道,哭声动地,昶以袂掩面而哭。自二江至眉州,沿路百姓恸绝者数百人,盖与王衍不同耳。"《十国春秋》卷四九《后主本纪》载:"昶治蜀有恩,国人哭送之,至犍为别去,因号曰:'蜀王滩'。"

以上我们剖析了前后蜀时期经济发展的原因。在这里,我们必须强调指出,所有这些原因和条件,或是客观的条件,或是第二位的。它们仅具有有利于社会经济发展的作用。而这一时期经济发展的真正推动力,则是当时居住在四川地区的广大劳动人民。在封建社会中,"只有农民和手工业工人是创造财富和创造文化的基本的阶级"[118]。只有劳动人民的辛勤劳动和创造,才是改造社会,发展社会经济的主观的能动的积极力量,是劳动人民用勤劳的双手绘制了前后蜀时期四川的繁荣富盛。

三、余论

以上我们综述了前后蜀时期经济发展的概貌,分析了其国度内所具有的有利于经济发展的重要条件。由上可见,前后蜀时期仍是四川历史上一个发展的时期,虽然不是一个繁荣的时期,但毕竟是在原有的基础上有所前进。这里我们也用一个点上的事实说明了五代十国时期并不像过去有人所认为的是一个"黑暗的时期",而是还有其进步的一面。前后蜀在四川的历史上,起着承前启后的作用。它继承在唐代基础上向前发展,又为宋代四川进一步的发展打下了基础。不仅如此,它对宋初全国的统一和北宋初年经济的繁荣和发展也有着一定的作用和贡献。宋太祖赵匡胤在筹划统一战争时曾对其弟赵匡义说:"中国自五代以来,兵连祸结,帑藏空虚,必先取巴蜀,次及广南、江南,即国用富饶矣。"[119]由赵匡胤之议观之,可见蜀国的繁荣富庶在当时南方的诸国中是居于首位的。就蜀国丰实的物质储存为宋初统一战争提供了充分的物质基础这一点的意义上来讲,在客观上为当时尽快结束分裂割据局面,实现南北统一作出了一定的贡献。宋灭蜀后,由水路两路连续运送孟蜀府库所积货物达十几年,而且"岁漕蜀物动逾万计"。[120]四川在宋初成了北宋朝廷可靠的物质资源的基地,这对于北宋初年度过因战争大量耗费钱财而造成的经济困难时期,迅速走上经济恢复和发展的道路,无疑是起着重要作用的。蜀国织锦业的发展,织锦工艺的提高和技术力量的雄厚,为宋初织锦业的发展提供了良好的条件。965年,北宋灭蜀时,得蜀"锦工数百人",全部运往汴京,至宋乾德五年(967年),宋朝廷便"置绫锦院以处之"[121]。正是由于北宋朝廷得有这数百名蜀锦工,才使其有条件在开国之初便在开封建立起了大型的官营绫锦院。而蜀锦工也成了当时绫锦院的主要技术骨干。此外,据统计,宋王朝每年从四川掠取的布帛绫锦等约达一百一十几万匹以上,绢绸达七万四千匹,绫达三万四千匹,锦绮达一千八百匹。[122]当时蜀产锦绮绫罗的质量是全国最佳的,宋初人称谓:"蜀中实饶,罗纨锦绮等物甲天下。"[123]大量的质地为全国之冠的锦绫绮绸源源流入内地,有丰富织造经验和熟练技术的织工又输入内地,这就必然有力地推动着宋初全国织造业的发展,促进着织造工艺的不断提高。由于前后蜀时茶叶生产的发展,使宋初四川茶产量超过了北方和东南诸处产茶总量的百分之三十以上。而宋代四川的茶叶,曾为解决北宋朝廷部分军费的来源,部分战马的来源和维护北宋西南地区的安宁起过重要的作用[124]。前后蜀时印刷业的发展,书籍的大量印行,对于在战时图籍的保存和宋代文化的传播和发展都有着不可忽视的贡献。北宋初,宋朝廷收揽全国各地的图籍,时蜀国的藏书量超越北方,仅次于江南,而位居全国第二位。《续资治通鉴长编》卷一九记载:"建隆初(960—962 年),三馆所藏书仅一万二千余卷。及平诸国,尽收其图籍,惟蜀、江南最多,凡得蜀书一万三千卷,江南书二万余卷。"[125]这一数字当然并不包括民间私人藏书,仅是官府藏书,其实际藏书量当远高于此数,川蜀在宋初已成为全国印刷业的一个中心。当时人评价:木板书以杭州为第一,蜀本次之,福建最下。[126]总之,前后蜀时是一个发展的历史时期,无论是对于四川经济的发展,抑或是对全国经济的发展,都曾有过一定的积极作用和贡献。在我国漫长的历史长河中,我们应视其为前进的一章。

当然,前后蜀时期毕竟还是处于封建统治和剥削的时期。虽然有其发展的一面,但仍有着黑暗的一面,有着桎梏社会经济发展的一面。当时的劳动人民历经苦难,手足胼胝,辛勤劳动创造,造就了社会经济的繁荣,推动了社会经济的发展。但是他们是在艰难曲折的道路上前进的。在前后蜀统治的后期,尤其是在前蜀王衍的统治时期,统治集团往往都走向奢侈腐败,政治混乱,挥霍无度,官吏扰民,赋敛加重,土地兼并日益激烈,致使百姓失业流亡,田园荒废,民不聊生,正常的社会生产也难以进行,造成了对社会生产的破坏,起着桎梏社会生产力发展的限制作用。这里,因囿于篇幅,我们不再引征史料和展开叙述。再则,前后蜀时期是处于分裂割据时期,各国自成一个经济区域,边界哨卡林立,关税重重,给商品流通人为地制造了种种障碍,使得市场狭小,商品生产和商品交换受到限制,阻碍了各地区间经济文化的交往。所以,我们在看到前后蜀经济发展的同时,也必须看到其发展是有限度的,是缓慢曲折的。

综上所述,前后蜀时期四川地区的经济在唐代的基础上又有了新的发展。这一时期发展的特点是:其发展不是一种仅一、二个部门有明显发展,其余的是有所倒退或停滞不前的畸形发展,而是全面的发展,无论是农作物的生产,经济作物的生产,还是手工业生产及商业、都市都有着不同程度的发展,其中具有四川地区悠久历史和在全国居于前列的经济部门,如粮食作物,茶业,织锦业,印刷业等都有着比较大的发展。商品经济的活跃程度,也有逾于当时全国其他地区。就其发展的原因来看,四川地区在唐末五代未受战争的破坏,而又具有几十年安定的社会局面,又有北方劳动力和生产技术的输入,这是前后蜀经济发展所特有的得天独厚的优越条件。加以有着优厚的自然经济条件和良好的经济发展的基础,当时的统治者又采取了一些缓和阶级矛盾,安定社会和发展经济的措施,所以使前后蜀的经济在唐代的基础上继续发展,而且其发展的程度在五代十国各经济区域中居于前列。前、后蜀经济的发展,不仅为宋代四川经济的发展和成为全国经济中心之一奠定了基础,而且对北宋初南北的统一、全国经济的繁荣和发展也有着一定的积极作用和贡献。

（原载《四川大学学报》1983 年第 1 期。原稿因版面限制发表时作了删减,收入本书时以原稿刊出）

注　释

1　《十国春秋》卷 44《郑艺传》。

2　《五国故事》卷上《后蜀孟氏》。

3　何光远：《鉴诫录》卷 7《陪臣谏》。

4　嘉庆《四川通志》卷 164《隐逸》。

5　《新五代史》卷 63《后蜀世家》。

6　张唐英：《蜀梼杌》卷下。

7　张唐英：《蜀梼杌》卷下。

8　《续资治通鉴长编》卷 8，乾德五年正月辛丑条。

9　《十国春秋》卷 49《后主本纪》。

10　彭百川：《太平治迹统类》卷 3《太宗平李顺》载："不数十年，孟氏所储，悉归内府。"

11　《马克思恩格斯选集》第 4 卷，第 145 页。

12　见李剑农：《魏晋南北朝隋唐经济史稿》，三联出版社 1959 年，第 198 页。

13　《太平广记》卷 37《阳平谪仙》。

14　《唐国史补》卷下。

15　《宋史》卷 479《西蜀孟氏》。

16　《十国春秋》卷 41《毛文锡传》。

17　何光远：《鉴诫录》卷 4《得夫地》。

18　《资治通鉴》卷 267，开平四年五月条。

19　吕陶：《净德集》卷 3《奏为缴连先知彭州日三次论奏榷买川茶不便并条述今来利害事状》。

20　《五国故事》卷上《后蜀孟氏》。

21　《宋史》卷 205《艺文志》；参见尹良莹《四川蚕业改进史》，商务印书馆 1947 年，第 18 页。

22　《全蜀艺文志》卷 56《蜀锦谱》。

23　《五国故事》卷上《后蜀孟氏》。

24　张唐英：《蜀梼杌》卷上。

25　郭允韬：《蜀鉴》卷 7《后唐取蜀》。

26　陶毂:《清异录》卷下《六合被》。

27　嘉庆《四川通志》卷 197《纪闻》。

28　《全蜀艺文志》卷 56《蜀锦谱》。

29　参见冯汉骥:《前蜀王建墓发掘报告》,文物出版社 1964 年。

30　《蜀典》卷 8《器物类·铁钱》;《全蜀艺文志》卷 57《钱币谱》。

31　《资治通鉴》卷 276,天成三年二月壬辰条。

32　《资治通鉴》卷 276,天成三年三月辛亥条。

33　《续资治通鉴长编》卷 6,乾德三年春正月丁酉。

34　前蜀:《十国春秋》卷 36《高祖本纪下》,"惟十恶五逆,屠牛、铸钱,……私盐、
　　茶,……不在赦限。"

　　后蜀:《十国春秋》卷 49《后主本纪》,"以前云安榷盐使伊审征为通奏使知枢
　　密院事。"

　　《北梦琐言》逸文卷 1《杨鼎夫是盐里人》,"进士杨鼎夫……后为权臣安思谦
　　幕吏,判榷盐院事。"

35　参见明经《隋唐五代物质文化略述》,《历史教学问题》1958 年 3 月号;付振伦
　　《隋唐五代物质文化史参考资料》,《历史教学》1955 年第 1、2 期。

36　《蜀鉴》卷 8《孟知详董璋连兵拒命》。

37　柳玭:《柳玭家训序》。

38　《册府元龟》卷 608《学校部·刊校》。

39　《十国春秋》卷 49《后主本纪》。

40　胡应麟:《少室山房笔丛》卷 4,引陆琛《河汾燕闲录》语。

41　《四川彭山后蜀宋琳墓清理简报》,《考古通讯》1958 年第 5 期。

42　参见冯汉骥:《前蜀王建墓内石刻伎乐考》,《四川大学学报》1957 年第 1 期。

43　《蜀典》卷 10 下《著作类》。

44　《文苑英华》卷 808,陈黯《彭州新置唐昌县建德草市歇马亭镇并天王院等记》。

45　《五国故事》卷上《后蜀孟氏》。

46　《全蜀艺文志》卷 7,后蜀花蕊夫人《逸诗》。

47　《词综》卷 3,李珣《南乡子》。

48　《十国春秋》卷 49《后主本纪》。

49　《太平寰宇记》卷 82《剑南东道一》。

50　《旧五代史》卷 135《刘陟传》。

51　《旧五代史》卷 133《高从海传》。

52　《资治通鉴》卷 291，显德元年春正月丙子条。

53　《十国春秋》卷 49《后主本纪》。

54　陶毂：《清异录》卷下《灵芳国》。

55　《全唐文》卷 930，前蜀杜光庭《谢允上尊号表》。

56　参见冯汉镛：《从海药本草论唐五代时"成都"的两条国际路线》，《江海学刊》1958 年第 3 期。

57　《新五代史》卷 63《前蜀世家》。

58　《锦里耆旧传》卷 6。

59　《马克思恩格斯选集》卷 4，第 107 页。

60　嘉庆《四川通志·食货志》。

61　《资治通鉴》卷 292，显德二年冬十月壬申条。

62　《全唐文》卷 744，卢求《成都记序》。

63　黄休复：《茅亭客话》卷 3《淘沙子》条载："伪蜀大东市有养病院……时东市国清寺街有民宇文氏，……"；《鉴诫录》卷 3《妖惑众》条载："王蜀有杨廷郎叔杨勋者，自号仆射，……及折其一足，西市斩之。"又《四川通志》卷 166《文物、艺术》载："成都乞儿严七师，……居西市卑田坊。"

64　黄休复：《茅亭客话》卷 2《崔尊师》。

65　《词综》卷 3，顾敻《玉楼春》。

66　《新五代史》卷 63《前蜀世家》。

67　《十国春秋》卷 56《张立雅传》。

68　张唐英：《蜀梼杌》卷下。

69　《全蜀艺文志》卷 48《蜀山诗纪论》。

70　明天启《成都府志》卷 1。

71　《十国春秋》卷 40《周庠传》。

72　《资治通鉴》卷 254，中和元年三月辛酉。

73　《旧五代史》卷 136《僭伪列传第三》。

74　《旧唐书》卷 20 上《昭宗本纪》。

75　张唐英：《蜀梼杌》卷上。

76　《旧五代史》卷101《隐帝纪上》。

77　《资治通鉴》卷259,景福元年秋七月丙辰条。

78　《资治通鉴》卷286,天福十二年三月壬辰条。

79　《资治通鉴》卷282,天福六年秋七月己巳条。

80　《资治通鉴》卷286,天福十二年三月己亥条。

81　《资治通鉴》卷289,后汉隐帝乾祐三年十二月甲辰条。

82　《全蜀艺文志》卷16,韦庄《初入汉州》。

83　《资治通鉴》卷261,乾宁四年十二月壬午条。

84　《资治通鉴》卷258,大顺二年五月辛丑条。

85　《九国志》卷7《赵庭隐传》。

86　《新五代史》卷64《后蜀世家》。

87　《新五代史》卷63《前蜀世家》。

88　《旧五代史》卷6《太祖纪六》。

89　注:唐开元、元和户数辑自《元和郡县志》,宋太平兴国户数辑自《太平寰宇记》,《四川郡县志》仅有州县数,无户口数记载。

90　《元和郡县志》卷33。

91　《五代史记注》卷63 上《前蜀世家》。

92　《资治通鉴》卷274,天成元年三月乙丑条。

93　《十国春秋》卷36《高祖本纪下》。

94　何光远:《鉴诫录》卷7《陪臣谏》。

95　何光远:《鉴诫录》卷4《蜀门讽》。

96　《资治通鉴》卷274,天成元年三月乙丑条。

97　《新五代史》卷64《后蜀世家》。

98　《九国志》卷7《申贵传》。

99　《九国志》卷7《申贵传》;《蜀梼杌》卷下。

100　《新五代史》卷64《后蜀世家》。

101　《新五代史》卷64《后蜀世家》。

102　《九国志》卷7《李仁罕传》。

103　《十国春秋》卷54《幸寅逊传》。

104　《十国春秋》卷36《高祖本纪下》。

105 张唐英:《蜀梼杌》卷下。

106 《唐诗纪事》卷68《韦庄》。

107 《九国志》卷6《王宗寿传》、《晋晖传》。

108 《九国志》卷6《晋晖传》。

109 何光远:《鉴诫录》卷4《轻薄鉴》。

110 《十国春秋》卷49《后主本纪》。

111 《资治通鉴》卷290,广顺二年六月丁酉条。

112 《十国春秋》卷49《后主本纪》。

113 勾延庆:《锦里耆旧传》卷3。

114 《九国志》卷7《石处温传》

115 《九国志》卷7《武漳传》。

116 《九国志》卷7《李奉虔传》。

117 《马克思恩格斯选集》第2卷,第65页。

118 《毛泽东选集》第2卷,人民出版社1966年横排本,第588页。

119 王称:《东都事略》卷23《列传六·论》。

120 《宋史》卷278《马知节传》。

121 《续资治通鉴长编》卷8,乾德五年冬十月丙辰条。

122 参见张家驹:《两宋经济重心的南移》,湖南人民出版社1957年,第20、21页。

123 《宋史》卷276《樊知古传》。

124 参见贾大泉:《宋代四川地区的茶业和茶政》,《历史研究》1980年第4期。

125 《续资治通鉴长编》卷19,太平兴国三年春正月辛亥条。

126 叶梦得:《石林燕语》卷8。

二十四、论小农经济与君主专制的中央集权制

君主专制的中央集权制国家政体的长期存在,是中国封建社会的重要特征之一。为什么古代中国自进入封建社会以后,其统治形式、政权体系就是君主专制的,并且数次破而再立,承袭绵延达二千余年之久? 自然,君主专制的中央集权制能够产生和长期存在,是因为有与其相适应的基础的存在。那么,这一基础究竟是什么呢? 是小农经济,是地主制经济,还是二者的结合? 我们认为,中国封建社会君主专制的中央集权制得以产生和存在的基础是小农经济。下面略陈己见。

一

春秋战国之交,自鲁国实行"初税亩"到李悝、吴起、商鞅等人的变法,确立了封建土地所有制,我国的封建小农便跃然于历史舞台之上,小农经济开始了其漫长的"历史进程"。

小农,它应包括那些范畴呢? 恩格斯指出:"我们这里所说的小农,是指小块土地的所有者或租佃者——尤其是所有者,这块土地通常既不大于他们自己全家的力量所能耕种的限度,也不小于足以养活他的家口的限度,因此,这个小农,也如小手

工业者一样,是在握有自己的劳动资料这点上不同于现代无产者的一种工人。"[1]马克思说:"地主从小农身上榨取剩余劳动。"[2]列宁指出:"小农,他们根据所有权或租佃权拥有小块土地。"[3]由此可见,小农的马克思主义的定义,是指拥有小块土地所有权的自耕农和拥有小块土地租佃权的佃农。以此定义,中国封建社会小农的范畴,应是自耕农、半自耕农、国家佃农和私家(地主的)佃农四种人。而对君主专制的中央集权制国家具有决定意义的则主要是前三种。本文以下所论及的小农,也主要是指前三种。

中国封建社会的小农,在它形成以前是处于农村公社的自治体中。到了春秋战国时期,由于生产力的发展,农村公社开始瓦解,形成中的小农便从农村公社中脱离出来。但是,诚如马克思所指出的:"大家都知道,农村公社的自制的组织和它们的经济基础已经被破坏了,但是,农村公社的最坏的一个特点,即社会分解为许多模样相同而互不联系的原子的现象,却一直残留着。"[4]由于小农具有"原子"的特点,这样,广大的小农"便是由一些同名数相加形成的",他们不能"形成任何的全国性的联系,形成任何一种政治组织",因此,他们不能以自己的名义来保护自己的阶级利益。无论是小土地经营所需要的相对稳定的环境和条件,抑或是抵御异族的侵扰,都需要一个主宰——这个主宰"是高高站在他们上面的权威,是不受限制的政府权力"——来代表他们,从上面赐给他们"雨水和阳光"[5]。所以,小农往往都把自己生存的希望寄托于矗立在他们上面的主宰者——君王、天子。贾谊在《过秦论》中曾指出:"周室卑微,五霸既殁,令不行于天下,是以诸侯力政,强侵弱,众暴寡,兵革不休,士民罢敝。今秦南面而王天下,是上有天子也。既元元之民冀得安其性命,莫不虚心而仰上。"[6]唐人聂夷中《伤田家》里的名句,"二月卖新丝,五月粜新谷,医得眼前疮,剜却心头肉。我愿君王心,化作光明烛,不照绮罗筵,只照逃亡屋",也集中地反映了小农仰赖于君主的心理。所以马克思说,在中国"就像皇帝通常被尊为全国的君父一样,皇帝的每一个官吏也都在他所管辖的地区内被看做是这种父权的代表"[7]。

正因为小农有上述之特性,春秋战国以后,小农的大量产生,一家一户的个体小生产构成为社会的基本生产组织,适应小农经济所客观需要的国家政体——封建君主专制的中央集权制便必然地产生和矗立起来。秦始皇建立的君主专制的中央集权制,正是当时社会发展的客观要求的产物。其后近二千年内不断重建的君主专制的中央集权制仍然是这样的历史产物。

封建君主专制中央集权制得以产生和矗立起来,除了该时代经济运动的结果——封建土地所有制的确立而由此产生出大量的小农,形成汪洋大海般的小农经济所客观要求的这一面以外,在另一方面,广大的小农在客观上也已为这一政权形式的产生和存在准备了"温床"。

由于小农具有同名数相加的特点,因此就"造成全国范围内一切关系和个人的齐一的水平",这就为建立一种以一个中心点出发的统一的行政体系提供了可能性和必然性。它"使得有可能从一个最高的中心对这个划一的整体的各个部分发生同等的作用。……所以它也就引起这一国家权力的全面的直接的干涉和它的直属机关的到处入侵"[8]。中国封建社会以皇权为中心的从里甲到州县到中央集权机构这一整套完备的行政官僚体系,就是在小农林立的基础上建立起来的。这种遍布全国的层床叠架的行政官僚机构,俨如密网一般缠住整个国家,控制着社会生活的各个方面,而皇帝自然位于这密网的中心点,"整个国家制度都不得不去迎合固定不动的那一点"[9]。因此,君权可以大到不受任何限制,"什么法律都由他颁布,什么官吏都由他派"[10]。其诏令一经出口,便成为国家之大法。臣为君而设,国家为人格化的国家。无怪乎明代反对封建专制主义的黄宗羲、唐甄把天下之乱皆归罪于君主,斥责自秦以来,凡为帝王者皆天下之大害,大贼。[11]

封建的君主专制的中央集权制机构一经产生,就需要有维系其生存的"生活源泉"。在中国封建社会,专制集权政府经济来源的多少,财政情况的好坏,往往是以其所掌握的自耕农、半自耕农和国家佃农的多少为转移。所以,宋人吕大钧言:"为国之计,莫急于保民。保民之要在于存恤主户,又招诱客户,使之置田以为主户。主户苟众而邦本自固。"[12]因此,"国以民为本"的思想为历朝统治者所奉行。因为对政府来讲,就如南宋叶适所说:"民多则田垦而税增,役众而兵强。"[13]这说明,专制集权政府最充足和最可靠的财政来源主要是依靠小农,依靠对小农直接的赋税征敛。所以,小农的大量存在,提供着专制集权政府生存的物质条件。毛泽东同志曾经指出,中国封建社会"几千年来都是个体经济,一家一户就是一个生产单位,这种分散的个体生产,就是封建统治的经济基础"[14],这是切合客观事实的,是正确的。

由上分析可见,小农与君主专制的中央集权制政体之间有着内在的互相依存的必然联系。小农客观上需要高高在上的主宰者来代表和保护自己,而君主专制的中央集权制的产生和存在,则必然需要有小农经济作为基础。

二

有的同志不同意小农经济是君主专制的中央集权制存在的基础，认为在封建社会中只有地主制经济才是君主专制的中央集权制存在的基础。可是，将这一论点衡之于二千多年的中国封建社会史实，却难于作出令人信服的通贯性的解释而得以成立。因为，历史是这样生动地展现在人们面前的：凡是自耕农、半自耕农和国家佃农为数众多的时候，君主专制的中央集权就矗立起来，走向昌盛、稳固；凡是地主制经济膨胀、发展的时候，君主专制的中央集权制就衰落下去，走向崩溃、覆亡。这说明，在中国封建社会：皇权的大小是与其控制小农的多少成正比，皇权的强弱是与地主制经济的盛衰成反比。

为什么皇权的强弱与地主制经济的盛衰会成反比呢？这是因为，地主制经济从其本质来讲，对于君主专制的中央集权制政权的离心力大于对它的依赖和需求。它的基本趋势是分散、分裂、独立，而不是集权性的统一。所以地主制经济的发展与君主专制的中央集权制是相悖的。在经济上，由于土地拜物教的吸引，加之地主所固有的无限贪婪的本性，使得其"欲壑难填"，产生了对土地无限追求的欲望，如同唐代李憕、李彭年这样的"地癖"，可谓历代有之。而地主兼并、侵吞土地的对象，一为自耕农的土地，二为国有土地。地主制经济的发展，必然造成自耕农、半自耕农丧失土地所有权，国有土地的数额日趋减少。土地只有与劳动者相结合，才能产生出经济效益。因此，地主兼并土地的同时，便是与中央集权制国家争夺劳动人手，将破产流亡的自耕农、半自耕农和国家佃农转变为耕作于地主土地之上的私家佃农。历朝关于地主以各种方式兼并土地、隐占劳动人手的记载,可谓俯拾皆是,无须我们在此胪列。地主兼并土地、隐占人口的直接结果,则必然导致国家"户口租调,十亡六七"。"租调已减,国用不足",造成国家财政拮据,动摇君主专制的中央集权存在的经济基础。历代都有府库一盈一虚的发展轨迹,而这又总是和土地与劳动人手配置的集中与分散相吻合的。检索历代国家财政危机之由,主要的都是由于地主制经济的发展造成国有土地大量减少所致。在政治上,随着地主经济势力的坐大,便逐渐地形成了与中央集权制的地方政权相抗衡的力量。被司马迁称之为"素封之家"的大地主,他们"无秩禄之奉,爵邑之入",然其在当地的势力却"大者倾郡,中者倾县,下者倾乡里"[15]。仲长统也说那些豪强地主,"身无半通青纶之命,而窃三辰龙章之服,不为编户一伍之长,而有千室名邑之役。荣乐过于封君,势力侔于守令",并进一步指出,造成这样的局面是因为"分田无限,使之然也"[16]。这些大地主往往或"武断于乡曲",或"陵横邦邑",就如宋代诗人梅尧臣在《村豪》诗中所咏:"里胥休借问,不信有官权。"[17]中央集权的地方政权不仅管束不了他们,相反,"郡吏以下皆畏避之,莫敢与牾,咸曰:'宁负二千石,无负豪大家。'"[18]所以,豪强地主往往成为地方上实际的主宰者。这就削弱了君主专制的中央集权制的统治力量,分裂割据就是在这样的基础上演进的。这是地主制经济发展带来的必然结果。汉末的分裂割据,唐后期的藩镇割据,统一的君主专制的中央集权制国家的分崩离析,其根由主要都是由于该朝代地主制经济剧烈发展的结果。对此,古人也有所见。唐人元稹说:"豪富兼并,广占阡陌,十分田地,才税二三,致使穷独逋亡,赋税不办,州县转破,实在于斯。"[19]明人张居正亦言:"私家日富,公室日贫,国匮民穷,病实在此。"[20]所以他的改革方针,就是要"强公室,杜私门"[21],打击地主经济。实际上,打击和限制地主制经济的发展,诸如迁徙豪强地主,限制土地占有量,检括土地和荫户等,是历代王朝巩固君主专制的中央集权制政权的重要措施。

皇权的大小之所以与其控制小农的多少成正比,这是因为,皇权是以经济力为基础的,正如马克思所指出的:"在封建制度中正好显示出王权就是私有财产的权力。"[22]以君王为核心的中央集权政府的经济制度全部结构和它的独特的政治结构,都是建立在对社会基本生产资料——土地,以及生产者的控制,对直接生产者榨取剩余劳动(生产物)的基础之上,它的至高无上的权力也是在此基础上实现的。所以中国历代封建君主往往都被视为最高的地主,所谓"贵为天子,富有四海"。在讨论中国封建社会长期延续的原因时,有的同志提出,君主专制的中央集权制政府对于经济的干预特别严重,这是重要原因之一。实质上,这是君主专制的中央集权制存在所必然表现出的一种行为。国家财权旁落,直接控制的经济来源的减少,它的生命力就会枯萎下去。宋太祖赵匡胤为加强皇权,采取的措施恰就是"以去其尾大之患者,财在上也"[23]。一旦到了君主专制的中央集权制全部机体的运转所需的财力,要依靠地主从他们的经济中抽出一部分来提供时,那么它的至高无上的权力就会从高高的宝座上跌落下来,它的命运会受制于地主经济,它的统治形式就岌岌可危了。就如马克思恩格斯在分析资产阶级国家权力和命运时所说的:"现代国家由于捐税逐渐被私有者所操纵,并由于借国债而完全为他们(指资产者——引者)所控制,这种国家的命运既受到交易所中国家债券行市涨落的调节,所以它完全取决于私有者即资产者提供给它的商业信贷。"[24]为此,中国封建社会历代统治者总是把对土地和人口的直接控制置于其全部行动的首位。"限田"、"占田"、"均田"、"方田"、"清丈土地"、"括田"等记载,史书中接踵而至,承继不断。对于户口的控制,则尤为重视,"天子视此(户籍)为国本"。历代都有严格而详细的户籍登记、管理制度,"率土黔庶,皆有籍书"[25],常年校阅,从乡里到州县直至中央级级备本,并由乡里组织的里正、甲长实行直接的监督和管理。自商鞅的什伍法,隋唐的保里制,宋代的保甲法,到明代的里甲制,都是旨在以村社形式将个体小农编制和控制起来,并在村社的基础上,建立起一个由村社、州县到中央的对小农的庞大的控制网。因此,户籍管理,是基层组织的里正、党长、甲长之类的重要职责;户口损益,是考核各级地方官的重要标准。历代统治者之所以这样重视户口的管理,这是因为"民数者,庶事之所自出也,莫不取正焉。以分田里,以令贡赋,以造器用,以制禄食,以起田役,以作军旅,国以之建典,家以之立度"[26]。要言之,直接掌握劳动人手是君主专制的中央集权制立足的根本。所以,《吕氏春秋》卷二《功名》中谓:"欲为天子,民之所走,不可不察。"唐人杜佑总结历史经验说:"古之为理也,在于周知人数","版图脱漏,人如鸟兽飞走莫制",必然导致"国以之贫",甚至"倾覆"的后果[27]。宋人叶适也指出:"为国之要在于得民","国民之众寡,为国之强弱,自古而然矣"[28]。他们所说的"周知人数"、"得民",实质上就是说要控制和掌握直接向国家提供赋役的小农。这类小农的多寡决定着君主专制的中央集权制国家的兴衰存亡。如隋初,隋文帝采纳高颎之议,施行输籍之法,使"浮客悉自归于编户",成为国家直接控制下的均田农户。对此,杜佑说:"隋代之盛,实由于斯。"[29]这类史实。不正表明了君主专制的中央集权制的兴衰与其控制小农的多少有着紧密的联系吗？

　　正因为君主专制的中央集权制是依赖于小农经济而存在，为了维系它存在的基础，使它自身的历史形成结构得以在社会再生产的基础上保存，它就必然竭力保证小农经济的生产方式得到不断的再生产。所以，在中国封建社会"齐家治国平天下"的统治之理，被历代最高统治集团奉为座右铭。桑弘羊说："水有猵獭而池鱼劳，国有强御而齐民消。故茂林之下无丰草，大块之间无美苗。夫理国之道，除秽锄豪，然后百姓均平，各安其宁。"[30]董仲舒言："圣者则于众人之情见乱之所从生，故其制人道而差上下也，使富者足以示贵而不至于骄，贫者足以养生而不至于忧，以此为度而调均之。"[31]曹操在令文中引孔子的话说："有国有家者，不患寡而患不均，不患贫而患不安。"[32]唐人陆贽谓："微损有余，稍优不足；损不失富，优可赈穷。此乃古者安富恤穷之善经，不可舍也。"[33]这种使民富不至骄，贫不至忧，百姓均平的统治思想，实质上就是要达到造就和保持一种如同马克思所说的，在"全国范围内一切关系和个人的齐一的水平"，造成汪洋大海般的小农的不断再生产，从而巩固君主专制的中央集权制存在的基础，并使它能保持和发挥正常的机制与作用。而这种统治思想反映在施行的政策上，就集中地表现为维系和板结小农经济。其尤为突出的，就是历代君主专制的中央集权制国家所一贯推行的"崇本抑末"政策。通过一这政策来限制商品经济对小农经济的渗透和瓦解，使以"男耕女织"、"以织助耕"为内容的小农经济牢固不破，单一的社会经济结构长期延续。

　　小农经济具有不稳定的特点，而建基于其上的君主专制的中央集权制也恰恰表现出了这一基础的特点。中国封建社会长达二千余年,然而,秦始皇建立起来的秦朝君主专制的中央集权制政府却并没有与封建社会史一相始终。君主专制中央集权制建立—崩溃,再建立—再崩溃的同性反复,成为我国封建社会史上的一大特点。为什么这种反复会如此之多地出现?为什么同一性质的国家政权的历史任务,不能由一部国家机器来完成? 答案就是因为维系君主专制的中央集权制政权的基础是汪洋大海般的小农,由于小农经济本身始终处于不断的分化之中,它的不稳定性就必然直接影响到建基于其上的国家政权。每当小农经济陷于困境,走向崩溃的时候,君主专制的中央集权制国家也就处于风雨飘摇之中,开始分崩离析直至覆亡,汉、隋、唐、明诸朝皆是如此;反之,每当地主制经济遭到沉重打击,小农经济得到恢复之时,君主专制的中央集权制便被重新建立起来。这尤其是在历次农民战争以后,地主制经济发展的起点被大大地推向后移,小农经济重新获得恢复和发展的情况下,是最显而易见的;而当小农经济在整个社会经济结构中占优势地位,又处于比较稳定的正常发展时,君主专制的中央集权制政权便表现出它的生气和稳定的局面。汉代的"文景之治",隋代的"开皇之治",唐代的"贞观之治",清代的"康雍乾盛世"等,都是在这样的历史条件下产生的。在中国封建社会史上,小农和君主专制的中央集权制存在的历史状况——盛衰变化,在时间和空间上都表现出极其相近的一致性。

有的同志曾提出,小农经济之所以不能成为专制集权制的基础,是因为小农经济始终不能在社会经济中占统治地位。实际上并不然,马克思曾指出:"自耕农民的自由小块土地所有制形式,作为统治的正常的形式,一方面在古典的古代的最盛时期,形成社会的经济基础,另一方面在近代各国,我们又发现它是封建土地所有制解体所引起的各种形式中的一种。英国的 yeomanry（自耕农民），瑞典的农民，法国和德国西部的农民，都属于这一类。"[34]西欧如此，中国封建社会呢？中国封建社会是国家、地主、自耕农三种土地所有制长期并存，并且三者经常处于此消彼长的流转之中。在历代王朝统治的前期，一般都是小块土地所有者的自耕农和占有国有土地的国家佃农（这类佃农实质上类似于自耕农）的小农经济在整个社会经济中占统治地位，小农经济的经济总量超过地主制经济。再则，在中国整个封建时代，封建"生产方式的广阔基础，是由小农业和家庭工业的统一形成"[35]，这种"统一形成"的具体存在形式，便是为数众多的占人口绝大多数的小农。只不过是小农经济的不稳定性及其分化的必然性，使它在各王朝初期的这种统治地位也处于不稳定的状态中，并逐渐地失去它的统治地位。地主制经济就是在小农分化的基础上逐渐发展和壮大起来的。

地主制经济的发展，在中国封建社会中虽然屡遭打击，时强时弱地曲折发展，但它毕竟是以私有制为基础的封建社会的宠儿，总的趋势是一直向前发展。如果说，地主制经济是专制的中央集权制的经济基础，那么，为什么这一基础未遭破坏，而是日益发展、巩固，君主专制集权制的国家大厦则总是一再地倒塌下来呢？而且历代专制集权王朝的倒塌之日都是在地主制经济发展之时，重建和巩固之日则都是在地主制经济衰落而小农经济恢复、发展之时。难道说这是历史的巧合吗？难道说基础越稳固，其上层建筑就会越动摇吗？当然不是！这既不是历史的巧合，也不是历史发展中的反异现象，而是客观历史因循必然规律发展的结果。这种状况历史地说明，君主专制的中央集权制政府与地主制经济时常处于争夺之中，他们之间的争夺战(争夺土地和小农)的输赢决定着他们的强与弱,兴与亡。

三

小农经济是君主专制的中央集权制存在的基础这一历史状况,在中世纪的世界史范围内,并不是我国封建社会例外的存在,而是无独有偶。

在西欧,从十四到十五世纪,随着封建庄园制的解体,直接生产者由隶属于庄园主的农奴转变为小农,相应的新的国家政体形式——君主专制的中央集权制便开始产生和建立起来。在英国"农奴制实际上在十四世纪末期已经不存在了"[36]。那时候,农村占绝大多数的是自耕农,马克思曾指出:"在15世纪,英国人口中惊人的多数是由自由的自耕农民构成,尽管他们的所有权总是给封建的招牌隐蔽着"[37],"在十七世纪的最后几十年,自耕农即独立农民还比租地农民阶级的人数多"[38]。与自耕农占多数的这一历史时期相并行的英国国家政体,便是君主专制的中央集权制的都铎王朝(1485—1603年)。在以法律明确规定"教士以祷告为国王服务,贵族以宝剑为国王服务,第三等级以财产为国王服务"的西欧封建主义中心的法国,从十五世纪开始,"除了东北部地方和中部山区,法国几乎已经没有农奴了",小农在全社会占有很大比重。[39]直到十八世纪后期资产阶级革命的前夜,小农还占全国人口的百分之八十左右,并占有全国土地的百分之三十到四十。[40]这些占全国人口绝大多数,"以财产为国王服务"的小农,承担着国家最大部分的赋役和封建义务,构成为法国封建社会的经济基础。所以恩格斯指出,法国是"小农经济的典型国家"[41]。正是法国存在这汪洋大海般的小农,才使法国从十五世纪末期形成的君主专制的中央集权制不断地发展,以至出现像路易十四这样号称"朕即国家"、"法律出自我",具有至高无上权力的君主和以他为核心的中央集权制的国家机构。这和它的小农经济的典型性一样,也同样表现出君主专制的中央集权制的典型性。西欧,与庄园制崩溃、小农大量产生相同时出现君主专制的中央集权制,这种时空进程上的一致性,反映了小农与君主专制的中央集权制在历史上有着必然性的内在联系。

　　在亚洲,与中国毗邻的朝鲜,十世纪建立的高丽王朝和继后于十四世纪末叶建立的李朝,均是君主专制的中央集权制国家,而其时国内皆是实行封建土地国有制,绝大部分土地归封建国家所有,耕种国有土地的广大小农,便构成了专制集权国家存在的基础。在印度,没有农奴制的依附关系。十六世纪时,印度的广大农民仍然生活在古代农业和手工业相结合、彼此孤立、自给自足的农村公社中。正是这些自给自足的小农和小农所组成的村社奠定了印度封建专制制度的基础。马克思在《不列颠在印度的统治》一文中,谈到英国的蒸汽机、自由贸易使印度自给自足的公社农民经济被破坏,从而使农村公社崩溃时曾说:"从纯粹的人的感情上来说,亲眼看到这无数勤劳的宗法制的和平的社会组织崩溃、瓦解、被投入苦海,亲眼看到它们的成员既丧失自己的古老形式的文明又丧失祖传的谋生手段,是会感到悲伤的;但是我们不应该忘记:这些田园风味的农村公社不管初看起来怎样无害于人,却始终是东方专制制度的牢固基础。"[42]

　　综上所述,封建社会小农存在的方式和客观需要必然会产生出君主专制的中央集权制的国家政体形式,君主专制的中央集权制又依赖于小农而存在。两者的发展变化——盛衰,在历史进程中具有极其相近的一致性，是成正比的。地主制经济与君主专制的中央集权制则是相悖的，它们的发展变化始终成反比。因此，只有小农经济才是君主专制的中央集权制国家政体产生和存在的基础。

（原载《云南社会科学》1985 年第 4 期）

注　释

1　《马克思恩格斯选集》第 4 卷，人民出版社 1972 年，第 298 页。

2　《马克思恩格斯全集》第 25 卷，人民出版社 1974 年，第 891 页。

3　《列宁选集》第 4 卷，人民出版社 1972 年，第 279 页。

4　《马克思恩格斯选集》第 2 卷，第 72 页。

5　此上引文均见《马克思恩格斯选集》第 1 卷，第 693 页。

6　《史记》卷 6《秦始皇本纪》。

7　《马克思恩格斯选集》第 2 卷，第 2 页。

8　《马克思恩格斯选集》第 1 卷，第 697 页。

9　《马克思恩格斯全集》第 1 卷，人民出版社 1956 年，第 280 页。

10　《列宁选集》第 1 卷，第 393 页。

11　《明夷待访录·原君》;《潜书》下篇下《室语》。

12　《宋文鉴》卷 106，吕大钧《民议》。

13　《文献通考》卷 11《户口考二》。

14　《毛泽东选集》合订本，人民出版社 1969 年，第 885 页。

15　《史记》卷 129《货殖列传》。

16　《后汉书》卷 79《仲长统传》。

17　《梅尧臣诗选》，人民出版社 1980 年，第 122 页。

18　《汉书》卷 90《严延年传》。

19　《元氏长庆集》卷 38《当州两税地》。

20　《张文忠公全集》书牍六《答应天巡抚宋阳山论均田定民》。

21　《张文忠公全集》卷 25《与李太仆渐庵论治体》。

22　《马克思恩格斯全集》第 1 卷,第 381 页。

23　《水心别集》卷 11《财总论二》。

24　《马克思恩格斯选集》第 1 卷,第 69 页。

25　《唐律疏议》卷 12《户婚上》。

26　《中论》卷下《民数第二十》。

27　《通典》卷 7《食货·丁中》。

28　《文献通考》卷 11《户口考二》。

29　《通典》卷 2《食货·丁中》。

30　《盐铁论》卷 4《轻重第十四》。

31　《春秋繁露》卷 8《度制第二十七》。

32　《三国志》卷 1《魏志·武帝纪》。

33　《陆宣公奏议》卷 12《均节赋税恤百姓第六》。

34　《资本论》第 3 卷,人民出版社 1966 年,第 943 页。

35　《资本论》第 3 卷,第 373、374 页。

36　《马克思恩格斯选集》第 2 卷,第 222 页。

37　《资本论》第 1 卷,人民出版社 1963 年,第 791 页。

38　《马克思恩格斯选集》第 2 卷,第 228 页。

39　参见〔法〕瑟诺博斯:《法国史》上册,商务印书馆 1972 年,第 240 页。

40　周一良、吴于廑:《世界通史》近代部分上册,人民出版社 1972 年,第 143 页。

41　《马克思恩格斯选集》第 4 卷,第 299 页。

42　《马克思恩格斯选集》第 2 卷,第 67 页。

二十五、小农与君主专制集权政府的作用力方向及其影响

——兼论中国封建社会的长期延续

在中国封建社会,小农存在的方式和客观需要必然会产生出君主专制的中央集权制的国家政体形式,君主专制的中央集权制政府又依赖于小农而存在。两者在社会机体中有着极为密切的关系。对此,我们在《论小农经济与君主专制的中央集权制》[1]一文中,已作了论述。现在,我们需要进而探讨的是,两者在社会机体内的运动发展,是趋于什么样的方向? 形成什么样的力? 其运动发展的过程和结果对社会产生着什么样的作用和影响?

一、"合力—分力—合力"与长期并存

小农与君主专制的中央集权制政府有着相须而立的紧密关系,但是,两者又存在着阶级对抗性。正因为如此,两者在社会机体内的运动,就不可能始终沿着一个方向平行发展,而是既有统一又有矛盾,体现出它们之间所固有的两面性关系的特点。反映在社会作用力上,就表现为合力与分力。

君主专制的中央集权制政府是依赖于小农而存在,为了维系它存在的基础,使它自身的历史形成的结构得以在社会再生产的基础上原封不动地保存下来,并充分地发挥正常的机制作用,它就必须采取必要的政策和措施保证小农经济的生产方式得到不断的延续,以维系和板结小农经济。这些政策和措施概括起来主要表现在:

培植——分土与民,使无地的劳动人手与土地相结合,成为国家直接控制的国家佃农或自耕农,成为国家的编户齐民。战国至秦朝之初,实行国家授田制,以"分田"、"行田"、"授田"等方式授土予民[2]。西汉,"以口赋贫民(颜师古注:计口而给其田宅)"[3]。西晋至唐,实行占田、均田制。中唐以后,国家则常将官田分授逃还贫下户,甚至国家出钱购还逃户已卖田业。北宋时,出卖官田与民,规定佃户、贫下户享有优先权[4]。明朝洪武年间曾多次下诏:"计民受田"、"验其丁力,计亩给之,毋许兼并"[5]。此外,历代还大量招徕流民和徙民垦荒或任民自垦,使无地和少地的农民成为小土地所有者或占有者。

承认——承认在战乱后土地占有关系的变化。对于农民在社会大动乱中占有的无主土地,或从地主手中夺得的土地,国家一般都不予收夺,而是予以承认,承认其所有权或占有权。如清代实行的"更名田"政策便是如此。

干涉——直接干涉小农的土地经营方式。自汉文帝始实行"租税禄赐皆以布帛及谷,使百姓壹意农桑"[6]的租税政策后,这种以布帛和谷物为主要内容的实物租税形式,便成为以后各朝制约小农土地经营的主要手段。魏晋南北朝、隋唐直至明代,封建政府或以令或以律明确规定土地上必须种植谷物、桑麻等,并由党长、里正之类实行督课。若不依国家之律令,便予以相应的处罚。国家之所以要干涉小农的经营方式,规定其土地上的生产物,其目的除了剥削的需要外,还在于要使这种小农业与家庭手工业紧密相结合的孤立的、闭塞的、分散的小农经济的生产方式不绝地延续下去,使之固定化、板结化。

控制——将小农严格控制在国家手中,以防其游离。各朝皆有严格的户籍登记、管理制度和乡里组织。商鞅的什伍法,隋唐的保里制,宋代的保甲法,明代的里甲制等,都是旨在以村社形式将个体小农编制和控制起来,紧紧地束缚在乡里。管理户籍、控制人口是历代中央集权制基层组织的里长、党长、甲长以至州县官吏的主要职责。户口若有不实或脱漏,则罪责里正和州县官吏。国家推行这些制度,便是企图通过基层组织来实现和加强它对小农的直接控制,并且从村社到中央建立起一个庞大的控制网。

限制——限制地主制经济的逾制发展和商业资本的独立发展,以遏制其对小农经济的破坏和分解。限制地主制经济发展的经常的最主要的措施是:限田、括田、括户。为限制地主逾限占田、兼并小农和隐占劳动人手,使小农脱籍于国家而私属化,国家除了在律令上予以限制外,还经常遣使检括收夺。历代史籍中有关括田、括户的记载,可谓接踵而至,屡见不鲜,正反映了这一政策和措施的长期延续性。对于商人,历代统治者都一如既往地采取"抑末"政策。在政治上降低商人的社会地位,在经济上处处设关置卡,课以重税,对"食肴之将"、"田农之本"的盐铁以及酒茶等大众商品,则实行榷估制度,限制商品经济的发展和商人资本的独立发展,遏制商品经济对小农经济的渗透和分解。

历代君主专制的中央集权制政府所采取的一系列维系和板

结小农经济的措施,为小农经济的生产方式的恢复、稳定和发展提供了有利的社会条件。在这样的社会条件下,小农经济本身所固有的特性和力量便充分地发挥出来。他们安土重迁,不断地生产出小农经济再生的经济条件,并逐渐地繁荣起来。与此同时,也增强着君主专制的中央集权制政府存在的经济基础和社会基础。国家府库盈溢,户口殷实,展现出君主专制的中央集权制统治的稳固和繁荣的局面。小农和专制集权政府之所以能够同时呈现出稳固和繁荣的局面,是因为在这一历史进程中,两者之间的社会运动是比较相适应的。虽然它们各自活动的目的有着本质的不同,有着阶级的差异,但是其社会作用力的方向——维系和板结小农经济——总的说来具有一致性,表现为社会运动中的合力作用。

　　但是,小农与专制集权政府在社会运动中的合力作用往往出现于历代王朝的前期,随着社会经济的发展,统治秩序的稳定,封建专制集权政府所固有的贪婪性、寄生性、腐朽性便日益显现和发展起来,从而日益扩大着其与小农对抗性的一面。

　　纵观历代王朝,每发展到中期以后,都表现出它走向腐败的共同特征:一、皇帝和官吏的腐败,致使政事不理,奸邪丛生;政令不行,社会动乱;挥霍无度,冗费日增;官吏贪残,民被其毒。二、官吏岁增,层床叠架、栉比麟次,形成一个庞大的寄生赘瘤。这不仅造成官浮于事,而且俸禄日增,以致"府库由是减耗"。三、力役、兵役岁增。帝王或好大喜功,或大兴土木,军役屡兴,力役蜂起,造成小农"一人就役,举家便废","耕夫困于军旅,蚕妇病于馈饷"。沉重的兵役、力役加速着小农的破产。这正如马克思曾指出的:"大大加速罗马平民没落的兵役,也就是查理大帝温室般地助长德意志自由农民变为隶农和农奴的主要手段。"[7]四、土地兼并剧烈发展。由于统治腐败,行政失驭,律法空张,赋役加重,小农困疲,地主制经济便加速度地发展起来。自汉至清,每朝后期都出现有"富者兼地数万亩,贫者无容足之居"的状况。自耕农和国家佃农纷纷破产,或"依托强家,以为私属",或"庸力自资",或辗转游食。五、对小农竭泽而渔。由于财政危机,专制集权政府便因"用度不足,乃行壹切之变"[8],尤其是加重对小农的敲诈剥削,"科敛之名凡数百,废者不削,重者不去,新旧仍积,不知其涯"[9],"一岁之中,阴为加派者,不知其数"[10]。有如"饿狼守庖厨,饥虎牧牢豚,遂至熬天下之脂膏,斫生人之骨髓"[11],致使小农仰困于赋税,俯困于兼并,日削月朘,每况愈下,加速破产,荡为流寓之人。

　　历代王朝后期所表现出的这些特征,说明这时的君主专制的中央集权制政府不仅已不再是"高高站在"小农上面"赐给他们雨水和阳光"的主宰,而相反成为对小农经济的破坏力,使小农经济日益萎缩以至被推向绝路。在这一历史进程中,君主专制的中央集权制政府与小农原先所具有的,维系和板结小农经济的社会合力作用,转变为对抗性的分力作用。发展的结果,不仅小农经济趋向崩溃,而且君主专制的中央集权制政府也同时走向崩溃、覆亡。

　　然而,在这样的历史条件下出现的小农经济的崩溃,并不是这一生产方式自然的历史发展过程所产生的结果,它并没有发展到这一生产方式的自然终点。马克思说:"我的观点是,社会经济形态的发展是一种自然历史过程。"[12]同然,小农经济亦有着发生、发展、衰亡的自然历史过程。小农经济"一旦发达到一定的高度,它就会把破坏它本身的物质手段带到世界上来。从这时起,社会胎内就有各种力量和热情发动出来,感到自己在受着它的束缚。它不得不被破坏。它被破坏了。它的破坏，便是个人的分散的生产资料转化为社会的积聚的生产资料，是多数人的零碎的财产转化为少数人的大宗的财产，也就是人民大众的土地、生活资料和劳动工具的剥夺。人民大众所受的这种可怕的残忍的剥夺，就是资本的前史。"[13]小农经济正常而自然地发展到这样的高度，便要被资本主义经济鲸吞和取代了。

然而，中国历代王朝后期小农经济的崩溃，却往往都是君主专制的中央集权制政府"竭泽而渔"式的依靠政治力量对小农的超度剥夺，对现有生产力的破坏和摧残所致。所以，每每引起社会上出现广大的丧失小农经济生产条件而又无以谋生的流民群。既然小农经济还未发展到它的自然终点，现实社会又无以提供其转化的条件，那么，小农经济必将"会在同一地点，以同一名称，再树立起来"[14]。恩格斯说："经济运动会替自己开辟道路。"[15]在当时的社会条件下，小农经济开辟"重新树立"的道路，只能是通过暴力运动，农民起义和农民战争就在这样的历史条件下爆发。这种农民战争，实质上是为小农经济沿着自然的历史进程正常发展开辟道路。农民战争以后，旧的君主专制的中央集权制政府被摧垮而灭亡了，官僚、地主或死于锋镝，或被剥夺。集中的大量的地主土地被分散成零星的小块的农民土地，小农经济重新获得生产条件而得以恢复，地主制经济发展的起点则被大大地推向后移。汪洋大海般的齐一平水的小农再度恢复和形成，地主制经济的衰落，便为君主专制的中央集权制的重新产生准备了条件和土壤，新的专制集权政府便立即脱颖而出，高高地矗立在整个社会之上。所以，农民起义和农民战争的作用和结果往往是双重的：一方面使小农经济得到恢复；另一方面为新的君主专制的中央集权制的产生奠定了社会基础。这就是为什么中国历史上农民战争后出现的国家政权形式总是君主专制的中央集权制的根本原因。

虽然,农民战争后使陷于绝路的小农经济得到恢复,但是,如果社会内部不存在使之继续发展的有利因素,为其提供土壤和条件,一次战争、一次暴力行为是不足以改变和延续一种生产方式的。战争只是社会矛盾达到焦点时才出现的一种非常手段。农民战争后小农经济能否得到真正的恢复、稳定、发展和强化,还有赖于诸如生产资料的占有形式,产品的分配方式,经营时间的保证,政治的、社会秩序的稳定等多方面的社会条件。这些条件是农民战争所不能解决的,小农本身也不可能提供出这些条件,而是要取决于新的国家权力对经济的反作用力方向,取决于国家权力对现存生产关系的法典化程度和它的统治政策。恩格斯指出,国家权力对经济的反作用力有三种:一是沿着同一方向起作用;二是沿着相反方向起作用;三是阻碍经济沿着某些方向走,而推动它沿着另一方向走。[16]所以,国家权力对经济的反作用力方向,对现存经济关系可以起着巨大的推动或破坏作用。同然,国家权力对农民战争后的小农经济的作用力方向,也将决定着小农经济能否得到恢复、稳定和发展。从中国历代王朝前期的统治政策来看,一般都是采取维系小农经济的政策和措施,为小农经济的恢复和发展提供了有利的社会条件,表现出君主专制的中央集权制国家权力与小农经济的恢复和发展沿着同一方向起作用。所以,历代王朝前期,小农经济都得到恢复和稳定,并朝着繁荣的方向发展。因此,我们认为历代小农经济从王朝后期的萎缩、崩溃到重新恢复、稳定和发展的变化过程,是通过从农民战争到新的君主专制的中央集权制政府采取一系列维系小农经济的政策和措施这样的历史进程而实现的。在这一历史进程中,农民所进行的暴力运动和恢复小农经济的生产活动与君主专制的中央集权制国家权力的作用力是沿着同一方向演进,表现出社会运动中的合力作用。

小农与君主专制的中央集权制政府在社会运动中的作用力方向——维系和板结小农经济,从前期比较相一致的社会合力作用,到中后期发展为对抗性的沿着相反方向运动的分力作用,至农民战争后再度出现新的社会合力作用,形成为"合力—分力—合力"这样一个运动过程。这样的运动过程一次接着一次地向前演进,合力作用是为每一运动过程的始点和终点。正是这种作用力的循环运动,导致了小农经济的长期存在和日趋板结化,导致了小农与建基于其上的君主专制的中央集权制国家政体的长期并存、长期延续。

二、小农、专制集权政府的作用力与封建社会的延续

前面我们集中论述了小农与君主专制的中央集权制政府在社会运动中所表现出的作用力方向,那么,这种作用力对社会的发展起着什么样的作用呢?

中国封建社会自战国至清(1840年),历时二千余年,相对西欧封建社会存在的时间而言是长期延续。为什么中国封建社会会长期绵延?为什么资本主义经济在中国封建社会中迟迟不能生长起来,取而代之呢?

恩格斯曾经指出:"我们自己创造着我们的历史,但是第一,我们是在十分确定的前提和条件下进行创造的。其中经济的前提和条件归根到底是决定性的。……但是第二,历史是这样创造的:最终的结果总是从许多单个的意志的相互冲突中产

生出来的，而其中每一个意志，又是由于许多特殊的生活条件，才成为它所成为的那样。这样就有无数互相交错的力量，有无数个力的平行四边形，而由此就产生出一个总的结果，即历史事变，这个结果又可以看作一个作为整体的、不自觉地和不自主地起着作用的力量的产物"，历史的发展是"一个总的合力"，是"一切因素间的交互作用"的结果[17]。中国封建社会绵延二千余年，自然也是社会机体内各种力量相互冲突、交互作用的结果。在中国封建社会内部，形成为社会主要力量的是：君主专制的中央集权制政府、小农、地主、商人。这四种力量沿着各自的方向在社会机体内发生着作用。君主专制的中央集权制政府为了获得自身结构和统治的稳固，竭力采取维系和板结小农经济的措施，限制地主与商人的独立发展，同时又吸吮着小农的膏血，与地主沆瀣一气，甚至助纣为虐。小农为了获得自身存在和正常发展的条件，一方面仰仗于皇权，另一方面又以各种方式甚至用暴力来抗击社会对它的破坏力量。地主为了获得自身的发展，一方面与君主专制的中央集权制政府激烈争夺土地和劳动人手，一方面又与政府共同压迫和剥削小农。商人为了扩大他们的势力，获得自身的独立发展，竭力把对现实社会的"瓦解"作用渗向社会各处。这些"互相交错的力量"构成为社会矛盾运动的主体。但是，交互作用的各种社会力量却是不均衡的，并且在交互作用的过程中，总会产生出沿着同一方向发生作用的力量，并且，这种力量在社会矛盾运动中占居着主导地位。综观二千多年的中国封建社会史，尽管各种交错力量的运动在量的方面不断发生变化，但是，小农与君主专制的中央集权制政府在维系和板结小农经济上的作用力却始终是整个社会矛盾运动的主体，在各种力量的对比中始终占居着主导地位,其作用过程制约着整个社会运动体,从而制约着整个社会的发展。

　　小农与君主专制的中央集权制政府之间的作用力的循环运动,对中国封建社会的发展所起的最根本的制约作用是,加强了小农经济的顽固性和生产方式的板结化,造成了单一的封闭性的社会经济结构长期不变,使小农经济的瓦解,资本主义经济取代封建主义经济的社会条件迟迟不能形成,从而使封建社会长期延续。

　　由于小农与君主专制的中央集权制政府维系和板结小农经济的作用力的循环运动,使以"男耕女织"、"以织助耕"为经济内容的小农经济生产方式,在我国二千多年的封建长河中,一如既往,牢固不破。这种无数同名数相加的"衣食自给"相互孤立的家庭独立经济体,像繁星一样布满整个社会,构成单一的社会经济结构。这些"机梭声扎扎,牛驴走纭纭;女汲涧中水,男采山上薪。……家家守村业,头白不出门"[18]的牧歌式田园诗般风味的小农经济生活风貌,不管初看起来怎样无害于人,却始终是社会进步的严重障碍。因为它生产的始点和终点都服从于使用价值的支配,"像排除生产资料的积聚一样,它也排除协作,同一生产过程内部的分工,对自然的社会统治和管理,和社会生产力的自由发展。它只能见容于生产和社会的狭隘的自然发生的界限"[19]。而它所排斥的正是推动社会发展最有力的杠杆——分工。分工在大工业产生以前,对社会生产力发展一直发生着最强有力的作用。在封建社会中,生产力只有在分工不断扩大的形式中才能获得发展。手工业和农业的分离,手工业和满足社会共同体需要发展起来的工业"从单纯从属于农业的状况中摆脱出来了"[20],生产的专业化才能增长,生产力才可望逐步提高,才能使工农业互为市场,互为促进。工业的发展,农业人口向工业人口的转移,是资本主义生产方式的必要前提。列宁指出:"工业中心的形成,其数目的增加,以及它们对人口的吸引,不能不引起商业性农业和资本主义农业的发展","没有工业人口的增加和农业人口的减少,资本主义是不能设想的"[21]。而在农业人口向工业人口的转移过程中,关键的问题不是取决于农业能否为工业提供多少像"鸟一样自由"的无产者,而是取决于工业发展的程度,取决于工业能否吸收这些劳动力。工业能否发展则又完全取决于社会分工的扩大,手工业与农业的分离。我国历代王朝中后期,往往出现数量众多的与生产资料相分离的流民,这种流民的大量产生本来是农业人口向工业人口转移的最有利形式。英国、法国、荷兰、西班牙,资本产生时期都曾出现过人口流徙现象,列宁认为这种劳动力的流移是雇佣工人阶级形成的根本条件之一[22]。但是在中国封建社会,由于当时到处是自给自足的小农经济,社会分工不发达,工业极度微弱,无力吸收流民完成农业人口向工业人口的转移,所以流民的最终结果,总是重新回到土地上,复为小农。手工业与农业的分离,生产专业化的增长,又是资本主义生产方式所需的统一的国内市场形成的主要关键,资本主义经济的社会化生产,需要有与之相适应的各地区突破自然经济限制而建立起来的彼此广泛联系的统一的国内市场作为前提。而"只有消灭农村家庭手工业,才能使一个国家的国内市场获得资本主义生产方式所需要的范围和稳定性"[23]。因为,只有消灭农村家庭手工业,才能使同一经济职能的经济单位的数量日益减少,各种不同的经济单位的数量日益增多,并且使各个不同经济单位的生产日益面向交换价值,从而扩大商品生产和商品交换,形成各经济单位间的广泛联系,"这种日益发展的社会分工就是资本主义国内市场建立过程中的主要关键"[24]。单一的农业和家庭手工业紧密结合的封闭性的自然经济结构,自然无以形成资本主义生产方式的确立所需要的统一的国内市场。

由于农业和家庭手工业紧密结合的单一的社会经济结构牢固不破,加之封建政府一贯始终的"崇本抑末"政策对独立的手工业者和商人的打击、压抑,严重地限制了商品经济和商业资本的发展,而商品经济和商业资本的充分发展,正是资本主义生产方式得以产生和发展的重要的历史前提。恩格斯指出:"商人对于以前一切都停滞不变,可以说由于世袭而停滞不变的社会来说,是一个革命的要素。……商人来到了这个世界,他应当是这个世界发生变革的起点。"[25]马克思指出:"商业对各种已有的,以不同形式主要生产使用价值的生产组织,都或多或少地起着解体的作用","商人资本的存在和发展到一定的水平,本身就是资本主义生产方式发展的历史前提"[26]。在西欧,商业于九至十世纪复兴后,没有受到强有力的社会力量的限制,因此,商业沿着正常的轨迹迅速发展。九至十世纪商业复兴,集市出现,十至十一世纪城市重建,十二、十三世纪产生了经纪人、汇票,十四、十五世纪货币地租已经成了普遍的地租形态[27]。商品经济和商业的迅速发展,为资本主义生产方式的产生和发展开辟了道路,提供了历史前提。十四世纪末十五世纪初,资本主义萌芽便稀疏地在封建社会内出现了,十六世纪开始逐步进入资本主义时代[28]。但在中国封建社会,商品经济、商业资本的发展受到强大的社会力量的制约,商人难图其利,使它自诞生之日起就具有的无限追逐利润的品格逐渐磨灭,而奉守起"以末致财,用本守之"的法则,这一法则成了中国封建社会商业资本活动的传统,以致形成了地主、商人、高利贷者的三位一体和农商融为一体的结构,进一步强化了自然经济。所以,中国封建社会虽然在战国时期已经出现"天下熙熙,皆为利来;天下攘攘,皆为利往"[29] 的局面;不同形式的金属货币相继产生并大量发行,在各国之间不翼而飞,无胫而走;"万乘之国必有万金之贾,千乘之国必有千金之贾"[30],富商大贾相继而生的状况,商品经济和商业展现出五彩缤纷的繁荣景象,但是一直到一千年后的唐代才开始出现汇票,才较多地出现标志着农村商品经济发展的草市、集市,货币地租直至清代还未能取代实物地租的统治地位。商品经济和商业的缓慢发展,延缓了小农经济的解体,延缓了封建经济结构的解体,使资本主义萌芽姗姗来迟,直至十五世纪的明代中叶才稀疏地出现。然而,明中叶以后,中国封建社会的农业与家庭手工业紧密相结合的、单一的自然经济的社会经济结构并没有发生多少变化。1852 年,驻广州的英国官员米契尔在给乔治·文翰的报告书中曾说:"这个国家十分之九的人都穿这种手织的衣料,其质地各不相同,从最粗的粗布到最细的紫花布都有,但都是在农家生产出来的,……每一个富裕的农家都有织布机,世界各国中也许只有中国有这个特点。"[31] 这种家内手工业的普遍存在,标志着"男耕女织"的农业与家庭手工业紧密结合的小农经济依然普遍地存在。由于这种单一的社会经济结构未能改变,使得资本主义生产方式的确立所必需的社会条件迟迟不能形成和成熟。虽然资本主义生产方式已在封建社会的土壤上萌芽,但它却犹如挣扎在巨石压迫之下的嫩花弱草,犹如覆盖在无边砂碛中的小块绿洲,它的生长和漫延处处受到限制,道路是艰难曲折的。所以,萌芽复萌芽,萌芽了数百年,资本主义时代的曙光却似乎还在遥远的未来。

（原载《云南社会科学》1987 年第 1 期）

注　释

1　原载《云南社会科学》1985 年第 4 期。

2　《商君书·徕民》、《荀子·王霸》、《管子·乘马》、《云梦秦简》等皆有具体记载，兹不一一备引。

3　《汉书》卷 12《平帝纪》。

4　《宋会要辑稿》食货 63 之 172。

5　《明史》卷 77《食货一》。

6　《汉书》卷 24 下《食货四下》。

7　《资本论》第 1 卷，人民出版社 1963 年，第 802 页注。

8　《汉书》卷 72《贡禹传》。

9　《旧唐书》卷 118《杨炎传》。

10　《明史》卷 257《梁廷栋传》。

11　《后汉书》卷 79《仲长统传》。

12　《马克思恩格斯全集》第 23 卷，第 12 页。

13　《资本论》第 1 卷，第 840 页。

14　《资本论》第 1 卷，第 381 页。

15　《马克思恩格斯选集》第 4 卷，第 482 页。

16　《马克思恩格斯选集》第 4 卷，第 483 页。

17　《马克思恩格斯选集》第 4 卷，第 477、478 页。

18　《白氏长庆集》卷 10《朱陈村诗》。

19　《资本论》第 1 卷，第 840 页。

20　《马克思恩格斯全集》第 46 卷上册，人民出版社 1979 年，第 495 页。

21　《列宁选集》第 1 卷，第 164 页。

22　见《封建主义政治经济学概要》，三联书店 1958 年，第 152 页。

23　《马克思恩格斯选集》第 2 卷，第 252 页。

24　《列宁选集》第 1 卷,人民出版社 1972 年,第 161 页。

25　《马克思恩格斯全集》第 25 卷,第 1019 页。

26　《马克思恩格斯全集》第 25 卷,第 371 页、365 页。

27　见〔比〕亨利·皮朗:《中世纪欧洲社会经济史》,上海人民出版社 1964 年,
　　第 92、158 页。

28　《马克思恩格斯选集》第 2 卷,第 222 页。

29　《史记》卷 129《货殖列传》。

30　《管子》卷 23《轻重甲第八十》。

31　引自《马克思恩格斯选集》第 2 卷,第 60 页。

图书在版编目（CIP）数据

汉唐经济社会研究 / 武建国 著.
–北京：人民出版社，2010
ISBN 978-7-01-008769-6

Ⅰ.汉… Ⅱ.武… Ⅲ.①土地制度–经济史–研究–中国–汉代
②土地制度–经济史–研究–中国–唐代
Ⅳ. F329.034 F329.042

中国版本图书馆 CIP 数据核字（2010）第 041225 号

汉 唐 经 济 社 会 研 究

HANTANG JINGJI SHEHUI YANJIU

作　　者：武建国
责任编辑：张秀平
封面设计：徐　晖

人民出版社 出版发行
地　　址：北京朝阳门内大街 166 号
邮政编码：100706　www.peoplepress.net
经　　销：新华书店总店北京发行所经销
印刷装订：永恒印刷有限公司
出版日期：2010 年 3 月第 1 版　2010 年 3 月第 1 次印刷
开　　本：880 毫米×1230 毫米　1/32
印　　张：14.875
字　　数：400 千字
书　　号：ISBN 978-7-01-008769-6
定　　价：38.00 元